KB253174

사할린리포트 & 블루스
사할린한인들의어제와오늘

겨울꽃

사할린리포트 & 블루스 겨울꽃
ⓒ조성길 Printed in Seoul

초판인쇄 2012년 3월 3일
초판발행 2012년 3월 10일

지은이 조성길
발행인 박영태
편집인 우현
디자인 박은후, 김진영

펴낸곳 파랑새미디어
등록번호 제313-2006-000085호
주소 서울특별시 마포구 서교동 357-1서교프라자 318
전화 02-333-8311
팩스 02-333-8326
메일 thebbm@korea.com

가격 20,000원
ISBN 978-89-93693-49-2 03330

사할린리포트 & 블루스
사할린한인들의 어제와 오늘

겨울꽃

발간 축사

안녕하세요?

대한민국 국회 사할린포럼을 이끌고 있는 자유선진당 박선영 의원입니다.

"겨울꽃"이라는 제목을 보는 순간, 저는 복수초(福壽草)를 떠올렸습니다.

얼음장 같은 눈보라와 추위를 이겨내고 한겨울에 노오란 꽃을 피어 올리는 작은 복수초, 그 겨울 꽃이 인간에게 축복과 불노장생을 가져다준다고 우리 선조들은 굳게 믿었습니다. 긴 인고의 세월을 이겨낸 복수초만이 그 같은 축복과 만수무강을 누릴 자격이 있다고 믿었던 것입니다. 저는 우리 사할린 동포들이야말로 그 같은 '겨울꽃'이라고 생각합니다.

60여년이 넘는 긴 세월 동안 조국과의 단절 속에 신산한 삶을 살아야했던 우리 사할린 동포들에 대해 솔직히 우리 국민들은 잘 알지도 못 합니다. 무심하게 스쳐갔던 역사의 수레바퀴를 잠시 세우고, 희미해져 가는 사할린 한인들의 처절했던 생과 그들의 역사를 밝혀줄 「겨울 꽃－사할린 한인들의 어제와 오늘」 발간은 그래서 더욱 의미가 있습니다.

국회의원이 되고 난 후, 고통스러운 역사의 땅 사할린을 처음 밟고, 2m 높이로 자라난 잡초 속에 한글로 된 묘비명을 뒤에 처연하게 누워계시던 동포들을 마주했을 때, 그 아픔과 부끄러움이 지금도 생생합니다. 가슴 시린 그 기억을 되새기며 저는 지난 4년 동안 사할린 한인 문제를 해결하기 위해 국회 안에 '사할린포럼'을 만들고 계기가 있을 때마다 이슈화 해 왔습니다.

사할린 현지에서의 한인 실태조사를 벌이고, 국내외 여러 곳에서 정책세미나를 개최하고, 모스크바와 하바로프스크, 사할린에 흩어져 있는 러시아 문서기록보존소를 찾아다니며 사할린한인 관련 자료를 열람하고 그 결과를 언론에 공개하면서, 각종 법안과 결의안을 제출했습니다.

「사할린 한인 지원에 관한 특별법안」, 「러시아의 사할린 강제징용 한인 기록 제공 촉구 결의안」, 「제2차 세계대전 직후 사할린에서 일본인에 의해 자행된 민간인(한인) 학살 진상조사 및 전후피해 보상 촉구 결의안」, 「일본의 사할린 강제징용 한인 우편저금 계좌정보 공개 촉구 결의안」 등 관련 법률안과 결의안 제출은 미약하지만 '겨울꽃'을 얼음장 밑에서 건져 올려 꽃을 피우기 위한 우리 모두의 몸부림이자 안간힘이었다고 생각합니다.

　그러나 겨울꽃이 피기에는 견뎌 내야 할 얼음의 두께가 아직도 많이 남아 있는 것 같습니다. 사할린 한인 소송건은 지금도 일본에서 표류하고 있으며, 사할린 한인 묘지에 대한 실태조사도 아직 멀었습니다. 어렵사리 마련했던 사할린 예산도 2년 연속 날아가 버렸고, 사할린특별법안도 통과시키지 못한 채 18대 국회가 막을 내리게 되었습니다. 여러분들께 또 한번 상처를 드리는 것 같아 죄송하고 송구스러운 마음입니다.

　그러나 언젠가는 겨울꽃이 얼음장을 뚫고 환하게 피어날 것입니다.

　나라가 힘이 없어 주권을 잃고 제 나라 국민을 피눈물 나게 만들었지만, 오늘날 대한민국은 세계 10위권의 경제대국으로 성장했습니다. 이제 우리는 국가가 왜 존재하는지, 그 존재의 이유를 곰곰이 생각해 보며, 그동안 역사의 조난자로 힘들게 살아야 했던 분들에게 속죄의 마음으로라도 최선을 다 해 법적·제도적 장치를 빨리 만들어 드려야 할 것입니다. 잔인했던 역사에 대한 일본의 진심어린 사과와 배상이 선결조건이기는 하지만, 대한민국 정부도 국민의 권익을 위해 보다 적극적인 노력을 해야 할 것입니다.

　아버지의 얼굴도 기억하지 못 하는 자녀들은 남편과 아버지의 생사를 애타게 기다리며 한 평생 궁핍하게 보내야 했고, 지금 이 시간에도 아버지의 유골이나마 조국으로 모셔 가기 위해 머리가 하얗게 센 초로(初老)의 후손들이 사할린 전역을 헤매고 있습니다. 1945년 8월, 코르사코프 항구에서 해방된 조국의 부름을 기다리다 지쳐 굶어죽고 얼어 죽고, 그리곤 미쳐 죽은 사할린 한인들. 끝까지 한국국적을 포기하지 않고 '우리말'을 쓰며 '카레이스키'가 아닌, '한국인'으로서의 정체성을 지켜온 그들의 이야기에 이제는 우리 국민과 정부가 답을 해야 합니다. 그런 점에서 겨울꽃은 매우 소중한 역할을 할 것입니다.

　다시 한 번 「겨울 꽃-사할린 한인들의 어제와 오늘」 발간을 진심으로 축하드리며, 겨울꽃처럼 애절한 사할린 한인들의 인생을 생생하게 담아내신 조성길 대표님의 노고에 머리 숙여 경의를 표합니다. 감사합니다.

2012년 1월, 국회의원 박선영

눈꽃이 피어난다.

겨울에 피는 눈꽃은 자연이 만들어낸 가장 훌륭한 작품이 되는 곳이 사할린이다. 또한 눈꽃의 아름다운 자태를 감상하지 못하고 평생을 자식걱정에 살아온 이들이 있다. 바로 1세 사할린 한인들이다.

1년 365일 중 6개월이 겨울인 러시아 속 사할린은 짧지만 봄, 여름, 가을이 여전히 공존하고 있다. 계절 따라 삶의 좌표를 삼았던 한인들은 이 짧은 계절이 특별하다. 봄이면 파종을 시작해 가을날 수확까지 농사철 준비에 한시도 편한 날이 없었지만 6개월의 절반의 해는 생계를 보장해주는 희망이 깃든 계절이었기에 늘 하늘에 감사하기만 했다.

그리고 꼭 절반의 겨울이 시작된다. 삭풍이 불어오는 겨울은 얼어붙은 땅에서의 고된 삶을 대변한다. 절반의 해가 희망이 따랐었다면 절반의 해는 눈꽃이 피어나는 겨울꽃의 연속이다. 겨울에는 사할린 온천 지가 눈꽃으로 피어난다. 먹고 살기 바빠서 사할린을 대표하는 겨울꽃이란 눈꽃도 제대로 감상하지도 못했을 1세한인들, 눈꽃은 이들에게 사치에 불과했다. 부모세대가 겪었던 혹독한 삶이 오버랩 되어간다.

절반의 겨울인 사할린에 눈꽃이 피어난다.

눈물마저 얼어붙은 땅, 겨울 꽃이 필 때면 1세 한인들의 애환이 그림처럼 펼쳐진다. 그러다 눈꽃이 사라질 때면 더욱 애절한 겨울 꽃이 되살아나는 사할린…….

어느덧 사할린에 정착한 지 많은 세월이 흘렀다. 1993년 두 차례 사업차 들리고는 10년 만에 들린 그곳은 예전의 사할린이 아니었다. 가는 곳마다 건설 붐이 일어나고 외국인 유입이 늘어나자 사할린은 새로운 시대를 예고하고 있었다.

지하자원이 물기둥처럼 일어났다. 석유와 가스가 솟아나고 일본시대에 왕성했던 어업과 석탄 산업이 활기를 띠고 있었다. 아마 1990년대 초기로 기억된다. 시내 미라 거리에 있는 서울 레스토랑에서의 낯선 러시아 여자와의 블루스를 잊을 수 없다. 그 블루스는 향락에 젖은 문화가 아니고 생채기를 치유하기 위한 절망의 춤이었다.

아픈 상처는 2년 넘게나 나를 괴롭혔다. 꿈을 안고 동토의 땅에 첫발을 디딘 것이었지만 돌아온 건 빚뿐인 절망이었기 때문이다.

가까스로 아내와 나는 마음고생 다하며 빚 청산에 팔을 거두어했다. 그래도 마지막 희망을 걸었고 희미한 불빛아래 플로어로 나서며 블루스에 위안을 얻었다. 하지만 희망의 끈은 끝내 풀리지 못했다. 이날의 블루스는 평생 잊지 못할 춤이 되었고 비로소 절망이라는 것을 알게 되었다.

이윽고 소련의 개방물결이 물밀듯 흘러 들어왔고 항구도시인 부산에서는 가장 먼저 러시아문화가 자리를 트기 시작했다. 허나 그냥 유행처럼 번지는 뉴스거리로만 알았던 러시아이었다.

　그렇게 10년이 지난 뒤 다시 사할린을 찾았다. 그날의 절망이 사할린한인들의 자화상이 되어 회자되었다.

　사할린은 이제 제2의 고향이 다된 셈이다. 그로부터 대부분의 시간을 사할린 한인들과 이웃이 되어 그늘진 동포들을 위로하며 보이지 않는 곳에서 봉사를 실천했다. 남 북쪽 한인이 사는 곳이라면 두루 다 다녀보았다. 특히 1세 한인들은 일제의 압박을 피해 조국을 등진 그들의 가슴 아픈 사연을 직접 귀로 듣고선 이들을 위해 뭔가를 해야겠다는 생각을 가지게 되었던 것이다.

　그 발단은 브이코프 탄광촌이었는데 불편한 몸을 지탱하고서는 60년 망향의 한을 달래고 있었다. 눈 먼 할머니부터 암 선고를 받고 죽음을 기다리는 할머니까지 영주귀국은 꿈에나 그리운 호사에 가까웠다.

　내가 본 할머니들은 거의가 7-80대 이상의 고령으로 한국에서 어릴 때 건너온 사람들이었다. 그래서 적은 돈이나마 다음 아고라 청원 모금에 신청해서 제5회 재외동포NGO대회를 통해 전달하기도 하고 많은 일들을 뒷전에서 해왔다.

　눈이 멀어도 거동이 불편해도 자식만 곁에 있다면 가난해도 살 수 있다며 평생의 바램인 모국방문을 원하는 사람들, 그들의 삶은 이 시대가 낳은 마지막 비극이길 바랬다.

　일거리가 없어서 30리 길은 예사였다. 그런 직장에서 귀가하며 집에는 어머니가 계셨기에 이들은 “가난은 죄가 아니라”고 했다. 단지 때를 만나지 못했을 뿐이라고 했다.

　일제 36년이 죄인가?

　그들이 그리는 조국이 잘못인가?

　망향의 꿈을 접고 가신 분들도 많다. 벌써 다섯 분이 돌아가셨다고 들었다. 일일이 다 찾아뵙지 못해서 죄송한 마음이 앞선다. 요즘도 그 할머니들만 생각하면 잠을 이룰 수 없다.

그래서 틈만 나면 2세 사할린 한인들을 찾았다. 때로는 노력봉사로, 필요하면 노동력으로, 교육이 요구되면 교육으로, 문화면 문화 등 봉사를 남몰래 해왔다고 자부한다. 내가 주로 관심을 가진 것은 "문화와 모국어"다. 그래서 오래전 토마리 한글학교도 다녀왔고 지금은 꼬르사코프 제2중학교 한글학교를 지원하고 있다. 비록 작은 손길이지만 자원봉사이든 그들에게 도움만 된다면 이 한 몸 다할 생각이다.

강산이 변하였을 세월에 걸쳐 사할린 한인들의 애환과 생활을 엿보며 가시밭길이었다면 가시밭길이었고 그들과 같이 걸었던 날의 기쁨을 더 간직하고 싶다. 그 가운데 나름의 흐뭇함으로 이 책을 펴게 되었다.

무엇보다도 미약하고 부족하지만 이 책을 내기까지 홈스크 비찌리치 김복례 할머니와 유즈노사할린스크 정태식 어르신께 감사를 드리고 싶다. 특히 할머니께서는 주일을 함께 지내면서 사할린이주 등 전반에 걸친 사할린韓人史를 연구하는데 큰 도움을 주었기 때문이다.

그리고 해외에 거주하는 관계로 국내에서 동분서주 뛰어다니며 수고를 다한 한국전통음악을 세계에 알리고 남다른 사명감으로 국악 저변확대에 크게 이바지한 아츠로 기획사의 이동명 사장님과 늘 내 곁에서 힘이 되어주신 사할린희망캠페인단 상임고문이며 축성사 주지이신 몽산 스님, 사할린이중징용광부유가족회 서진길 회장님, 사할린한국어교육협회 임태식 회장님, 도서출판 파랑새미디어 편집부 관계자분과 박영태 사장님께 다시 한 번 이 자리를 빌어서 무한한 감사들 드리고 싶다. 그 밖에 도움을 주신 모든 분들께 감사드린다.

앞으로도 여력이 있고 힘이 닿는다면 그런 할머니 위주로 정기적 후원을 하고 싶은 것이 내 개인적인 생각이다. 또 얼마 남지 않은 김복례 할머니의 말동무가 되어드리는 것이다.

나름대로는 사할린의 모든 것을 담고자 노력했지만 지나고 보니 다소 미흡한 부분도 많은 것 같으며, 전문가에 비해 턱없이 부족한 정보이지만 사할린을 알고자하는데 도움이 된다면 그보다 기쁠 수가 없을 것 같다.

잠깐 책의 줄거리를 요약하자면, 첫머리에 사할린 소개를 비교적 자세히 담았고, 제1, 2부는 사할린 한인역사와 질곡의 삶을 걸어오며 오늘의 성공신화를 이루기까지의 이야기로 엮었고 현존하는 지식층의 글과 관련 논문을 실었으며, 제3부는 1940년도 후반 사할린 홈스크 항구를 배경으로 북한여성 공작원과 남한출신의 남성의 짧고도 애절한 사랑을 묘사했다. 또 혹, 사할린을 알고 사할린을 방문할시 도움이 될 만한 길 안내와 간단한 러시아어를 부록에 넣었고 사할린한인관련 연표를 1905~2011년 말까지 수록했다. 모쪼록 사할린 지침서가 되길 바라는 마음이다.

그리고 고국을 가지 못하고 망향의 한을 달래며 돌아가신 1세 한인들과 그 후손들의 끝나지 않은 소송이 하루 빨리 실현되길 바라며, 재작년에 돌아가신 어머님께 이 책을 바치고 싶다.

차례 оглавление

발간축사 4   머리말 6

●사할린 개황

사할린지형 및 기후 24

사할린 둘러보기 27

사할린 요약 37

호텔 현황 37

●제1부 사할린한인 생활사

_Жизнь и история сахалинских корейцев. Часть 1

이중징용의 아픔 46

사할린강제징용요약 57

영주귀국을 앞둔 할머니의 고민 61

사할린한인역사 67

한인이주 71

사할린 한인 이주 72

사할린한인보고서 85

1945년 이후 사할린한인 인구분석 104

한인언론계 별이 지다 109

우리는 얼마만큼 사할린을 알고 있는가? 111

사할린동포 영주귀국현황 116

사할린동포 영주귀국 요약 121

사할린희생동포위령조각탑 126

강제병합100년 사할린시민대회 132

희망을 찾아서, 사할린 NGO국제워크숍 135

사할린 밤하늘에 맴도는 아버지의 이름이여   138

유즈노사할린스크 시 노인정(박병운 할아버지, 김봉주 할머니 사연)   142

●제2부 사회생활

_ Обшественая Жизнь Часть 2

사할린 사회단체현황   154

사할린을 움직이는 사람들   166

러시아 유일의 첫 사립대 세운 강영복 총장   174

메가그룹 안창수 회장   184

한인영웅 김청한 박사189

아버지의 못다 한 영주귀국(랑데부 최정순 대표)   195

박승의 교수, 기초한자 책자 발간   200

에트노스 예술학교   210

꼬르사코프 민속예술학교   216

사할린시립오케스트라   218

한인문화회관 문화학교   220

사할린한인들의 환갑잔치   222

*사할린경제시장   230

한국기업인 진출   237

사할린 건설업계가 주목한 한국기업인   241

몽산 스님의 사할린나들이   243

희망봉 만드는 달구벌 청년, 하태균   246

보름달에 비친 사할린의료봉사   249

아, 사할린아!_조성길   253

*사할린한국어교육현황   256

지방학교의 부활   256

1945-63년 한국어교육현황   265

한국어교육을 발전시키자   270

사할린 한국어 교재 연구(1988년부터~현재까지)   286

일본국회 회의록(1991년2월22일)과 대일소송   291

●제3부 사할린블루스
_ Сахалинский блюз Часть 3

조선에서 사할린까지   312

발길질의 달인, 사할린 주먹세계를 다스리다   317

사할린동포 북한모국방문기   322

노름판의 모태가 된 한인 마피아세계   328

한인들의 타투   331

남남북녀의 로맨스   335

사할린한인실태조사 특명   341

이별   345

최후   351

어린색시의 사할린생활   359

북방할머니 이야기(청진항에서 운반선 타고 온 65년의 세월)   362

북조선으로 강제 추방된 사할린한인 40인의 행방   370

북녘하늘에 부르는 아들의 노래   373

2010−11년 사할린동포 10대뉴스   378

<부록> Приложение

사할린한인 관련연표   392

러시아회화   414

에필로그   389

러시아어 순서   414

사할린 개황_{概況}

일반 개관

1. 면적 : 87,100㎢(한국의 약 88%) − 러시아 전체의 0.8%를 차지

2. 지형 및 기후

  *러시아 유일의 섬으로 형성된 주(사할린 섬 면적 : 78,100㎢)

  *대륙과의 최단거리(네벨스키 해협)는 7.5km

  *쿠릴열도는 2개의 군도를 포함

  *위치: 홋카이도 섬 근방에서 캄차트카 반도까지 남서쪽에서 북동쪽으로 길게 뻗어 있음.

  *대군도(大群島)의 총 길이 약 1,200km로 파라무쉬르, 쿠나쉬르, 이투루프, 이루프 등 총 30개의 섬으로 이루어짐.

  *소군도(小群島)의 총 길이 105km. 쉬코탄 등 6개 섬으로 이루어짐.

  *대륙, 해양성 기후(평균 온도 : 1월 −13.8°C, 7월 15.5°C)

3. 인구 및 민족구성

  *49만7천900명(남:240,200/여:257,700(2011년) 작년대비 0,7% 감소)−출생사망비율: 사망(천 명당 14−15명), 출생(천 명당 11.8명)

  *러시아인(80%), 우크라이나인, 한인(3만), 벨로루스인, 타타르인, 등 100여 민족

4. 주 수도 : 유즈노사할린스크시(15만 명)

  *주요도시: 코르사코프(4.7만), 홈스크(4.6만)

5. 약사

  *1875 러일조약으로 사할린 섬 러시아 영토로 확정

  *1905.9.5 체결된 러일조약에 따라 1905~1945년간 북위 50도 이
  남 사할린 섬이 일본에 귀속되었다가 1945년 사할린 섬, 쿠릴열도 소
  련 영토로 재차 귀속

정치

1. 주요기관

  *사할린주정부(주지사 : Alexander Khoroshavin, 07.8월 취임)

  *사할린주의회(의장 : Efremov)

  *유즈노사할린스크 시정부(시장 : Lobkin)

2. 행정조직: 17개 군, 4개 도시

3. 지방 정세 특성(전망)

  2003.12월 Farkhutdinov 당시 사할린주지사가 헬기사고로 사망, 공
  석이 된 주지사 자리를 Malakhov 당시 사할린부지사가 승계 후 현재
  는 알렉산드러 하로사빈 주지사 연임 중.

4. 학술, 언론, 문화

  *대학: 사할린국립대, 사할린경제법률정보대 등

  *언론사: 국영방송국(베스찌), 에스떼베, 사할린쿠릴, 소비에트사할
  린, 베드모시찌 등

  *한인언론사: 우리말방송국, 새고려신문, 한인소식지 등

*문화 · 예술기관: 사할린향토예술박물관, 미술박물관, 체호프, 악자브리 극장 등

*기타 출판물(94), 방송 및 라디오(39) 외 외신(6)

5. 외국공관 주재 현황

일본 총영사관, 미국 영사출장소(06.8.23 개소), 한국영사출장소 등 기타 영국, 인도, 네덜란드, 북한 주재연락소 설치

경제 통상

1. **주요경제 지표** : 2006년 지역총생산 1,211억 루블, 2006년 산업생산량: 797억 루블

2. **생활수준** : 2007년 1인당 월평균소득: $ 665, 2007년 1인당 월평균 소비지출: $ 400(11967,3руб), 2009년 월평균임금: $ 780(22%↑)

3. **산업 구조**

*연료 · 에너지 산업 : 2000~2009간 사할린주 연료산업은 원유가스 부문의 꾸준한 성장에 힘입어 급속한 발전을 이룸.

*2007년도 원유 생산량은 12,900,000톤('사할린2'), 전년대비 약 86.7% 증가하였고, 가스 생산량은 16.3% 늘어남. – Sakhalinskaya energiya(사할린–II 프로젝트 참여기업)사는 2003년 총167만 톤의 원유를 생산하였는데, 2004년 생산량은 약 210만 톤.

●사할린주 원유가스 산업 관련 주요 현안(2004–2006년까지)

_사할린주, 하바롭스크주, 연해주 가스화 프로그램 실현

_사할린–I과 사할린–II 프로젝트 외국인 투자자금(40억불 이상)에 대한 보장

_2005년까지 사할린–I, 사할린–II 프로그램 참여기업이 2.5억불 이상의 수익 확보

_사할린–III와 사할린–V프로젝트를 지하 매장물 참가자 리스트에 관한 자원사용

권 생산물 배분에 따라 제공, 러 연방법에 포함시키는 것 등

(1992.09월 사할린주정부 원유·가스 자원 사용권에 관한 국제경쟁 지역 발표)

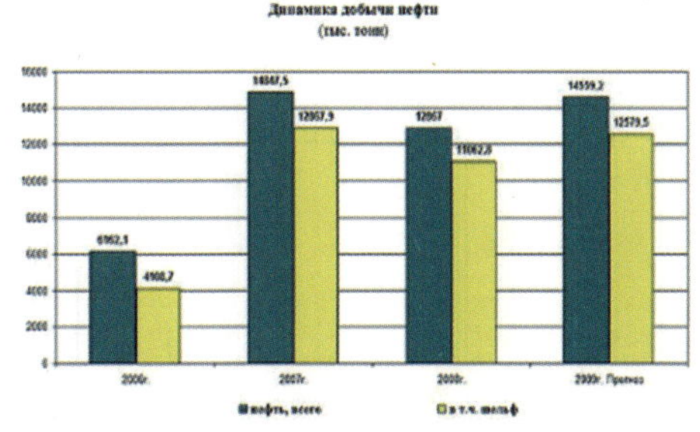

※2007-2009
사할린원유 생산량/단위:
천(톤) ⓒ자료:사할린주정부

●사할린프로젝트 실행구역

*동오도프틴 지역- 사할린-III 프로젝트(사할린-I, II 프로젝트 수역을 제외한 지역)

*사할린만 지역- 사할린-IV 프로젝트

*東쉬미타 지역- 사할린-V 프로젝트

*東포그라니치니 지역- 사할린-VI 프로젝트

*테르페니예만, 아니브만 지역- 사할린-VII 프로젝트

*이질메트예프 지역- 사할린-VIII 프로젝트

*모네론 지역- 사할린-IX 프로젝트

●목재산업

*목재산업의 경쟁력강화를 위한 관련 장비 현대화 작업 추진 등으로 2002년부터 목재생산량이 증대되는 추세 *동 분야에서의 일자리 창출 등의 효과를 최대화하기 위하여 현지에서의 목재 재가공율 최고 60-70%까지 끌어올린다는 목표를 세움 *2009년 목재 생산량: 149,600㎥(07년 대비 6만2천3백㎥, 42.7% 감소) ※목재생산 감소의 주요원인은 구조조정에 따른 새로운 임업 법안의 채택으로 전면 수정.

●수산업

*수산업은 사할린주 경제에 있어 항상 중요한 위치를 점함.

*러 정부의 해양자원 쿼터배분 및 판매에 관한 신규규정 도입은 사할린주 수산업계의 생존과 직결된 문제(사할린주의 쿼터 배당량 감축 및 쿼터량 초과분 수산물에 대한 수출 금지 조치 등)

*생선 가공업을 위한 최신설비 도입

※2008년도: 한국 52,8%, 일본 43,5%, 중국 2,1%, 태국 0.9%. 미국 0,7%

●교통

*사할린철도는 총 연장 951km로 러시아내에서 유일한 협궤(1,067mm)임. *총 11개 항구가 있으며 이중 8개는 산업항, 2개는 수산항, 1개는 관청항. *유즈노사할린스크 공항은 국제규모(편수)의 공항으로 점점 발돋움함.

ⓒ사진: 사할린주정부

*석탄(120억톤), 갈탄(80억톤), 점결탄(粘結炭, 20억톤) 등이 60여 곳의 광산 지대에 매장.
*목재자원 보유량은 약 6.1억 큐빅미터임.

지방경제 특성

*러 극동 지역 경제에서의 중요한 역할 수행- 사할린 대륙붕에서의 원유 · 가스전 개발 사업은 향후 주 경제 · 사회발전의 근본적 전환을 가져올 것임.
*최근 모든 산업 분야에서의 안정적 성장이 이루어지고 있는 가운데, 특히 수산업이 위기에서 벗어나고 있으며, 임업 및 광업 분야에서는 구조조정의 긍정적 효과가 나타나고 있음.

대외교역(2000~08년)

*2008년도: 9,221,200,000달러(작년대비 12% 증가)
_수출: 10,419.4만 달러
_수입: 1,198.8만 달러(38,7% 감소)
*사할린주의 대외교역 상대국은 총 70국에 달하고 있음.
_주요교역국으로는 미국, 싱가포르, 일본, 중국, 일본, 한국, 등임.
*주요 수입 품목은 자동차, 기계장비, 운반기기, 연료, 화학제품, 식료품, 일반 공산품 등
*사할린 주에는 많은 일본합작기업이 활동하였으나 지금은 거의가 철수를 한 상태이며, 이중 홋카이도에서 투자한 기업이 다수임.
_대표적인 일본합작기업으로는 Mitinoku Liz(중계무역), Saco-

service(운송), Sakhalin Marine(선박수리), Sakhalin Kovboy(무역 중계 및 자동차 수리) 등임.

_사할린-I과 사할린-II 프로젝트에 일본기업 미츠이, 미츠비시, 소데코 컨소시엄이 참여

_사할린주에 총 24개 일본 지사가 개설중임.(2000년)

*미국과의 교역도 활발히 진행되고 있는데, 대미국 주요 수출품목으로는 수산물, 원유 등이고, 주요 수입품목으로는 식품, 차량기기, 전자장비, 공구 등이며, 미국, 일본, 영국이 약 60% 차지하나 북한, 중국과도 활발한 무역관계를 유지하고 있다.

한-사할린주 교역

*對사할린주 주요 교역품

– 주요 수출품 : 건축자재, 가전제품, 의류, 신발. 식품 등등

– 주요 수입품 : 원유, 석탄, 수산물, 목재

*교민 및 동포 현황

1. 교민 수 : 약 80여 명

2. 한인 수 : 약 30,000명

*주요 한인단체 대표

– 임영균 사할린주 한인회장(2011.11.19. 취임)

– 서진길 이중징용광유가족회

– 박순옥 이산가족협회장

– 윤상철 사할린주 노인회장(2011.12.03. 선출)

– 김홍지 한인연합회 회장

– 김복곤 정의복권재단 회장

– 시한인회 박정자 회장

※시한인회 박정자 회장 영주귀국 관계로 조만간 후임자 고려 중.

1. 자매결연 체결 도시 현황

*1992.01.17 사할린주와 제주도 간 자매결연협정 체결

*2003. 유즈노사할린스크, 홈스크와 안산시 간 우호도시 협력관계 체결 - 2011년06. 안산 김철민 시장, 시 및 의회 간 자매협정 체결

*2003. 한인협회와 민족통일대구청년협의회 자매결연

*2008. 경제법률정보대학과 대산스피치아카데미 산학협정 체결

*2010. 꼬르사코프시와 삼척시 우호협력 체결

2. 한–사할린간 직항로 : 아시아나항공(주3회 운항), 사할린항공(주4회 운항)

2010년 4월 서울에서 개최된 사할린주 투자설명회에서 약 30건의 비즈니스 상담과 7건의 협력의향서 체결이 이루어짐으로써 양 지역 간 협력이 보다 탄력을 받을 것으로 평가되며, 11월 메드베데프 러 대통령의 방한 중에도 사할린 하로사빈 주지사는 주정부가 추진하는 다양한 프로젝트를 설명하고 동 사업에 한국기업들이 거듭 참여해줄 것을 요청했다.

사할린화력발전소 건설, 석탄광산 개발 및 수출확대(석탄항 현대화), 어선 조선소·선박수리소 현대화 사업, 사할린국제공항 현대화사업 등을 한–사할린주간 유망협력 사업으로서 강조되며. 또한 동 주지사는 금번 방한 중 우근민 제주도 지사를 면담(10.11.11)하고, 양측이 전날 서명한 사할린주–제주도간 경제교류협력 확대에 관한 합의서 이행 등에 관해 긴밀히 논의했다.

호로샤빈 주지사는 양 지역 간 경제협력 확대의 일환으로써감귤 등 제

주도산 농산물을 중개자를 거치지 않고 사할린주로 직접 수출하는 방 안과 사할린주 남부지역 내에 농산물저장소를 조성하는 방안을 검토 해 줄 것을 요청하고 한국 기업으로부터 원유 및 석탄수출, 관광산업, 공항건설, 냉동 창고, 어업기지 등 활달한 교류가 추진 중에 있다.

2010년 사할린주 주요 경제지표

*고용, 사회보장: 실업자 감소 및 고용확대는 주정부의 핵심 업무 중 하나로서, 지난해 2개의 프로그램(고용보장, 고용확대)에 약 207백만 루블을 투입하였고 2010년 사할린주의 공식실업률은 러시아 전체 수 준(2.5%)을 크게 밑도는 1.2% 수준.

*주택: 2010년 총 주택보급량은 201.8천㎡(전년대비 22.5% 증가)로, 이중 내진 프로그램에 따라 건설된 주택은 42.3천㎡(41개동, 790호) 임. – 주택환경 개선을 위해 주예산에서 총 40억 루블을 지원, 대조 국전쟁 참전 퇴역군인 164명에 아파트가 제공되고, 34명에 1백만 루 블의 사회지원금 지원 및 유즈노사할린스크시(8.5천㎡)와 달니(1.8천 ㎡)에 신혼부부 및 청년학자들을 위한 다세대주택 건설.

*교육: 국가프로젝트('교육') 실현을 위해 447백만 루블을 투입. 약 2.5천명의 교사들이 담임수당을 수령하였으며, 25명의 우수교사들에 대통령 및 주지사 상이 수여됨.

– 유치원 문제 해결을 위해 주정부 특별사업으로 '2011–2015년 사 할린주 취학전 교육 발전 프로그램'을 마련하였음(프로그램 예산 100 억 루블).

– 사할린주의 경제상황을 감안시, 첨단기술 분야 엔지니어들을 양성 하는 기술전문대학 또는 종합기술단과대학 개설이 시급함. 최근 메드 베데프 대통령과의 면담시 동 문제 해결 방안이 논의됨.

*보건: 2010년 국가프로젝트인 '건강' 프로그램 위한 385백만 루블이

투입되어 유즈노사할린스크 시립 유아병원 산하에 어린이 건강센터 개설. 심혈관 계통의 환자, 종양환자 응급처지 시스템 구축, 첨단의료 장비 도입.

- 영아사망률 1천명당 7.2명(2009년), 2010년 6.1명으로 감소함.
- 둘째 이상 자녀출산 장려에 대한 국가모성기금 증명서 2,633건 발급.(2009년 3,266건).

*문화, 스포츠: 2010년 발전분야 채택, 예산지원금 110억 루블(2015년까지 문화 프로그램 40억 루블, 스포츠 체육 120억 루블 배정해 관련 시설 건설계획

사할린 관광산업

*여행사: 총 39개 여행사가 성업 중에 있고, 스키, 낚시, 사냥, 다이빙, 온천이 유명하고 스포츠가 성행함.

*매년 관광객이 증가함에 따라 호텔(63)도 늘어나는 추세이며, 모네론 섬 개발과 대형 수족관 등 온천을 최대한 활용한 잠재력의 가능성에 주정부 차원에서도 대형 프로젝트 건설 사업에 중징기적 계획을 내놓고 있으며 모스크바, 블라디보스토크 개발사가 참여를 검토 중에 있다. 이에 사할린관광협회도 2011년10월 중국 베이징 박람회를 통해 사할린 홍보부스를 설치해 한국, 일본 등에 적극 알렸고, 일본 홋카이도와는 양국 관광분야 협정체결을 맺었다. 11월에는 한국관광공사와도 상호 관광교류에 관한 논의를 한 바 있었다.

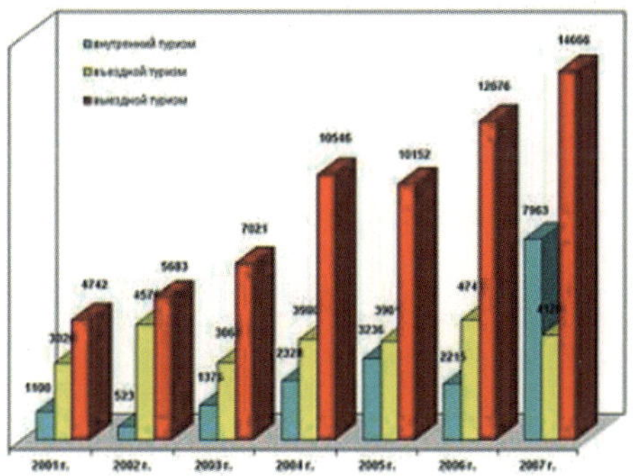

※2001-2007 관광객 수요도(천)
ⓒ자료:사할린주정부

인터넷: 기업과 단체의 컴퓨터 시스템 관리, 컴퓨터기술 연구개발, 인
터넷 보급 및 서비스(DSL) 완화로 2010년도 현재 163,000명이 가입
되었고 글로벌 인터넷 활성화 영향으로 인구의 절반 이상이 인터넷을
활용하고 있다.

사할린 재외기관

1. 사할린한국영사출장소(2007개소) 외교통상부 주블라디보스토크총영사관
   *연락처: 25-78-60(김정수 소장)
   *주소: 사할린유즈노사할린스크 레닌가 283B
   *Tel: (4242)46-2430~1 Fax: (4242)46-2432
   *대표 E-Mail: jskim79@mafat.go.kr

2. 사할린한국교육원(1993.개원) 교육과학기술부 재외한국교육원
   *연락처: 7924-753-4478(박덕호 원장)
   *주소: 사할린 유즈노사할린스크 미라 83A 한인문화회관 내)
   *Tel: (4242)50-5696 Fax: (4242)50-5699
   참고문헌: 사할린주정부, 주블라디보스토크 총영사관

사할린의 지형&기후

사할린주는 러시아 유일의 섬이다. 주와 인접한 모네론, 졸레니이 섬을
비롯해 56개의 섬으로 구성된 쿠릴열도가 속하고 있다.
유즈노사할린스크에서 모스크바까지의 거리는 10,417km이고 사할린
주와 모스크바의 시차는 7시간이 된다.
사할린주의 총 면적은 8,71만 m^2이며, 주의 기반인 사할린 섬은 러시
아에서 제일 큰 섬(7,66만 km^2)에 해당하며 자오선을 따라 948km로 남

북으로 길게 펼쳐져 있다. 최대 넓이가 160km이며, 최소 넓이는 26km
가 된다. 월평균 온도는 북쪽에는 -24℃이고 남쪽 -6℃, 최저 기록
-54℃이다. 8월에는 10℃, 북쪽은 19℃ 남쪽의 최대 기온은 38℃이며
연간 강수량은 6백~1천2백mm에 이를 때도 있다.

때로는 늦은 여름과 가을에 남서부에서도 강우량이 초당 40m까지가
내려 강력하고 파괴적인 태풍을 동반한다.

동해의 타타르 해협, 네벨스크 해협의 최소넓이는 7,57km이다. 아무
르스키 해협과 사할린만은 섬을 대륙에서 분리하고 있다. 섬 남쪽 라페루
자 해협(최소넓이 41km)으로 일본 홋카이도와 경계를 이루고 동쪽은 오호
츠크해로 둘러져 있다.

쿠릴열도는 캄차트카 반도 남단에서 남서쪽으로 홋카이도까지 뻗어져
있고, 오호츠크해와 태평양 사이에 자연경계를 이루고 있다. 1,2007km
로 줄줄이 연결된 쿠릴열도는 파라무시르, 오네코탄, 시무시르, 우루프,
쿠나시르 섬 등 거의 30개 섬으로 이루어져 있다.

쿠나시르 섬에서 동남쪽에 유즈노 쿠릴스키 해협으로 갈라지는 작은
쿠릴열도가 위치하고 작은 쿠릴열도는 시코탄 섬과 군소 군도를 포함하여
길이가 약 1007km이다.

쿠릴열도는 화산기원의 섬으로 형성됐다. 화산 활동으로는 섬에는 치
료가 가능한 온천을 포함해 수많은 온천이 있다. 쿠릴열도에는 160개의
화산이 있으며 그 중 39개의 화산이 활화산이고, 제일 높은 화산은 아틀
라소브 섬에 있는 알라이드 화산(2339m)이다.

이투루프 섬에는 러시아 원동에서 제일 큰 폭포인 높이 141m의 '알리
야 무로메츠' 폭포가 자리 잡고 있다.

러시아 연방은 라페루자 해협(사할린 섬과 홋카이도 사이), 쿠나시르스
키 해협, 이즈메느 해협(쿠나시르 섬과 홋카이도 사이), 소베트스키 해협
(군소 쿠릴열도와 홋카이도 사이)를 따라 일본과 접경하고 있다.

사할린의 기후를 조성하는 기본요소는 이 섬을 둘러싸고 있는 오호츠

크해와 동해인데, 특히 연해지역에서 겨울 추위를 완화시키고 러시아에서 눈이 제일 많이 내리는 지역으로 하는 시베리아의 영향을 받아 풍부한 겨울철 강수량이 동반되고 계절풍과 고습도의 원인이 되게 한다.

쿠릴 열도는 오호츠크해와 태평양의 광대한 두순역에 위치하고 있으며 두 해협의 요소로 하여금 기후의 조성이 순조롭지 않다. 대체로 봄은 짧고 추우며, 여름은 시원하며 바람의 방향이 변하기 쉽고 자주 안개가 끼며 비가 많이 내린다.

가을도 추운 편이지만 햇빛이 비치는 맑은 날이 많다. 겨울의 섬 북쪽 지방은 계속되는 북서풍으로 매우 추운 편이다. 반면 남쪽 섬인 쿠니시르와 시코탄에서는 훨씬 양호한 겨울이 이어지며 1월에도 영하 10°C까지 내려가는 일이 드물다.

특히 사할린은 침엽수림이 울창하고 포플러, 버드나무, 자작나무, 느릅나무, 단풍나무, 화산재를 비롯해 귀중한 약용 식물이 수두룩하고 곰, 여우, 살쾡이, 검은담비, 산토끼, 사슴, 다람쥐, 사향노루, 멧돼지, 뇌조, 독수리, 딱따구리, 청둥오리, 물오리, 바다사자, 물개, 고래, 철갑상어, 연어 등 수많은 동식물 1,400종에 이르며 서식하고 있다.

©사진: 사할린주정부

*길 찾기(사할린 도로사정의 인프라 구성요소)

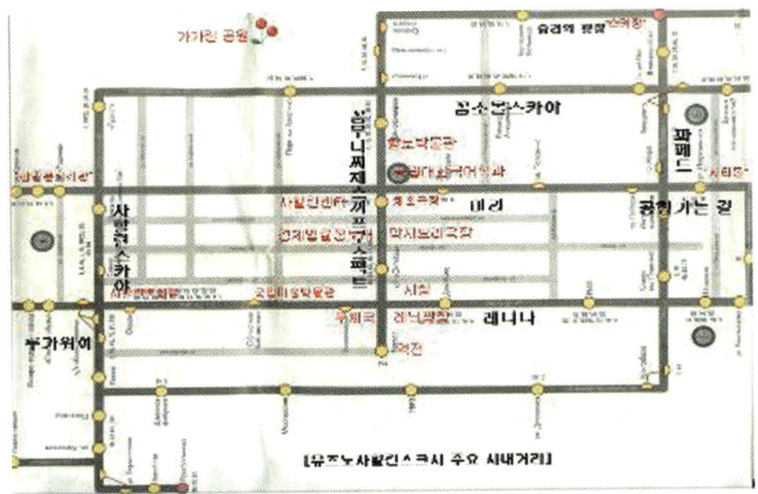

▲유즈노사할린스크 시내 약도

사할린 도로 형성은 대개 일직선 아래 3갈래 길과 윗길의 3갈래 길로 나누어진다. 중심축인 **꼼무니스찌체스끼 프로스팩트** 거리와 사할린스카야 거리, 바베드 거리에서 **프로스팩트 미라거리, 꼼소몰스카야** 거리와 레니나 거리이고, 골목길이든 직선거리를 두고 거미줄처럼 형성되어 있고 구간에 따라 동 이름이 주어진다.

얼핏 보면 단순하게 짜여 있을 것 같지만 직선구간이면 각기 다른 이름을 지니고 있다. 큰 도로를 생각하면 찾기가 매우 쉽지만 골목길을 들어서면 작은 도시치고 기억하기가 쉽지 않다. 이는 도시인구(약15만)에 비해 면적(생활반경)이 넓고 대부분의 아파트 구조가 5층 건물인데다 고만고만한 동 이름이 똑같이 보여 혼동을 가져오기가 일쑤다.

그래서 반드시 집을 찾을 때는 거리이름과 번지를 대야 찾을 수 있고 택시를 탈 때도 마찬가지로 거리이름과 번지를 말하고 목적지의 건물을 가르쳐 줘야만 쉽게 찾을 수가 있다.

꼼무니스찌체스끼(사할린센타 사거리)거리에서 이민국으로 가는 끝머리가 우크란스카야이고 아래로는 루고워예로 내려가는 길이며, 시티몰 쪽(호모또바)으로 가는 공항 길이라 위 여섯 거리가 일반적으로 시내 중심지 역할을 하고 있다. 따라서 시내 관광지가 이 여섯 거리 안에서 이루어지고 있기 때문에 대로변 거리를 기억하면 아무래도 사할린 지리 찾기가 쉽다고 여겨진다.

대중버스는 정액제(15루블)이지만 택시를 탈 때는 그냥 타지 말고 목적지를 말하고 요금을 물어 보고나서야 탑승하는 것이 바람직하다. 아니면 봉변을 떠나, 터무니없는 가격을 요구하기도 한다. 이에 실랑이는 삼가하고 반드시 물어보고 타는 것이 상책이다. 일반적으로 시내요금은 120~150루블이지만 구간을 벗어나면 곱을 요구하기 때문에 어디든 요금부터 물어 보고서야 타는 게 좋다.

참고로 사할린의 렌터카는 보통 20만 원 안팎이지만 기사가 따를 시는 10만 원은 족히 더 주어야 되는 경우도 있고 보편적으로 시간당 600루블로 계산하는데 지방으로 내달릴 때는 기사가 따라야하므로 어처구니없는 가격을 요구할 때도 있다. 즉 1박2일의 경우 일반적으로 15,000루블 내지 20,000루블 받는다. 그러면 우리 돈으로 55만 원에서 70만 원이 넘는 셈이다.

이유인즉 도로사정이 나빠 고장이 날 확률이 많고 위험요소가 따르는 것을 염두에 두고 가기 때문이다. 그렇지만 좋은 사람을 만나는 경우도 있어 여러 군데를 알아보고 결정하는 것이 좋다.

가장 번화가로 알려지고 문화와 학교의 중심축이 되는 꼼무니스찌체스끼 프로스팩트 거리는 위 세 길의 가운데에 자리 잡고 있어 유즈늬(유즈노-사할린스크시)의 모든 길을 여기서 헤아리면 손쉽게 파악할 수가 있다. 사할린(비즈니스)센터와 주요 은행의 본산이 양편으로 있는가하면 체호브, 악쟈브리 등 극장과 국립종합동양학대학과 경제법률정보대학교도 이 거리에 있다. 또 레니나 거리의 출발점인 시청과 레닌광장(뿔로샤지 레니나)과 끝자락인 전쟁기념탑인 슬라봐 광장이 자리 잡고 있어 사할린 유즈닉에서는 가장 번화가이며 사통팔방의 중심축이라 하겠다.

출발점인 레니나 거리에서 레닌동상 뒤로는 기차역(빠그잘)도 있어 모든 도시 간 버스 및 철도연결이 여기서 시작되기도 하며 꼼무니스찌체스끼 프로스펙트 거리에서 유즈닉 전체를 본다고 하여도 과언이 아니다.

공항 가는 길 역시 프로스펙트 미라 거리와 레니나 거리에서 맞닿아 호모또바 거리에서 만나 공항으로 이어진다.

전쟁기념탑이 있는 슬라봐(영예) 광장이나 바베드(승리)의 광장은 사할린스까야 거리에서 우회전해서 러시아정교회 본산 성당이 있는 곳(사거리)에서 좌회전, 또는 꼼무니스찌체스끼 거리에서 직진하거나 프로스펙트 바베트 거리에서 출발해도 만나고 여기서 스키장 가는 길도 만날 수 있다. 여름, 겨울을 막론하고 스키장 케이블카는 항상 11시부터 개방되어 있다.

반면 사할린의 도로시설은 전반적으로 아직까지는 후진국을 면하지 못하고 있다. 시내의 도로도 긴 겨울에 쌓인 눈으로 하여 아스팔트 길 위에 응축되다보니 봄이 오면 서서히 녹아지면서 아스팔트로 스며들어 깨어지는 경우가 있다. 이는 매번 부분 보수공사를 하나 봄마다 일어나는 현상으로 보수공사는 연례행사가 되고 있는 실정이다.

그나마 사할린에서 가장 좋은 길이라면 재작년에 생긴 꼬르고바 길 말고는 꼬르샤코프 가는 고속도로 길이 비교적 잘 되어 있다. 또 대부분의 도시도로를 제외하고는 지방간 국도는 70%가 비포장도로이며 도시 간 도로사정도 시내를 제외하고는 거의가 비포장도로이다. 이 외에도 아니봐와 홈스크 가는 길도 그나마 잘 정돈되어 있다.

국도의 비포장도로도 곧은길이라면 다행이겠지만 대개 굴곡이 심하고 열악한 여건을 갖추고 있어 그야말로 도로 인프라구축은 전무한 상태이다. 도시가 발전하고 문물교환이 이루지려면 우선 포장된 도로가 구축되어야 모든 흐름의 기동성을 발휘할 수 있는데 사할린은 도로건설이 취약해 지방간 물류사업이 상대적으로 뒤떨어지고 있다고 봐야할 것이다.

언제인가 일본기업이 사할린 유즈늬의 도로건설에 호주나 유럽형 도시건설을 투자하고자 했는데 무슨 이유인지 정부예산이 미루고 지고 있고 합작투자의 타산성이 없는지 현재까지 오리무중이다.

근간에 들어서 한국투자설명회가 개최되고 러 대통령의 방한으로 국제공항건설, 물류센터, 부두건설 등에 이르기까지 한국기업 투자 진출을 핵심 사업으로 내걸고 한국기업의 진출을 적극 바라고 있다.

또 아팩이나 극동지역 건설 붐으로 사할린도 덩달아 국가나 주정부의 국가발전계획을 내놓고 있지만 기동성과 선진기술을 갖춘 외국기업이 들어와 건설하지 않고는 현실적으로 실행되고 완공을 이루기까지는 많은 시간이 소요될 것으로 여겨지며 향후 핵심 사업의 청사진을 내놓고 있어 한층 탄력이 붙을 것으로 전망된다.

도시의 배수로 역시 오랜 전에 만들어져 비가 오면 조그만 강수량에도 물이 범람하고 흙탕물이 거리에 난무해 비오는 날 길거리를 다닐 때면 지나는 자동차로 물이 튀는 것을 조심해야 한다. 배수로가 막히는 원인으로는 눈과 비로 흘러내린 먼지가 도로에 쌓이고 배수로로 유입되어 많은 양을 소화해 내지 못하는 것이고 도로에 그대로 남아 일반 쓰레기와 함께 쌓이기 때문이다. 또 4차선 도로에 좁은 배수로 간격이 50미터에서 150미터 가량 떨어져 있고 빗물이 한 곳으로 몰려 비가 오면 도로의 물난리는 예사이다.

따라서 사할린의 행정수도라 일으키는 유즈노사할린스크의 도로사정과 지리는 프로스팩트 미라거리, 꼼소몰스카야 거리, 레니나 거리에서 중심축인 꼼무니스찌체스끼 프로스팩트 거리와 사할린스크야 거리, 바베드 거리에서 시작하면 보다 쉽게 찾을 수가 있다.

꼼무니스찌체스끼 프로스팩트 거리에는 새로 단장된 악자브리 극장이며 건너편엔 한인2세가 어려운 교육 환경 속에서도 성공신화를 이루며 세운 사할린경제법률정보종합대학교(사립대)가 있다. 이 대학은 본문에서도 언급하였지만 한국대학과의 자매결연의 문호를 항시 개방해 두고 있다. 영문으로는 'YUZHNO-SAKHALINSK INSTITUTE OF ECONNOMICS, LAW AND INFORMATION SCIENCE' 홈페이지는 www.sakhiepi.ru이며 전화번호는 7(4242)42-29-67, fax는 7(4242)42-05-97이며 1991년에 설립됐다.

시청 방향으로 내려오면 사거리와 맞닿은 길이 레니나 거리이다. 쁠로사찌 레니나에는 유즈노사할린스크 시청이 있고 주변으로 우체국과 철도청이 있는가하면 인터넷 관련 문의를 할 수 있는 상담과 국제전화 및 카드 판매, 긴급 인터넷 사용도 우체국 건물 안에 있다.

사거리에서 아래로 내려가면 역전과 우체국이 나오고 우회전하면 사할린백화점과 가장 큰 재래시장인 바스톡과 중국시장을 만난다. 한인1세들의 힘난했던 삶을 조명할 수 있는 재래시장에는 이제는 몰라보게 변모해 주위에는 중소 마트의 백화점이 등장했고 가장 붐비는 서민들의 시장 보는 곳으로도 유명하다.

특히 이 시장 장바닥에는 새로 형성된 중국시장과 채소 및 신선한 육류 고기 장터마당이 있다. 또 건축 부자재 및 부속품 만물상이 있어 필요한 부속품을 구입할 수 있고 노천시장이나 김치를 팔거나 채소상의 동양인이 보이는데, 이는 선대에서 물려받은 한인2세들의 생업 현장이다. 거기서 쉽게 한국말을 건넬 수 있고 혹은 중년의 한인들을 만나면 한국말을 할 수가 있다. 이 시장의 거리가 사할린스카야 거리인데, 이 길 아래로 쭉 내려가면 아니봐시와 홈스크시로 가는 길목이 나오기도 한다.

참고로 사할린 물가는 우리가 생각하는 것과는 상당한 차이가 있으므로 염두에 두는 것이 좋다. 그래서 장기간 출장이나 상주할 경우는 생필품을 구입할 시는 루고워예 쪽 물류단지 즉 소매센터로 가면 다소 저렴한

가격으로 구입할 수가 있다.

레니나 거리(레닌동상/시청광장)에서 바스톡 시장 못가서 오른쪽 '오키안' 맞은편 버스정류장 뒤로 푸시킨 동상이 나오는데, 사할린도서관과 미술박물관이 보인다. 미술박물관은 한번쯤 들릴 곳으로 추천하며, 아시아 및 러시아 작품을 두루 감상할 수 있다. 이곳에서 율관 변창헌 부자의 서예전과 부산한복협회의 전시회가 장기간 열리기도 했다.

시내 중심지를 찾는다면 도로망 형성이 단조롭고 개개인의 호수와 집을 찾는 길은 거미줄처럼 엮어져 있어 찾기가 쉽지는 않는데 거리이름과 번지를 찾으면 매우 편리하다. 아는 길도 물어서 가면 편해지는 법, 해외관광의 유적지이라면 몰라도 몇 개를 제외하면 주로 집 찾기 방식인 대부분의 사할린은 더욱 그렇다.

사할린 시내는 레니나 거리가 아래에 있고 중간기점이 미라 거리이고, 위 거리가 꼼소몰스카야 거리인데 이 세 곳의 길과 사할린센터(꼼무니스찌체스끼 프로스펙트)가 있는 거리와 사할린스카야 거리, 바베드 거리가 가장 중심지 역할을 하고 있다. 사할린센터(건너편 사할린국립대 동양학부)에서 사거리의 미라 거리로 쭉 나아가면 엑슨 모빌 사무실이 나오고, 한인문화회관과 한국교육원이 나오며 그 마당에는 꼬르사코프 망향의 언덕에 세워진 동포위령탑 말고도 최초의 희생위령탑과 이중징용추모탑이 있다. 아랫길인 레니나 거리에서 큰 공구상점인 쩨크니크와 사할린(본교) 국립대 맞은편에는 한국영사출장소가 있다.

위 미라거리에서 재래시장이나 신식으로 지어진 얀딸 시장이 나오고 파노라마호텔과 백화점 주변으로는 사할린 최대의 전자상가 '오르비타'가 있으며 근처에는 로얄 백화점과 크리스탈 레스토랑이 있다. 최근 파노라마호텔 한인 사장은 한국식 찜질방을 최초로 도입해 대도시를 능가하는 휴식공간을 선보여 주목을 끌고 있다.

오르비타 건너편에는 크리스탈 레스토랑은 예전 카지노로 유명한 곳이며 당구장 시설이 완비되어 있고 한식도 가능하다. 이외에도 메가팔레스

호텔을 비롯해 가벼운 운동을 할 수 있는 헬스장, 나이트클럽, 볼링장, 실내골프장(꼬르사코프 가는 길)도 시내구간 도로에 있다.

사할린의 숙박과 레스토랑은 거의가 한인 2-3세가 운영하는 곳이 많다. 조금 꾸며지고 한식이 가능한 음식점에는 대부분 한인들이 운영하고 있어 사우나, 노래방 등도 손쉽게 접할 수 있다.

사할린의 주요 명소는 그리 많지 않아서 한번 기억해두면 쉽게 찾을 수 있다. 거리이름을 암기하자면 위 여섯 거리(레니나, 미라, 꼼소몰스카야, 꼼무니스찌체스끼, 사할린스카야, 바베드)를 염두 해두면 편리하다.

◆사할린센터

꼼무니스찌체스끼 프로스펙트 거리에 있으며, 다분히 변화가에 속하며 다국적 기업이 입주해 있으며 미국영사출장소 등 다수가 입주해 있다. 사할린주청사 부속건물과 가스포럼이 입점해 있고 사할린에너지도 주변에 있다.

건너편엔 체호브 극장이 자리하고 이 극장은 러시아 유명배우를 비롯 대도시 초청공연과 간간이 연극공연도 접할 수 있고 문화 일번지로 통한다. 여기서 아래로 레닌광장으로 연결되며 주정부청사, 시청사가 나오며, 극장 프로의 대명사로 불리는 악쟈브리 극장, 사할린경제경제법률대학교(사립)가 있으며 위로는 국립한국어과 동양학분교(국립), 주립박물관(향토박물관), 슬라봐 광장 등 주요 행선지가 한 길에 연결되어 있다.

2011년 상반기부터 내부수리를 하는 바람에 많은 한국기업이 입점해 있었으나 지금은 시청 옆 건물로 옮긴 상태이며 아시아나, 샤트 여행사는 후로사토 일본 레스토랑 맞은편에 있다. 그리고 드림여행사는 미라거리에 있는 돌린스크 은행 맞은편 돔따브리 백화점에 입주해 있다.

◆향토박물관

꼼무니스찌체스끼 프로스펙트 거리에 있으며, 사할린센터 사거리에서 직직하면 주립박물관(향토박물관)이 나온다. 시내에서는 주변 관광이 가장 으뜸이고 박물관 경내에는 주말마다 결혼커플들이 몰려들고, 사할린의 역사를 한 눈에 볼 수 있으며 뒤뜰의 정원에 있는 장미꽃이 볼만하다.

박물관에서 직진하면 슬라봐(영예) 광장이 나오고 유빌레니 호텔과 산타리조트 호텔로 가는 길이며, 우회전하면 파벧트(승리) 광장이 나온다. 광장의 탱크가 있는 광장에서 위로 쳐다보면 사할린이 자랑하는 세계수준급의 스키장인 보즈두흐 스키장이 나온다. 스키장 케이블카를 이용하면 사할린시가지를 한눈에 볼 수 있다. www.sakhalinmuseum.ru

◆사할린백화점

레니나 거리와 사할린스카야 거리가 만나는 사거리에 있으며 사할린에서는 가장 오래된 사할린백화점이다. 요즘은 시내 백화점으로는 공항 쪽 시티몰이 성업 중에 있고, 미라거리에 있는 돔따브리, 파노라마, 예멜야노바 오르비타, 로얄, 예세니야 거리의 메가 폴리스가 있으며 각 구역마다 중소 슈퍼마켓의 상점이 즐비하고 큰 거리마다 24시 마트와 은행이 즐비하다.

이러한 사할린의 급변한 상황에 도로 주변에는 하루가 다르게 변하고 있으며, 조금 규모가 있는 상점에는 해외명품들도 다수 입점해 있다. 하지만 사할린 물가는 살인물가에 속하므로 간단한 선물과 기념품을 제외하고는 가능한 자제하는 것이 좋다.

◆가가린 공원

꼼소몰스카야 거리에서 가가린 호텔로도 들어갈 수 있고 돌아서 메가 팔레스 호텔에서도 찾을 수 있다. 또는 사할린스카야 거리로 올라 올 수도 있다. 메가 호텔 10층 '밤부' 일식 레스토랑에서 내려다보면 가가린 공원뿐 아니라 주변의 산새를 한눈에 볼 수 있다. 노천카페가 있고 이동열차에 러시아 풍경을 느낄 수도 있으며 호수가 물놀이가 가능하며, 주변으

로 산림이 울창하고 시냇가와 접해 오솔길, 호수다리, 산책길로도 손색이
없을 마치 아늑한 분위기를 자아낸다. www.sakhalin-park.ru

◆메가 팔레스 호텔

현재는 한국인이 운영하고 있으나 원래는 합작기업인인 한인2세가 운
영하는 4성급 메가 팔레스 호텔이다. 현재로선 가장 고급 호텔에 속하고
있다. 주변 역시 경관이 수려하고 스키장, 동물원, 가가린 공원이 인접해
있어 외국 VIP은 물론 한국인들도 자주 이용하고 있다. 대중목욕탕 사우
나가 있고 한식, 중식, 양식이 가능하며 마사지 등 부대시설이 비교적 잘
갖추어져 있다.

한편 사할린은 대체적으로 일본식당이 인기가 많고 요즘은 한국요리사
를 고용한 한국식당이 몇 군데 있어 한국음식을 쉽게 접할 수 있다. 호텔
은 보통 10만 원선이며 한 끼 식사는 우리 돈으로 최소 1만3천원 기준에
버스비는 500원 정도이며, 구간 택시비는 4800~5800원 정도인데 조금
외진 길에는 더 받는다. 섣불리 생각하고 오면 낭패를 보는 경우가 있으
므로 사할린 물가를 파악하고 나서는 게 좋다. www.megapalacehotel.ru

◆오호츠크해

유즈노 시내에서 꼬르샤코프로 가는 길(골프장 근처)에서 왼쪽 비포장
도로를 돌아 40분 정도 달리다 보면 바다와 연결되는 커다랗게 연결된 호
수들이 그림처럼 펼쳐지는 호숫가를 만나게 된다.

사할린의 대표적인 휴양지로, 여름이면 한적한 숲속에서 호수를 바라
보며 뙤약볕 햇살 아래 녹색의 향기를 안고 샤슬릭(바베큐) 굽는 매캐한
연기 속에 한 때의 한가로움이 깃든 시간을 지닐 수 있다.

겨울에는 그 나름대로의 운치로 얼음낚시를 즐길 수도 있으며, 끝이 보
이지 않는 호수의 한가운데서 먼 곳 뭉게구름이 산등성이 내려앉은 청정하
늘 아래 햇살 가득한 얼음판에 썰매 끄는 강태공의 모습은 절정을 이룬다.

오호츠크해에 다다르면 파란지붕의 오리엔탈 별장이 나온다. 그곳에는 사우나시설과 주말의 여유를 지닐 수 있는 편의시설도 갖추어져 있다. 사냥과 보트 임대가 가능하고 한인 2세가 운영 중이며 각종 해산물을 접할 수도 있다. 주변으로 해산물의 진귀한 풍경을 엿볼 수 있는 부세호수와 절경의 뚜나차이 호수가 있다.

◆고르늬 보즈두흐 스키장

사할린 관광단지개발사업의 일환으로 러 연방예산과 민간투자 자금으로 러시아 최고의 현대식 시설을 갖춘 스키장이 체호프 산이 내려다보이는 볼세비키 산기슭에서 사할린 관광산업을 위해 조성된 것이 현재의 보즈두흐 스키장이다.

총 5.6억 루블(2200만불)이 소요될 스키장은 모스크바 근교의 사마라 시의 '스키도' 건설회사와 오스트리아 '도펠 마이에르'가 각 시공 감리를 맡아 2008년 새롭게 개장을 하였고 지하자원개발과 더불어 사할린관광화의 새로운 시대를 열었다.

당시 주정부는 2단계로 2008-2010년까지 주변일대를 비롯해 러시아 최고의 산악스키장 휴양지로 만들 계획이었으며, 98억 루블(3.9억불)을 들여 사할린센터 플라자 건설과 2008부터 유즈노사할린스크 국제공항 현대화 사업으로 54억 루블(2.1억불) 등 원유, 가스생산의 투자액 1,028억 루블(40억불)을 예산 심의하고 대륙간 철도건설, 네벨스크 해저터널, 수·화력 발전소, 갈탄광산개발 및 알루미늄 공장건설 중장기적으로 화훼단지, 아니봐만 관광, 레저 타운 조성으로 야심찬 사할린 관광단지개발을 내놓고 있다.

사할린 관광단지개발사업의 하나인 고르늬 보즈두흐 스키장의 탈바꿈은 사할린이 기회의 땅으로 변모해 가는 과정이며 러시아 최상의 현대식 시설로 제작된 스키장 로프의 총길이가 2337미터를 자랑하는 당대 최고의 제트형 코스터이다.

파벡트 광장이 인접한 꼬르고바 거리에서 출발하여 중간기착지까지는 1381미터이고, 정상까지는 956미터로 최고속도가 초당 6미터에 도달하고 중속도는 4미터인 시간당 1500명을 실어 나을 수 있는 곤도라(케이블카)의 구조물도 러시아에서 가장 뛰어난 설비로 되어 있다.

곤도라는 43개로 설치되어 곤도라 개당 8명을 수용할 수 있으며, 천재지변을 대비해 정전이나 태풍에도 디젤기관을 통해 이동토록 만들어졌다. 또 최대한 소음을 줄이도록 설계되었고 초당 6미터로 전진하다가도 역에 다다르면 초당 20cm 떨어져 정상에서 스키를 싣고서 천천히 내릴 수 있어 안전을 최대한 고려했다.

프라스틱 차광판이 추위와 바람으로부터 보호되고 개당 1.5톤의 무게에도 견디는 종합테스트와 폭우시스템에도 통과하여 러시아 기술안전 관리국으로부터 안전진단 허가를 받았다.

●사할린 요약

사할린을 한마디로 요약한다면 개발이 되기 전에는 강제징용이 떠오르고 자원개발이 시작되고부터는 동토의 땅에서 기회의 땅으로 반전되어 새롭게 부각되고 있다는 점이다. 이에 아직도 일제의 만행이 고스란히 남아 있고 사할린동포들의 억눌린 아픔이 배여 있는 사할린을 간단하게 쉽게 정리해 보았다.

☞사할린 섬(면적 7만 8000㎢)은 쿠릴열도와 구성되어 있고, 세계에서 19번째로 큰 섬에 타타르 해협과 오호츠크 해 사이에 있으며, 일본의 홋카이도(北海道)완 지리적으로 가까운 거리에 있어 육상과 해상 교류가 활발하며 일본은 자국민을 보호한다는 명목으로 진적부터 총영사급을 두고 있다.

▶1945년(8.9) 남사할린에 소련군 지상전이 시작된 이후부터 러시아 인이 거주하기 시작해 현재 전체 인구 49만 명 중 84%가 러시아인이고 우크라이나 등 100개에 이른 소수민족이 거주하고 있는 가운데 사할린동 포는 3만 명이 거주하고 있으며 50%에 가까운 한인들이 유즈노사할린스 크시에 거주하고 있다. 현지 한인언론사로는 우리말방송국과 새고려신문 등이 있으며 한인협회, 이산가족협회, 주노인회 등 18개의 사회단체가 있 으며 올해까지 한국에 정착하는 사할린동포 영주귀국자는 3700여 명에 도달했다. 한국정부는 2007년 유즈노사할린스크에다 주블라디보스토크 총영사관 관할의 사할린출장소를 설치했다.

▶사할린 주는 러시아 극동 연방관구에 속하며 대륙과의 사이에는 최 단거리 약 8km에 행정수도는 유즈노사할린스크이다. 주요 도시로는 행 정주시인 유즈노사할린스크(Южно-Сахалинск)를 비롯해 아니바(Ани ва), 코르사코프(Корсаков), 홈스크(Холмск), 네벨스크(Невельск), 고르노자보츠크(Горнозаводск), 돌린스크(Долинск), 크라스노고르스 크(Красногорск), 알렉산드롭스크 사할린스키(Александровск-Саха линский), 마카로프(Макаров), 토마리(Томари), 포로나이스크(Пор онай ск), 우글레고르스크(Углегорск), 샥쵸르스크(Шахтёрск), 체호 프(Чехов), 오하(Оха), 쿠릴스크(Курильск), 세베로 쿠릴스크(Север о-Курильск), 유즈노 쿠릴스크(Южно-Курильск) 등이 있다.

▶기후와 역사는, 전반적으로 냉온대에 속하며, 여름에는 몬순의 영향 을 받아 약간 습윤하고 겨울에는 시베리아 고기압의 영향으로 다소 추운 편이지만 지구의 이상기온으로 사할린의 날씨가 변화무쌍하게 변해 최근 몇 년간 겨울철에 눈은 많이 내렸으나 대개 영하 12~20도에도 칼날 같은 강추위는 여전보다 못하며 겨울과 여름의 차이가 상반되는 현상을 유지 하고 특히 올 여름은 유난히 쌀쌀한 날씨가 지속되고 있다. 짧게 지리적

으로 설명한다면 19세기이후로 일본의 에도 막부와 러시아 제국사이에서
영유권을 놓고 서로 다퉜지만, 1875년에 상트페테르부르크 조약으로 사
할린 섬 전체와 그 부속 섬들이 러시아의 영토로 인정받게 되고, 1905년
러일전쟁의 승리(포츠머스 조약)에 의해 일본이 북위 50도 이남의 남사할
린(南樺太)을 러시아제국에 넘겨받아 일제는 남부사할린(南樺太)에다 본
격 식민지(가이지) 개발권에서 1907년 가라후토 청(樺太廳)을 개편하고
1942년에는 일본 본토(나이지)로 편입하게 되었다. 일본군은 이어 1918
년 북부 전역을 점령(1925년)하기도 하지만 1945(8.9)년 제2차 세계대전
시 소련이 일소 중립 조약을 파기하고 선전포고한 다음 사할린 섬 전체와
쿠릴 열도를 소련 영토로 편입하고 1946년 병합을 선언한 뒤 1947년 남
사할린과 쿠릴열도를 사할린 주로 편입해 오늘에 이르고 있다. 하지만 현
재까지 일본과 러시아 관계는 활발히 교류가 되고 있지만 여전히 영토 문
제로 풀기 어려운 숙제로 남아 있다.

▶사할린에 한인들이 거주하기 시작한지는 러일전쟁 이후부터 남사할
린이 일본 영토가 되자 일본을 경유해서 취업이민자들이 다수가 있었고
스탈린 강제이주 정책에 의해 북사할린에도 이미 거주하고 있었다는 설도
있다. 많은 인원이 유입되기는 일제식민지인 1930년대 말에서 1940년대
중반까지 사할린 섬으로 강제 징용당한 것이 시초이며, 일본은 부족한 노
동력을 보충하기 위해 한국인을 남사할린 전역에 관 알선 모집 등으로 강
제 징용해 철도, 공항, 군속, 탄부로 수급이 될 공장마다 배치시켰고 전쟁
말기 더 이상의 보급로가 끊기자 일부는 일본 본토로 데려가기도 했다.
소위 이중 징용이 시작된 것이다.

참고로 예전엔 주요 산업으로는 어업, 석탄, 농업, 임업과 제지, 펄프,
석유 등 산업분야에 관련한 생산위주가 왕성하였지만 지금은 생산시설이
미흡하고 전량 수입에 의존해 물가가 천정부지로 오른 상태이다. 현재는
어업에 관련된 가공식품과 맥주공장 시설이 있고 자원보고로 알려진 석유

와 천연가스가 직접 생산되고 있다. 향후 30~50년의 채굴을 예상하고 있으며 원유가 18억 톤, 가스는 2조㎥에 이를 정도로 다국적 에너지 기업들의 각축장이 되고 있다. 이는 사할린이 러시아 극동지역의 중심축을 의미하고 사할린프로젝트(1-6)의 개발로 새로운 땅으로 지목받고 있다는 증거이다. 이에 따라 한인들의 삶의 질도 향상되어 타민족보다 높은 소득에 호텔, 유통 등 상권을 대부분 장악하고 있고 부유층이 주류를 이루고 있는 실정이다. 이제는 동토의 땅에서 기회의 땅으로 사할린이 새롭게 변하고 있다.

◆사할린 호텔 현황

※ 아래 ″표는 사할린 제1도시인 유즈노사할린스크시를 말함.

1. 호텔: 그란드 오호따(Гранд-Охота) ☎(4242)46-7706 카페: 46-7707

*주소: 유즈노사할린스크 드제르쉰스꼬고 7-A

2. 호텔: 유비레이나야(Юбилей ная) ☎(4242)49-8300, 43-4809

fax:(4242)49-8343 *주소: ″ 프로 스벡트 알따이스끼 10번지(쁘로삿드 슬라브)

3. 호텔: 미라(Мира) ☎(4242)45-4500, 45-4502 fax:(4242)45-4502

*주소: ″ 프로 스벡트 미라 255번지

4. 호텔: 벨카(Белка) ☎(4242)46-1761, 46-1771

*주소: ″ 하바로브스카야 29-Б www.belka-hotel.ru

5. 호텔: 젬랴니치늬예 홀름(Земляничные Холмы) 전화: (4242)70-0020,

45-0700 fax:(4242)70-0011 *주소: ″ 솔네치노고 스베타 2번지

6. 호텔: 루빈(Рубин) ☎(4242)42-2212 fax:(4242)42-2810

*주소: ″ 체호바 85번지 www.rubin-hotel.ru

7. 호텔: 뚜리스따(Турист) ☎(4242)46-7800, 46-7811 fax: (4242)41-0025

*주소: ″ 사할린스카야 2-A www.sakhalin-tourist.ru

8. 호텔: 가스쩨보이 돔(Гостевой дом) ☎(42433)66004, 66005 fax (42433)66006 *주소: 홈스크시, 바베드 16-А

9. 호텔: 차이카(Чай ка) ☎(42433)66482 fax: (42433)66485

*주소: 홈스크시, 바베드 4-А

10. 호텔: 나따리야(Наталя) ☎(4242)-4949, 46-4901 fax:(4242)462701

*주소: 〃 안톤 부유클리 38번지

11. 호텔: 프시픽 프라자 사할린(Пасифик Плаза Сахалин) ☎(4242)45-5000 *주소: 브로스벡트 미라 172번지 www.sakhalinpacificplaza.ru

12. 호텔: 포크시(Фокси) ☎(4242)45-0455, 30-2402

*주소: 〃 제뜨스카야 4번지(메가 팔레스 2층), 체호바 1-А, 1층

13. 호텔: 가다록크(Городок) ☎(42452)22121 *스미르늬흐, 레니나 39번지

14. 호텔: 도마쉰야(Домашняя) ☎(4242)70-8450, 28-4100

*주소: 〃 아리란 1번지(공항 편)

15. 호텔: 예브라지야(Евразия) ☎(4242)71-3560, 71-4466. 레스토랑 (4242)71-4558 *주소: 〃 바끄잘나야 54번지

16. 호텔: 임페리야 ☎(42437) 21155 *주소: 오하시, 꼼소몰스카야 12번지

17. 호텔: 라다(Лада) ☎(4242)46-4800, 42-4445, fax:(4242)423837. 카페(4242)46-4800, 46-4808 *주소: 〃 꼼소몰스카야 154번지

18. 호텔: 로토스(Лотос)(4242)43-0918, 42-4390 fax:(4242)43-6885

*주소: 〃 쿠릴스카야 41-А www.lotus-hotel.ru

19. 호텔: 마트욘(Матьен) ☎(4242)78-8625, (4242)441390 fax:(4242)441390 *주소: 〃 소로브니나야 19번지(악쟈브리)

20. 호텔: 메가 팔레스(Мега Палас) ☎(4242)45-0450 fax:(4242)45-0451 레스토랑(4242)45-0520("Маркиз"), 나이트(4242)45-0525("Дюк") 일식 (4242)45-0532("Бамбу") *주소: 〃 제트스카야 4번지 www. megapalacehotel.ru

21. 호텔: 유비레이나야(Юбилей ная) ☎(42437)44951 fax:(42437)44891

*주소: 오하시, 레니나 40-1번지

22. 호텔: 오리엔탈(Ориенталь) ☎(4242)721972, 721973
fax:(4242)463054 *주소: 〃 사할린스카야 2-А
23. 호텔: 산타 리조트(Санта Ризот) ☎(4242)505150, 499180 fax:505151
레스토랑(4242)499170 *주소: 〃 벤스카야 3번지 www.santahotel.ru
24. 호텔: 사할린 삿포로(Саппоро) ☎(4242)422634 fax:(4242)723889
*주소: 〃 레니나 181번지
25. 호텔: 사할린 스페라(Сахалин-Сфера) ☎(42437)44333 fax(4242)25593
*주소: 오하시 드제리쉰스꼬고 23-А
26. 호텔: 홈스크(Холмск) ☎(42433)52854, 51824
*주소: 홈스크시 소베트스카야 60번지
27. 민박: 김하우스(Ким Хаус) ☎(4242)77-2288
*주소: 〃 브란스카야 26번지 www.kimhouse.ru
28. 호텔: 파노라마(Панорама) ☎(4242)70-0888 카페:(4242)22-3160
*주소: 〃 쁘로스벡트 미라 231번지 www.panorama-hotel.ru
29. 민박: 홍 신 해(Хон Сын Хе) ☎(42431)50495, 55050
*주소: 포로나이스크시, 모로제쉬나야 3번지
30. 민박: 유트 돔(Уют дом) ☎(4242)70-8450, 25-3402
31. 민박: 아리란(Ариран) ☎(4242)78-8319 приемная *주소: 〃 호모또바
아리란 1번지
32. 호텔: 가가린(Гагарин)☎(4242)49-8400 사우나:(4242)498401,
레스토랑(4242)49-840 ˚ 주소: 〃 꼼소몰스카야 133번지 www.gagarinhotel.ru
33. 호텔: 게오로그(Геолог) ☎(4242)72-3979, 723981 *주소: 〃 소베르나
야 56번지
34. 호텔(여관): 그레이스(Грей с) ☎(4242) 429236 *주소: 〃 쿠릴스카야 18번지
35. 민박: 달네보스또치니크(Дальневосточник) ☎(4242)42-9453
*주소: 〃 레니나 179번지

36. 민박: 돔 쁘리예즈쉬흐(Дом приезжих) ☎(4242)42-3928, 424925

*주소: 〃 미라 5-A

37. 민박: 조로타야 도리나(Золотая долина) ☎(4242)70-0085, 620763

*주소: 예란스끼 쁘로예즈드 3번지

38. 호텔: 임페리얼 팔레스(Империал) ☎(4242)75-3434, 755150

*주소: 〃 미라 422번지

39. 대학(철도)기숙사: (민박)Институт усовершенствования учителей

☎(4242) 420192 *주소: 〃 쁘로스벡트 미라 16-A

40. 호텔: 카나드스카야(Канадская) ☎(42437)20916

*주소: 오하시, 꼼소몰스카야 24-A

41. 호텔: 민토스(Митос) ☎(4242)45-2000 *주소: 〃 가스찐나야 1번지

42. 호텔: 모네론(Монерон) ☎(4242)72-3454, 723453

*주소: 〃 꼼무니스찌체스끼 쁘로스벡트 86번지

43. 호텔: 네프툰(Нептун) ☎(4242)77-4720 fax:(4242)46-3080

*주소: 〃 드제르쉰스꼬고 14번지

44. 호텔: 오스트로브(Остров) ☎(4242)74-7774 tel/fax:(4242)42-4417

*주소: 〃 네벨스꼬고 31번지

45. 호텔: 리박(Рыбак) ☎(4242)72-3768

*주소: 〃 칼 마르스크(까르라 마르크사) 51번지

46. 민박: 체호바 센터(Чехов-Центр) ☎(4242)42-9048 *주소: 체호바 43번지

47. 호텔: 야코르(Якорь1,2) ☎(4242)46-2501, 721838, (4242)744093

fax: (4242)46-2500 *주소: 〃 사할린스카야 157번지, 아무르스카야 62번지

48. 호텔: 한국관: ☎(7-4242)47-0101, 070-8267-0959

*주소: 〃 미라 83A, 한인문화회관 2층(한국관식당 겸업)

49. 민박: 지현이네 ☎(7-4242)55-5463/ 휴대폰: 61-6643

*주소: 〃 콤소몰스까야 283a 9호

50. 민박: sakh1205 ☎:(7-4242)55-5306/휴대폰:(7-4242)25-5588

▶참고로 사할린에는 한국인(48-50)이 운영하는 한국관 호텔과 민박집이 있다. 메가팔레스는 우리은행이 출자한 호텔로 한국인이 직접 운영하고 있고 현재의 한인협회 회장이 운영하는 임페리얼 호텔이 있는가 하면 대체로 잘 알려진 가가린 호텔도 권행자 사장님이 운영하는 한인2세 호텔이다. 그 밖에도 러시아 최초로 사립종합대를 설립해 주목을 받았던 사할린경제법률정보대학교 강영복 총장의 따님이 운영하고 있는 로토스 호텔, 오리엔탈, 투리스타 등 숙박, 레스토랑, 유통(백화점) 분야의 거의가 한인동포들이 관리 운영하고 있다. 특히 민박집 여주인(한국인)의 음식솜씨는 정평이 날 정도로 뛰어나다. 말도 통하고 정보도 교환하기에는 더없이 좋다고 생각되므로 한국관(대표 주기호) 혹은 민박집을 이용하거나 하면 즐겁고 편안한 여행이 될 것이다. 또한 호텔 예약은 국내에서도 인터넷으로 가능하며 사할린 관련 페이스북, 네이버 혹은 다음, 블로그(사할린사랑/www.sakhalinlo.com)나 카페(사할린여행)를 이용하면 사할린을 이해하는데 많은 도움이 되리라 믿는다. 사할린호텔 사이트는 www.sakh.com에 들어가면 영어로도 각 호텔을 찾을 수 있다.

※기타 사이트:

러시아대표사이트(http://www.mail.ru, www.yandex.ru)

사할린: 나이트(Duke) megapalacehotel.ru/duke.

영화극장 sakhkino.ru.

체호프 극장(Чехова) www.chekhov-center.ru.

악쟈브리 극장 www.sakhkino.ru.

올림피아 공원 www. olympiapark.ru.

투나차이 별장 dom-sakh.ru, ЗооШик zooshic.com

사할린 한인생활사

Жизнь и история сахалинских корейцев. Часть 1

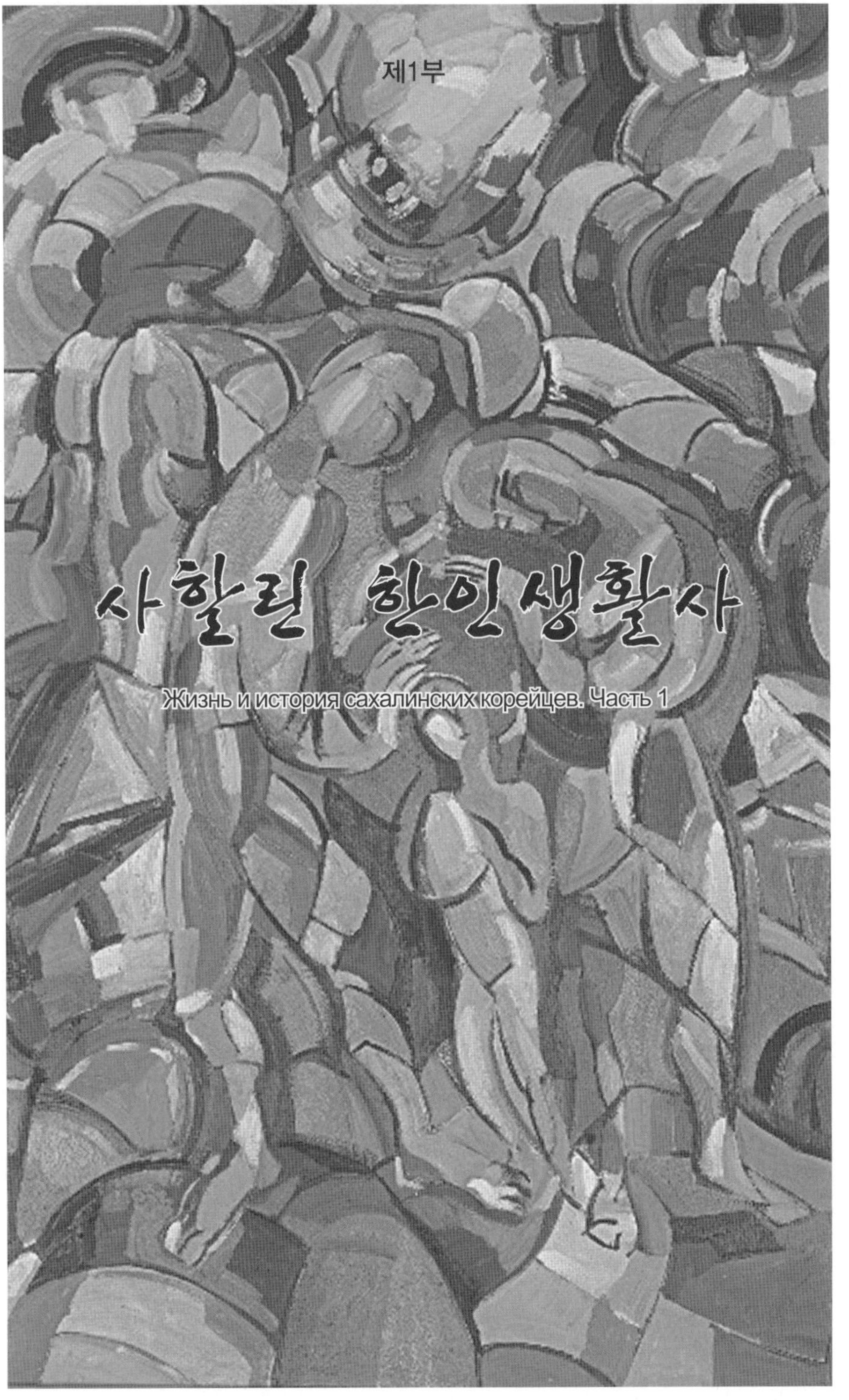

이중징용의 아픔

사할린의 한인들 중에는 일본시대의 잔재가 아직도 곳곳에 남아 있
다. 경제성장의 속도가 다소 느린 것도 있겠지만 원년시대의 무지
로 그대로 일본식 이름을 가지고 사는 분들도 더러 있다.

정 빅토르 베르로비치는 일제 때 아버지를 따라 건너왔다. 13살 어린
나이에 강제 징용된 아버지를 따라 화태(사할린)에 와서 일본소학교를 졸
업하고 해방 후 조선학교 7년제 학교를 수료했다.

소련 스탈린체제 속에서도 유독 애국심이 강했던 부모의 영향으로 조
국을 늘 그리워했다. 1963년 조선어학교가 문을 닫자 조선어 부활에 남
다른 열성을 쏟았고, 한글과 한문을 잊지 않으려고 부단히 노력해왔다.
당시 정 빅토르는 조선학교에서 교원생활을 15년간 교사로 재직한 바 있
었다. 그는 러시아어는 물론이고 한국어, 일본어 등 한자에도 남다른 식
견이 밝았다. 사할린에서는 몇 되지 않은 지식인으로 통했다.

현재는 한국어와 학문이 뛰어난 이들이 제다 영주귀국을 하였지만 사
할린 내 한국통으로 불리는 사할린한인
역사에 입지적으로 남은, 그마저 없어서
는 안 될 인물이었다.

그가 살아온 삶 역시 파란만장했다. 패
망직전 일본은 사할린의 군수물자 수급
이 원활하지 않자 3,190명의 조선인을
1944년 일본 본토로 재징용했다.

1952년 조선학교 재학시절
(정태식 씨와 대륙에서 온 친구)

그 가운데 그의 아버지가 징용되었고 숱하게 일본을 넘나들며 아버지의 우편적금 및 노임으로 받았던 채권 등을 반환하기 위해 일본을 상대로 끊임없이 투쟁해했다.

단지 보상 차원이 아니라 1세 한인들의 버려진 조국을 원망했고 억울하게 옥살이를 한, 창살 없는 감옥생활을 해온 부모와 한인들의 한을 풀기 위해 그는 이중징용광부유가족회의 임원으로 그 유족들과 사할린주 일본 총영사관 앞에서 현수막을 내걸고 죽음을 넘나들며 배상을 줄기차게 요구하였고 서진길 회장을 비롯해 후자에는 전 박해룡 회장과 전상주 회장과도 일본을 상대로 지금까지 소송에 임해왔다.

허나 그의 나이 팔십이 다되도록 현재까지 아무런 대책이 없다. 이로 인해 지난 1999년 사할린이중징용광부유가족회가 발족되었고 서진길 회장의 지원과 한국지인의 도움을 받아 광부희생위령탑이 2007년도 한인문화회관 앞마당에 건립되었다.

1943년 그가 사할린에 오고 두해 후 그는 일본소학교에 입학했다. 창씨개명이 되기 전의 한국이름은 정태식, 일본이름은 오오야마 타이쇼크로 소학시절을 맞았다.

소학시절 3학년에 접어들 쯤 난데없이 아버지가 일본으로 끌려갔다. 당시 어머니는 사할린에 와서 동생을 임신한 상태이었다. 집안은 난리가 났고 초상집이 따로 없었다.

이곳 탄광에서 다시 일본 탄광으로 전속된다는 말에 한인마을은 초긴장감이 감돌았다.

어머님은 잠을 이루지 못했고 일본의 압박에도 그나마 가장이 있어서 남들보다 희망이 도사렸는데 아버지가 일본 본토로 재징용되다니 하늘이 무너지는 것만 같았다.

아버지는 다시 온다는 일본군무원의 말을 남기고 사할린 꼬르사코프 항을 통해 일본 큐슈로 끌려갔다. 일본 큐슈에는 규모 큰 탄광이었고 미쓰이 광업소가 운영하고 있었다.

아버지는 재 징용된 3,190명의 탄부 중에 큐슈로 배치되었고 나머지는 토오로, 가네보, 타이헤이 탄광 등지로 분산되었다. 그 때가 1944년 8월이었고, 일제는 사할린북쪽 14개 탄산에서 근무하던 탄부들을 다시 일본으로 불러들였다.

사할린에 남은 가족들은 틈만 나면 일본으로 간 부모형제들을 걱정했다. 어떤 가정은 아버지와 형제와 그 어떤 가족은 아들과도 함께 모집되었다. 이 기구한 사연을 등진 사할린 한인들은 애초에 조선에서 강제 동원되어 사할린에 왔고 다시 일본 본토로 모집되는 생에 가장 혹독하고 처절한 몸부림을 겪어왔던 이들이었다.

아버지의 소식은 해방이 되고 그해 중순경에 들을 수 있었다. 전체 재징용된 인원 중 30%를 제외하고는 대부분 가장들이 다시 사할린에 돌아올 수 있었다.

하지만 그 또한 쉽지만 않았다. 어떤 이는 밀항선을 타고 가족을 만나기 위해 생과 사를 넘나들며 험난한 파도를 헤치며 사할린으로 들어올 수 있었다. 어찌 온전한 만남이 이루어질 수 있겠는가. 시대의 비극은 사할린 곳곳에 강물이 되어 흘렀고 이름 없는 잡초가 되어 가을하늘 하늘거리는 갈대마냥 처량하게 흔들리고 있었다. 발길 닿는 곳마다 까마귀 울어대는 소리가 왠지 예사롭지 않았다.

이렇게 사할린 한인들의 이중징용은 2000년대까지 역사에 드러나지 않은 사건으로 베일에 갇혀 있었다. 어디 이중징용뿐이겠는가. 한인학살사건, 살을 에워싸는 망향의 언덕에서 고향을 그리다 쓸쓸하게 죽어간 이들과 향수병에 묻혀 끝내 고국으로 돌아가지 못하고 먼저 간 영령들의 애환은 지구촌 다시없을 비극으로 간직되기에 충분했다.

서진길 회장▶

일본으로 모집되었던 광부들이 하나 둘 사할린에 온건만 누구네 아버지는 돌아오지 않았다. 바로 서진길 아버지는 끝내 돌아오지도 않았고 소식조차 들을 수 없었다. 해방이 되고도 아버지조차 몰랐던 서진길 회장은 아버지가 이중 징용되어 일본에서 사망했다는 소식을 알고부터 아버지 찾기에 본격 나서게 되었다.

여비를 마련하고 가진 재산을 아버지 찾는데 보탰다. 오직 아버지 찾는데만 매달렸다. 이윽고 서진길 회장은 한인협회 박해룡 회장과 노인회 전상주 회장, 임태환 부회장 등과 수차례 일본을 방문하면서 아버지의 소식을 탐문하기 위해 백방으로 뛰어들었다.

하지만 아버지의 유골은 끝내 찾지 못했고 이바라기현 탄광에 배치되었다는 소식을 접하게 되었지만 그가 살아온 삶은 누구에게 보상받아야하는지 그 무엇으로도 위로할 수가 없었다.

성년이 되기까지 아버지의 성도 모르며 살았던, 그래서 더욱 애절한 망부곡이 그의 가슴을 억눌렀다. 아버지가 끌려갔던 탄광을 찾고서야 비로소 자신의 성이 서 씨인 줄 알았다. 아버지의 제사를 처음으로 지냈다. 첫잔에 올린 아버지의 이름, 그는 목 놓아 울고만 말았다.

그런 아버지를 위해 자비를 들여 위령탑을 건립하고 국내외 인사를 모시고 한 많은 광부들의 영령을 달래는 제막식을 2007년에 사할린 한인문화회관 앞마당에서 가졌다. 하늘도 울었고 땅도 요동치며 울었다. 바람에 휘날리는 백발의 머릿결들이 뒤엉겨 고통을 토해내고 있었다.

생전에 가슴에 묻어두며 크나큰 시련을 겪으며 살아온 서진길 회장의 마음을 헤아릴 수 있을지 그 아픔이 아직도 아물지 않고 있다.

일본을 방문하고 일본정부에 보상 탄원서를 보내며 마음고생을 함께한 동지들의 일들이 주마등처럼 떠올랐다. 광부유가족회 창립 멤버로 서진길 회장을 보좌하고 옆에서 줄곧 지켜온 정태식 씨는 언제까지 이 한을 풀지 늘그막 초로의 노인은 자꾸만 흘러가는 세월이 야속하기만 했다.

1세들은 가고 없고 그 자리에 자신이 아버지의 한을 달래주기는 너무나 부족한 것이 원망스러웠다. 아버지뿐 아니라 억울하게 희생당한 선대들의 한을 풀어주지 못하는 능력이 한없이 죄스럽기만 했다.

창밖을 응시하고 생각에 잠긴 정태식 씨. 허름한 사할린스카야 3층 아파트에서 바라다본 어린이 놀이터에는 아이들이 세상가득 행복을 안고서 철없이 뛰어놀고 있었다. 불현듯 지난 어린 시절 아버지와 강가에서 고기 잡으려간 추억이 떠올랐다. 아직도 선하게 비치는 마을 어귀 느티나무 아래에서 놀던 기억이 지워지지 않았다.

그 느티나무는 아직도 제자리에 있는데 이내 몸은 사할린에 남아 있으니 이유 없는 울분이 물밀듯 차오른다. 누구의 잘못인가. 이 나이가 되도록 사할린한인의 보상은 정녕 없는 것인가 묻고 싶다. 독일과 대만의 경우만 보더라도 전후 보상대책은 마련되었는데 사할린은 항상 뒷전에만 머물고 있는 것이 과연 누구의 탓인가 스스로 질책하고 있는 자신이 왠지 처량하기만 하다. 아버지, 이름만 불러도 몸서리치고 금방 눈물이 쏟아질 것 같다.

아버지는 항상 자식들에게 비록 지금은 나라가 없는 민족으로 살아가지만 언제인가는 조선을 되찾을 수 있다고 강조하며 고향이야기, 할아버지의 이야기를 자주 들려주곤 했었다.

어디 있든 조선인의 자존심은 지켜야 한다며 길게 내뿜는 한숨소리를 잊을 수 없었다. 며칠만 지나면 아버지 기일이 찾아오건만 탄부들의 잃어버린 보상은 아직도 해결이 되지 않고 있다. 아버지 제사상에 앉을 때마다 자식 된 도리를 다하지 못한 것 같아 자신이 한없이 미약한 존재로만 보였다.

이제는 그 후손들마저 일흔을 넘긴 고령에 이르러 힘에 부쳐 거동마저 불편하다. 가고 또 가고 그 마지막 증언을 대변할 2세들마저 떠나가고 있다.

▲이중징용비

다시 후손들이 떠맡아야 하는 이 질긴 소송문제도 벌써 12년이 흘렀다. 증언을 하기에는 부적합한 후손들이기에 또 이를 감당하기에는 더욱 벅찬 문제일진대 우리네 아버지의 혼을 가져갈 마음의 안식처는 왜 이리도 더디게만 가는지 가슴이 찢어지는 듯 미어져온다.

정태식 어르신은 현재 팔순을 바라보는 나이에도 지팡이를 지탱하며 대중교통을 이용하며 한인협회 사무실에 출근하고 있다. 아직도 끝나지 않은 소송을 위해 한인협회 고문직을 맡으며 협회의 통역업무를 비롯해 한인들의 한국어 대필을 도우며 세월을 보내고 있다.

이중징용이라 함은 한국에서 사할린으로 징용되었던 사람들이 다시 일본 내지의 큐슈 섬과 이바라기 현에 있는 탄광으로 재징용된 경우를 말한다. 당시 사할린은 동해안 사할린과 서해안 사할린으로 구분되는데 동해안 사할린은 철도길이 있었기에 기차로 석탄을 운반할 수 있었으나, 서북해안의 사할린은 철도가 부설되지 않아 선편을 통해서 직접 일본본토로 탄을 운반할 수밖에 없었다.그래서 1944년 일본본토가 미군의 제공, 제해권에 들어가게 되자 사할린에서 생산되는 품질이 양호한 석탄을 더 이상 배로는 일본본토로 운반해 가는 것이 불가능해졌다.

따라서 큰 탄광이 있었던 에스토루(현 우글레고르스크) 이북의 러시아와 일본 국경 안베스 근처에 가동되었던 12개의 탄광들을 모두 정리한다고 통보하고 1944년 8월11일 일본정부 각의의 결정에 따라 모두 폐광, 휴광 혹은 보광으로 두기로 하고 거기에서 일하던 사람들을 귀향시킨 것이 아니라 다시 일본내지로 징용하여 중노동에 종사시켰다.(나가사와 시게루. 1986년 도쿄)

이 이중징용 광부들의 가족들은 가장, 남편, 부형들이 재 징용됨으로서 다른 사람들에 비해 곱절로 심한 정신적, 물질적 고통을 당할 수밖에 없었다.

이처럼 이중 징용된 광부들의 가족들 중에는 해방이 되어도 재회하지 못하고 생사조차 확인도 못한 채 이산가족으로 한평생을 살아야만 하는 처지에 놓인 사람들의 상당수가 현재 사할린에 거주하고 있다. 이것이 사할린 이중징용 광부들과 그 유가족들의 현황이다.

현재 300명(생존 가족, 2000년)의 회원들이 망라된 이중징용광부 유가족회가 사단법인으로 공식적으로 사할린주 사법성에 등록되어 이중징용에 따른 제반 문제들을 해결하려 노력하고 있으나 이중징용광부들의 정확한 숫자조차 오늘 현재까지 공개되지 않고 있으며 그 진상 연구를 줄기차게 하지 않고 있는 것으로 지적되었다.

이에 이중징용광부 유가족회는 2000년부터 '이중강제징용자 찾기 발기자위원회'를 구성하고 2001년 '사할린이중징용광부유가족회'를 설립하여 본격적인 대일소송에 나섰으며 2001년 일본 외무성과 미쓰이 광산본사를 찾아 1944년 사할린징용의 진상자료를 일본 언론에 공개하기도 했다.

이에 따라 1986년 10월호(재일조선인사 연구16호)에 실린 일본의 '재일조선인 운동사연구회' 나가사와 시게루 씨의 연구 자료를 기반삼아 사할린이중징용광부의 활동이 시작되었으며 북해도 홋카이도 신문에도 게재되어 피해보상 청구에 따른 재송 등 많은 관심을 불러 일으켰다.

또 이들은 대한민국 대통령과 국회 등을 비롯해 대한적십자사와 일본적십자사에게 각각 성명서와 호소문을 발송해 일본의 부당성과 사할린이 중징용의 억울함을 만천하에 호소하기도 했다.

하지만 국내외 호소문에도 불구하고 어느 정부의 기관에서도 정확한 답변을 주지 않은 가운데 일본적십자사에서 보내어 온 회답에는 러시아 사할린한인 이중징용광부의 서신에 동의할 수 없으며 귀회가 제기한 문제에 대해 한 번도 연구 조사한 적이 없었으므로 답변을 드릴 수 없다는 회답을 받았을 뿐이었다.

그리고도 지속적으로 사할린주재 일본총영사관 앞에서 산발시위를 하였고 대답 없는 메아리로 끝없는 투쟁을 해왔다.

당시 1944년 8월-9월에 걸쳐 일본의 관부연락선 〈야니와 마루호〉는 일본 '홋카이도 와카나이'와 사할린(구.가라후토) 오도마리(코르사코프) 간을 왕복 항해하며 1944년 일본정부 각의의 결정에 따라 1만 명 이상의 탄부들을 징용하였는데 그 중 사할린한인 광부 3,190명을 일본 내지 규슈와 이바라기 현 등지로 실어 날랐음을 동 8월 11일 징용계획 자료 고문서에 기록되어 있으며, 일본석탄통제회 도서관에 소장되어 있으며 일본 내지 탄광과 사할린징용지 탄광 등 징용광부인원 계획이 낱낱이 기록되어 있다. 실지 이보다 많은 인원들이 재징용에 배치되었던 것으로 추측되고 있다.

◀조선과 사할린을 오고 간 관부연락선.

남화태(사할린) 한인이중징용자 일본 내지 탄광 분표도

일본 탄광지역	징용수(명)	비고
안베쓰	134	
고난	148	
니시사꾸	378	
나요시	145	
도요하타	148	
산부쿠 무연탄광	370	
기다고지와	22	
모로쓰 무연탄광	27	
도오로 미쯔비시	204	
도오로 가네보	667	
다이헤이,에스토루(덴나이)	599	
도오로 하꾸사와	348	
합계	3190	

▲탄광별 노무자 배치상황(가라후토 행정문서)

위의 사할린 카라후토청 행정문서인 '탄광별 노무자 사용 상황'의 조사
표에 따르면 1940년 6월말 현 유즈노사할린 지청과 홀므스크 지청을 합
한 인구수가 11,819명이고, 현 우글레고르스크지청에는 13,295명으로
되어 있으며 전체 인구의 40%가 우글레고르스크 지청에 살았고 포로나
이스크지청에는 24%가 살고 있었다. 그렇다면 일본정부가 조사한 것은
36%의 한인이 살고 있는 지방만을 조사대상에 넣고 64%는 조사대상에
들어가지 않았다는 증거인데 이러한 결과는 오늘날의 영주귀국 및 보상
문제와 같은 해결에 심각한 문제점으로 지적되고 있다.

또 표(행정문서)에서 보는 바와 같이 현 우글레고르스크 지청 당시 에스

토루 지청에는 16개의 대, 중, 소 탄광이 수두룩하였음을 보여주며 큰 탄광인 토로, 기타고자와, 타이헤이 및 니시시쿠탄 탄광들은 가동하고 있었다는 증거이기도 했다. 이는 일본이 패전 1년을 앞두고 사할린 서북해안 12개 탄광에서 끌고 간 징용광부들의 문서이고 8월11일 일본 내각 결정에 근거하여 이중징용이 실행되었음을 명백히 보여 주는 것이며 현재 일본 석탄통제회에 기록 보관되어 있다. 1940년 6월말의 사할린에는 32,906명의 한인들이 살고 있었으며 그중 광부들은 합계 4,166명(북쪽 2396명/남쪽 1770명)으로 나타내고 있다. 태평양전쟁 발발과 더불어 강제연행 노무자들의 수가 급증하였는데, 그 정확한 수는 오늘날까지 공개되지 않고 있으며 일본국회도서관에는 이 문서가 혹시 있는지도 모르나 아직은 공개하지 않고 있는 실정이다.에스토루 이북에 있는 탄광들이 1944년 8월11일 일본내각 각의 결정에 의하여 완전히 폐광, 휴광 또는 보광으로 두고 우선적으로 탄부들을 일본내지로 징용 배치하였으나 그 수도 아직까지 공개하지 않고 있으며 그 일부가 일본 석탄통제회 도서관에서 찾은 것이다.따라서 현재까지 밝혀진 사할린한인 이중징용광부들은 3,190명으로 알려졌으나 이는 단순 보관된 고문서에 남은 유일한 증거일 뿐 정확한 이중징용광부 수와 강제징용의 수는 일본의 어떤 문서에도 찾지 못하고 있다.

특히 일본은 전후보상에 따른 심각한 국제법이 될 만한 증거들은 모두 소각하거나 훼손시켜 사할린 강제징용에 대한 정확한 분석을 하지 못하고 일부 그것도 일본역사연구가에 의한 자료에만 의존하고 있다는 사실을 이용하고 있는지도 모른다. 참고로 당시 사할린은 비행장이 10곳이었고 제지공장 9개, 인조석유공장 2곳, 탄광업소 27개 각 지역마다 산판과 벌목이 왕성하였으며 수산자원보고가 헤아릴 수 없을 만큼 무궁무진하였으며, 사할린이중징용광부위령탑은 2007년 주블라디보스토크 전대완 전 총영사를 비롯해 한국지인들의 협조를 얻어 한인사회단체장들이 참석한 가운데 한인문화회관 앞마당에서 제막식을 가졌고 그 자리에 모셔져 있다.

☞1933~5년 사이에 조선총독부의 문서에는 16,113명의 조선인이 사할린으로 징집되었음을 밝히고 있다.

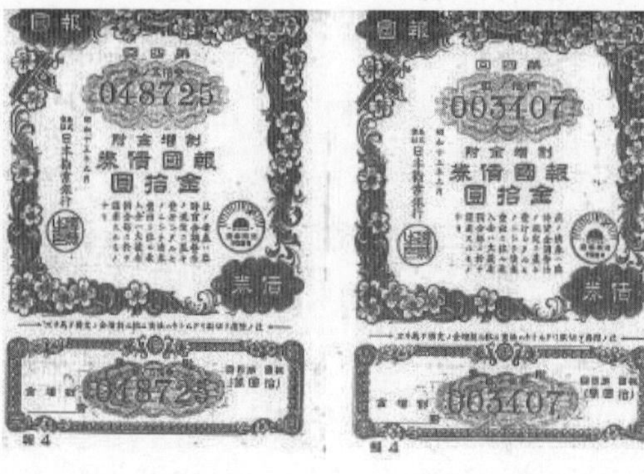

▲일본채권.

이 2차 세계대전 당시 발행한 채권, 국채는 중일전쟁 시 발행한 국채로, 일본이 15년간 전쟁상태인 비상전시 하에 있었다는 것을 입증하고 있으며, 1931년 9월18일 만주사변, 1937년 7월7일 중일전쟁, 1941년 12월8일 대동아 전쟁이 그것이다. 이 장기전쟁에서 수많은 조선인들의 노동력을 착취하였고 강제 연행했다. 이는 1939년~1945년 사이에 취업경유를 제외하고 일본이 주장하는 자율적인 모집은 있을 수 없었음을 증명하고 있다.

사할린한인들은 이러한 강제징용 시 받지 못했던 우편저금(이중징용유가족회)과 전후피해보상문제(정의복권재단)도 지금까지 소송 중이거나 계류 중인 상태이다.

※비슷한 사례로 소련이 2차 세계대전 이후 경제복원을 추진하면서 1946년에 발행했던 '전후인민경제복구채권'이 한인들에게까지 적용되었다는 사실을 참고해본다. 1년에 한 달가량의 월급을 적립하는 채권은 46년에서 1958년까지 실시되었다가 1966년에 연금으로 배당되는 채권이었는데, 그리고 65년 흐루시초프 시대에 다시 이 법안이 발효되어 87년에서 2000년까지 연장되었고 사할린에 거

주하는 한인들뿐 아니라 재일동포 출신, 북한파견근로자들도 적용해 연금을 적립했다. 이후 이 채권은 원금으로 다 돌려받았다.

그런데 일본은 사할린 한인들의 강제징용 우편저금이나 채권뿐 아니라 식민지하 한인 학생들의 저금까지 돌려주지 않았다. 당시 19,485명의 학생이 저금한 돈은 무려 엔화로 529,737,08에 이르렀다.

사할린 강제징용 요약

재일동포의 역사는 일제강점기와 밀접한 관계를 맺고 있다. 식민지하에서 먹고 살기 위해 고향을 등진 사람들과 독립운동을 위해 중국에서 러시아로 망명했던 사람들과 혹은 남미의 이민자들에 이르기까지, 무엇보다도 일본정부에 의해 조직적으로 강제 동원되어 징병으로 나라를 떠나야 했던 사람들이 우리 재외동포의 뿌리이라는 데는 부인할 수가 없다.

그중 3만 명에 이르는 사할린한인들을 빼놓을 수 없다. 이들은 해방 전에는 일본 국적으로, 해방 후에는 무국적자로 지냈다. 그러다 1952년 이후부터 소련당국이 소련국적 취득을 공식적으로 허가하였지만 대부분 무국적 상태이었다.

특히 사할린한인들은 스스로의 의지가 아니라 닥쳐진 여건에 의해 고국으로 돌아올 수 없었음에도 불구하고 자국민의 귀환에 적극적이지 못한 한국정부로 하여금 해방시기와 1948년 정부수립 후의 상황에서 주변국과의 접촉할 수 없었다는 변명으로 반세기 동안 사할린에서 살아야 했다.

그 이후에야 한국정부의 끈질긴 노력이 뒤따랐고, 이윽고 일본 정부의 도움을 받아 일부 동포들에 대한 영주귀국사업을 벌이고 있는 실정이다.

1905년 일본이 한반도를 점령한 이후 1937년 만주전쟁에서의 군대보장을 위한 산업에서 비롯된 노동력 부족으로 1939년부터 모집하기 시작

한 1942년 관 알선, 1944년부터는 조선인들을 강제징용 형태로 사할린
으로 연행하기 시작하면서부터 비롯되었다.

사할린으로 연행된 사람들은 대개 탄광, 비행장, 도로, 건설에 투입되
었고 쿠릴 열도 등 군수노무자로도 차출되었다.

일본은 1944년 말 군수공장의 해상연료 운반사업이 어렵게 되자 자국
영토내의 석탄생산량을 증가시키기 위해 사할린에 있는 조선인 탄부 등
약 1만 명이상을 일본으로 파견하게 되었다.

소위 이중징용을 하게 된 원인이며 이로 인하여 사할린 강제징용의 대
표적인 아픈 역사를 장식하게 되었다.

대략적으로 사할린 강제징용은 조선인 6만 명이상이 된다고 추정하나
정확한 인원수는 공개되지 않고 있다.

1945년 8월 러일전쟁에서 사할린 이남을 이양한 시기에 일본은 일반
공민에 한해서 노인과 여성 아이들을 우선 피난시켰고, 1946년 말부터는
미소협정에 의해 일본인의 귀환이 본격적으로 시작되었다.

하지만 일본정부는 한반도출신인 대부분의 조선인들이 일본공민이었음
에도 불구하고 사할린에 방치해두고 사할린 북방소수 민족인 아이누족들
만 귀환시켰다.

이는 1943년 카이로 협정에서 맺은 연합국 정상들이 조선 인민들의 자
유와 해방을 제동한 것이 원인이며 1945년 포츠담회의로 한반도에 자유
국가가 형성됨에도 사할린에 남은 조선인들은 사할린이 소련의 영토가 되
었으므로 또는 일본의 무책임한 행동으로 귀환시킬 조치를 취하지 않아
1951년 샌스란시스코 평화조약에 의하여 일본국적도 상실하게 되었다.

조선인들의 귀환은 1946년 미소협정에 따라 귀환자가 이루어져야 하
였으나 일본은 27만 명의 자국민만 귀환시켰고 일본 화태청의 명부에 실
린 조선인귀환자 종전당시의 사할린에 남겨진 조선인(4만 3천명)은 일본국
적 상실이라는 구실로 사할린에 방치하게 되었다.

여기서 4만3천명이라는 숫자는 사할린이 소련에 넘겨지고 첫 인구조사

가 실시된 1950-1965년까지의 사할린 인구는 65만 명에 이르렀고, 한인은 6.5%로 집계되어 4만 3천명으로 밝혀진 바 있었다. 당시의 인구조사는 비공민증 소지자의 한인들이 많았기에 정확한 수를 다 포함시키지 않을 것이라는 분석이다.

허나 러시아 역사학자로 사할린한인들의 책과 생활보고서를 저술했던 아나톨리 쿠진은 전쟁기록 문서에는 1945년 9월29일 당시 조선인은 23,498명이라는 보고서를 밝혀 다소 상반된 주장을 제기하고 있었다. 어쨌든 4만 3천명이 보고서에 의한 최종 인원이고강제징용자로 분류되는데, 그후 개별적으로 일본으로 귀향 하였거나 대륙으로의 이주 등으로 많이 줄여들었다고 보고 있으며 이후에는 대륙에서의 유입과 북한파견근로자의 인원으로 약 3만여 명의 사할린 한인동포로 분류되고 있다.

현재 강제징용의 1세대는 한국으로 영주 귀국하였거나 일본의 귀향 등 거의가 사망하여 생존해 있는 분은 없는 것으로 추정되며 따라서 사할린 동포란 일제강점기 전시동원 체제하에서 모집되어 관 알선, 징용 등으로 사할린에 끌려갔다가 제2차 세계대전의 종전과 함께 패전한 일본이 본국으로 도주하면서 사할린에 버려둔 우리 동포와 그 자손들을 말하고 있다.

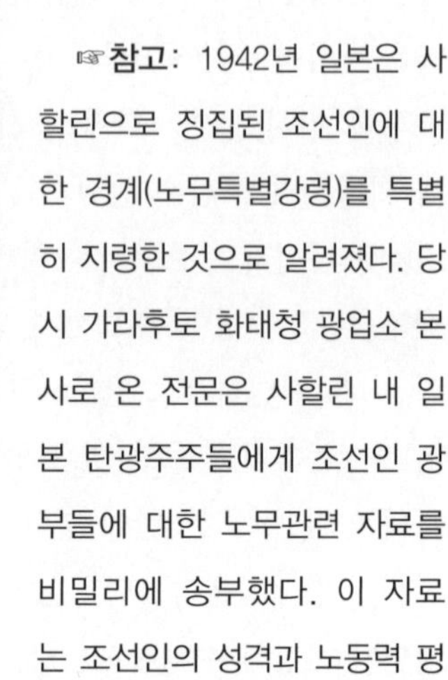

◀ 일본강제모집(일어판)

☞ **참고**: 1942년 일본은 사할린으로 징집된 조선인에 대한 경계(노무특별강령)를 특별히 지령한 것으로 알려졌다. 당시 가라후토 화태청 광업소 본사로 온 전문은 사할린 내 일본 탄광주주들에게 조선인 광부들에 대한 노무관련 자료를 비밀리에 송부했다. 이 자료는 조선인의 성격과 노동력 평가는 물론 노동력 착취의 행동강령을 담고 있었다. 전문요지에는 거의가 반도인(조선인)은 이기심이 강하고 부화뇌동의 경향을 가진 자가 많으므로 특별히 경계하고 감시하여야 한다는 것을 강조하면서 수시로 교양교육을 실시해 작업능력을 향상시키고, 광업소 감독원의 명령에 절대 복종시켜야 한다고 했다. 또 조선인의 감시는 철저하게 분류해 불만하거나 선동을 일삼는 자을 색출하고 조선인 앞잡이(감독)를 선정하고 반장 혹은 조별로 구성하여 관청과 긴밀한 연락망을 연계해 조선인의 도주에 만반의 총력을 기우릴 것을 강조하고 있었다.

이러한 행동강령은 사할린 내에 모든 일본인도 포함되었고, 광업소 관계자, 경찰, 헌병, 특무경찰, 협화회 지도자와 내지(일본인)인 민간인까지 혼연일체가 되어 작업관리를 하도록 지시하였다. 이에 대한 실수가 발생하였을 때는 이유 없이 엄벌에 취하고, 강제수단을 동원해서 집행하라고 기술하고 있었다.

아울러 문맹하고 무지한 조선인들의 순화교육(황국신민화)이 절대적으로 필요하므로 만전을 기하며 대일본의 제국의 정신을 높이 받들어 황국시민의 자격요건을 함양시켜나갈 것을 고지하고 있었다.

영주귀국을 앞둔 할머니의 고민

잘 정돈된 길이라면 족히 4시간이면 갈 거리인데도 자동차로는 7시간 기차로는 12시간이 넘는 길을 가야만 하는 곳이 북쪽 '포로나이스크'와 '우글레고르스크'이다.

정작 350킬로일진대 그 먼지를 날리며 수없이 많은 엉덩방아를 찧으며 비포장 길을 달려가야만 도착하게 되는 우글레고르스크를 지나면 샥쵸르르스크가 나온다.

일제 때 가장 번창했던 공업도시가 되었고 심지어 행정수도로 불릴 만큼 부가가치가 높았던 우글레고르스크와 인접도시는 이제 러시아 변방의 어느 도시와 마찬가지로 조용하고 을씨년스럽다.

허나 지금도 가장 질 좋은 탄이 생산되어 당시의 융성했던 도시임을 실감하고 있고 많은 인원이 강제 동원되어 탄광에서 노역 당했던 곳이기도 하다. 그래서인지 일본은 현재까지 이곳 탄을 수입하고 있으며 최근에는 한국의 삼성물산과 모 기업이 투자해 석탄개발에 뛰어들고 있다.

샥쵸르스크는 우글레고르스크시에서 20분이면 갈 수 있는데 아직도 텃밭을 일구며 살아가고 있는 한인들이 있다. 그 중에는 강제징용으로 끌려와 다시 일본내지로 이중 징용된 후손들과 한인들이 부대끼며 여기저기 흩어져 살고 있다.

무려 3000여 명이 강제 징용된 가네보, 미쓰비시, 토로 등 이름난 탄광을 비집고 샥쵸르스크에도 타이헤이 탄광이 지금도 운영되고 있다. 깊이 250미터의 갱 속에서 월평균 4만 5천 톤이 생산되며 650여 명이 일하고 있다. 일제 때에는 7군데의 탄광이 있었고 지하 25~100미터의 갱 속에서 연간 백만 톤이 생산되었다. 현지 러시아인 책임자는 향후 50년간 탄을 채굴할 수 있는 막대한 양이 저장되어 있으며 현대식 설비만 갖추면 기존의 생산량을 두 배로 증가시킬 수 있다고 했다. 또 한국기업의 합작 투자를 적극 요청하기도 했다.

타이헤이 탄광 입구로 들어가기 막장 터에는 일제시기에 만들어진 지하 갱 굴이 무너져 막혀 있었고 대번에 한인1세들의 피와 땀과 한이 서린 곳임을 알 수 있었다.

탄광공장을 뒤로하고 시커먼 탄 조각이 군데군데 떨쳐져 있는 신작로 길을 따라 변두리 작은 농가를 찾았다. 삽살개 짖는 소리에 할머니가 나오시고 아들 내외가 손님을 마중했다.

우리의 어머니가 다 그랬듯이 작은 체구의 할머니는 먼 길 오시느라 힘들었다며 식사대접부터 하신다. 할머니의 융숭한 대접에 어쩔 줄 모르는데 우리의 정서는 그곳 먼 북쪽의 할머니에게서도 묻어나고 있었다.

주름진 얼굴, 조금 휘어진 허리에도 여전히 밭일을 하신다는 아들의 말에 할머니는 자꾸만 다른 곳을 응시하며 외면하는 듯했다. 이유인즉 괜히 아들에게 미안하고 혼자서만 좋은 곳으로 가는 죄책감에 어쩔 줄 몰라 하시는 할머니이다.

진정 할머니의 잘못이 아닐진대 몸 둘 바를 모르시는 할머니는 자식걱정에 한숨을 길게 내몰아쉰다. 그리고 시골에서나 볼 나무 평상에 걸터앉았다. 마당에 놓인 평상을 참 오랜만에 사할린에서 보았다.

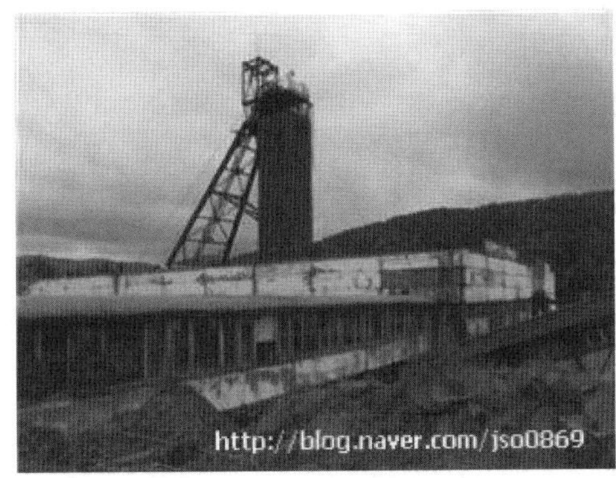

◀샥쵸르스크 탄광

☞1989-1991년 3년에 걸쳐 일본의 국회의원, 변호사, 시민단체, 신문기자들이 합동으로 실시한 '한국, 조선인 생활실태조사'에서 밝힌 1940년 6월, 일제하 조선인 주민 대부분에 해당하는 61%가 북쪽 우글레고르스크(에스토르 지청) 탄전지역에 밀집해 살았으며, 39%는 유즈노사할린스크(도요하라 지청)시와 홈스크(마오까 지청)시에 거주했던 것으로 집계되었다.

그 이유는 사할린탄광 33개 중 16개에 이르는 탄광이 우글레고르스크와 인접한 레소고르스크 탄광에 있었기 때문이다. 따라서 위의 조사 자료를 볼 때 사할린 한인보상 문제의 명백한 증거자료가 된다는 것을 입증하고 있으며, 당시 인구수는 도요하라(유즈노사할린스크)-9,463명, 마오까(홈스크)-2,356명, 시스까(포로나이스크)-7,792명, 에스토루(우글레고르스크)-13,295명에 전체 조선인 인구는 32,906명으로 밝혀졌다.

이기영 할머니(1932년생, 79세)

평상에 걸터앉은 할머니는 까마득히 먼 어릴 적 모습으로 되돌아간다. 어쩌다 여기까지 왔는지 할머니는 지금은 믿어지지 않는다고 말했다. 1940년 경상북도 지량의 고향에서 사할린까지는 대장정의 먼 길이었다. 부산에서 출발한 배는 일본에서 사할린으로, 사할린에서 기차를 타고 가도 가도 끝이 없는 길을 달렸다. 그리고 도착한 포로나이스크 주변으로는 공장굴뚝이 보였고 치솟은 연기 속에 눈이 다 휘둥그레졌다.

일본 군인들이 연차 지나가고 탄광공장에서의 시커먼 고무벨트가 잠시도 쉬지 않고 돌아가고 있었다. 어린 할머니의 눈에는 모든 게 신기하기만 했다. 그렇게 어마어마한 공장은 처음 보았기 때문이다.

우리는 아버지를 따라 처음 함바에서 기거했다. 아버지는 곧바로 탄광에 배치되었고 사할린 생활이 시작되었다. 궁핍한 생활이야 이루 말할 수 없었지만 그래도 가족이 있다는 생각에 아버지와 우리를 버티게 해주었다. 주변에는 홀로인 사람들이 많았다. 1년 후 우리는 냇가가 흐르는 산기슭 동네에 나무판자 집을 장만하게 되었고 가족의 보금자리이란 공간을 얻어 행복의 단추를 하나하나 엮어갔다.

힘들고 어려운 생활이었지만 고된 나날 속에서도 주변의 조선인과 가족이라는 울타리가 가장 큰 버팀목이 되었다. 2~3일 동안 들어오지 않는 날도 있었고 여느 때는 새벽에도 들어오시는 아버지의 얼굴은 온통 탄가루가 뒤범벅되어 시꺼먼 얼굴로 들어오셨다. 그래도 아버지는 피곤한 기색하나 없이 늘 웃는 얼굴로 우리를 맞이하셨다.

낯설고 물 설은 땅, 혹한의 이 땅에서 가족이란 생명보다 소중한 끈이라는 걸 알았다. 가난한 살림살이에도 형제들이 하나 둘 늘어나고 세월은 어느덧 1944년도에 접어들었다.

어두운 표정으로 집에 들어오신 아버지는 우리를 불러놓고 1년만 일본에 가서 일하고 올 터이니 마음 단단히 먹어야한다고 일러주시곤 다음날 일본군무원과 일본, 조선인노동자들과 함께 떠났다. 그날 저녁 어머니의 흐느끼는 소리는 새벽녘까지 들렸다.

아버지가 조선에서 사할린으로 끌려와 다시 일본 큐슈로 끌려간 시기는 1944년 8월이었는데 아버지의 소식은 날이 갈수록 감감무소식이었다. 생사조차 모르며 어머니와 우리(5남매)는 아버지가 오기만을 기다리며 한 많은 삶을 지탱하며 살았다. 당장 먹을 것이 없었고 겨우 풀 죽을 끓어 먹으며 목숨을 연명해 갔다. 얼마나 추웠던지 옷이라곤 무명천 바지와 저고리가 전부이었던 널빤지 틈새로 들락거리며 불어오는 바람에 살을 에워싸는 추위를 견디며 살아야만 했다.

이중징용을 당하시고 아버지는 1946년 몹시도 춥던 어느 날 아버지가 돌아왔다. 아버지는 해방이 되어 일본에서 한국으로 바로 갈 수 있었는데 사할린에 가족이 있어 동토의 땅에 다시 들어왔다. 해방되어도 고향 땅에 갈 수 없다는 것을 안 아버지는 밤마다 울며 고향을 그리워했다.

소련체제 하에서도 아버지는 쉬지 않고 탄광 일을 했다. 살아왔던 날이 엊그제 같았는데…… 아버지는 어머니가 평생의 한을 품고 가고 싶었던 고향 '경상북도 지량면'을 보지 못하고 돌아가셨다. 초롱불 아래 고향을 그리워하던 어머니 모습이 선하기만 했다.

1940년 어린 나이로 어머니를 따라 나섰던 사할린. 고향과 아버지를 그리워하며 1968년 탄광 후유증으로 병을 얻었던 남편마저 잃고 36세에 혼자가 되어 그 질긴 목숨 이어가며 5남매 자식들을 공부시키고 출가시켰다.

큰 아들 박상희(55세) 씨는 할머니의 억척스럽고 기구한 삶을 지켜보았고 어머니의 흐느끼는 눈물을 어릴 적부터 말없이 바라보며 자라왔다. 늦게라도 어머니 한국 가신다는 생각에 박상희 씨도 끝내 눈물을 참지 못하고 돌아서서 흐느끼고 있었다.

그토록 가고 싶은 길인 영주귀국인데 흔쾌히 승낙을 하였지만 어머니는 헤어지기가 무서워 잠을 이룰 수 없다고 했다. 또 당신 혼자만 편안하면 무슨 소용이 있겠느냐며 극구 거절하였지만 아들은 이모부부가 먼저 영주 귀국하였기에 어머니께서도 한국에 가족이 있으므로 자식 걱정하지 마시고, 보고 싶을 때마다 비행기 표 보내드릴 터니 아무런 걱정하시지 말라며 수없이 위로하고 되뇌었다.

이윽고 이기영 할머니께서는 요양원에 영주귀국을 신청하였고 영주귀국자 명단에 이름을 올렸다. 방송국 인터뷰 도중 아버지의 이중징용에 대해 증언을 하시며 한 맺힌 사연에 잠시도 마를 날 없이 눈물을 흘리며 살아온 날을 회상했다.

그렇게 아등바등 살아왔고 한날이고 자식과 떨어져 살 것이란 상상도 하지 않았는데 이제와 남은 인생 얼마나 호의호식 하며 잘살겠다고 할머니의 고민은 깊어만 가고 어떻게 내 목숨보다 귀한 자식을 두고 떠나란 말인가. 하염없이 흘러내리는 할머니의 얼굴에서 먼발치 산을 응시할 뿐, 그 어떤 위로의 말씀을 드릴 수도 없이 순박하게 살아오신 텃밭을 지켜보며 그냥 죄인이 되고 말았다.

돌아서는 발길마저 허용하지 않는 그 곳의 인심에 다시금 떠오르게 하는 것은 사할린은 우리가 잊어서는 결코 안 되는 기회의 땅이기 전에 책임을 져야 할 서러운 땅이었다.

※1942년 샥쵸르스크 탄광에서 가스폭발로 조선인 청년 70명이 갱 속에서 매몰되었던 것이 극비에 부쳐졌지만 후에 알려지기 시작했다고 이기영 할머님은 증언하고 있다. 할머니는 두 번 폭발음을 생생히 들었고 당시 조선인도 일본인도 잘 모르고 있었다고 했다.

사할린 한인역사

사할린 한인역사를 논한다면 아무래도 일제강점기를 빼 놓을 수 없다. 일본식민화에 전쟁도구의 희생양으로 어쩔 수 없이 끌고 왔거나 자유 모집으로 건너와 해방이 되고도 강대국의 이념에 가로막혀 반평생을 조국을 모르고 살아야 했던 불운의 시기가 가장 큰 획을 차지한다고 봐야하기 때문이다.

여기서 잠시 한·러 관계사를 들추어 보자면, 조선과 러시아는 1884년 처음 수호체결을 맺었고 1863년대 우리 농민들이 살기가 어려워 러시아 변경으로 넘어간 시기가 최초가 될 것이다.

따라서 한·러 관계는 약 140년이 지난 역사를 가지고 있지만 사할린은 근 120년의 역사 속에 소련체제의 70년 사회주의로 인해 단절의 역사 혹은 복원 역사로 좌우되고 있다.

일찍이 1890년도에 사할린 북쪽에 생활고를 해결하기 위한 한인이 거주했던 설도 있지만 한인역사가 발단되기는 정확히 일제강점시기로 시작이 되어야한다고 믿어진다. 단절의 햇수에다 강제징용의 시기인 1930년대로 시작해서 80년사로 보는 것이 옳을 것으로 생각된다.

항간에는 러시아 작가의 한인역사를 130년사로 보기도하지만 사할린의 한인역사를 깊이 다루고 연구하며 한인 역사관련 책을 두 차례나 출판한 아나톨리 쿠진 역사학자도 사할린한인역사를 극동지역에서의 연대를 보고 있는 것이 사실로 입증하고 있다.

하지만 사할린한인의 공통점은 강제징용에서 비롯되고 일본의 기민정책이 발효되기 시작한때부터 한인이주가 본격적으로 취하여졌다고 보는 관점이기에 80년사로 보는 것이 타당하다고 생각된다.

역사의 문외한이고 어떤 참고문헌도 빌리지 않고 그들 속에서 생활하고 느낀 바로는, 사할린한인사의 정확한 데이터는 단정지을 수 없겠지만 사할린한인들의 생활상과 활동 영역으로 제기하고자하면 그 시기가 사할린한인사의 출발점이라고 굳이 말하고 싶다는 것이다.

또한 일제의 강점기에 사할린이 이미 자원이 풍부한 노동력의 시장으로 알려졌고 대륙에서, 한반도에서 일본을 거쳐서 사할린에 무수히 일자리를 찾아왔었고, 해방이후는 북한파견근로자들이 물밀 듯 들어와 한인들과 함께 부대끼며 살았기 때문이다.

예컨대 이 시점을 가장 중요한 시기로 보는 까닭은 1930년대 이후 강제징용이 시작되고 단절된 시기까지 한인들의 아픔이 가장 크게 부각되었다는 것이고, 영주귀국을 비롯한 대일소송이 핵심으로 남아있기 때문이다.

영주귀국과 대일소송을 빼면 사할린한인역사를 감히 논할 수 없기에 나의 견해로는 80년사가 가장 부합하다고 생각하기 때문이다.

다시 말하자면 140년 혹은 120년사는 러시아 이주와 통합해 설명하였던 것이며 사할린한인사은 일제강점기 사할린이 전쟁보급지로 확보된 이후 조선인이 가장 많이 유입되었기 때문이라는 것이다.

어쨌든 그 역사를 세세히 추려서보자면 사할린한인사도 대륙권에서 보는 것이 합당하지만 사할린한인역사는 사할린한인들의 아픔과 고통의 시대를 먼저 논하는 것이 당연하다고 일러두고 싶다는 것이다.

해방이후 사할린 한인들에게 어필하였던 것도 단절의 역사 속에 갇힌 그들의 생활이었고 조국이 외면해버린 억울한 삶을 본의 아니게 살았기에 더욱 그러하다. 징용이 되어서 일본 본토로 재징용된 사례와 패망한 일본인의 분노에 죄 없이 희생당한 47인의 학살사건이 대표적이다.

자유를 찾았지만 강대국의 이념과 개발도상국보다 낙후된 나라의 외면으로 그 질긴 역사 속에서 1세한인의 영주귀국실현은 소련의 개방화 물결까지 꾸준히 진행되어왔지만 소련의 정치적 중립으로 급기야 북한강제추방의 수모를 겪기도 했다.

그리고는 아직도 러시아정부는 이에 대한 자구책과 보상을 외면하고 있고 대한민국은 원초적인 아픈 역사는 뒤로하고 자원시장과 경제성에 밀려 궁여지책으로 끌려가고만 있는 현실이다.

1세 한인들의 피나는 노력은 이웃 일본에서부터 시작되고 개방 이후에도 한목소리로 일본과 모스크바에서 피를 토해내는 운동을 벌였던 것이 오늘의 영주귀국의 시초가 되기도 했다. 물론 대한민국정부의 노력도 뒤따랐겠지만 민간운동의 시발은 우리가 기억할 부분으로 남아있다.

일본식민화의 시발에 1939년 집단모집이 사할린에 시작되고부터 오늘에 이르기까지 사할린 한인들의 삶은 한편의 드라마보다 더 처절하고 집집마다 숨겨진 사연은 우리 시대의 마지막 비극에 비유될 마치 아픈 역사로 점철되어 있다.

※1940년 당시 탄광이 가장 많았던 우글레고르스크 주변의 탄광마을에만 전체한인 32,906명 중 13,295명이 탄광지역에 거주하고 있었던 것이 거의 확실하였던 것으로 밝혀졌다. 이 통계는 강제 동원된 노무자들을 말하며, 화태청 기록문서에 남은 강제징용인원수도 일부 지역에 분포된 것으로 확증하면 실질적으로 강제징용수와 그 가족을 포함해야 한다고 믿어진다.

◀1944년 사할린 한인들의 장례식(1944년한인장례)

《러시아 역사》

★소련(소비에트사회주의) 공화국

제1대 서기장 블라디미르 레닌(1922)

제2대 서기장 이오시프 스탈린(1953)

★대조국 전쟁 (1941년~1945년)

제3대 서기장 니키타 흐루시초프(1964)

제4대 서기장 레오니드 브레주네프(1982)

— 유리 안드로포프

— 콘스탄틴 체르넨코

제5대 서기장 미하일 고르바초프(1991년, 90년 대통령령 채택)

★러시아연방

제1대 대통령 보리스 옐친(1991년6월–1999년12월)

대통령권한대행 블라디미르 푸틴(2000년3–5월)

제2대 대통령 블라디미르 푸틴(2000년6월)

제3대 대통령 드미트리 메드베데프(현재)

◀영예의 광장(영예의 광장)

☞스탈린(1922년) 이후 소련은 새로운 경제정책을 건국이데올로기로 표방하며, 1938년부터는 급격한 산업화를 통해 장갑차, 전차, 항공기로 이루어진 근대적인 면모를 갖추게 되었다.

이는 미국을 비롯한 자본주의 진영에 대항하기 위해, 재래식 무기 이외에도 1949년에 원자폭탄을 개발하였고, 1961년에는 수소폭탄 실험을 거쳐 현재까지 가장 강력한 폭탄이었던 차르 폭탄을 보유하고 있다. 그 이외에도 핵무기를 탑재할 수 있는 초음속 전폭기, 대륙간 탄도미사일이나 대륙간 탄도미사일을 탑재 가능한 원자력 잠수함 등을 배치해 강력한 군사력을 유지하고 있다.

1991년 소련의 해체와 함께 붉은 군대도 공식적으로는 해체되었으나, 사실상 러시아 연방군이 대부분의 장비 및 인력을 계승하였고, 다른 독립한 공화국들도 일부를 자국군으로 흡수하였다. 따라서 소련소비에트사회주의 공화국은 1922년 12월 30일에 창건되어 1991년 12월 25일 5대 서기장으로 기록되는 고르바초프로 막을 내렸다.

※볼세비키 혁명(1903년~1922년(레닌), 러시아사회민주노동당)

한인이주

사할린에 한인들이 최초로 이주하였던 것으로는 정확한 연대는 확실하게 밝혀지지 않고 있지만 국내 논문집에서는 러시아 학술자료(1897년 국세조사 자료)를 인용해 대략 1870-80년대로 내다보고 있다. 당시의 인구 2만8천명 가운데 조선인은 67명이고 어부가 대다수를 차지했다고 저술하고 있으며, 대개 남부 콜샤크 등지에서 어업에 종사하는 사람들이라고 했다. 또 이들은 두만강을 넘어서 연해주에서 우라지보스토크로 아무르 강을 건너서 사할린으로 이주한 사람들이라고 적고 있다.

이는 러시아 극동 지역으로 이주한 최초의 한인촌에서 떨어져 나온 한인이거나 아니면 자체적으로 먹고 살기 위해 대륙과 사할린 섬에 가장 가까운 북쪽 '라빼루자'일 것으로 짐작되고 있다.

또한 논문집의 구술자로 러시아 역사학자에서 재일동포 작가부터 영주귀국한 사할린동포까지 증언을 대다수 수록하였고, 교육학적 자료가 되기에도 충분하였기에 논문집을 참고하였지만 사할린한인사의 자료 증언에는 생존하는 여러분의 고언에 따르면 다소 부풀린 점도 있다고 하였다.

아무래도 사할린역사로는 러시아에 대한 자료가 미미하고 오랜 기간 동안 갇혀 있었던 관계로 현실성이 떨어지는 평이 지배적이다. 이에 비해 일본인 르포작가와 신문사가 발표한 사할린역사는 지배국인 당사자의 현신적인 탐문 결과가 오히려 정확하다고 인정하는 것이 옳은 것으로 판단 된다고 짐작이 된다.

이러한 사할린역사에 대한 자료에는 1995년 일본 홋카이도신문사가 2년에 걸쳐 수집해 펴낸 '조국에 돌아가지 못한 사할린사람들'이고 저자 역시 사할린 관련 한인들의 정보망이 가장 잘된 책으로 인정하고 싶다.

방대한 자료도 자료이지만 신문사에서 필생의 노력을 기우린 흔적을 볼 수 있고, 박수호, 성점모, 박형주, 전상주 등 당대 최고의 지식인 혹은 재력가로 알려진 사할린 한인 거물들의 인터뷰를 총망라했기 때문이다.

반면 국내의 논문집 논평에 있어 사할린 지식 반열에 있으면서 몇 되지 않은 생존자로 남은 현직 교원 출신이며 탄광전문가인 정태식 씨의 증언은 조금 다른 평으로 지적되었다. 하지만 아래 사할린 한인이주와 한인이주민은 사할린 관련 인물의 증언과 사할린의 정보망으로는 가치 있는 자료로 판단해 기술하게 되었다.

Ⅰ. 사할린 한인이주

원래 사할린은 거의 사람이 살지 않았던 것으로 짐작되는 가운데 남북으로 전장 948킬로미터 가로지르는 섬이었다. 고고학적 자료에 따르면 사할린 섬은 6만 년 전에서 4만 년까지는 일본 북해도와 연결되어 있다가 4만 년 전에서 2만 5천년 전까지는 섬이 되었다.

2만 5천년 전에는, 북으로는 대륙과 남으로 북해도와 연결되었다고 한다. 지금부터는 1만 년쯤에 지금과 같은 섬이 되었다는 것이다. 기원전 2000년쯤 중국 문헌에 검은 다리에 털이 많은 민족이 살고 있다고 기록되어 있다.

7-10세기에 처음으로 나흐키와 아이누에 관한 기록이 나타난다.

12세기에 일본 탐험대들이 들어오고, 1263년에는 몽고군이 북부 사할린에 발을 딛고, 이어서 몽고 탐험대들이 드나들다가 1320년대에 사할린을 떠났다. 15세기부터는 일본 松前蕃이 통솔하는 북해도 일본인들이 거주하면서 사할린이 다소 개척되었다. 17세기에 탐험가들은 남부에서 아이누, 북부에서 〈나흐키〉, 중부에서 〈윌타(오로키)〉 등의 소수 민족을 발견하였다. 1635년에는 일본에서 탐험대를 파견하였다. 1640년 러시아인 모스크비치가 사할린에 관한 정보를 얻었다.

1643년 텐마크의 탐험대가 사할린 지도를 처음 작성하였고, 1710년에는 중국인이 지도를 작성하였다.

17세기 이후 러시아와 일본은 이 섬에 천연자원이 풍부한 것을 알고, 영토 문제로 갈등하였다. 일본은 아이누가 북해도에서 이주하여 살게 된 것을 근거로 일본 영토라고 주장하였다. 제정 러시아는 거기에 대응하기 위하여 러시아의 사람들을 이주시키는 정책을 폈다. 자주 이민으로는 이민이 어렵기 때문에 유형流刑민을 보내기로 하였다.

1850년 처음으로 사할린 북부에 보내고, 1881년 이후 거의 매년 수백 명씩 보내서 20세기 초 노일전쟁 이전에 2만 명에 달하였다(谷口英三郎, 1914). 죄수들은 모스크바에서 걸어서 3년 정도 걸려 사할린에 도착했다고 하는데, 형기를 마치고 석방되면 사할린에 정착하도록 식민하였다. 1869년 러시아는 공식 유배지로 설정하였다. 1737년 파리에서 발간된 지도에는 〈검은 바다로 들어가는 입구의 섬〉이라는 뜻으로, 〈사가린〉이라고 명명되었다.

1904-1905년 노일전쟁에서 일본이 승리하여 50도선 이남(남위45도 54분, 북위54도24분)을 즉 남부 사할린(樺太-화태)을 일본이 종전까지 다스리었다. 일본은 1906년 남부에 철도를 부설하기 시작하고, 1907년 樺太청을 두어 본격적으로 식민지 개발을 하였다. 북부 오하 시의 1월 평균 온도가 영하 20도이고, 연 강수량은 500-600미리 미터이고, 폭풍, 폭설 등으로 개발이 어려운 추운 지역이다. 그러나 기온이 낮고 수분의 증발이 적어서 삼림이 형성된다. 이 중 북부 지방에는 백양나무나 전나무 등 수목이 우거져 대삼림을 이루고 있다.

석탄의 매장량도 많다. 최근에는 천연 가스가 생산되어 크게 주목되고 있다. 그런데 인구 밀도는 북해도의 인구밀도 68의 8분의 1밖에 되지 않을 정도로 적고, 기술이 도입되지 않아서 '석탄 위에 앉아서 얼어 죽는다'는 말이 있을 정도이다. 일본은 식민지 사할린의 자연 자원을 개발하는데 주력하였다. 일본 제국은 소위 〈북진일본〉이라는 북진 정책에 사할린을 개척하였다. 이와 같이 사할린을 둘러싸고 러시아, 일본, 중국 등이 갈등을 일으켜도 한국은 전혀 관여한 바 없다. 이와 같이 우리와는 전혀 관계가 없는 거기에 우리 민족이 이주하게 된 것은 무엇일까. 그것은 말할 것도 없이 일본 식민지 정책에 의한 것이다.

☞1945년 8월8일, 일본으로부터 만주와 Karafuto(사할린) 및 Kuri(쿠릴) 제도를 이양하고부터 사할린은 소련에 넘겨졌다.

II. 한인 이주민

1923년 북 사할린에는 러시아인이 6,571명인데, 일본인은 3,553명, 한인은 1,431명, 중국인은 1,207명이었다. 1925년 소련이 성립되면서 북 사할린에서 일본 군대가 철수하면서 잔류 일본인 조선인들은 기아선상에 있었다. 그들은 일본 영사관에 원조를 청원하기도 하였다. 조선인과 일본인들은 때로 사이가 나빠서 불화하기도 하였고, 또 소련 측으로 기운 한인들도 있었다.

소련 측에서는 한인은 일본인과 가장 가까운 위험한 민족으로 여겼다. 소련 지구에 살면서 일본으로 스파이 행위를 하였다는 혐의로 체포되는 등 소련으로서는 일본과 가까운 민족이라고 의심되어, 일본인과 분리시키려는 정책이 생겼다. 북 사할린 오하 등지에서는 〈北樺太石油株式會社〉와 〈北樺太鑛業株式會社〉가 유전을 개발하여야 하는데 한인들의 노동력이 주목되었지만 일본에서는 러시아에 가까운 민족, 러시아에서는 일본에 가까운 민족이라는 것 때문에 의심되고는 하였다.

1929년 한인들이 오하에 124명 살았다. 소련은 한인 대신 결국 극동의 러시아인들을 노동자로 채용하였다.

1931년 사할린 지구의 인구는 39,119명이다. 한인은 4.5%를 점하는 1,760명이었다. 그들은 생산부문에서 모범적인 노동자로서 소련국적을 취득하고자 하였다. 1937년 1,155명이 사할린에서 연해주로, 다시 중앙아시아로 강제이주 당했다. 북 사할린의 한인은 거의 없어졌다.(쿠진,1998:171-226)

▲승전65주년, 러시아 전승기념일

한편 남 사할린에서는 일본 식민지정책에 의한 한인들이 이주하게 된 것이었다. 1925년부터 증가하기 시작하여 1940년대에 급증한다. 제국주의 일본 식민정부는 주로 일본인, 한인들을 이주시켜 땅을 개척시키고, 탄광업과 목재업(제지공업), 어업을 적극적으로 개발하기 위하여 한반도에서 많은 청년들을 강제 또는 반강제로 사할린으로 이주시켰다.

대체로 〈모집〉, 〈官 알선〉, 〈징용〉의 세 가지로 이주시켰다.(大沼保昭,1992:3-10) 특히 전쟁 말기에는 징용이란 강제 수단을 써서 동원하였다. 모집으로 간 사람들이라도 식민지 배경의 이주라는 점에서는 강제적 이주라고 할 수 있다. 그 외에도 많은 한인들은 임금 수준이 높은 사할린으로 직업을 찾아 계약 노동자로서 들어왔던 것이다.(長澤秀, 1986:8-9)

이주에 대한 자세한 경로나 과정 등에 대해서는 충분히 밝혀진 것이 아니다. 많은 학자 기자들이 방문하여 강제 이주에 관한 청취를 한다.

그때마다 노인들은 일본어 한국어를 섞어가면서 설명을 한다. 하나 같이 일본 식민지 강제연행이라고 입을 모은다. 인터뷰에서는 강제 연행이라는 단순 형식 논리가 정해져 있는 것 같다. 대부분의 설문이나 면접은 전쟁책임 등을 논하기 위하여 이주의 강제성이 지나치게 강조되어, 폭 넓은 검토가 이루어지지 않은 것 같다. 나는 이곳을 방문할 때마다 이주에 관한 이야기를 들었다.

2년간 계약을 하고 월급을 받았다고 하는 사람, '완전히 강제인데 돈은 무슨 돈이냐'는 식으로 화를 사람도 있다. 또 많은 사람들은 나에게, 강제 연행이니 징용이니 하지만 그 수는 소수에 불과하고, 대부분의 사람들은 장사를 하기 위하여 온 사람들이라고도 말한다.

임금 수준이 높은 곳으로 모인 자연스러운 노동민일까 아니면 강제징용 등이 포함된 것으로 보아야 할 것인가. 그러나 어떤 이주라 하여도 완전한 자유의사는 없고, 완전한 강제도 드물다고 할 수 있다. 편의상 그렇게 분류할 뿐이다. 이주에 대하여 보다 다양한 인터뷰가 필요하다고 생각하였다.

종전은 학대받던 우리로서는 해방이지만, 무엇보다도 바라고 있던 귀향의 때였다.

당시 한인들은 귀국에 대해서 일본인들보다 앞서 고향으로 돌아갈 것이라고 낙관적으로 생각하였다. 1946년 미소 귀한 협정으로 일본인 30만 명이 13월에 일본인들의 귀국이 개시되었고, 다음해 1947년 여름에 중국인도 돌아갔으니 한인들의 귀환도 멀지 않았다는 생각했다. 그러나 한인들은 대상에서 제외되었다. 그들은 일시적으로 체재할 뿐 언제나 고국으로 돌아간다고 하였다. 개척과 관련되어 한인의 『슬픈 사할린 섬』(즈노다 著)이 된 것이다.

북 사할린에서 일본인 스파이라는 것과 대조적으로 남 사할린에서는 소련의 스파이라는 죄목으로 희생당한 사람도 있다. 1945년 8월 한인을 살육하였다.

하나의 사례가 여성 3인과 어린이 6명을 포함한 17명을 집단적으로 살육한 단수촌(端穂村, 포쟈르스코에)사건이다. 8월 20일 조선인들은 밤에 비행기에 신호를 보내는 소련의 스파이 〈조선개〉를 말살하라는 것으로 주민을 죽이기 시작하였다. 8월 21일 일본인들은 3인의 조선인들을 죽이고 술을 마시고 삽과 손도끼, 식칼, 군용 삽, 쇠사슬, 죽창 등으로 무장하고 조선인 수 세대가 살고 있는 바락으로 향했다. 그 중의 한 사람인 호소가와가 재판에서 증언한 것은 다음과 같다.(林. 1992:260-280)

"우리를 향해 달려 온 조선인을 그 자리에서 삽으로 쳐서 잘랐다. 그리고 달려 든 다른 조선인을 잡아 삽으로 죽였다. 두 사람의 조선인을 처리하고 바락으로 들어가니 거기에 모리시다 야스오와 4-5명의 일본인, 그리고 발을 다친 여자도 누워있었고 5인의 어린아이를 데리고 있는 여자도 있었다. 모리시다는 조선인 남자를 잡고 때리면서 마당으로 끌고 나와 삽으로 잘라 죽였다. 또 한 여자와 5명의 아이도 23일 아침에 죽였다. 죽인 사람은 지바와 나의 여동생 호소가와 다케시이다."

1956년 10월 19일 일소 공동선언으로 한국인과 결혼한 일본인과 그 자녀 2,345명이 일본으로 귀환하였다. 남은 사람들은 소련이나 러시아의 국적을 취득하지 않고 귀국을 기다렸으나 그때는 쉽게 오지 않았다. 한국은 공산주의 소련과는 국교조차 없었으므로 연락이 될 수 없었다. 그들은 일본 제국주의자들에게 조국과 청춘을 빼앗겼다고 하고 기만하고 방관한 소수민족을 되돌려 주지 않는 소련을 원망하였다.

▲1959년대 한인들의 생활

1946년 통계에는 4만3천명이라고 하나 지금까지 자세한 것은 알 수 없다. 1998년 현재 한인회 통계에 의하면 총 41543명이다. 유즈노 사할린스크 시에 거의 반(19,210명)이 살고 있다. 일본시대에는 압도적인 다수로 일본인이 많았으나 그들은 전후 돌아가고 그 대신 러시아인들이 들어오기 시작하였다. 인구의 수보다는 인구구조가 변하였다. 1996년 1월 1일 현재 총 인구 647,800,110정도의 민족이 살고 있다. 민족적으로는 러시아인이 81.7%, 우크라이나인이 6.5%, 한인이 4.9%이다. 일본인 중심의 인구 구조에서 러시아 인구 중심으로 바뀐 것이다. 즉 일본 식민지의 종식과 더불어 소련 러시아 시대를 맞은 것을 의미한다.

현재의 인구 구성은 원주민, 북한 파견 노동자 이민, 극동이나 중앙아시아에서 온 사람들로 크게 세 범주로 구성되어 있다. 1번분(番紛)이라는 선주(先住) 한인, 2번분(番紛) 소련계 한인, 3번분(番紛) 북한계 한인이라 한다. 그들은 같은 민족으로서 갈등을 하면서도 하나의 한인 사회를 형성하고 있다. 박형주 씨가 대담으로 엮은 〈사할린 소식, 이희성 편〉에서 그러한 사정을 자세히 논하고 있다.(박형주, 1990:7-22)

안산으로 영주 귀국한 분들이 1000명이나 되고 하바로스크로 농업을 하기 위하여 이주한 사람들이 많기 때문에 한인 수는 줄었다. 거리에 보이는 임자 없는 개들은 대개 대륙이나 한국으로 이주한 사람들이 버리고 간 것이라 한다.

참고문헌: 崔吉城, 동북아 문화연구 제1집(2001.). 243~271p.

※1940년 당시 탄광이 가장 많았던 우글레고르스크 주변의 탄광마을에만 전체한인 32,906명 중 13,295명이 탄광지역에 거주하고 있었던 것이 거의 확실하였던 것으로 밝혀졌다. 이 통계는 강제 동원된 노무자들을 말하며, 화태청 기록문서에 남은 강제징용인원수도 일부 지역에 분포된 것으로 확증하면 실질적으로 강제징용수와 그 가족을 포함해야 한다고 믿어진다.

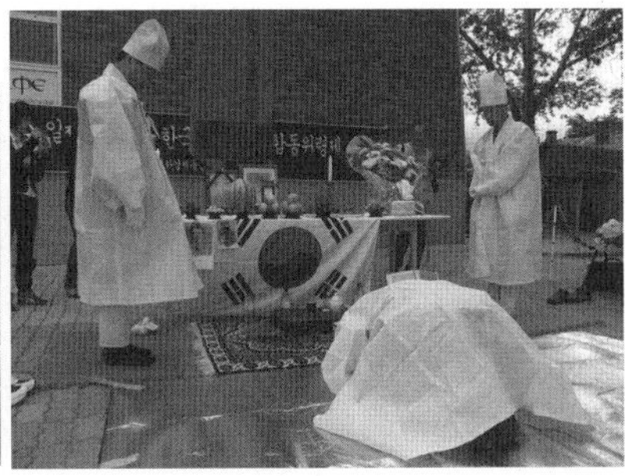

▲해외동포추념식, 추념식(해외동추념식1, 해외동포추념식2)

☞ 위 한국인 학살사건으로 기재된 포쟈르스코예(홈스크) 학살사건은 23명이 아니라 여자와 아이를 포함해 어른 21명 전부 27명이 살해(1945.8.20)당했다. 소위 '미주호 사건'이고, 북쪽 포르나이스크 구역 마을에서 일어난 학살은 18명의 조선인이 희생(1945.8.18)당한 '카미시스카 사건'이다.

이에 대한 러시아인이 쓴 책이 최근에 다시 도마에 오른 적이 있다. 대한민국의 국회의원들이 사할린한인들의 '어제와 오늘 그리고 내일'이라는 국제심포지엄(2010.07.03)을 개최하면서 사할린 조선인 학살사건이 또 한번 대두되었다.

러시아 작가가 쓴 두 학살사건의 지은이는 사할린에 생존해 있으며, 당시의 연방보안국의 문헌과 자료를 기반삼아 세상에 공표했다. 북쪽 포로나이스크 '레오니도워 부락 사건'은 '카미시스카'(저자: 블라지미르 그린)라 부르고, 홈스크 구역의 포쟈르스코예는 '미주호촌의 비극'(저자: 카.카포넨코)이라 한다.

이러한 한인 학살사건과 사할린한인의 자료집으로 내놓은 대표적인 것으로는 '일제강점하강제동원피해진상규명위원회'가 펴낸 사할린동포 관련 문헌집이나 이중징용 사례집과 해외로는 일본의 사진작가인 카타야마 미치오의 '사할린잔류 조선인의 생애'(2010.8.5. 동경, 선풍사)와 일본의원간담회가 펴낸 '사할린잔류 한국, 조선인문제와 일본의 정치'(1994.동경, 고전출판사)가 있다.

참고로 진상위원회가 2005-2006년 2년에 걸쳐 실시한 사할린거주 한인의 강제동원 피해조사는 총 1817건이 신청되었고, 1637건을 의뢰한 가운데 823건을 해결했다. 지역별 조사통계는 다음과 같다.

☆사할린거주 한인강제동원 피해 실태조사☆

날짜 및 조사현황	피해신고	기초조사	실태조사
6월21일 유즈노사할린스크	144건	140건	84건
6월22일 유즈노사할린스크	339건	217건	139건
6월23일 유즈노사할린스크	367건	268건	135건
6월25일 포로나이스크	105건	100건	57건
6월26일 포로나이스크	83건	81건	27건
6월27일 마카로프	67건	67건	54건
6월28일 유즈노사할린스크	192건	256건	137건
6월29일 꼬르사코프	120건	116건	55건
6월30일 꼬르사코프	150건	147건	33건
7월1일 홈스크	120건	117건	45건
7월2일 홈스크	130건	130건	57건
총계	1817건	1637건	823건

현재까지 사할린에 관한 한인역사자료가 없는 것이 가장 아쉬운 부분으로 남고, 거기에 활발히 진행과정을 수행하고 있는 일제강점하위원회의 연구가 돋보이고 있는 실정에 불과하다.

특히 가타야마 미치오 씨는 10년 가까운 세월을 투자하면서 국내 학자의 일회성 연구에 신랄한 잣대로 자아성찰을 불러준 사례로 손꼽히고 있는 점이 주목할 부분이다.

단순한 자료에 근거하고 그에 대한 것을 그럴듯하게 인용해서 재구성한 연구에 비해 직접 발로 뛰며 증언을 토대로 현장 위주의 생생한 한인들 아픔을 적나라하게 묘사하고 있는 것과는 현저히 비교되고 있는 점이라는 것이다. 그러한 일본인 작가의 자료를 토대로 국내에 버섯이 출판되고 있는 점도 아이러니가 아닐 수 없다.

또 그는 이러한 아픈 역사를 가진 누군가가 남기지 않으면 영원히 묻힐

뻔 했을 한인들의 진상을 글로 남겨 일본 언론과 독자들에게 알렸고 일본이 저질은 일제식민지를 고발하고 통철하게 반성하는 시각을 불러주었다는 것이다.

여기서 저자가 기술한 두 학살사건의 요약과 카타야마 미치오 씨의 강제병합 100년을 맞아 출판하게 된 '사할린잔류 조선인의 생애' 책 내용을 간단하게 보충토록 하겠다.

일명 카미시스카로 불리는 사할린 포로나이스크 구역(일본명: 카미시스카) 레오니드워 촌에서 1945년 8월에 발생한 '조선인 18인 학살사건'으로 더 알려진 '통한의 비' 비석의 애환과 비극의 참상을 담은 책이 사할린에서 발간됐다.

12일 오후 5시 한인문화회관에서는 일제에 의해 참혹하게 희생된 '레오니드워촌 18人 학살사건'을 다룬 책을 펴낸 작가와 번역, 교정, 후원자 및 출판 관계자 기타 한인단체장과 언론계, 방송사가 열띤 취재에 나선 가운데 출판기념회를 가졌다.

이날 출판기념회는 한인들의 역사적 가치와 의미를 둔 작가의 공로에 칭찬이 자자했고 사할린 언론계와 방송사들의 취재로 장안의 이슈가 되었으며, 지금까지 일부 언론의 신문사와 개개인의 입 소문으로만 전해져 오던 것을 한 러시아 수사관에 의해 책으로 출간되었던 것을 높이 평가하는 자리가 됐다.

이 자리에는 시 정부관계자와 한인언론사인 새고려신문사와 우리말방송, 출판후원의 당시 메가팔레스 그룹의 안창수 회장을 비롯해 러시아 이타르타스통신까지 동원됐고 한인협회 박해룡 회장과 연합회 성정모 고문 및 한인사회단체 임원진 다수가 참석했다.

책은 사할린 일본시대의 배경과 중국에서 남사할린 정착까지 폭넓게 다루고 있었고 패전과 소련군 진입을 코앞에 둔 시점에 조선인 일본앞잡이의 고발로 '카미시스카 사건'의 본말이 드러나고 처형과정과 시신을 모두 허름한 사무실에다 모아두고 석탄과 폐타이어에다 휘발유로 불사른 참혹한 광경을 생생히 담고 있었다.

20인의 희생자 중 한 명의 시체는 변소의 분뇨에 매장시켰고, 한 명은 총살당한 시신 속에서 간신히 살아남아 도주 중에 사살되었으며, 나머진 18人을 한곳에 모아 화형을 시켰던 것이다.

가장 인상이 깊었던 대목은 유일한 증언자로 김경순 씨에 의해 해외희생동포추념사업회(회장 이용택)가 사할린에 와서 비석이 세워진 과정과 '레오니드워촌 18人 학살사건'이 비로소 세상에 알려졌다는 것이다.

이는 김경순 씨의 아버지와 오빠가 일본 이름으로 호소카와 미치나쿠로 전개되어 죽기 전 감옥소에서의 애절한 부자의 이야기를 담고 있었으며, 호소카와 아버지가 아들인 미치나쿠에게 조선의 이순신 장군 일대기와 임진왜란에서의 빛나는 승리를 들려주며 죽음을 두려워하지 말라며 감방의 사람들과 아들에게 용기를 북돋아 준 내용이었다.

그리고 한 조선인(호시모토) 일본인 앞장이의 밀고로 사건이 발생된 과정과 그가 소련 방첩특무기관에 체포되어 원동군관구 원동군사재판에서 10년의 실형을 선고받고 시베리아감옥소에서 석방, 중앙아시아의 어느 공화국로의 이주 등과 일본 배에 승선하여 구사일생으로 살아남은 유일한

▲통한의 비, 27인 조선인 비(통한의비, 27인추념비)

증언자 수니모토 할머니, 사토와 아키코가 눈물로 사할린을 떠나는 마지막 단계를 저술하고 있었다.

기념회가 끝난 뒤 독자들로 사인을 받는 도중 조금 일찍 공개되었으면 좋았을 텐데 하는 축하질문과 "일찍이 지질연구가이자 작가인 카.가포넨코가 이미 〈미즈호촌의 비극〉이란 책을 발행한 적이 있고, 카미시스카 사건은 한국인 증언자 김경순 씨와 한국정부의 조사로 몇 차례 세상에 알려졌을 때, 적극적으로 대처하지 못하다 이렇게 늦게 책을 낸 동기는 무엇인가?"라고 물었을 때 작가는 러시아 속담을 인용하며 "늦은 감이 없진 않지만 역사적인 사건은 늦게 할수록 좋다"는 다소 정치적 색채가 짙은 애매한 대답을 하기도 했다.

저자인 블라디지미르 니콜라예비치 그린은 KGB 대좌 출신에 현재도 사할린지구 총사령부에 근무하고 있으며, 143쪽 양판의 한-러시아어로 출간되었고,

러시아어판은 〈Разлука длиною в жизнь〉로 한국어로는 〈오늘도 아물지 않는 쓰라린 상처〉의 새고려신문사의 배영숙 기자의 번역본으로 되어 있다.

가타야마 미치오의 책에서는 1905년 러일 전쟁을 시작으로 53년 휴전상태에서 분단의 아픔을 겪고, 전후 50년이 지나고 65년이 경과한 오늘에 이르러서 영주귀국의 길이 트였으나 이 또한 노부부에만 한정되어 있고 아무런 보상대책이 없었다고 진술하고 있다.

뿐만 아니라 동포들은 국적마저 박탈당해 무국적자로 살아야 했고, 1931년-45년간에 걸쳐 전시채권을 매 4분기마다 노동자들에게 강제로 5년에서 10년 동안 3~50%의 이자를 사도록 강요했다. 이는 당시 전시국채이었기에 일본대장성 국고에 예치되어 있었음에 일본정부는 보상이나 배상에 관한 침묵을 지키고 있을 뿐이다.

이에 책은 한일병합, 전시동원 및 전후 영토반환에 의한 한인들의 거

주, 국적문제 등을 포괄적으로 담고 있어 병합100년사에 이른 사할린한 인의 역사적 가치를 잘 드러내고 있다.

저자는 이번 책을 비롯해 〈북쪽 대지에서 생활〉, 〈사할린이야기〉 등 주로 사할린 한인들의 아픔을 중점에 두고 오랜 시간을 투자하며 사할린 관련 글과 사진을 두루 남긴 바 있다.

위와 같이 국내의 학술지라든지 논문을 검토해보면 대부분 현존하는 자료에서 단발로 연구하는 경우가 많아 더러 혼동을 가져오는 것을 볼 수 있었다.

사할린에서 어쩌면, 러시아 학자보다 더 우수하고 한인역사를 잘 알고 있지만 여러 가지 문제와 난관에 부딪쳐 책을 발간하지 못한 인물들은 의외로 많은 편에 속하고 있다.

숱한 사할린 한인문제와 글이 나와도 핵심과 연대가 정확하지 않는 것이 흠이다.

단지 사할린 한인학자들이 문장의 교정과 교열 등 전체적인 탈퇴고의 한국어 적합성이 미치지 못하기 때문에 논문다운 논문이 발표되지 못했다는 것이다.

일찍부터 그런 관점에서 집중적으로 파고들어 사할린 한인문제를 논했더라면 더 나은 교재다운 자료가 세상에 나와서 더욱 활발한 사할린 연구가 이루어졌을 것이고, 즉 발표에 앞서 그들과 함께하는 측면에서 한인들의 아픔을 나누고 연구하고 분석하였더라면 보다 질 좋은 자료들이 나올 수 있었을 것이라 생각되기 때문이다.

다음은 작년12월 영주 귀국길에 오른 전 새고려신문사의 주필이었고 사할린 지식그룹에 속했던 성점모 씨가 기술한 사할린한인역사를 간추려서 보충키로 하였으니 참고가 되었으면 한다.

▲1930년도 일본시대의 사할린.

사할린한인보고서

1. 군국주의 일본의 만행(종전 전 사할린 조선인들)

제2차 세계대전 당시 일본은 카라후도(사할린)를 중요한 군사 요지로 간주했다. 이곳에는 공군 비행장, 해군기지, 포병기지, 군용도로, 참호 등 군사 대상들의 건설 공사를 대대적으로 신속히 추진시켜 나가고 있었다. 거기에 필요한 목재, 석탄 생산을 일본으로 전량 내보내는 보급 기지로 삼았던 것이다.

그래서 많은 노동력이 요구되었고, 임무를 수행하기 위해서는 한인들이 더욱 필요했는지도 모른다. 처음에는 '자유모집'이라는 이름을 달고 시작했는데, 사실상 사람들을 꾀어내는 잔인한 방법에 불과했고 넓은 의미에서 다름 아닌 강제연행이었다. 그러나 태평양전쟁이 시작되자 일본은 국내 노동 사정이 열악한데다 긴박해졌음을 판단했다.

다급해진 일본은 그 문제를 당시의 '모집' 방식으로만 해결할 수밖에 없다는 것을 알았다. 그래서 '조선인내지이입 알선요강'이라는 것을 제정하고 공연히 '관(官) 알선'이라고 하는 강제연행 정책을 실시했다. 이것은 행정부의 적극적 전략아래에 모집할 개개인의 노동자를 선정하는 방식이었는데 집단적 연행을 목적으로 한 것이었다. 연행된 사람들은 어디로 가는지, 어디서 어떤 일을 하게 되는지 아무도 몰랐다.

　전쟁의 격화에 따라 물질, 인원의 소모 증대를 면할 수 없게 되었고 일본 국내 노동력보다 턱없이 부족했던 것이다. 그러자 '관 알선' 방식의 연행으로도 그 인력부족을 보충하지 못하게 되자 일본정부는 조선에서 '징용령'을 적용하게 되었다. 이것이 최후의 보류로 강행된 노골적인 강제연행 방식이었다.

　제2차 세계대전이 일어났을 때 카라후도(사할린)에서는 26개소의 탄광이 가동하고 있었는데 80%는 미츠비씨 회사 기업이 차지하고 있었고 석탄 생산의 중심 노동력은 강제 연행된 조선인 노동자들이었다.

　카라후도로 연행된 조선 노동자의 수가 얼마인지 공식 기록과 관계 문서가 소각되어 알 수 없다는 것이 일본 정부의 대답이다. 하지만 전후 〈홋카이도신문〉에 의하면 이곳으로 강제 연행된 조선인은 6만 명이며, 종전 당시 카라후도의 조선인 인구는 4만 3천명이었다고 한다.

　전시에 미군의 폭격 때문에 여기서 생산한 석탄을 일본 내지로 운반하기가 어렵게 되자, 이곳의 조선인 노동자 3천명 이상을 일본 내지 탄광으로 파견하였다. 이것은 이중징용의 모태가 되어 이산의 아픔을 더욱 안겨준 원인이 되기도 했다.

　1988년에 〈홋카이도신문〉 취재단이 사할린에 와서 전시에 강제 연행되었던 많은 사람들과 만나서 "강제 연행되던 날을 기억 하는가"라고 물었는데 여기서 몇 사람의 증언을 예로 들어본다.

◇유즈노사할린스크 시에 거주했던 배귀봉 씨:

"1943년7월 어느 날 점심을 먹고 좀 쉬고 있을 때 마을구장이 찾아왔수다. 나의 인생은 이날부로 완전히 뒤집어 졌다오. 그날의 기억이 지금도 생생하다우. 구장은 나에게 카라후도로 일하러 가야 된다는 것이었고 불시에 그 말을 듣자 눈앞이 캄캄해 졌다오.

정말 죽어도 가기 싫었지요. 장남인 내가 가고 나면 농사는 어떻게 될 것인가에 걱정이 태산 같았지요. 내가 태어난 곳은 경상북도 상주군의 농가이었소. 모집은 2년이었고 다음날, 가슴이 찢어지는 심정으로 집을 떠났수다. 불안한 부친의 얼굴……, 온통 눈물에 젖은 처의 얼굴은 지금도 잊을 수가 없소이다. 내가 도착한 곳은 유즈늬(주도)에서 얼마 떨어지지 않은 곳인 나이부치(브코브) 탄광이었소……."

◇꼬르샤코브 시에서 거주했던 한원수 씨:

"1943년 여름이었죠. 무더운 날씨였죠. 어떤 일본인이 나를 찾아와서 무조건 가라후도에 가서 2년간 일하라는 것이었죠. 도망칠 수 없었던가요? 당찮은 말이죠. 그러면 집 식솔들이 처벌당하게 되었지요. 경찰서에 가 보니 벌써 100여 명이 모여 있었죠. 이렇게 부모와 아내하고 생이별했죠. 그때의 쓰라린 마음이야 이루 형언할 수 없었죠. 이태만 하면 돌아온다는 그 말을 굳게 믿고 갔습니다. 그런데 기한이 지나자 또 2년을 더 해야 한다는 명령이 내렸을 때는 앞이 캄캄했죠……."

이땐 조선인 성씨강제개명 실시에 따라 모두가 일본 이름을 가지게 되었으며 조선인 노동자들의 자유 이동을 방지하기 위해 협화회가 노무수첩을 배포하였다.

● 강제연행된 조선인들의 생활은?

◇돌린스크시에서 거주했던 장중현 씨:

"때로는 하루에 갱내에서 12시간씩 일했소. 난장에서는 시간도 없이 아침 7시쯤 현장에 나가면 해가 지는 걸 보고서야 숙소로 들어왔으니까……

그리고 휴일도 없었고 함바(숙소)서는 한 방에서 120명 이상씩 잤는데 불편은 말로 다 할 수 없을 지경이었소. 아침에 콩이나 후키(머위)가 절반 이상 섞인 밥을 주는데 그것도 정말 한두 번 떠먹으면 없어졌어요. 낮에 먹을 도시락을 아침에 받아서 종일 허리에 차고 돌아다니면 그것이 몸에 이리저리 받쳐서 뭉개서 나중에는 밥 뭉치가 한 줌도 안 되어 버렸지요. 어떤 사람은 아침밥이 적어서 점심 도시락까지 아침에 먹곤 온 종일 굶고 일하기도 하였지요."

가라후도 경찰서의 중요 업무 중 하나가 강제 연행된 조선인을 도주하지 못하게 엄중하게 감시하는데 있었다. 사할린고문서관에는 지금도 몇 가지의 일본 경찰서 문서가 보관되어 있다. 그 중 탄광에서 도주한 조선인을 찾으라는 지방 경찰서에 보낸 지시도 적지 않았다.

2. 해방과 귀향에 대한 희망(1945~1965년)

드디어 1945년 8월15일 일본은 항복했다. 사할린 한인들은 일제의 고통의 멍에를 벗고 해방되었다. 이것으로 사할린에서 인간의 인간에 대한 착취, 멸시, 억압은 끝났다. 그러나 아직까지 전후 청산이 완전히 해결되지 못한 이상 광복을 맞았다고 말할 수 있겠는가? 소련지구에서의 귀국에 관한 '소미협정'에 따라 사할린에서 일본인 귀국은 1946년 12월부터 시작되었다. 협정문 서두에는 다음과 같이 서술되어 있다.

〈소비에트사회주의공화국 연맹 및 동구의 지배하에 있는 영토로부터의 일본인 포로와 일반 일본인의 귀국에 관하여 본 협정을 체결한다.〉

문제는 '일반 일본인'이라는데 있다. 이 말이 영문으로는 'apanese Nationals'이다. 즉 일본 국적을 가지고 있는 사람이란 뜻이다. 그런데 당시 일본 거주 조선인은 일본 국적을 가진 사람으로 취급되어 있었다. 재일 동포는 1952년 4월 28일 샌프란시스코 평화 조약이 발효한 날로서 일본 국적을 상실하였다. 그 해 일본 법무성은 "조선과 대만은 평화 조약 발효의 날부터 일본국 영토에서 분리하기 때문에 따라서 조선인과 대만인 은 일본 내지 거주자를 포함하여 일본국적을 상실 한다"고 했다.

그러면 'apanese Nationals'의 사할린 거주 조선인도 포함되어야 했 다. 그런데 미국도, 일본도, 소련도 사할린 조선인을 귀국자 대상에서 쏙 빼 버렸다.

일본 정부로서는 반드시 사할린 조선인을 귀국시켜 주어야할 책임이 있었다. 전쟁 시기 일본국은 한반도에서 시행한 모든 법령, 국가총동원 법, 징용법도 그 법적 근거를 잃었다. 그렇다면 일본정부는 원상회복의 의무가 있었다는 것은 당연하다. 일본정부는 소련과 미국이 만든 협정이 기 때문에 일본정부는 어떻게 할 수 없었다고 한다.

1987년4월 소련적십자사 드미트리 베네직토프 총재가 일본적십자사 총재에게 보낸 그것이 사실인가? 서한에는 다음과 같은 글이 있다.

"1945년부터 1948년까지 일본 국적자의 일본인은 귀국하였습니다. 조 선인에 대해서는 일본당국이 조선인들은 일본 공민으로 간주하지 말아 줄 것을 공식 요청하였습니다. 그래서 조선인은 무국적자로 영주하게 되었습 니다."

이것으로 당시 일본정부가 어떤 수작으로 사할린에 한인들을 버려두고 자국민만 데려간 것을 입증할 수가 있었다. 당시 일본공민이었던 사할린 조선인만 빼고 오늘날까지 그 책임을 회피하고 있는 증거이다. 그리고 동 맹국 지휘부의 수튜아르드 소장의 말을 들어보면 다음과 같다.

"그 당시 일본을 경유하여 한국으로 영주귀국을 희망하는 코리안들이 있다는 것은 우리에게 누구도 전해주지 않았다. 만일 그런 것을 알았으면 반드시 협정에 기입했을 것이다."

일본정부는 조선인들이 일본 국적을 상실했다는 것을 주장했다. 그리하여 어떻게 해서라도 사할린 한인은 귀국 대상이 아니라는 것을 소련과 미국에 설득시킨 것이다.

그런 대책은 전쟁에서 3천만의 노동력을 잃은 소련에 더욱 유익했을 것은 사실이다.

조선인들이 사할린에 기민으로 된 하나의 원인이 여기에 있었다.

또한 일본정부는 샌프란시스코 강화조약에 의해 사할린 조선인들은 일본 국적을 상실했다고 한다. 하지만 이것도 이치에 맞지 않는 말이다. 샌프란시스코조약은 1951년에 조인되어 1952년에 발효되었다. 사할린에서 일반 일본인들의 귀국 사업은 샌프란시스코 조약 체결 전 1949년에 완수되었다. 그렇다면 그 당시 사할린 한인들은 아직 일본 국적을 상실하지 않았던 상태이었다. 즉 귀국 대상자가 되었다는 것이다.

1945년 초부터 조선인 청년들에 대한 탄압이 격해졌다. 이해 8월에 레오니도보(당시의 지명은 카미시스카) 마을 경찰서의 감옥에서 경찰들이 조선인 18명을 총살한 다음 감옥에 불을 질렀다. 그리고 8월 23일에는 포쟈르스코에(당시의 지명은 미즈호)촌에서도 비극이 일어났다. 같은 마을에 살고 있던 일본인들이 27명(어린이 6명)의 조선인들을 죽였다. 원인은 주로 조선인들이 밉다는 것과 조선인들은 소련의 스파이가 아닌가 하는 짐작이었다.

소련군이 마오카(지금의 홈스크시)에 상륙한 것은 8월 20일이었다. 각 도시에는 민정국_{民政局}이 설립되었고 조선인들은 '무국적자'라는 증명서를 가지고 다녀야 했다. 일본인들이 귀국하고 난 탄광 마을 주택들은 다 비어 있었고 갈 곳 없는 조선인 노동자들만 합숙소에 남아 있었다.

밤이면 정적 속에서 일본인들이 버리고 간 개들의 신음소리만 들려왔었다. 최악의 생활상을 겪고 있는 어려운 시기라 어떤 조선인들은 가족을 살리기 위해 비어 있는 일본 농가에 들어가서 농사를 짓기 시작했다.

농사는 그 어려운 때 생활의 큰 보탬이 되었을 뿐 아니라 1947~1953년에는 유즈노사할린스크 농산물 시장에는 한인들이 지은 감자와 온갖 채소가 꽉 찼었는데 이것은 마치 인민의 식량 공급소를 방불케 했다. 농촌의 생활수준은 도시보다 훨씬 낮아졌다. 그런데 이런 조선인이 노력해서 이룬 성과, 즉 일부 사람들이 다른 사람들에 비해 잘 산다는 것은 공산당의 마음에 들 수가 없었다.

이것은 사회주의 원칙에 맞지 않는 일이다. 그래서 높은 세금으로 사람들이 자발적으로 농사를 버리게 하였다.

농사를 버리고 도시로 나가 택지에 채소를 지으면서 가축도 키웠다. 이때 빵을 가축에 먹이는 것을 금지하는 법이 나왔다. 사료를 구할 수 없는 상황에서 가축 먹이는 실지로 다수로 빵 부스러기였다. 이제는 가축도 키우지 못하게 되어버렸다.

1946년 가을 사할린에 조선학교가 열렸고 1949년에는 한글신문 '조선노동자' 발간이 시작됐다. 소련 공산당의 이와 같은 조치의 목적이 조선인들을 이곳에 고착시키며 공산주의 사상으로 교양하는데 있었다는 것을 지적하지 않을 수 없다. 그 후 조선학교는 60년대 초에 폐교되고 말았다. 이제는 필요 없게 된 것이다.

한편 우리들이 귀국을 간절히 바랐던 것은 물론 종전 직후였다. 사람들은 하루라도 속히 고향으로 돌아가려는 마음으로 항구도시에 모여들었다. 실로 꼬르사코브 시의 부두는 인산인해를 이루었다. 처음에 일본 행정부는 자기들보다 조선인들이 먼저 귀국하게 된다고 했다. 다음에는 일본인들의 귀국이 끝나면 조선인들의 귀국이 시작된다고 하였다. 그러나 이 모든 것은 속임수에 지나지 않았다. 1949년 7월23일 마지막 일본인들을 실어간 귀국선 '운센마루'는 다시 사할린으로 오지 않았다.

스탈린이 1937년에 소련 연해주지방 조선인들을 '위험한 민족'으로 취급한 것처럼 소련은 사할린 해방 초기부터 사할린주 조선인을 믿지 않았다.

그런 '위험한 자'를 많이 찾아냈다. 아니바 시의 김운하, 김옥철 씨의 부모, 남인진, 성지모, 네벨스크 구역의 장두수 씨의 부모, 꼬르사코브시의 유송근 씨, 기타 많은 사람들이 24시간 내로 가족 전부가 지정된 곳으로 떠나가라는 강제 이주 명령을 받았다.

그 이유는 지금도 알 수 없다. 이렇게 강제 추방된 사실은 그것이 1937년 극동 연해주지방으로부터 수십만 명이 조선인들이 수일간에 중앙 아세아 무인 지역으로 강제이주 당한 그 비참한 역사적 사건의 전말이었고 혹은 계속 자행되고 있었던 것이다.

사할린 조선인들은 6.25 남북전쟁이 끝나면 통일될 것이며, 우리의 귀국이 가능할 것이라고 희망하였는데 그것도 아니었다. 한반도는 여전히 남북으로 갈라지고 말았다.

마지막으로 큰 희망을 건 것은 1965년 한일조약 체결 때이었다. 사람들은 회담 결과를 그렇게도 기다렸고 '사할린귀환재일한국인회'는 사할린 억류 동포들의 문제를 해결해 줄 것을 한국과 일본정부에 끈질기게 청원했다.

한일 기본조약과 재일한국인의 법적 지위 등을 정한 4가지의 협정이 조인되었다. 그러나 유감스럽게도 사할린 조선인 문제는 조인협정에 오르지도 않았다.

실망에 대한 사람들의 쓰라린 마음은 말할 수 없었다. 종전 당시 사할린조선인을 귀국시키는 것은 일본의 입장에서는 앞으로는 쓸데없는 조선인들의 귀국 문제까지 배려할 필요 없는 일이었고, 미국에 한해서는 무관심한 일이었고, 전쟁에서 3000만의 노동력을 잃은 소련에 한해서는 조선인들을 이곳에 남겨 두는 것은 큰 이익이었기 때문이다.

3. 귀향운동 시기(1970~1980년)

일본 정부로부터 버림받고 조국도 분단되고 보니 귀국 희망은 먼 안개 속으로 차츰 사라져 갔다. 세월은 흘러가고 자식들은 성장해 가니 살 길을 정해야 했다.

조국 분단이 설마 오래 가겠는가 하고 사람들은 그래도 희망을 걸고 처음에는 반수 이상이 북조선 국적을 취득했다. 60년대 말의 '사할린귀환재일한국인회'의 정보에 따르면 북조선 국적 취득자는 2만5천명(65%), 소련국적 취득자는 1만3천명(33%), 무국적자는 4500명(10%)이었다.

북조선 국적을 취득한 많은 청년들이 북조선으로 가 버렸는데 그들의 운명은 지금까지도 알려지지 않고 있다. 소련국적을 취득한 원인은 직업 선택, 직위승진, 대학입학 등이었다. 현재는 북조선 국적 취득자 거지반 다 러시아 국적을 받아서 사할린 한인 98% 이상이 러시아 국적을 가지고 있다.

사할린에서 귀국 운동의 움이 트기 시작한 것은 60년대 중엽부터였다. 하지만 그 운동은 오직 개인적이었다.

당시 단체적 운동에 대해서는 생각조차 할 수 없었고, 또 그런 단체를 만들 수도 없는 상황이었다. 그것은 민주주의는 그림자도 볼 수 없는 소련이라는 무서운 나라이기 때문이다.

60년대 초에 토마리 시 허조(許照) 씨가 사할린주 내무국에서 회답을 받았다. 내용은 일본정부가 입국을 인정하면 소련 출국을 허락하겠다는 것이었다. 그러나 일본 정부는 국적 상실이란 이유로 여권 발행을 거부했다. 2년 후 꼬르사코브 시 김영배(金永培) 씨도 허조 씨와 같은 내용의 회답을 받았다. 그런데 이 소문은 사할린 전역에 퍼졌다.

수많은 귀향 희망자들의 서신이 '사할린귀환재일한인회'에 입수되었다. 이렇게 '귀환희망자 명부'가 작성되어 그것이 한국 정부로부터 일본정부, 소련정부에 제출되어 외교교섭의 자료가 되는 시초가 되었다.

70년대 중엽 소련 출국 허가를 받은 사람들이 있었다. 이것은 기적적인 사실이 되었다.

황인갑(黃仁甲), 백낙도(白樂道), 안태식(安泰植), 강명수(姜明壽)는 하늘에라도 올라 간 기분으로 집과 살림살이를 다 처리하고 일본 총영사관이 있는 나호드카 시로 달려갔다.

그들은 3개월간에 일본 입국 허가를 받아야했다. 하지만 원통하게도 그들은 소련이 정한 기한 내로 일본 입국 허가를 받지 못했다. 네 사람은 피눈물을 흘리면서 통곡을 하고 사할린으로 되돌아왔다. 그 후에야 일본정부는 그들의 입국을 허락했다. 그러나 이제는 소련이 기한이 지났다하여 출국을 허가하지 않았다. 일본정부가 진작 입국 허가를 하지 않은 이유는 비용 문제로 한국과 타협이 잘되지 않아서 시간이 걸렸다고 했다. 그들의 귀국 비용이 얼마나 된다고 그 문제로 4사람의 운명을 망칠 수 있었단 말인가? 더욱이 그들은 일본국에 의해 강제 연행된 사람들이었다. 네 사람은 사할린으로 되돌아온 후 얼마 안 되어서 사망했다. 사망 직전에 안태식 씨가 일본에 거주하고 있던 '사할린귀환재일 한인회' 박노학 회장을 거쳐서 한국의 아들에게 보낸 편지를 소개하겠다.

'석환에게. 오랫동안 소식이 없어서 궁금하구나. 이곳 아비는 고향에 돌아갈 날을 그리며 너희들이 보고 싶어 견딜 수 없는 심정이다. 힘을 다하여 노력해 봤지만 뜻대로 되지 않아 보람이 없구나. 날개라도 있으면 날아가겠는데…… 가슴만 타는구나. 아마 여기서 죽을 수밖에 없는 운명인가봐. 내가 죽으면 날짜를 누가 전해 줄 것이니 그런 줄 알거라.'

-안태식 서신 중에서

박노학 회장은 이 나호드카 사건이 자기의 30년간의 귀환 운동에서 가장 비참한 일이었다고 회고했다.

영주귀국 운동이 한창 왕성했던 70년대에는 실로 사건들이 많았다.

소련 적십자사 트로얀 총재, 소련 내각 수상 코 긴, 소련 외무상 그로코, 소련 정부의 기타 여러 책임자들이 소련을 방문한 일본 대표자들께 사할린 한인문제를 긍정적으로 해결하기 위해 노력할 것을 경주하였고 이에 대한 해답을 약속 받은 바 있었다.

1976년 7월, 사할린 한인들에게 절호의 기회가 돌아왔지 않았는가 하는 사건이 있었다.

사할린 내무국 관하 출입국관리사무소가 한국 귀국 희망자들의 청원서를 접수한다는 광고를 낸 것이다. 30루블만 물면 신청 수속을 할 수 있다는 것이었다. 수일 동안에 1000명이 넘는 희망자가 등록되었으며 사람들은 주야로 대기하며 밤 3시부터 줄을 서기 시작했다.

사할린주 정부는 이 사실에 놀랐다. 귀국 희망자가 이렇게 많을 줄 몰랐던 것이다. 그때도 북한 영사가 날아와서 이것을 적극 반대하였다.

그 해 9월, 소련 전투기가 일본 하코다테 시에 불법 착륙하였다. 일본국은 망명을 요구한 비행사를 미국에 넘겨주어 버렸다. 이 사건으로 소일 관계가 극히 악화되었다. 출입국관리사무소는 귀국 희망자 청원서 접수를 중지했을 뿐 아니라 사할린한인 귀국문제는 소·일 간의 문제가 아니며 소련과 북한 문제라는 것을 공식적으로 회답했다.

당국의 이와 같은 태도 변경을 항의하여 나선 사람들이 있었다. 꼬르사코브 시 도만삼(都万三) 씨의 가족은 공산당위원회 앞 광장에서 한국으로 보내 달라고 외쳤다. 도씨의 고향은 경기도였다. 얼마 후 시당국은 귀국시켜 줄 터이니 준비하라고 하였다. 기차로 홈스크까지 가서 다음 배를 탔다. 나호드카에 도착했을 때 이제는 일본 경유로 고향으로 가게 될 것이라고 실로 기뻐했다. 그런데 다음 당도한 곳은 하산이라는 소련과 북한의 국경지대였다.

국경을 흐르는 두만강 철교의 저편에서 북한 장교가 다가와서 "여러분은 조국에 돌아왔습니다"라고 하였을 때 도만삼 씨는 기절했다. 이렇게 유즈노사할린스크의 황태룡, 유길수, 포로나이스크의 김일수, 홈스크의 이창남 씨의 다섯 가족 40명이 북한으로 강제 추방되었다. 이 사건으로 귀국의 희망은 완전히 꿈이 되어버렸다. 사할린 한인사회는 공포에 휩싸여 귀국에 대한 말은 입 밖에 낼 수 없게 되었다. 하긴 일본 공식 인사들이 사할린 한인문제에 관하여 소련의 여러 기관에 제기는 했었다. 그러나 이 문제를 진실로 해결해 주겠다는 생각이 있었는가?

겉으로 그렇게 보이기는 하였지만 실지 태도를 볼 때는 그것을 믿기가 어려웠다. 우선 1964년부터 7년 동안 사토내각 시기에는 사할린 한인문제에 대해서는 전혀 말도 하지 않았다. 다음 다나카 총리부터 때때로 문제를 세워 나갔으나 일본국은 현실적인 아닌 조건부들을 내놓았다. 즉 일본국은 귀국자들을 통과만 시킬 뿐 귀국 사업에 관한 모든 비용은 한국이 담당해야 한다는 것이었다. 어째서 한국이 부담해야 하는가? 말하자면 일본국은 아무런 법적, 정치적 책임이 없다는 태도이었다.

1975년 12월 도쿄에서 '사할린잔류자귀환청구'재판이 시작되었다. 원고는 사할린 거주 한인 4명이었다. 원고 측은 일본 정부가 원고들을 본국에 귀국시킬 의무가 있다는 판결을 청구하였다. 근 15년 걸린 이 재판은 일정한 사회 여론을 불러일으켰으나 원고의 사망, 몇 명의 한국 귀국을 이유로 1989년 6월 판결도 없이 취하됐다.

4. 소련의 사회 개혁과 서울 올림픽(1985년 이후의 한인생활)

과거 60년에 걸쳐 소련사회를 지배해온 폐습을 없애 치우고, 무서운 스탈린 독재 정치가 초래한 개인 승배의 근절, 브레쥬네프의 관료주의적 지도계통이 청산되고 개혁(페레스트로이카), 공개(글라스노스치), 민주주의의 3원칙을 내세우며 1985년 소련 공산당 총서기 고르바쵸프가 당과 정부의 대내외정책을 개량할 대담한 계획을 세워 나갔다. 인권을 존중하고 민족의 전통, 언어 보존, 문화의 융성 등에도 배려가 돌려졌다.

솔직히 말해서 이때부터 소련의 개방과 민주주의 싹이 트기 시작한 것이다. 사할린 한인이 민족차별을 받지 않게 된 것도 바로 이때부터였다. 고르바쵸프 시대는 재사할린 한인의 운명을 180도로 전환시켰다. 서울 88올림픽, 1983년의 대한항공기 격추, 북한의 반대, 한국과 국교가 없는 등 어려운 문제가 적지 않았다. 하지만 고르바쵸프는 소련이 서울 올림픽에 참가하기로 결정하였다. 이 모든 것이 사할린 한인이 근 반세기만에 모국을 다시 찾는데 크게 획기적인 일로 기억되었다. 사할린 한인들의 역사에서 1990년은 뜻 깊은 일이 가장 많았던 해였다.

1월2일~ KBS 방송국과 사할린TV가 사할린과 한국의 부모형제간의 대화, TV브리지 조직.

2월8일~ 사상 처음 대한항공기로 사할린 1세노인 120명의 일시 모국 방문 실시.

3월27일~ 서울-모스크바 직행 정기 항공로 개설.

6월3일~ 한국 노태우 대통령과 소련 고르바쵸프 대통령 제주도에서 처음으로 회담.

7월28일~ 한국 인기가수 사할린 위문 공연.

9월30일~ 소련과 한국 국교 수립.

12월13일~ 한국 노태우 대통령 모스크바 방문.

비로소 1989년 2월부터 사할린 한인들이 일본 경유로 한국을 방문할 수 있게 되었다. 이것은 실로 센세이션이었다. 1986년까지 소련에서는 해외에 있는 가족과의 재회, 성묘, 환자 문안 등 개인적 이유로 출국하는 것은 법적으로 금지되어 있었다.

하지만 고르바쵸프는 인도주의적이 아닌 이 법을 재검토하기로 하였다. 그 결과 '소련출입국관리규칙'에 10조항이 첨부되어 가족 재회, 중환자 문안, 친척 성묘 등이 가능하게 되었다.

드디어 1992년에 처음으로 사할린 한인 영주귀국이 시작되었는데 독거노인 72명이 한국 '사랑의 집'으로 영주 귀국되었고 다음으로는 '대창 양로원', '인천복지관' 등으로 역시 독거 노인들이 영주 귀국하였으며 1999년부터는 1세 가족(부부)의 영주 귀국이 비로소 시작됐다.

2000년에는 약 2000명의 집단적 영주귀국이 있었고, 2007년부터는 대한민국 정부의 배려로 희망자들의 영주귀국 사업이 3년간 확대되었다.

2006년에는 사할린 한인 문화센터가 개관되었고, 2007년에는 유즈노사할린스크 시에 대한민국 블라디보스토크 총영사관 출장소가 개설되었다. 이렇게 사할린 한인들은 반 백 년이 지나서야 조국을 다시 찾게 된 것이다.

●소·미 귀환협정은 함정(사할린한인이 귀국하지 못한 첫 원인)

사할린에서 일본인 귀국은 1946년 12월19일부터 시작되었다. 그것은 '소련지구에서의 귀국에 관한 소·미 협정'에 따라서 실시되었다. 그해 3월에 연합군 최고사령부가 일본정부에 보낸 '귀국에 관한 기본지령'이 협정의 기본으로 되었는데 거기에는 처음 '이전 일본군 점령지로부터의 일본인 귀국, 일본에서의 비일본 귀국'이라고 되어 있었으며, 협정완성문의 서두에는 다음과 같이 서술되어 있다.

'소비에트사회주의의 공화국연맹 및 동국의 지배하에 있는 영토로부터의 일본인 포로와 일반 일본인의 귀국, 그리고 북위 38도 이북 북조선 재일조선인의 귀국에 관하여 본 협정을 체결한다.'

전승국끼리 맺은 이 협정을 보면 재사할린 한인은 이미 그때부터 귀국의 대상에서 빼놓은 것 같이 보인다. 내용은 위 '해방과 귀향에 대한 희망'과 일치하다.

그런데 대체 포츠담선언은 왜 여기에 이용했던가? 일본은 포츠담선언을 수락하게 되었는데 제8항에는 '카이로 선언의 조항을 이행할 것'이 의

무로 되었다. 즉 일본은 조선의 독립을 승인할 의무가 있는 것이다. 하지만 일본은 이것이 한국. 조선인의 국적처리와는 하등의 관계도 없다는 것을 뻔히 알면서 '포츠담선언'에 근거하여 일본국적을 상실한 것으로 여겨 달라는 것이다.

1946년 12월 귀국선 '운센마루'가 홈스크 항에서 하코다테로 향한 후 1949년 7월 23일 마지막 귀국선이 사할린을 떠났을 때까지 일본인 31만 명 이상이 귀국하였다.

하지만 이것으로 일본인들의 귀국사업은 끝나지 않았다. 자기 공민들은 정말 알뜰하게 찾아서 데려가고 있었는데 소·일 공동선언(1956년) 조인식에 또 이 문제를 제기하여 다시 집단적 귀국사업을 계속하게 되었다. 당시의 하토야마 내각총리는 직접 모스크바에 가서 시베리아에 억류된 일본인(포로군인) 귀국, 영토 문제, 어업, 통상 문제를 제기했다. 사할린에 버려둔 한인에 대해서는 처음부터 염두에 두지 않았다. 이렇게 1957년부터 일본인 귀국사업이 다시 시작되었다. 잔류 일본인의 귀국사업은 실지에 있어서 오늘날까지 계속되고 있다. 이것이야말로 자기 핏줄만 찾는 무서운 민족주의 정부가 아니겠는가. 이런 민족주의적 정책은 일본정부의 범죄성을 보다 뚜렷하게 보일 뿐이다.

●남북으로 갈린 조국(사할린한인 귀국 못한 두 번째 원인)

유엔총회에서 임시 조선위원회(8개국 대표)를 설치한 것은 1947년11월이었다. 조선에 국민정부를 수립할 목적으로 다음해 1월에 서울에 들어가서 남반부 시찰을 하였는데 북쪽은 대표단 입국을 거절했다. 그래서 5월에 남반부에서 국회선거가 실시되어 8월 15일에 이승만대통령의 대한민국 정부가 발족되었다.

1949년 미국은 한국을 인증하고 국교를 수립하였으며 유럽의 여러 나라도 한국을 인증하였다.

　한편 소련이 해방시킨 북반부에서는 1948년 9월9일 조선민주주의인민공화국을 성립시켰다. 10월에는 소련, 몽고를 비롯하여 사회주의 국가들이 북조선을 인증했다.

　1950년 6월 25일에 일어난 한반도 남북전쟁은 미국이 일본주둔 미군부대를 투입했기 때문에 내전이 아니라 국제간 전쟁으로 변했다. 이에 김일성 장군은 남조선 해방이라는 목적을 내세웠다. 실로 북조선군은 얼마 안가서 서울을 넘어 8월에는 낙동강까지 밀어갔다. 하지만 9월에 미군이 서해의 인천에 대량의 군대를 상륙시켜 반공작전을 벌였다. 여기에는 영국, 불란서 등 15개국의 군대가 참전했다. 10월말 유엔군은 압록강까지 진격해 들어갔다. 이때 중국의용군과 소련이 북조선을 지원하며 나섰다. 그 바람에 상태는 전환되어 유엔군은 38선까지 물러서게 되었다.

　이렇게 한반도의 남북분열은 결정적인 것으로 되어 소련과 미국은 완전히 대립되었고 세계는 두 진영으로 갈라졌으며 '냉전'에 휩싸여 들어갔다.

　이런 상황에서 대한민국과 소련의 외교관계에 대해서는 생각조차 할 수 없게 되었다. 그러나 사할린한인 문제에 대한 일본, 한국, 러시아에서의 사회 운동으로 하여 70~80년대에 소련정부는 문제 해결을 위해 긍정적 태도를 보인 적이 있었다. 하지만 사할린한인의 문제를 해결하는데 북조선이 적지 않은 방해를 했다. 그 예를 몇 가지로 지적하며, 1973년 10월 11일 타나카 일본 내각수상이 모스크바에서 브레쥬네브와 만났을 때 사할린한인 귀국문제를 제기했다. 소련 측은 문제해결을 위해 적극적인 태도를 보였고 소련적십자사의 트로얀 총재도 일본정부가 사할린 한국(조선인)의 일본 경유, 한국귀환을 허가한다면 그들의 소련출국을 위해 협력하겠다고 전했다. 그러나 북조선의 맹렬한 반대로 소련은 퇴보해 버렸다. 1974년 10월2일 소련 내각수상 코쉬긴은 일본정부가 사할린 한국(조선인)들의 귀국을 요구한다면 소련정부는 반대하지 않겠다고 했다. 그러나 북조선은 역시 적극적으로 반대해 나섰다.

1986년 1월15일 소련공산당 중앙위원회 정치국 솔로멘체브위원은 일본 대외문화협회 마츠마에 회장에게 보낸 서한에 소련은 사할린 한국(조선인)에게 출국허가를 할 수 있다고 회답했다.

1986년 1월16일 쉐와르드나제 소련외무상은 소.일 외무상 정기협의(도쿄)에서 사할린거주 한국(조선인)의 소련 출국문제에 관하여 긍정적으로 해결하겠다고 적극적 태도를 보였다. 그런데 소련외무상은 5월31일 모스크바에서 진행된 소·일 외무상회담에서는 북조선이 심하게 반대하기 때문에 사할린 한국(조선인) 출국문제를 긍정적으로 해결할 수 없다면 거절했다.

소련정부가 사할린 한국(조선인)의 소련 출국문제는 오직 소련과 북조선에 관계되는 것이라고 말한 적도 있었고 일본정부가 냉담한 태도를 보여 온 것도 있었지만, 조국의 분단으로 생긴 남북 양정권의 국가주의적 정책이 사할린한인의 운명을 좌우했다는 사실을 지적하지 않을 수 없다.

●그래도 통일된 조국을 꿈꾸었다(북조선 국적, 소련 국적, 무국적)

일본정부로부터 버림받고, 전쟁 끝에 조국도 분단되었고 귀국의 희망은 먼 안개 속으로 사라져 갔다. 그렇게 세월은 흘러가고 자식들은 성장해 가니 살길을 찾아야 했다.

소련도 미국도 우리를 '해방된 사람'이라고 했는데 여기서 다시 한 번 강조하고 싶은 것은 우리는 아직까지 완전한 해방은 되지 않았다는 것이다. 군국주의 일본으로부터 멍에는 벗었지만 광복도 해방도 보지 못했다. 그것은 원상회복도 되지 않았고 인권의 자유도 찾지 못했기 때문이다.

종전 직후에 우리는 모두가 무국적자로 있었다. 조선민주주의인민공화국 국적을 취득하라고 북조선정부가 사할린에서 선전하기 시작한 것이 1952년 말쯤이었다. 소련정부도 청원에 따라 국적을 허가하기 시작했다. 어느 것을 선택할 것인가? 당시 대다수가 강제 연행된 지식과 의식수준이 아주 낮은 사람들이었다. 하지만 남다른 조국애, 망향의 생각을 가진 민족이라 조국은 분단되었지만 그건 임시이겠지, 통일이 멀지 않았겠지 염려하며 통일된 조국을 꿈꾸었던 것이다. 그래서 처음에는 사할린 조선사람 절반 이상이 북조선국적을 취득했다. 60년대 초 '사할린귀환재일한국인회'에 따르면 북조선국적 취득자는 2만5000명(65%), 소련국적은 1만 3000명, 무국적자는 4500명(약10%)이었다.

사람들이 소련국적을 취득한 것도 직업선택, 직위승진, 자식들의 대학 입학 등 문제를 원만하게 해결하기위해서는 반드시 소련국적이 필요했기 때문이다. 그리고 무국적자의 생각은 소련국적 또는 북조선국적을 가지면 절대 고향으로 돌아갈 수가 없다는 것이었다.

북조선 국적을 취득한 남녀 청년이 선전에 따라 북조선으로 이주하기 시작한 것이 60년대 초였다. 귀국하면 김일성대학을 비롯하여 어느 대학이라도 무시험 입학과 졸업 후에는 소원대로 취업을 약속했다. 사실 약속은 지켜주었는데 수년 지나서는 두만강을 건너 사할린으로 도망해 오는 사람들이 나타났다. 당시의 북조선의 실정을 말해주었다. 두만강은 러시아와 중국을 인접한 강인데 겨울에 얼면 건너오는 것이다. 그러나 모두가 성공한 것은 아니었다.

현시 사할린한인의 95%가 러시아 국적을 가졌으며 북조선 국적, 무국적자는 아주 적어졌다. 상황이 그렇게 될 수밖에 없었기 때문이다.

망향의 꿈을 이루지 못한 사람들의 마음을 조금이라도 위로해 주는 것은 오직 서울 KBS라디오 방송뿐이었다. 아침 7시, 밤 12시 특히 사할린의 이산가족소식은 밤중에 여성 아나운서의 부드러운 목소리가 흘러나오며 해외동포의 안부를 물었을 때 그 목소리만 들어도 마음이 환히 밝아지는 듯했다. 하지만 사회주의 사회라 서울방송도 수신기를 베개 밑에다 감추고 들어야 했다. 잊지 못할 옛날 유행가 '타향살이', '이별의 부산정거장', 등이 흘러나오면 먼 고향마을이 눈앞에 보이는 듯했다. 특히 나훈아의 '머나먼 고향'은 사람들의 가슴을 미어지게 했다.

머나먼 남쪽하늘 아래 그리운 고향
사랑하는 부모형제 이 몸을 기다려
천리타향 낯선 거리 헤매는 발길
한잔 술에 설움을 타서 마셔도
마음은 고향 하늘을 달려갑니다.

우리가 마지막으로 희망을 건 것은 한일회담이었다. 1965년 6월 22일 한일기본조약과 재일한국인의 법적지원 등을 정한 4개의 협정이 조인되었다. 그러나 유감스럽게도 사할린한인 문제는 취급되지 않았다. 모국과 일본 어느 측도 믿을 수 없다고 생각했을 때 이곳 동포의 마음이 어떠했던가를 짐작할 수 있을 것이다.

☞성점모(成點模)/모스크바 법률대학 졸업, 사할린한인연합회 고문, 새고려사 신문사 주필, 소련문화 공로자, 인민친선 훈장 수여. 근로베테랑 메달 수여. 현재 안산 고향마을 거주.

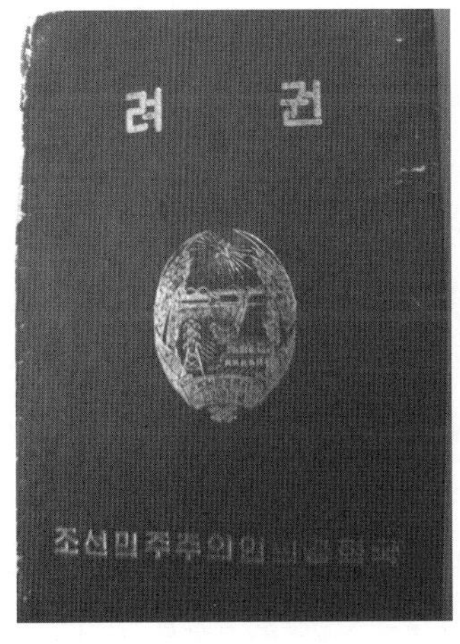

▲당시 북조선여권과 소련여권(P1013134, 북조선여권)

아래는 사할린에 거주하는 한인들의 인구조사를 의뢰한 보고문이다. 한인이라면 강제징용이든 북한 파견근로자이든 사할린에 거주하는 한인 전체를 말하는데, 소련당국이 보관하고 있거나 기록된 문서에 의한 것으로 1945년부터 85년까지의 한인거주자의 국적문제와 인구 현황을 비교적 자세히 밝히고 있다. 구슬에 의해 알려진 것에 비해 본문의 데이터는 해방이후부터 지금까지의 사할린 한인인구를 분석하는데 좋은 지침이 될 것으로 사료되어 공문 그대로를 번역했다.

먼저는 한국과의 수교 전 많은 한인들이 북한국적을 취득하게 된 동기가 부여된 점이고 북한 파견근로자들이 한인과 어우러져 공동체 생활을 하였던 걸 엿볼 수가 있다. 또 소련국적 취득과정도 서류로 확인된 것이 다행으로 여겨지는 부분이다.

●사할린에 거주하는 북조선국적과 무국적자의 조선인들에 대한 서류/P.235

　유즈노사할린스크시(1962년2월28일) ↓

1960년 1월1일에 인구조사에 의하면, 사할린주에 42,337명이 조선인이고 12,352-북조선 국적, 20,718명-무국적자이다.

1962년 2월 28일에는 11,445명의 북조선국적자 중 파견자들-2,161명(어른), 사할린에서 북조선국적을 취득한 조선인은 9,284명이다. 무국적자는 3,821(어른)명이다.

1958-1961년간 4,425명 그중 2,166명의 아이들이 북조선으로 귀국했다. 1950-1958년간 소련국적을 715명의 북조선인이 취득했다.

●사할린에서 이주하고 이동할 수 있는 허가와 감독에 대한 서류/p.254

　유즈노사할린스크 (1964년5월12일) ↓

1964년 1월1일 사할린주 통계국 발표에 의하면, 11,314명 외국인이 거주하고, 그 중 1명이 불가리아인, 25-중국인, 11.288-조선인이다. 그 중 1,836명은 1946-1949년간 계약서에 의하여 조선(북한파견)에서 사할린으로 왔고, 또 2,670명은 무국적자(전 일본국적)이다.

1963년도에 207명의 무국적자가 소련국적을 취득했고, 56명은 북조선으로 귀국했다.

●사할린주의 외국인과 무국적인의 숫자에 대한 사할린주 내무부관리국의 서류/P.266 : 유즈노사할린스크(1970년11월26일)↓

사할린주 내무부관리국의 출입국관리국의 서류에 의하면 사할린주에 무국적자가 7,657명, 외국인 8,138명이 거주하며, 그 중 8,121명이 북조선국적이다. 무국적자 중에 이전 5,857명이 북조선국적이었고, 1,800명은 일본 국적이었다. 1948-1969년간 6,414명이 소련 국적을 취득하였다.

1,057명의 무국적자 중 424명, 소련국적을 취득하겠다고 하여, 11명은 북조선국적을 취득하겠다고, 100명은 남조선으로 귀국하겠다고, 나머지는 무국적 취득의 이유를 설명하지 않았다.

●조선인 수에 대하여 1970년의 인구조사 서류(P.266)에서는 1970년도 사할린주에 조선인 35,400명이 거주하고 있다.

●재일본 삿포로시 소련총영사 「A.B.Шаровy」 앞으로 보낸 사할린주 공산당원의 편지.(1985.3.10)/P.273

'존경하는 알렉산드르 와실예위츠! 당신이 부탁대로 사할린주에 31,664명 조선인이 거주하고 있다. 그중 20,522명이 소련 국적이며 1,259명이 이전 북조선 국적인, 9,883명이 무국적자이고, 그중 9,161명이 북조선 국적이었다.'

(1945년 소련연방극동 사할린담당사령관(크루꼬프 데.엔/P.81)

● 모스크바 중앙위원회 공산당서기국 보고문

1945.09.29-도요하라(유즈노사할린스크)에서 올린 보고문에서는 남사할린(카라후토)에는 대부분이 일본인이었는데, 그 중 358,568명(남자:180,115/여자:178,453) 일본인이고, 조선인 23,498명(남자:15,356/여자:8,142), 소수민족 812명(남자:370/여자442, 외오로치족: 288명,에벤끼 81명, 니프희 24명, 나나이츠 11명, 아꾸트 2명, 아이누 406명) 그 외 러시아인이 360명이다.

참고문헌: 쿠진, '사할린의 코레이츠들', 정의복권재단, 번역편집: 김복곤, 조성길

다음은 일본 참의원 결산위원회 청문회 내용 중에서(1976.1.11) 발췌한 것으로 영주귀국과 보상 문제를 일본의 여야 의원이 신경전을 벌이며 강도 높게 질문한 것을 일부만을 옮겨보았다. 짧은 질문에도 일본정부의 미온적 태도와 비협조적인 상황이 낱낱이 드러나는 것을 볼 수가 있다.

◇질문자: 위원 다부치 뎃츠야 중의원 의원
◇답변자: 오모리 세이찌 외무성아시아국차장

● 오모리 세이찌 외무성차장:

외무성으로서는 소련측에 대해 지금까지 수차에 걸쳐 사할린에 거주하고 있는 한국, 조선인으로 귀국을 희망하고 있는 자에 대하여 실태조사를 의뢰하고 있습니다. 그러나 현재까지 그 실태를 정확히 파악할 수 있는 상태가 아닙니다.

일반적으로 사할린에 있는 한국, 조선인은 약 40,000명이라고 합니다. 이중 북한 국적자가 약 65%인데, 소련 국적자가 약 25%, 무국적자가 약 10%이라고 합니다.

65%라는 근거는 전체 사할린에 거주하고 있을 당시가 북한과 소련 수

교에 의해 일부 사할린한인들이 북한국적을 본의 아니게 북한 국적을 취득하였으리라는 추측이 나온다는 개인적인 의견이며 또한 한국정부에 의하면 귀국 희망자가 7,000명이 있었다고 합니다.

●다부치 뎃츠야 의원:

사할린에 이러한 사람들이 지금까지도 방치되어 있지만 그 원인이라고 할까, 이유에 대해 어떻게 파악되고 있습니까? 외무대신에게 여쭙고 싶습니다.

오모리 세이찌 외무성차장: 소련지구 일본인의 귀환에 대해서는 1946년 12월9일에 성립된 소련지구 귀환 미·소 협정이라는 것이 있으며 이에 따라 이 협정의 당사자인 연합군 최고사령관과 소련연방 대일이사회대표의 책임으로 실시되었던 것입니다.

이 귀환협정에 의하면 귀환대상으로 되어있는 사람은 첫째로 일본인포로, 둘째 일반일본인으로, 일반일본이란 소련연방에서 귀환하는 사람의 희망에 따라 정해진 일반인이라는 주석이 붙습니다만, 일반일본인 즉 이 2가지의 범주에 있어서 연합국은 당시 한국조선인을 외국인 또는 비일본인이라 처우하고 있었기 때문에 연합국에 의해 귀환의 기회가 주어지지 않았던 것으로 생각할 수 있습니다.

또한 정부로서도 귀환을 희망하는 사람들을 방치하고 있지 않았기 때문에 인도적인 관점에서 귀환실현을 위한 노력을 하고 있는 바입니다.

●다부치 뎃츠야 의원:

이것은 틀림없이 방금 답변하신 바와 같이 1946년의 미·소 귀환협정에 의해 귀환이 이루어졌다고 봅니다만 이때 당시 일본정부로서 미국점령군에 대해 의견이라든가 혹은 의론할 기회가 있었는지 그 점을 여쭙겠습니다.

●오모리 세이찌 외무성 차관:

당시 정부가 사할린의 조선인 귀환에 대해서 미·소 측과 서로 의논하였
는지 어떤지에 대해서는 현재 조사하고 있는 중이지만 아무래도 종선직후
의 일이므로 사정이 명확하지 않습니다.

●다부치 뎃츠야 의원:

이러한 사람들은 전쟁 중 거의 강제적으로 사할린에 데려간 사람들입
니다. 따라서 그러한 사람들의 원상회복이라고 할까, 역시 전쟁이 끝났다
면 일본으로 데리고 오거나 혹은 그 사람들의 고향으로 데리고 가는 것이
일본정부의 의무이며 책임이라고 생각합니다만 이 점은 어떠하신지 외무
대신과 법무대신에게 여쭙겠습니다.(이하 생략)

▲왜정시대의 사할린 한인노역

'새고려신문 배영숙 기자, 73세 일기로 생 마감'

사할린 한인언론계의 대모로 불릴 만큼 큰 족적을 남기고 떠난 전 새고려신문사 배영숙 기자가 앓고 있던 심장병으로 지난 2008년 12월11일 자택에서 타계했다.

배영숙 기자는 사할린 한인들에게 고려신문 기자로 더 잘 알려진, 몇 되지 않은 한인언론계의 산 증인이자 산파역할을 다해 지존에 이를 정도로 한글지식이 해박했다.

1949년 소련공산당 조선기관지 〈로동자의 길〉 하바로브스크에서 출발한 이래 51년 사할린에 옮겨 오면서 63년 〈레닌의 길로〉 신문사에 입사하기부터 1991년 1월1일 언론 개혁으로 〈새고려신문사〉로 개칭되어 오늘날까지 새고려신문의 한글교정과 러시아 정세 및 숱한 한인관련 기사를 남기는데 중추적 역할을 다했다.

특히 배영숙 기자는 소련의 개방과 88올림픽에 맞춰 언론인으로서 사할린한인들의 한국어교육에도 남다른 정열을 쏟았고, 한때 후학양성과 폭발적인 인기로 한국어 열풍이 사할린 전역에 휩쓸었을 때 한국어와 문화 전령사로 저널리스트의 매개역할을 톡톡히 했다.

나아가 그는 정치개방 이후 한일 양국 방문단의 통역과 안내를 도맡아 하였으며 한인들의 대변인이 되어 한인이주경로에 이르는 역사까지 들추어내는 손꼽히는 한국 통으로 불리었다. 그가 남긴 가장 큰 업적으로는 비밀문서에 의해 감추어진 조선인학살사건의 전말을 세상에 공개한 일이었다.

서슬이 퍼런 공산화의 압정 속에서 누구도 찾거나 입수하지 못했던 조선인학살사건의 진상을 기고한 저력은 사할린언론계의 일대변혁을 가져왔고 한인기록사에 길이 남을 쾌거가 되었다. 작고하기 전 3개월 전만해도 러시아수사관 출신의 작가 블라디미르 그린과 공동 집필한 '카미시스카 사건'의 실체를 담은 책을 발간해 화제가 되기도 했다.

일찍이 소련기자동맹과 사할린언론기자연합이 주는 근로표창, 영예표창장을 수차례 수여받아 기자로서의 입지가 확고하였고 많은 독자로부터 사랑과 존경을 한몸에 받았다.

그의 삶 느지막이 기독교에 입문하여 신앙생활에 충실하였고 남을 헤아릴 줄 알며 소탈하고 검소한 성품이었으며 책읽기를 유독 좋아했다.

자택에서 치른 그의 마지막 길에는 평소 친하게 지내던 직장 선후배 지인과 교회신자, 조선학교 졸업생들과 함께 했다.

여기서 잠시 배영숙 기자의 따뜻한 인간미를 논해보고 싶다. 그를 처음 만난 것은 2004년도 서류 번역물 관계로 자택을 방문하였을 때이다. 당시만 해도 한국인의 사할린거주는 그리 많지 않았다.

아직도 낯선 땅이었던 사할린에 한국인을 동향인으로 따뜻하게 맞아준 것이 쉬이 잊어지지 않는다.

그와 차를 한잔 놓고 살아온 이야기를 한 적이 있는데 마치 한국에서의 인생 선배마냥 다소곳이 이야기를 엮어나가며 사할린의 변천사와 한인사회 생활을 적나라하게 일러 주었던 것은 두고 잊지 못할 추억으로 간직되었다.

여린 마음에 청순하고 소박한 어르신으로만 기억됐다.

배영숙 기자는 1935년 연해주 출신으로, 일제강점기 제지와 석탄 산업이 왕성했던 사할린 우글레고르스크로 건너와 조선학교를 거쳐 포로나이스크 사범대학을 졸업했다.

1963년 현 새고려신문사 전신인 〈레닌의 길〉 기자로 입사해 중환 중에도 왕성한 활동을 보이다가 지병인 심장병으로 자택에서 눈을 감았다. 가족으로는 제1회 조선학교 졸업생인 부군 서재만(80) 씨와 두 아들을 두고 있다.

●우리는 얼마만큼 사할린을 알고 있는가?

사할린이라 하면 우선 떠오르는 것이 강제징용이다. 조국이 헐벗고 못살아 있을 때 단지 입에 풀칠을 하고자 혹은 살기 위해 가족을 대동하고 얼어붙은 두만강을 건너 만주로 연해주로 더러는 체홉의 슬픔의 틈새가 자리한 사할린으로 돈을 벌기 위해 이주해 온 사람들이 많았다.

그렇지만 부산항을 통해 왔거나 혹은 일본을 경유해 왔거나 이들 모두가 돈을 벌기 위해 왔던 것은 극소수에 불과하고 관 알선 모집책에 의해 징용으로 끌려왔던 이가 대부분이다.

그로부터 제2차 세계대전의 발발로 조선의 선량한 국민들은 나라 잃은 서러움과 일본정부의 전쟁 물자공급원이 되거나 성노예로 동남아에서 사할린으로 심지어 태평양까지 이루 헤아릴 수 없이 많은 우리 형제들이 일본정부의 하수인이 되어 무자비하게 끌려갔다.

그런데도 일본은 천인공노할 만행을 조선인들에게 저질고도 대일강화조약對日講和條約으로 보상 문제를 다 해결하였다고 지금까지 버티고 있다. 이는 지난 한국정부의 시대적 사명으로 피할 수도 있겠으나 원칙적 조사 없이 국정으로만 계산한 착오도 있으리라 믿는다.

▲유즈노사할린스크.
1945년 우체국,
1946년 역광장,
1953년 시내풍경

그러기에 일본은 더욱 기세등등할 수밖에 없던 것이고 오늘까지 형식적인 것만 제외하고 국제적 여론을 감추기에 바쁘기만 했다.

그래서 오늘까지 사할린동포들은 '영주귀국특별법' 또는 '사할린동포지원법'을 한국정부에 끊임없이 요구하고 있으며 그 후손들에게까지 보상차원을 해결해 주길 바라며 목소리를 높이고 있는 실정이다.

실지 강제징용 이후 해방이 되고 고국귀환이 단절되기까지 50년가량 소련정책으로 자의가 아닌 타의로 속수무책 조국길이 막혀 어쩔 수 없는 선택을 하고 이 땅에 살아야 했기 때문이며 사할린동포 한인들의 피나는 노력이 뒷받침되어 영주귀국이 이루어졌다 해도 과언이 아닐 만큼 사할린동포들의 영주귀국의 열망은 컸던 것이다.

그 열망이 너무도 커서 1세대들은 라디오 전파에 숨죽이며 한국소식을 몰래 들었으며, 독한 보드카에 고통을 하소연하며 일곱 바람이라는 사할린 특유의 매서운 추위와 눈보라 속에 견디며 목숨을 부지하며 이 척박한 땅에서 살아왔다. 그러다 조국을 부르며 눈물로 지세우기를 수년 속에 목을 매여 스스로 자살하거나 정신질환으로 떠돌다 눈 속에 파묻혀 죽어간 사람이 있는가 하면 숱한 풍파를 견디며 꼿꼿이 한민족만이 가지는 저력으로 소련정부로부터 인정을 받으며 가족을 위해 평생을 희생하다 돌아가신 분들도 많았다.

사할린은 오랜 전(1887년)부터 한인들이 이주해와 살았다는 기록이 있다. 만주에서 연해주까지 조국의 독립운동을 위해 망명과 이주를 하였고 그 가운데 먹고 살기 위해 1925년부터 본격적으로 돈을 벌기 위해 사할

◀1948년 현재
시청자리(레인나 거리)
(1948년시청 현재 레닌가)

린에 흘러 들어온 경우도 있었다. 강제징용 이후에도 한인들은 일본을 경유해 또는 일본에 체류 중인 유학생까지 한반도 전역에서 돈벌이가 좋다는 사할린으로 정착하게 되었다.

유배지라고 하지만 당시 사할린에는 자원보고가 엄청나게 매장되어 있었고 이를 계기로 북한정부 수립 이전부터 북한파견근로자들이 시베리아 벌목에서 사할린 자원보고에 뛰어 들기 시작해 급기야 1947년에는 북한파견근로자시대를 맞이하게 되고 석탄 매장에서부터 삼판까지 어획고 물량에 총동원되는 계기가 마련됐다.

청진항에서 출발한 북한 운반선은 홈스크 아래 위치한 네벨스크 내항에다 짐짝처럼 인력들을 실어 나르며 사할린에 투입시켰다. 그리곤 소대별 중대별로 편을 갈라서 사할린 각 지역에 배치시켰고 외화획득에 총력을 기울었다.

1959년 김일성은 사할린에 파견된 근로자들을 조국으로 입성할 것을 권고하였으나 많은 파견근로자들이 이래저래 더 못사는 고향에 간다 한들 피죽도 못 먹을 밖에야 그냥 눌러 앉고 살자고 했던 북한파견근로자들이 많이 남았다고 증언하고 있다.

보고서에 따르면 일본정부와 소련정부는 북한파견근로자들을 10% 내지로 보는 경우가 있었으나 당시 사할린잔류한인들의 인구조사에서 3만2천이라는 데이터가 1946년 12월 19일 미국 블라디보스토크총영사관 한인거주 관련문서에도 미, 소 협정에 의한 사실을 명백히 밝히고 있는 점을 볼 때 이후의 북한파견근로자들은 실지보다 많을 것으로 생각된다는 것이다.

해방이후 소련으로서는 인력이 모자라서 남아있는 북한파견근로자들을 법적으로 내보낼 이유가 없었고, 강제징용 이후의 1세대들의 국적이 일본국적이었음에도 일본공민으로 인정하지 않고 조선인(무국적)으로 못 박아 사할린자원보고에 동원, 합류시키려는 계략이었음을 엿볼 수가 있었다.

그렇게 사할린한인이라면 이주. 강제징용. 취업. 북한파견근로자로 구분하는 것이 정확하며 전체 강제징용의 수는 60% 선으로 내다보고 있는데 북한이든 남한이든 고향 그리워 슬픔 속에 살았던 것은 다 똑같은 마음이었을 것이며 그 중 유독 고국열망의 길을 끊지 않았던 한인들은 강제징용에 의해 끌려왔던 1세대들이었다.

그 1세대들 중 일본인 여자와 결혼한 한인들이 주축이 되어 오늘의 '영주귀국'이라는 결실을 보게 된 장본인들이다. 이들은 일본으로 귀환 후 일본인 지인의 도움을 바탕으로 어려운 살림살이에도 불구하고 조국 대한민국으로의 정착을 희망했고 나아가 전후보상책임을 물게 하는 운동도 펼쳐 나아가기도 했다. 그래서 길이 막혔던 영주귀국은 가까스로 실현되기 시작하였고 전후보상책임의 법적 소송도 이들만이 할 수 있었던 것에서 1세대들만큼 인식과 세계시장의 흐름을 파악하지 못한 2세들은 지금에야 그 등불을 다시 피우려 하고 있는 것이 안타까울 뿐이라는 것이다.

이는 1세대들이 이룬 성과가 50년 프로젝트로 이어져 현재까지 보류상태로 남아있게 된 원인이었고 2세들은 최근 관련법을 깨우쳐 국제법에 의거 영주귀국지원법과 전후책임보장문제를 거론하며 내심 한줄기 희망이 전해져 오길 기다리고 있는 것이다.

뻔히 안 된다는 단정도 가지는 사람도 있으나 부모의 한 맺힌 삶과 고통을 고스란히 물려받은 2세들은 죽도록 일만 하며 슬프게만 돌아가신 부모님들만 생각하면 순전히 자신들도 물적, 정신적 피해자라는 것이 분명한데 왜 일본정부는 배상을 회피하고 있느냐는 것이다.

또 1945년 이전의 출생자들인 영주귀국자들은 그나마 늦게라도 고국품으로 가 편히 살 수 있는데, 향수병에 걸려 죽어간 이들의 사할린에 남은 독신자와 자식 때문에 차마 갈 수 없는 잔류한인들은 또는 이중징용에 희생당한 가족들의 아픔과 부모의 강제징용으로 깔끔하게 처리되지 못한 책임은 한국정부도 인도적 차원에서 지원을 확실하게 해주기를 애써 기다리고 있는 것이다.

그저 현재의 영주귀국이 실현되고 있는 점이 한국정부의 지대한 공로

와 편의로 인정돼 혹 이마저 잘못된다면 하는 조바심을 지켜보며 발을 동
동 구르고 있는 것이 오늘의 현실이다.

현재 사할린은 예전의 춥고 배고픈 상황은 외지의 70대 이상의 노인들
을 제외하곤 많이 달라진 현상을 볼 수 있다. 사할린프로젝트로 석유와
가스가 쏟아져 경제적 부가가치가 인정되어 세계의 주목을 받고 있고, 사
할린경제와 문화 등 큰 업적으로 평가 받고 있는 것도 소수민족 중 많은
한인들이 상권을 쥐고 있을 뿐 아니라 나름대로의 경제적 여유를 누리며
사는 이도 있는 것이 현실이다.

물론 부모가 물려준 자산의 기본교육과 암울했던 현실 속에서 잘 살아
보겠다는 노력이 뒤따랐음을 부인할 수는 없으나 소련 개방 이후 조국의
선진문화가 사할린한인들에게 미쳤던 영향도 컸음을 숨길 수 없는 것도
한부분에 속하고 있다.

허나 이들의 가슴 속에 맺힌 한은 타 어느 나라의 재외동포완 달라서
우리는 사할린한인들에게 귀 기울이고 그들의 편에서 서서 그들이 울부짖
는 미해결된 문제들을 풀어 나가는데 협력하고 포용하는 자세로 사할린한
인들의 역사적 피해의식을 대변하며 안아 주어야 할 것이다.

이 글은 사할린한인들의 아픔을 호소하며 잔류한인들의 보상을 지지하
는 한 사회단체의 험난한 여정을 지켜보면서 짤막하게 느낀 소감을 피력
했던 글이다.

☞참고로 안산 고행마을에 동상이 세워져 있는 박해동(1997년 작고) 사할린
주한인노인회장의 인구조사는 43,427명(1992.7.10)이라고 했다. 위의 자료와 마
찬가지로 소련정부는 1959년 처음 대륙권을 포함해 인구조사를 한바 있는데, 양
심 있는 한인 지식인은 정확한 한인인구를 발표하지 않는다고 했다.

반면 1940년(소화15년 6월말) 사할린(화태청) 행정문서에는 32,906명의 한인
인구로 기록된 바 있다. 당시 1992년에도 무국적자는 많았다. 한국정부의 미온적
태도는 여기서도 잘 드러나고 있다. 4만3천명 인구 중 1만6천명의 사할린동포들
이 영주귀국을 절실히 희망하고 있었다.

사할린동포 영주귀국 현황 <연도별 영주귀국 현황>

년도	거주지	인원	비고
1990년		2명	
1991년		7명	
1992년	춘천 사랑의 집	92명	
1993년	광림노인전문요양원, 대창양로원	42명	
1994년		53명	
1995년		2명	
1996년		44명	
1997년		44명	
1998년	서울, 인천, 부천	152명	
1999년	인천복지관, 서울–인천:(안산 대기인원)	95명＋164명	
2000년	안산고향마을 ↑ (대기포함 978명)	814명	
2001년		152명	
2002년		10명	
2003년		11명	
2004년		30명	
2006년		22명	
2007년	인천 논현동(기타 안산고향마을, 인천복지관)	610명	확대사업
2008년	김포, 아산, 화성, 부산, 청원, 원주	651명	〃
2009년	양산, 음성, 오산, 파주, 천안	598명	〃
2010–11년	남양주(61명), 기타 공석중인 거주지(30명)	91명	연장사업
합계		3686명	

※1977년–1991년 개별로 일본을 경유한 인원(65명)은 누락됨.(2011년 김포 한강지구 외 70명 정착)

세부사항으로 3년간 실시된 사할린동포 영주귀국확대사업은 첫해 2007년도는 안산고향마을과 인천복지관에 입주한 28명을 제외하고 대부분이 인천 논현동(5-14단지) 임대아파트에 입주하게 되었으며 총 610명이 내정됐다.

2008년도 영주귀국자 합격자는 최종 651명으로 알려졌고, 지역별로는 김포(서암), 아산(신창), 화성(향남), 부산(정관), 청원(오송), 원주(문막) 6개 지역으로 분산 배치되었고 세대구성은 1세+1세 270명, 1세+1세(동거) 124명, 1세+2세(부부) 192명, 1세+장애인 동반가족 9명, 1세+해방 당시 타지역 거주자 21명, 1세+외국계(백인) 부부 16명, 요양원 9명, 안산 9명으로 확정되었다.

마지막으로 2009년에는 양산(36명, 전체112명)행이 이루어지고 11월 5-6일 충북 음성(71명), 11월19-20일 경기 오산(107명), 12월3-4일 경기 파주(102명), 12월17-18일 충남 천안(105명) 6회에 나누어져 총 598명이 떠나게 되었다.

연장사업으로 분류된 2010년에는 12월 16일 경기 남양주 25명과 2011년 1월 7일에 걸쳐 61명이 남양주에 정착하고 안산 고향마을, 서천 등과 인천복지관과 대창양로원에 30명이 분산 입주(전체 91명)하게 된다.

※현재(2010. 9월 기준) 전국에 분포된 영주귀국 사할린 한인현황은 다음과 같다. 다음 페이지의 표는 확정발표와는 다소 차이가 있고 실존 인원을 나타내는 표임을 참고 바람.

구분	시도	시군구	지역(시설명)	인원(명)	비고
	9개시도	20개 시군구(지역)			
집단주거 시 설 (아파트)	서울	강서구	등촌동	65	
	부산	기장군	정관	124	
	인천	남동구	논현동	541	
		부평구	삼산동	49	
	경기	김포시	사암	134	사암마을
		안산시	고향마을	800	고향미을
		화성시	향남	98	복시꽃마을
		오산시	세교	106	죽미마을
		파주시	파주시	101	우정마을
	강원도	원주시	문막	78	
	충북	청원군	오송	78	오송마을
		음성군	신천	70	
		제천시	영천	117	
	충남	아산시	신창	101	
		천안시	청수	98	허들마을
		서천군	서천	111	
	경남	김해시	율하	101	
		양산시	대석	78	
입소시설	인천	연수구	사할린동포 복지회관	86	정원 100
	경북	고령군	대창양로원	35	정원 50

※2011년: 123명(신청 147명)이 영주귀국 추진 중에 있으며 그 중 70명이 11.12.9−16일에 걸쳐 김포 한강지구 외에 정착하였고, 앞서 2010.12−2011.1에

는 경기 남양주에 86명이 입소했다. 실질적으로 확대사업은 종료되었으나 지역마다 공석 중인 자리가 발생함에 따라 추가 신청자 요청에 의해 영주귀국 사업은 계속되고 있으며, 일본정부가 인정한 역방문, 모국방문은 영주귀국사업과 상관없이 계속 추진되고 있는 상황이다.

사할린 동포 국내 정착배경 등 추진상황

●일제강점기 '국가 총동원령(1938.4.1)에 의해 조선인 약6만 명이 사할린으로 강제 징용되었고 2차 대전 종료 후 5만 명의 한인이 잔류하게 되었다.

●1994년 한일 정부의 '사할린동포영주귀국시범사업'이 실시되어 1999-2000년 안산 고향마을과 복지회관이 건립되어 최초로 집단 영주귀국(978명)이 시작되었고, 2007~2009년 3년간에 걸쳐 영주귀국 확대사업(외교통상부령)으로 1859명이 고국에 정착하게 되었다.

☞개별과 수시적 귀국 등 연장사업으로 분리된 경기 남양주와 추가 김포 한강지구 귀국자(2010-11) 포함되지 않음.

1. 영주귀국 추진배경

*1989년: 한일적십자사 사할린거주 한국인지원공동사업체 결성

*1989년: 사할린동포 40명 첫 모국방문(9월)

*1991년 사할린동포 영주귀국 시범사업 실시(한일적십자사)

*일본정부 아파트임대자금 270억 지원 한국정부 토지제공

*1994년 한일 양국간 사할린한인 영주귀국사업 지원합의

*2000년: 안산 고향마을 아파트 등으로 사할린동포 입주시작

2. 영주귀국(국적회복) 지원

(관련부처: 외교통상부. 보건복지부, 법무부, 국토해양부 등)

● 대한민국 해방(45.8.15) 이전의 사할린 및 러시아 대륙 거주 또는 출생자(1세대)로 한해대한적십자사와 외교통상부가 공동으로 지원하였고 2008년부터는 이산가족 예방 차원으로 배우자(해방이후)와 장애자녀도 동반귀국을 허용하고 있다.

● 사할린동포 국적회복 지원 절차: 계획수립→영주귀국설명회→지역한인회 희망접수→한일 적십자사간 운영위원회→대상자 선정(회의)→신원 조사후 영주귀국허가(외교부)→영주귀국

● 국적취득 과정(법무부, 외교부)

⑴ 1세대: 국적회복(90일 이내 국적판정, 주민등록 신고)-복수국적 보유가능

⑵ 1세대 배우자(해방이후 출생): 간이귀환(1년 이상 거주) 신청으로 국적 취득(귀화)

⑶ 1세대 장애인자녀: 특별귀화(필기시험 및 면접심사) 신청으로 국적취득(귀화)

3. 사할린동포 영주귀국거주 지원현황

● 지원 사항

⑴ 이전비(항공비 및 초기 정착비용)

⑵ 국민임대주택(전용면적 평균 40㎡ 규모) 가구당 평균 10만원

⑶ 집단거주시설(영구임대주택) 거주자에 대한 특별생계비 지원(1인당 월75천원)

⑷ 국민기초생활보장법에 의한 급여 지원(특례규정 적용)

●지원내역(생계. 주거급여는 지급 가능한 최고한도액)

1) 생계급여: 307,760원(1인 가구), 521,280(2인 가구)

2) 주거급여: 79,860원(1인 가구), 135,270원(2인 가구)

　　⑸ 기초노령연금법에 의한 기초노령연금 지원

　　⑹기초노령연금법에 의한 장애수당 지원

　　－ 1~2급 중증 장애인(130,000원), 3~6급 경증 장애인(30,000원)

　　⑺ 의료 급여법에 의한 의료급여 지원

　　－ 1종 지원(근로 무능력가구), 2종 지원(근로 능력자가구)

　　⑻ 납골묘 무료안장(국립 망향의 동산)

　　참고문헌: 대한적십자사 특수사업부 영주귀국설명회 자료집

◀ 한인문화회관에 있는
'사할린희생사망동포위령탑'

사할린 동포 영주귀국 요약

1980년 말부터 한일 양국 합의로 양국 적십자사를 통하여 모국방문사업이 진행되었으나 근본적인 문제인 영주귀국 문제가 충분히 해결되지 않았다.

사할린에 강제 이주되어 낮이나 밤이나 고국에 대한 그리움으로 눈물로 지새운 사할린동포들에게 영주귀국이 실현되기까지는 많은 사람들의

노력이 뒤따랐으며, 사할린동포들의 끈질긴 노력과 소련의 개방정책과 함께 구체화되기 시작한 영주귀국사업은 1970년대 초 사할린에서 귀화한 사할린주노인회 회장이던 박노학(일본여성과 결혼), 박해동 씨의 노력과 의식 있는 일본인을 중심으로 시작되어 도의적인 책임을 져야 한다는 주장이 제기되면서 일본인에 의해 사할린 한인문제가 거론되기 시작했다.

그로부터 한인단체가 조직되고 이들을 중심으로 조직적이고 체계적인 활동이 이루어져 1990년 초부터 영주귀국의 결실을 보게 되어 영주귀국이 실현되는 단계로 발전해왔다.

영주귀국실현이 정부의 노력도 뒤따랐겠지만 영주귀국의 중심적 역할을 다했던 이는 1958년1월에 귀환한 박노학 씨이며, 그는 일본 여성과 재혼하였던 관계로 일본으로 귀환하였고 일본인의 관심을 끌게 되어 자유당정권의 이승만 대통령 앞으로 '재사할린 조선인 귀국탄원서'를 작성하여 사할린 영주귀국자의 서명을 받아 일본에 도착하자마자 이를 제출하였다.

그리고 귀환 직후 가라후토(사할린) 영주귀국 재일한국인회를 결성하고 이의팔, 심계섭, 장재술 등과 전 생애를 재사할린동포들의 영주귀국을 위해 헌신하였으며, 사할린동포와 한국과의 연결고리로 일본과 한국정부로부터 꾸준히 요구하고 어떤 형태이든 보상을 해주어야 한다고 평생을 영주귀국실현에 몸 바쳤다.

이러한 그의 노력에 의해 일본인 변호사 다카끼 겐이치(高木建)가 '가라후토 억류 영주귀국 한국인회에 협력하는 부인회'의 대표 미하라 레이(三原令), 아리아 마사아카(有賢正明) 변호사들의 중심으로 '가라후토 잔류자 영주귀국 청구재판'의 시발로 이루어졌다.

이들은 일본의 '전후책임문제'라는 인식하에 1975년 '가라후토재판실행위원회'를 결성하고 숱한 경력서와 위임장을 1975년7월 21명의 변호사 앞으로 '가라후토한국인 영주귀국소송 변호인단'를 결성하여 동년 12월1일 '가라후토잔류자 영주귀국소송변호인단'을 도쿄 지방법원에 제소하게 되어 재사할린 한국인들은 일본이 전쟁수행에 동원한 한국인을 영주 귀국 시킬 의무가 있다는 판결에 1983년 대한변호사회도 재판을 지원하기에 이르렀다.

이로서 대한변호사회는 '사할린교포영주귀국추진위원회'를 결성하고 실태보고서를 통해 간행물 제작과 모금활동을 전개하게 되고 재판을 지원하게 되었고, 재판이 시작된 지 14년이 지난 1989년 6월 '자유왕래'한다는 목적으로 소송취하라는 형식이 이루어진다. 이에 대한변호사회는 이대로 종결할 수 없다하여 한국에서 소장을 작성하여 일본변호사의 도움으로 90년 8월 29일 국치일에 대한변호사회의 역할로 다시 소송이 제기되기도 했다.

하지만 지금까지 '잔류사할린한인'에 대한 소송문제는 실질적으로 아무런 결실을 맺지 못한 채 가라후토잔류자 영주귀국 청구재판은 아직도 현재진행형에 있다.

1990년8월 다카끼 겐이치, 이노우에 마사하루, 김경득 등이 중심이 되어 또다시 일본국을 피고로 제기한 1965년 한일협정에서 해결된 것은 국가대 국가의 문제로 개인이 국가에 대한 청구권은 남아 있다는 입장에서 잔류 조선인에 대한 영주귀국 방해, 기민정책은 인간적 도의에 반하는 죄라 주장하여 보상을 청구하였다. 이는 3개항의 셋째 조항인 사할린 재 한인이 일본국적을 상실하여도 그들은 일본에 영주할 권리는 있기 때문에 국제인권 B조약 12조 4항 '어느 누구도 자국에 돌아갈 권리를 자의적으로 박탈당하지 못한다'는 변호인단의 주장이 크게 작용하였다고 본다.

최초의 소련으로부터 영주귀국자는 1977년 장전두(張田斗)로 자신의 노력으로 시베리아에서 영주귀국 하였고 1988년 8월에는 한원수가 일본을 거쳐 한국으로 영주귀국 하였다. 이어서 1990년까지 7명이 영주귀국 하였던 것은 한국정부나 일본정부의 개입으로 이루어진 것이 아니고 순전히 개별적인 노력에 의해 영주귀국을 실행한 사람들이다.

이로서 1988년부터 1991년 말까지 영주귀국 한 숫자는 65명으로 한국정부는 경제력이 있는 친족이 영주귀국을 신청하는 경우에만 귀국허가를 내주다가 1992년 7월1일 65세 이상 독신 무 연고자에게도 귀국허가를 주겠다고 발표함에 따라 1992년 9월 29일 최초로 집단영주귀국(춘천 사랑의집/77명)이 이루어졌다. 1993년 3월 20일 제2차 42명이 영주 귀국하여 119명이 광림노인전문요양원 등에 정착하게 되었다.

박해동회장을 비롯한 사할린동포의 영주귀국의 노력으로 일본정부로부터 1차로 487세대 978명이 영주 귀국하여 거주할 주택건설자금 32억1천7백만 엔의 지원과 한국정부의 아파트 건설부지 제공, 생활자금 지원이라는 결실을 맺게 된다.

사할린동포에 대한 보상 문제에 있어 일본은 1965년 6월 한일기본조약에 의한 협정에서 부속협정으로 체결된 협력에서 한국은 대일 청구권을 포기하였고 사할린 문제도 포함된다는 입장이었기에 사할린동포에 대한 보상 문제가 지연되기도 하였으나 이에 따라 실질적 영주귀국이 실현되기 시작했다.

영주귀국이 지연되었던 것은 국내의 아파트 부지를 확보하지 못함에 따라 몇 년이 소비되었고, 또 아파트 건설 부지를 주민들이 반대하였기 때문이다. 계속되는 부지선정 논란으로 건설후보지 마저 마련하지 못해 표류하다 경기도 안산시가 이를 받아들여 1998년 착공하여 1999년 12월에 준공하기에 이르렀다.

▲2001년 유즈노사할린스크 일본총영사관 앞에서 시위를 하고 있는 이중징용광부유가족회 회원들

그곳이 현재의 고향의 마을이며, 1차 영주귀국은 아파트 건설이 착수되지 않았던 때 이루어 졌고 그 때는 이미 영주귀국을 미룰 수 없는 상황이라 1차 영주귀국자는 18명이었다. 1998

년 2차로 164명이 영주귀국 하여 서울, 부천, 인천에 임시로 거주하게 되고 고향마을 완공과 더불어 2000년 2월부터 11회에 걸쳐 영주귀국 대상자 489세대 978명의 영주귀국이 마무리 되었다.

영주귀국 이후 89년 한·일 양국 정부가 실질적인 조치를 취해야 한다는 데 인식을 같이하고 양국 적십자사 간에 공동사업체를 구성해 합의된 '친지방문 사업'이 실시되어 2000년 6월부터 1차 84명을 시작으로 총 39차례에 걸쳐 2,040명 한 달씩 친지를 방문했고, 또 '시범사업' 일환으로 전개된 모국방문사업, 영주귀국 사업, 역방문사업 등이 지금까지 실현되고 있으며, 89년 7월 양국 적십자사 간에 결성된 '사할린거주 한국인 지원 공동사업체'로 시작된 일시 모국방문은 2006년 12월31일 현재까지 200회에 걸쳐 16,400명이며, 대창양로원, 인천사할린복지관, 안산시립전문요양원, 인천과 부천, 서울 동촌동, 안산 고향마을 등에 영주귀국 한 동포는 1천669명이다. 그러나 이러한 일시 모국방문사업은 일본의 인도주의를 앞세운 '생색내기용'이라는 지적이 더 많았다.

또한 '제2의 이산'을 가져와 아직도 영주귀국을 희망하는 현지 한인 3천여 명에 이르고 있지만 이에 대책이 묘연하고 앞으로 인도주의적 차원에서 사할린동포들을 어떻게 어떤 식으로 지원할 것이라는 원론적 수준의 응답만 할 뿐 본 사업에 대한 향후 대책은 내놓지 않고 있는 상황이다.

2007년 9월 28일부터 11월 1일(610명)까지 시작되는 영주귀국자의 실현으로 국내에는 사할린동포 2천200명을 넘어서게 되는 역사상 두 번째로 많은 동포들을 조국으로 부르는 시대가 마련됐다.

이에 따라 정부는 사할린영주귀국자가 대부분 고령인 점을 감안하고 일본정부와 협의를 거쳐 2007년도부터는 기존의 공가위로로 시행해 오던 영주귀국사업을 대폭 확대하여 주거 및 예산확보를 마련하고 인도적 차원에서 지원 사항을 대폭 보완해 1945년 이전 출생자에 한정되던 영주귀국 자를 2008년도부터는 사할린거주자를 비롯해 1세+2세 부부와 장애인까 지 허용하는 확대사업으로 변형했다.

이로써 현재 2008년도 651명과 2009년도 706명을 포함하면 3천600 명의 사할린동포들이 그리던 고국 품에 안기게 되었고, 2010년도 12월 16일과 11년 1월 7일에 경기 남양주로 61명이 영주 귀국하므로 전체 사 할린동포들은 3천700명에 육박하고 있다.

▲1989년 김해공항, 80살 노모와 며느리의
47년만의 눈물의 상봉)

사할린희생동포조각위령탑

◀코르사코프 망향의
언덕에 자리한
사할린희생동포
조각위령탑 .

사할린 꼬르샤코프에 세워진 위령 조각탑은 사할린한인들의 한과 삶이 어우러져 한인들의 아픔을 대변할 역사적 상징물로, 23개월간 혼신의 노력과 정성으로 땀 흘려 이룬 결정체를 사할린한인들에게 선물했다.

정확한 명칭이 '사할린희생동포위령기념조각탑'으로 명명된 이 탑의 건립은 애초 한국의 민간사회단체 '한강포럼'이 2005년 제100회 포럼기념 사업 일환으로 시작되어 재외동포재단과 함께 사할린 우리말TV방송국 개국에 맞추어 그 성과를 확인해 달라는 요청에 따라 취해졌다.

당시 한강포럼 김용운 회장 일행은 동포관련 유관 장소들을 방문하던 중 '망향의 언덕'을 찾게 되었고, 1945년 해방과 더불어 귀국을 고대하던 동포들이 이름 없이 희생된 비극의 현장임을 알고 난 후부터 진행되었다.

그런 곳에 아무런 기념비조차 없고 그냥 잊어 버려두어선 안 되겠다는 다짐을 하였던 한강포럼 회원들은 마침 현지에서 액화가스 플랜트 공사를 맡고 있던 대우건설과 협력하게 되었고, 현지 꼬르샤코프 시당국의 시장으로부터 부지 약 1300㎡ 사용허가를 받아 현지 동포들의 열망을 담아 2년간의 결실을 맺은 끝에 위령 조각탑이 탄생하게 되었다.

한국의 한강포럼 회원들은 민족의 미래를 굳건히 세우려는 역사적 모금에 동참하며 민들레 홀씨마냥 흩날려 사라져 간 이 땅의 동포들에게 영혼을 치유하고 이분들의 넋을 위로하고자 사할린희생동포 기념조각건립위원회를 구성하고 2년여 각고 끝에 심혈을 기울려 완성한 것이 오늘의 위령 조각탑이다.

위령 조각탑은 1.8×2.4×높이 8.4m로 서울대 조각가 최인수 교수의 설계디자인으로, 대형 금속파이프인 스테인리스 스틸 재질로 만들어져 있다. 좌대에는 서울대 김문환 교수의 기념시 〈배를 세우는 뜻은〉의 비문이 새겨져 있으며, 출발 준비를 마친 배 모양을 형상화하였다.

사할린동포들의 소망을 기려 나라와 나라, 사람과 사람, 역사와 역사를 잇는 상징으로 묘사하여 이곳을 찾는 사람들의 마음속에 길이 각인시켜 나가자는 깊은 의미가 담겨져 있다.

▲사할린 꼬르샤코프항 '망향의 언덕'에 세워진 높이 8.4m의 스테인리스 파이프
(출발준비를 마친 배 모양의 외형을 갖춘 공공조각의 비석)의 실물조형도.

나아가 사할린동포들의 한 맺힌 삶을 절절히 품고 있어 위령 조각탑의 의미는 사할린동포들의 기구한 인생역정의 드라마와 함께 펼쳐져 있기에 어느 탑보다 소중하고 귀중한 역사의 흔적으로 남아있다.

1945년 5월 8일 독소전쟁에서 독일은 소련에 무조건 항복을 하고, 제2차 세계대전 태평양전쟁 발발을 거쳐 1945년 8월 15일 일본이 연합군(미국)에 항복을 하자 러시아 사할린에도 해방을 맞았다.

남부사할린에 걸쳐 뿔뿔이 흩어졌던 동포들은 전쟁이 종식되었다는 말을 듣고 구름처럼 꼬르샤코프 항구에 모여들기 시작했다.

때마침 3척의 배가 얼어붙은 동토의 땅에 정박하였고 누구나 할 것 없이 한국으로 가기 위해 배에 몸을 실었다. 하지만 3척의 배로는 그 많은 인원을 다 실어가긴 역부족이었고 다음 출항을 위해 기다리고 기다렸던 언덕이 오늘의 '망향의 언덕'이다.

한 척은 배는 고향 한국으로 갔는지 일본으로 건너갔는지 아니면 가다가 수장이 되었는지 그 또한 모른다고 하니 역사는 사할린 한인들에게 그 과정만큼은 뼈아픈 시간으로 묻어버리고 말았다.

수평선이 내다보이고 항구가 바라다 보이는 언덕에서 기다리길 수십

년, 그 망향의 언덕이 이젠 비극의 현장으로 남아 있다.

해방과 더불어 귀국을 고대하던 동포들은 다시 돌아올 귀국선을 기다리다 매섭고 혹독한 추위에 얼어 죽기도 하고, 혹은 굶어 주기도하며, 혹은 미쳐 죽어가는 이도 있었다. 하염없이 수평선을 바라보며 통곡하며 기다리고 기다렸던, 다시 온다던 배는 무정하게도 오질 않았다.

그렇게 고국으로 실어 갈 배는 끝내 오지 않았고 한시도 빠뜨리지 않고 목메어 기다렸던 눈물의 꼬르샤코프 항구이다.

언덕자리에 서성이며 하릴없이 빈손 들고 기다렸던 동포들은 배오기를 지치다 지쳐서 사할린 각지로 흩어졌고, 세계 어느 동포보다 많은 시련과 굴곡을 겪으며 오늘까지 꿋꿋이 살아왔다.

이러한 안타까운 사연을 사할린 한인동포 2세인 우리말방송국 김춘자 국장(57세)이 한민족 네트워크 한국초청 방문으로 재계의 건의로 시작되어 '한강포럼'(회장 김용운)이 적극적으로 가담하였고 코르샤코프 시정부와 동포들, 그리고 현지에서 액화가스 비축기지시설 공사를 맡았던 '대우건설'이 협조하여 광복절행사에 맞추어 대단위 제막식을 열고자 했다.

이는 2005년 제100회 '한강포럼' 기념사업 일환으로 시작되어 추진위원회 발기인 일동과 개인모금과 기관 협찬으로 총 소요경비 2억3천만 원 중, 1억4천만 원이 모금됐다. 이후 모금운동은 꾸준히 진행되었고 일부이나마 사할린 현지에서도 모금이 된 바 있었다.

그로부터 2007년 10월 24일 한강포럼은 김춘자 국장을 대동하고 주정부를 대신한 한인출신 두마의회 의원 유가이 올레그, 오진하 의원 입회하에 시내 가가린 호텔에서 기자회견을 가진 뒤 25일 꼬르사코프 현지 시청사를 방문하고 위령탑 기증서을 현지 부시장에게 전달했다.

이어 11월4일에는 한강포럼과 우리말방송국이 불참한 가운데 주블라디보스톡 전대완 총영사, 대우건설 서현우 상무, 박해룡 한인회장, 주정부 관계자, 꼬르사고프 시장, 김복덕 현장감독(디아스포라 회장) 등 내빈과 사할린 한인들로 자체적으로 건립 제막식을 가졌다.

이날 강추위에도 불구하고 태극기와 아리랑이 망향의 언덕에 울러 퍼
져 많은 시민들이 감격의 눈물을 흘렸다. 또 8,4미터에 이르는 위령탑 위
용과 예술적 가치에 놀라며 '한강포럼'과 대우건설이 심혈을 기우려 제작
한 위령탑에 찬사를 아끼지 않았다.

배를 세우는 뜻은…

1945년 8월, 애타게 그리던 광복을 맞아
동토의 사할린에서 강제 노역하던 4만여 동포들은
고국으로 돌아가기 위해
이 코르샤코프 항구로 몰려들었습니다.
그러나 일본은 일본 국적이 아니라는 이유로
이 분들을 내버린 채 떠나가 버렸습니다.
소련당국도,
혼란 상태에 있던 조국도,
이들을 돌보지 못했습니다.
짧은 여름이 지나 몰아치는 추위 속에서
이 분들은 굶주림을 견디며
고국으로 갈 배를
기다리고 또 기다렸습니다.
이윽고,
혹은 굶어 죽고,
혹은 얼어 죽고,
혹은 미쳐 죽는 이들이 언덕을 메우건만,
배는 오지 않아
하릴없이 빈손 들고
민들레 꽃씨마냥 흩날려

그 후손들은 오늘까지 이 땅에서
삶을 가꾸고 있습니다.
조국이 해방되었어도
돌아갈 길이 없어
아직도 서성이는 희생 동포들의 넋을
조국으로, 세계로 자유롭게
모시라는 뜻을 모아
이 "망향의 언덕"에
단절을 끝낼 파이프 배를 하늘 높이 세웁니다.

· 비문: 김문환(서울대 교수)
· 조각: 최인수(서울대 교수)

▲코르사코프 항구.

사할린 하늘 아래 나부낀 일제 만행 깃발.

2009년 8월29일 사할린 코스모스 경기장에서는 강제병합 100년에 즈음해 사할린 사회단체장들이 일본의 만행을 규탄하는 시민대회를 가졌다.

때마침 식민지배의 강제성을 인정한 일본의 간 나오토 총리의 담화가 전해졌고, 식민지화 일제에 의해 강제동원에 징집됐던 사망자와 피해자의 관심이 높아진 가운데, 국치 100년을 되돌아보는 부끄러운 과거의 100년을 반성하고 발전적인 미래의 100년을 모색하기 위한 한·일 민간단체의 움직임이 날로 활발해지고 있었다.

같은 날, 서울 성균관대에서의 한일공동실행위원회 시민대회 폐막식에 이어졌고 해외 러시아에서도 시민대회가 대대적으로 개최되어 아시아에서 유럽까지 화제가 되었다.

오후 5시에 열린 사할린시민대회는 성황을 이루며 성대하게 열렸고 자유선진당 박선영 의원과 사할린희망캠페인 상임대표인 몽산 스님이 참석해 강제징용과 인고의 세월을 견디어 온 사할린 한인들에게 희망을 불어넣어 주었다.

러시아 주요 언론사를 비롯해 일본의 NHK와 KBS, MBC, 한겨레 등이 앞 다투어 보도를 했다. 국내 방송사와 언론은 한인1세의 발자취와 기구한 삶을 담으며 현지에서 열린 시민대회를 비중 있게 보도했고 그 열기가 뜨거웠다.

곧 이어 사할린 한인들이 그토록 갈망하던 일본의 만행을 규탄하는 '강제병합100년 사할린시민대회'가 박종철 사할린시민대회 공동 조직위원장의 사회로 개막되었다.

사할린 한인이주사 민간단체로는 역대 가장 많은 한인들이 집결된 것으로 추정된 이날 경기장은 온통 현수막과 머리띠, 풍선 등이 인파와 어우러져 파도 물결을 수놓은 장관을 이루었다.

정의복권재단 김복곤 회장의 선창에 이어 사할린한인들은 한, 일, 러시아로 된 현수막을 높이 쳐들어 일본을 규탄했고 강제병합100년의 부당성을 러시아만방에 알렸다.

특히 '사할린포럼'의 공동대표로 관심을 끌고 있는 박선영 의원은 개막연사로 나서서 "국치 100년이 되는 오늘(8월29일) 우리는 일본으로부터 국호를 빼앗겼고 우리말도 쓸 수 없었던 일제식민지화의 35년을 잊을 수 없다"며 "철저히 짓밟히고 유린당했던 35년 속에 사할린 한인들의 애달픈 고행을 상기하지 않을 수 없으며 이 대회가 그 보상이 될 수 있는 반석이 되기를 희망한다"고 연설했다.

또 사할린 한인들의 정신적 지주로 통하는 몽산 스님(사할린희망캠페인 상임대표)은 "나라를 잃은 지가 100년이 되었는데 한일정부는 방관만 하고 있다"며 "조속히 사할린특별법이 제정되어 사할린 한인들의 한을 풀어 줄 수 있었으면 좋겠다"고 성토했다.

사할린 한인단체장들도 일본의 부당성을 대내적으로 알리며 즉각적인 대책과 한인 보상 문제를 요구했다. 이들은 하나같이 강도 높게 일본을 규탄하는 성명을 발표해 사할린 한인들로부터 뜨거운 박수를 받았다.

이로써 지난 22일 을사늑약 체결인 날로 29일 선포된 날까지 '강제병합 100년 한·일 시민대회' 기간으로 정했던 한일실행위원회의 국치100년 사업은 일본과 한국 동시에서 실행되었고, 저 멀리 러시아까지 울려 퍼져 사할린 강제동원에 새로운 돌파구를 마련했다.

강제병합100년 시민대회는 국내 시민단체들로 구성된 '진실과 미래, 국치 100년 사업 공동추진위원회'로 발족돼 지난해 4월 30여개 단체로 출발해서 116개 단체로 실행되었고, 22일 일본에서 개막식을 가졌으며 29일 서울에서 폐막식을 갖는 동시에 러시아 사할린에서 대대적인 군중 집회를 동시에 열었다.

한편 2부 위로공연에서는 에트노스 예술무용단의 전통무용이 선보였고 러시아무용단, 현지 가수와 한국 대중가수들이 나와 사할린동포들과 아픔

을 나누며 즐거운 시간도 가졌다. 이날 가수 이혜미 씨는 감정에 북받쳐
눈물을 글썽이며 열창하며 무대 밖으로 뛰쳐나가 한인들과 얼싸안고 회환
의 세월을 달래었다. 또 각설이 정일품 씨는 태극기를 흔들며 한오백년을
구슬프게 읊어 만인을 숙연케 하였고 김경암 씨도 한 많은 삶을 살아온
동포들에게 노래로 보답하는 열성을 보였다.

〈강제병합100년 사할린시민대회 현수막 문구〉
* 강제병합100년 역사를 되새겨 일본의 만행을 기억하자!
* 일본은 과거사 식민지화를 청산하고 평화를 실천하라!
* 일본은 전후 사할린 한인들에 대한 대책을 즉각 수용하라!
* "강제병합100년, 식민지를 넘어 피해자들의 정의 실현을"
* ТРЕБУЕМ ОТ ЯПОНИИ ЮРИДИЧЕСКУЮ ОТВЕТСТВЕННОСТЬ ПЕРЕД
　　КОРЕЙЦАМИ!
* ТРЕБУЕМ ВЕРНУТЬ ВСЕ СБЕРЕЖЕНИЯ и ЗАДОЛЖНОСТИ ПО ЗАРПЛАТЕ!
* サハリン留韓國人にする政治的´法的責任を果たせ！
* サハリン留韓國人の後の問題を早期に行せよ！
* 日本政府はサハリン留韓國人に郵便貯金と社の据置貯金を返還せよ！
* 日本政府は時債券を支仏なさい！

☞강제병합100년 사할린시민대회는 지구촌동포연대(킨/배덕호)의 오랜 노력
끝에 이루어졌다. 배덕호 대표가 일찍이 사할린과 인연을 맺으면서 시작된 이 운
동은 제5회 재외동포NGO 대회를 비롯 국제심포지엄 등 많은 활동으로 이룬 전
가이고 사할린희망캠페인의 발족으로 한인소송 등이 탄력을 받고 있다. 이를 계
기로 지난 NGO대회에 현 박원순 서울시장이 다녀가기도 했다.

　사할린 한인들의 많은 관심과 기대 속에 제5회 재외동포NGO대회(대회장 오충일)가 사할린에서 막을 올렸다. 2008년 7월29일 오후 6시 사할린 국립대학교 소강당에서 열린 사할린 제5회 재외동포NGO대회 개막식에는 KIN지구촌동포연대, 희망제작소 박원순 상임이사를 비롯 북면한국학연구소, 해외한민족연구소, 우리민족서로돕기운동, 동포넷, 푸른아시아센터, 천태종총무원 등 국내외 관련 NGO단체와 여의도통신, 민족21 외 일본의 다카키 켄이치 변호사, 아사히, 북해도신문사 언론기관 다수가 참석해 성황을 이뤘다.

　실행위와 대회위는 북쪽지방인 우글레고르스크와 뽀로나이스크, 홈스크, 네벨스크 등 필드워크 구술조사팀을 구성하고 5곳 각 구역에서 1세 한인의 현황을 조사하고, 꼬르샤코프 및 브이고프 지역을 별도로 탐방했다. 본회 행사에는 기존의 사할린 사회단체장들이 모두 참석하고 국내외 NGO 관련단체와 함께 전문화된 사할린 한인들의 발자취와 의제발언 및 토론으로 이어졌다.

　제1부 안에서는 '역사와 과거'로 사할린한인의 역사 개괄과 재일조선인의 역사, 영상으로 소개하는 우토로와 재일조선인, 우리말TV방송국의 영상 발자취와 사진으로 본 사할린 한인의 역사를 발제했다.

▲제5회재외동포NGO대회.(뒷줄 중앙이 박원순 현 서울시장)

제2부 안은 '사할린문제와 일본의 전후배상문제'에 따른 사할린 한인 문제 해결을 위한 활동 개괄 및 전망을 내다보는 토의와 영주귀국 사업과 특별법 등 한인사회의 미래를 위한 제언을 다루고 민족교육으로 한인동포의 정체성, 미디어의 역할, 역사 보존과 기념관 건립 등을 포괄적으로 다루었다. 그리고 대회위는 강제 징용된 사할린 한인 할머니와 할아버지들의 힘든 생계를 지원하고 지속적인 관심으로 사랑과 희망을 전달하자는 의미로 지난 2월 28일부터 '브이코프탄광촌 노인들에게 희망의 손길을'이라는 다음 아고라 모금청원에서 실시된 네티즌들의 성금과 대회위의 자체 모금을 브이코프 한인회 안해준 회장에게 전달했다.

대회의 주제는 '망향의 그늘 사할린에서 역사회복의 희망을 찾다'는 부제아래 일제강점기 관 알선 모집과 징용 등으로 끌려와 자의가 아닌 일본정부의 배제와 구 소련정부의 방조, 한국정부의 무관심으로 일본국적으로 해방 이후에도 무국적으로 살아와야 했던 사할린한인들의 희망을 찾는다는 취지로 개최되었다.

이로 인해 가장 역사적 책임을 가지고 있는 일본정부가 사소한 금전적 지원으로만 모든 책임을 회피하는데 역점을 두고 남은 한인들의 해결점이 형식적인 사업으로만 그치는데 결코 방관보다는 전후책임보상 문제에서 영주귀국에 대한 다양한 문제점을 알아보고 활성화시키는 우선사업에 틀을 잡고 국내외 해외 동포들과 그 해결방안을 논의하고 자리를 마련하는데 있었다.

나아가 경제적 어려움을 겪고 있는 한인들과 노동력의 저하와 지원책의 미비로 경제적 어려움을 겪고 있는 한인들에 대한 긴급지원의 필요성과 현장보존의 의미에서 역사기념관건립 등을 의논하고 현지 지역을 방문해 생활실태와 살아온 역사를 담아 사할린한인 구술화보집을 제작하는데 역점을 두었다. 또 조선학교 폐쇄 이후 단절된 민족교육의 역사와 현재를 분석하고 3-4세대의 미래 지향적 대안마련과 실천을 위한 폭넓은 구조를 엮어 가는데 중점을 두었다.

개막식에 이어 8월1일(금) 오후 2시 국제 워크숍이 사할린국립대학교 소강당에서 주정부관계자와 각국 언론사의 열띤 취재열기로 성황리에 열렸다.

내빈으로 참석한 김영진 의원(민주당)를 비롯해 국가조찬기도회 정헌일 사무총장 일행 및 양중모 영사관, 보리스 라마자노브치 총장, 한인협회 박해룡 회장, 한인연합회 백수경 회장 등 한인과 사회단체장들이 전부 참석했다.

동포연합성회와 의료지원단 문제로 일시 사할린을 방문한 김영진 의원은 축사에서 이번 방문에서 사할린 한인들의 아픔을 치유하고 폐지에 이른 영주귀국특별법이 다시 궤도에 도달하도록 비장한 마음으로 힘을 보태고 새로운 시각에서 다루겠다고 밝혔다.

일본의 다카키 켄이치 변호사도 '한인의 과거와 전망'에서 짧은 한국어 실력으로 발제에 나서 사할린한인에 대한 친근감을 우호적으로 들어내 사할린 한인들을 위해 35년간 꾸준히 노력해온 그의 업적을 높이 치하했다.

특히 희망제작소 상임이사인 박원순 변호사의 예리한 분석력으로 설명된 '아직도 해방은 오지 않았다'는 발제 안에서는 한인들이 전혀 생각지 못했던 통찰력을 제기해 희망을 안겨 주었고 위기의 한국인을 돕는 기구가 없음을 아쉬워하였고 글로벌 네트워크의 연계로 동북아평화연대의 '연해주 꿈 모델배우기'를 거울삼아야 한다고 강조했다.

또 한인문화회관에 있는 일본식당과 한국교육원의 입주는 여러모로 문제점이 야기된다고 밝혀 참석 한인들에게 함성과 우레와 같은 박수를 받았으며, 이번 사할린 국제 워크숍은 많은 관련 사회단체장과 한인들에게 대일 소송문제와 영주귀국특별법 기타 한인들이 안고 있는 총체적 방안들이 점차적으로 해결될 기미가 보이는 매우 흡족한 대회로 평가했다.

☞ 현재는 일본식당은 없고 한국관 한국식당이 운영되고 있다.

아버지의 꿈, 영주귀국은 우리에게 무엇을 남겼나?

눈물과 한숨의 땅, 그래서 러시아 문호 안톤 체홉은 사할린을 '슬픔의 틈새'가 자리한 섬이라고 표현했다.

2008년9일 밤10시30분, 사할린 주도의 낡은 두 칸짜리 아파트에서는 한 여인이 통곡을 하며 울고 있었다.

밖은 눈이 억수같이 퍼붓고 있었고 바람결에 자작나무 가지에 앉은 눈송이가 우수수 떨어지고 있을 때, 한국의 안산시립노인전문요양원에서 걸어온 한 통의 전화에서 아버지(박정환, 89세)의 부고를 받았다.

아버지는 그토록 가고 싶었던 고향 땅에서 자식들을 보지도 못한 채, 가슴에 또 하나의 한이 된 이산의 아픔을 삭이지 못하고 세상을 떠났다.

한국으로 영주귀국하게 된 부모들이 지식들이 눈에 밟혀 잠을 이룰 수 없을 때와 죽어서라도 자식 곁으로 가서 편안히 잠들고 싶다는 그리움에 사무친 '슬픔의 땅'을 노래하며 눈시울을 적시고 있을 때 사할린에 남은 자식들도 마찬가지로 부모생각에 밤잠을 설치고 있었다.

작년 인천 논현동에 입주하게 된 사할린한인들도 기초생활보호지원금으로 살아가기가 빠듯한 실정과 벌써부터 향수병에 시달리며 아파트 노인정 입구를 서성이며 지는 해를 멀끔히 쳐다보는 버릇이 생겼다고 말하기도 했다.

▶사할린국립대에서 열린 국제심포지엄에 참석한 여야 의원들이 꼬르사코프 망향의 언덕에서 헌화 후 '사할린동포희생위령조각탑' 앞에서 기념촬영을 하고 있다.
(국제심포지엄국회대표단)

아버지는 일제강점기 1942년 '관 알선 모집'으로 사할린에 징용되었다. 젊디젊은 나이 23살, 아버지는 고향 목포에서 동향인과 일본의 전쟁 수급 하수인으로 차출되어 남사할린 석탄과 목재를 실어 나르는 최종 하역지 삼판에 일을 하게 되었고 거기서 아버지를 찾아 사할린에 정착하게 된 어머니를 만나 가정을 꾸리게 되었다. 그로부터 50년을 고국을 그리워했고 1965년대 이후부터 숨죽이며 한국 라디오방송을 통해 망향의 한을 달래며 영주귀국하기까지 꿈에 그리던 고국 땅을 잊지 않고 살았다.

1995년 어머니가 세상을 떠나자 아버진 드디어 고국 땅을 밟게 되어 50년 동안 가슴에 맺힌 한을 그나마 풀 수 있었지만 늘 사할린에 남겨 둔 자식걱정에 또 다른 슬픔을 안고 사셨다. 하지만 꿈은 이루었지만 사할린에 잠든 어머니와 자식들이 눈에 밟혀 제대로 잠을 이룰 수 없었고 슬픔의 강을 건너지 못한 질곡 같은 삶을 뜀박질하는 고통을 겪어야만 했다.

그러다 지병을 앓게 되어 안산시립전문요양원으로 옮기게 되었고 지금까지 지내다 2008년 1월9일 저녁 7시10분경에 자식들이 지켜보지 못한 가운데 쓸쓸히 요양원에서 세상을 하직하게 되었다.

영주귀국은 아버지에게 우리 자식들에게 두 번의 쇠사슬을 옭아 맨 비통과 한을 다시금 짊어지게 했던 몹쓸 짓이었고 끝내 건너지 못한 슬픔의 강이 되고 말았다.

한국에 간 아버지나 사할린에 남은 우리에겐 영주귀국은 꿈을 이룬 행복이기보단 그리움에 사무친 현대판 사미인곡인 것이었다.

끌려 왔을 때와 자식과 헤어질 때의 두 번의 아픔을 고스란히 안겨주게 되어 지상 최고의 슬픔의 강을 이어 준 연장선의 이별로 기억될 훈장만을 가슴에 품고 살게 되었던 꼴이다.

그런 아버지가 치매를 앓다 자식과 떨어진 상태에서 희미해진 기억으로 두고 온 어머니와 자식들을 생각하며 어머니 곁으로 떠나셨다.

남들은 호상(好喪)이라고 말하지만 처음부터 우리에게 호사로운 만남도 행복도 없었던 만큼 아버지의 부고를 전해들은 딸은 눈이 억수같이 내리는 늦은 밤. 통곡을 하며 아버지를 불렀다.

불러보아도 대답 없는 아버지이듯 사할린은 말이 없다. 예전 아버지가 사할린을 떠나시던 날, 아버지도 우리들 가슴에도 아버지가 그래왔던 것처럼 슬픔이 강물이 되었지만 결코 그 어떤 것도 행복이라곤 존재할 수 없었다. 얼마나 그리웠던 고국 땅이었기에 천금 같은 자식들을 두고 떠나갈 수 있었다 말인가.

그렇게 오고픈 고향이었건만 아버지의 소원은 일시적인 위안이었을 뿐 꿈을 이루게 할 행복의 나래를 펴는 평온 같은 것은 한 치도 없었던 것이다. 결국 영주귀국이 아버지를 남몰래 울게 하였고 자식들 가슴에도 못을 박게 하였다. 그렇게 두 번이나 울게 하더니 아버지는 영영 오지 못할 강을 따라 사할린에 자식들을 남겨 둔 채 세상을 떠났다.

"아버지, 울 아버지…… 이 불효막심한 딸을 용서허세요."

"아무 것도 해줄 수 없었던 이 자식을 용서하세요."

"그놈의 개떡 같은 영주귀국이 이 가슴을 멍들게 하더니 끝내 임종을 지켜 드리지 못한 죄가 죽어서도 아버지 가슴에 남게 하시어 더 큰 불효를 갖게 하였습니다."

"아버지, 내 아버지 이 불효막심한 딸을 용서하세요."

여인의 통곡은 눈 내린 사할린 밤하늘에 메아리쳤고 아버지가 사할린에 끌려와 머물렀을 때처럼 구슬프게 하염없이 내리고 있었다.

저만치 '나만 혼자 두고 자기만 갔~네'라며 징용으로 더 큰 슬픔이 밴 땅, 사할린에서 한인 1세대들이 고국을 그리며 불렀던 '사할린아리랑'이 구슬프게 들려온다.

내가 왜 왔나 내가 왜 왔나/ 우리 님 따라서 내 여기 왔지/ 우리 조선은 따뜻한데/ 그 땅에 못가고 내 여기 사나/ 우리 영감님은 왜 왔다든가/ 나만 혼자 두고 자기만 갔~네

"사할린아리랑"　　－ 작사 정태식, 노래 리재성

1. 아리란아리란아라리요, 아리란코게르노모간다
   푼파사나운파콘노한마는난테틴욘왓네
   (아리랑고개를 넘어간다. 풍파 난폭한 바다를 건너고,
   한이 많은 남 가라후토에 징용으로 왔군요)

2. 아리란아리란아라리요, 아리란코게르노모간다
   쵸르마크체뵤쿤노파만가고톨교운코할기르맛욘하다
   (철의 벽은 비싸질 뿐, 그리운 고향에의 길은 멀어진다)

3. 아리란아리란아라리요, 아리란코게르노모간다
   톨치케반후헵피튼팟고우리에사리멘콜사가만다
   (정치 개방후, 태양은 모습을 보여 저희들의 생활에는 좋은 것이 많다)

4. 아리란아리란아리리요아리란코게르노모간다
   나르포리고카시는님심리드못가소파르풀난다
   (아리랑고개를 넘어간다. 나를 버려 가는 당신은 쥬우리도 가지 못하고
다리가 아프다)

▲강제징용 일어판.

유즈노사할린스크 시 노인정

박병운 할아버지와 김봉주 할머니의 이야기.

사할린 노인들의 쉼터로 불리는 노인정은 사할린 한인협회가 관리하고 있다. 아마 유일하게 운영되고 있는 것으로 알며 시노인회 배도흘 회장(2011년 영주귀국)이 책임자이고 시한인회 박정자 회장과 회원들이 운영하고 있다.

대부분 영주귀국을 하지 않았거나 예기치 않아서 눌러앉은 어르신들로 60~90대에 이르며, 시한인회 박정자 회장과 회원들은 월2회 할머니들의 음식을 장만하고 흥겹게 즐길 수 있도록 자리를 마련해주고 있다.

어려운 가운데서도 매달 여성회원들의 찬조금으로 운영되지만 더러는 한인기업인들의 후원금이 큰 힘이 되기도 했다. 또 여성회원들은 크고 작은 대소사를 비롯해 명절마다 할머니들의 외로움을 달래기 위한 자원봉사를 빠트리지 않고 베풀고 있었다.

2층에는 노래방시설과 안마기 등이 준비되어 있고 한국방송을 볼 수 있도록 마련되었다. 그나마 할머니들이 고향의 향수를 달래고 노래로 무료

▲유즈노사할린스크 시의 노인정

한 시간을 보낼 수 있는 곳으로, 노인정은 할머니들에게 없어서는 안 되는 장소로 꼽히고 있다.

이러한 놀이문화를 즐길 수 있기까지는 한인협회, 시한인회, 주변 후원자들의 꾸준한 도움과 노력이 뒤따랐으며, 이중징용광부유가족회 서진길 회장과 전 대흥사 스님이었던 몽산 스님의 후원이 컸다고 생각되었다.

두 분은 낡은 노인정의 창문을 교체하고 내부 보수공사와 안마기 등에 적지 않은 기부금을 내놓았다. 최근에는 한국영사출장소 김정수 영사의 협조가 이어져 노인정 운영에 많은 도움이 되고 있다고 말했다.

또 노인정은 한국 대학생의 자원봉사지로도 많이 알려져 있다. 한국정부 관리들도 사할린을 방문하면 꼭 들리는 곳이기도 했다. 지금까지 안산시 새마을협의회, 바르게살기생활협의회, 청소년적십자, 홍익대, 부산대 등 대학생들의 해외봉사 필수장소로 이용되어 왔다.

이렇듯 고국의 손길이 미칠 때면 할머니들에게는 한층 위안이 되었고 고향의 향수를 안겨주곤 했었다.

한번은 러시아 흑해에서 외로움을 견디지 못하고 고향을 찾으러 온 박병운 할아버지가 노인정에 일시 기거한 적이 있었다. 할아버지는 그곳 요양소에서 외로움과 구타를 견디지 못하고 제2의 고향인 사할린으로 오게 되었다.

헌데 병든 몸에다 빈손이어서 갈 여비마저 없었다. 마침 구세주 한국인

목사를 만나 공항에서 할아버지의 안타까운 사연을 듣고 비행기를 타게 되었고, 겨우 유즈노사할린스크 공항에 도착할 수 있었다. 곧바로 공항국경수비대는 한인협회로 연락을 취하였고 당시 박해룡 회장은 할아버지를 노인정으로 임시 모시게 되었다.

허나 박병운 할아버지는 사할린에 연고가 없는 상태라 갈 곳이 마땅하지 못했다. 결국 할아버지는 고국으로 가길 희망하였고, 이에 박해룡 회장과 배도흘 회장이 나서서 할아버지의 연금문제 등과 고국행의 절차과정을 위해 백방으로 뛰어다녔다.

당시 할아버지는 기억상실증이 조금 있는데다 대소변을 가르지 못하는 지경에 이르렀다. 이러한 사연에 할아버지의 말동무가 되어드렸고 봉사를 하게 되었다. 일주일에 두 번 정도 사탕과 과일을 사들고 노인정을 찾았다. 한 번도 먹지 못했을 닭백숙을 해드렸더니 너무 맛있게 잡수셨다.

가끔 대변을 가리지 못한 경우가 있었는데 어느 날에는 입구 문을 열자 배설물 악취가 진동을 하고 있었다. 2층에서 내려오는 계단에서 화장실까지 배설물이 벽에 더덕더덕 붙어있었다. 창문을 열고 온 방에 배설물이 늘려있는 배설물을 청소하고 목욕을 시켜드렸다.

그후 할아버지는 어렵게 한국으로 영주 귀국(인천복지관)하였고 복지관과 주변의 도움으로 고향을 찾았다. 실로 66년 만의 귀향이었다. 할아버지의 정신이 희미하게 돌아온 듯했다. 할아버지는 제사상을 앞에 두고 선친의 묘에서 하염없이 울었다. 눈물과 콧물이 범벅이 되어 주룩주룩 흘러내렸다.

그 얼마나 보고 싶었던 부모님이었던가. 먼 일가의 안내로 산소에 도착하였지만 형제들마저 떠나버린 고향에는 쓸쓸하다 못해 서러움이 북받쳐왔다. 자신의 기구한 삶도 삶이지만 서러워서 가슴이 찢어지는 듯했다.

누구를 원망한들 다시 돌아올 수 없는 것이라 뻔히 알면서도 왜 그렇게 야속하기만 한지 쉬이 묻어버릴 수 없는 그날의 상황이 겹쳐져 자꾸만 눈물이 앞을 가렸다. 그래도 죽기 전에 고향을 찾았고 부모님을 뵈었으니

▲박병운 할아버지의 결혼사진

그나마 다행이라 위로했다.

그리고 1년 뒤 할아버지는 하늘나라로 가셨다. 아직도 못다 한 효를 짊어지고 부모님과 형제 곁으로 떠나가셨다.

할아버지 이야기는 4년 전으로 거슬러 간다. 63년 만의 귀향을 앞두고 꿈에 그리던 고국방문이 곧 실현될 날만을 기다리며 노인정에서 오늘도 밤잠을 설치며 혹 살아 있을 형제들을 그리며 힘겨운 하루를 보내고 있었다.

왕성한 열기의 젊은 나이로 할아버지는 나라 잃은 서러움에 북받치며 스물셋의 나이로 또 다른 인생역정의 길을 걸어가야 했다.

강제징용이라는 뜻 모를 시대적 배경에도 불구하고 부모에게 효도할 수 있는 길을 모색했던 당시의 이 나라 젊은이 대부분의 생각이었는지도 모른다.

그 가운데 박병운 할아버지가 있었다. 올해로 1920년생이신 할아버지는 충청남도 태안읍의 출신으로 1945년 2월 마지막 징용의 끝으로, 조국 광복 두해를 남겨두고 1943년 징집되어 화태(사할린) 땅에 정착하게 되었다.

십리가 넘은 길을 어머님과 형님이 밤을 새우며 걸어와서 전송했던 눈물의 역전을 지금도 잊지 못하고 있었다. 피맺힌 서러웠던 그 날의 상념은 죽어서도 잊을 수 없다던 할아버지의 회고에 주름진 두 눈가에 흐르던 눈물 속에서 나는 아무 것도 드릴 수 없는 죄인이 되었고 타임머신을 타고 함께 그 길로 가고 싶은 마음뿐이었다.

부산에서 연락선을 타고 출발한 8시간의 힘겨운 항해 속에서 도착한 '시모노세키'는 인적 드문 항구이었다. 그 길로 짐짝처럼 실인 140명의 동료들은 눈빛만 살아있을 뿐 고깃덩어리에 불과했었다.

태안에서 100여 명의 인원이 모집되고 중간 역쯤에서 40명이 함께 끌려온 강제징용의 인원은 일본 '시모노세키'에서 기차를 타고 북쪽으로 하염없이 달리기만 했다.

북해도에서 다시 배를 타고 사할린 홈스크에 도착하였으나 바다는 얼어붙어 있었고, 사흘을 꼼짝도 못하고 외항에 묶여 있어야 했다. 그리고 얼어붙은 바다가 조금 풀릴 시기에 다시 기나긴 여정이 시작되었고 이윽고 사할린 북쪽 '우글레고르스키'에 당도할 수 있었다.

'우글레고르스키'의 탄광은 무방비 상태의 전선과 같은 참혹한 전쟁터와도 같은 현실이어서 끌려온 강제징용자들은 귀가 멀고 코가 떨어져 나가는 비참한 실상이 이어졌다.

더러는 탄광에서 빼어 나오는 가스로 랜턴 스파크로 또는 담뱃불로 터져 탄광이 무너져 내리기도 하며 수많은 사람들이 죽어가야 했던 것이다.

더욱 악랄하게 자행하였던 일본 앞잡이의 텃세로 탄광의 생활은 차마 눈뜨고 볼 수 없는 광경이 연출되었다. 매 맞아 죽고 골병들어 죽고 동굴이 무너져 내려죽고 어디 전쟁터인들 이렇게도 비참할 수가 있단 말인가.

내 민족 내 동포가 죽어 가는데 멍하니 바라볼 수조차 없었던 그날의 실상을 어찌 말로 다 할 수 있단 말인가. 그저 나라 잃은 서러움에 목 놓아 울 수밖에 없었다.

할아버지는 사할린에서 죽어라 목숨을 연명하며 일만 했다. 초기에는 월급이 지급되어 한국 고향에 보내기도 하였지만 1945년 조국이 단절되는 비극적인 현실을 맞게 되었고, 그나마 열심히 일한 턱에 근로칭호까지 받게 되나 불의사고로 병원신세를 지게 되었다.

병원에서 치료 도중 우연히 러시아 여성을 만나게 되었고 천사 같은 여성과의 사랑으로 할아버지는 1961년 러시아인 아내와 흑해의 산간마을인 '끄라스따스스카예'에서 새 보금자리를 마련하게 되었다.

사할린을 떠나 새 보금자리를 마련한 할아버지는 불편한 몸으로도 열심히 일하시어 그 곳에서도 근로 표창을 받았으며 장애를 포함한 연금으로 풍족하지는 않지만 아내와의 둘만의 행복한 생활을 누리며 살 수 있었다.

하지만 40년 평생을 결혼생활로 화목하게 살았던 할아버지는 1996년 아내가 지병으로 사망하는 불운을 겪게 된다.

장애를 안고 있어 보살펴줄 사람이 필요했다. 그래서 요양소로 거처를 옮기게 되었는데 요양소에는 인종차별이 극에 달했다. 연금도 갈취당하고 매번 구타가 이어졌다.

할아버지는 더 늦기 전에 한국을 찾을 결심을 하였고 요양소를 탈출했다. 가까스로 교회 목사분의 도움으로 사할린에 올 수 있었다.

혹 남아있을 고국의 가족을 찾고 고국에서 묻히기를 희망했던 할아버지의 인생역정은 강제징용으로 끌려온 대부분의 사연과 같이 뼈아픈 상처를 남긴 이야기이었기에 우리는 잠시도 그 교훈을 잊어선 아니 될 것이다.

※당시 사할린 강제징용의 대부분 인원들은 경상도 출신이 절반을 차지하였으나, 충청도, 전라도, 제주도, 함흥 지역의 사람들도 포함되어 있었다고 진술했다.

다음은 노인정에 자주 찾아오시는 김봉주 할머니의 이야기.

때마침 대구의 TBC취재팀이 사할린한인들의 고향소식을 담는 8.15광복절 특집을 취재하기 위해 2008년 사할린에 입국했다.

취재팀은 경북출신의 강제징용자들의 삶과 애환을 제작했다. 이들은 이미 고향을 그리워하며 목말라 했던 실향민에게 고향소식을 전해주어 지방 TV 시청자들에게 사랑을 듬뿍 받았던 '싱싱 고향별곡' 제작 프로그램 팀이었다. 사할린의 고향소식을 전하기 위해 멀리 망향의 섬, 사할린에 다시 왔다.

이은정 작가, 방송인 한기웅 씨, 가수 천단비, 담당PD, 카메라 팀까지 동행한 대구 TBC취재팀은 첫 방문지로 경북태생의 김봉주 할머니(85)가 사는 '유즈노사할린스카야 스베드나야' 거리 개인주택을 찾아 할머니의 한 서린 삶을 앵글에 담았다.

저만치 가수 이호섭씨가 부르는 '눈물조차 얼어붙은 여기는 사할린……'의 사할린 노래가 들려오는 듯 리포트로 나선 한기웅 씨와 천단비 씨가 구수한 경상도 사투리로 할머니가 평생을 일구며 살아온 텃밭에서 방송을 이어갔다.

할머니는 살아온 삶이 야속하신지 길게 한숨을 내쉬며 가슴에 묻어둔 한 많은 인생을 토해냈다.

고향을 담은 영상편지 코너에서는 그만 눈물을 지웠고 경북 칠곡에 있을 친지들에게 안부를 전했다.

김봉주 할머니의 인생역정 또한 한편의 드라마에 속했다. 할머니가 살아온 삶은 할머니가 딛고 있는 흙과 같았다.

남들 다가는 영주귀국도 마다하고 채소랑 벗 삼아 잊을 수 없는 고향소식을 노래로 실어 나르며 남은인생 텃밭과 함께하기로 했다.

코흘리개 어린아이는 훌쩍 커버린 자신의 세월도 잊은 채 백발의 노인이 되었고 부모를 따라 온 사할린 '샥쵸르스크' 탄광촌에서 어린 시절을

▲텃밭에서 대구tbc 취재팀과 인터뷰를 하고 있는 김봉주
할머니.

보냈다. 이후 유즈노사할린스크로 옮긴이래 텃밭과 평생을 보냈다.

삭쵸르스크 탄광촌은 일제 때 우글레고르스크 탄광과 가장 활발히 노동 산업이 번창했던 곳이다. 어린소녀는 아버지의 탄광근무를 지켜보며 자랐고 어머니는 작은 텃밭에서 채소를 일구며 살아온 걸 잊어버리지 않고 살아왔다.

사할린의 한인인구 절반이 훨씬 넘은 한인들이 이곳 지역에 몰려들었고 벌목에서 제지공장까지 가동되어 한인들의 종착역이 되었다. 동네마다 공장 굴뚝에서 뿜어 나오는 연기와 기계소리는 아침잠을 깨우고 노동자들로 우글거렸다.

우글레고르스크와 포로나이스크 그리고 삭쵸르스크 시는 당시 생명이 숨 쉬는 역동의 도시이었지만 노예들의 일터와 같았다. 아버지는 막장 출근길은 늘상 고달픈 일과가 되었다.

보리쌀과 같은 밥을 담고 희연 채소시래기 조각이 든 벤또(도시락)을 들고 출근하시는 아버지의 뒷모습에서 어린소녀는 비로소 조국을 알았고 고향을 기억하게 되었다. 어쩌면 착취라고 말해야 했던 일본시대를 지나 얼어붙은 동토의 땅 사할린은 부인하지 못할 고향이 되어버렸다.

겨울이 와도 옷다운 옷 한 벌 없이 석탄조각 줍고 장작 캐어 페치카(러

시아식 난방장치)에서 허리 펼 새 없이 자식들 뒷바라지하느라 세상 병을
다 짊어진 채 그래도 흙은 우리를 보살펴줄 것이라며 노래를 불렀던 어머
니가 아끼시던 텃밭을 잊을 수 없었다.

어머니가 남기신 땅, 텃밭의 교훈이 있었기에 한 번도 흙을 업신여기
지 않았다. 그것이 김봉주 할머니가 어머니에게 배운 흙의 논리이었다.
그 흙에서 아이들을 공부시켰고 지금의 한인시대를 연 주역이 되었던 것
이다. 살아온 날까지 한 번도 해를 끼치지 않으며 보배만을 안겨 주었던
그 땅 위에서 가슴 속에 간직한 애닮은 사연은 고향의 노래로 눈물이 되
어 흘렀다.

그 텃밭에서 개인주택에서 아이들을 키웠고 비오나 눈이오나 농사를
지었고 시장에 내다팔았다. 러시아 말은 잘 못하여서도 가져온 물건은 제
때에 팔았다. 간섭이 난무하고 조선인이라고 손가락질하여도 오직 아이들
을 위해 쉬지 않고 생업에 종사했다.

늘그막 90십을 넘긴 나이에도 오늘도 텃밭을 일구는 할머니는 한 달에
한번 정도는 노인정을 찾고 야외 나들이에도 참석한다. 요즘 들어서는 한
인 사회단체가 실시하는 콘서트 공연에도 자주 가기도 하고 훌륭한 어머
니상으로 후세들에게 모범이 되었다.

한편 취재팀은 이번 사할린의 촬영을 경상도 출신이 많은 사할린한인
들 중 경북 위주의 한인들 대상으로 고국의 향수와 고향소식을 전하고 강
제와 이주로 오늘의 떳떳한 한국인이 된 이들의 삶이 대중가요의 가사와
같아서 살아온 과정을 트로트로 엮어 소개하는 방식으로 진행된다고 이은
정 작가가 말했다.

또는 강제징용의 아픔으로 1세대가 겪은 한 많은 삶을 지켜보며 고국으
로의 길이 열리기까지의 망향의 한을 증언해 그리움에 사무친 사연을 담
는데 있으며, 경북지역의 고향을 영상으로 전해 미력하나마 노래로 달래
고자 했다. 이들은 7일간의 일정으로 사할린의 이국적인 풍경과 재래시
장, 이중징용의 아픔, 탄광촌 증언, 우리말방송국, 옛 한인촌의 역사와 한

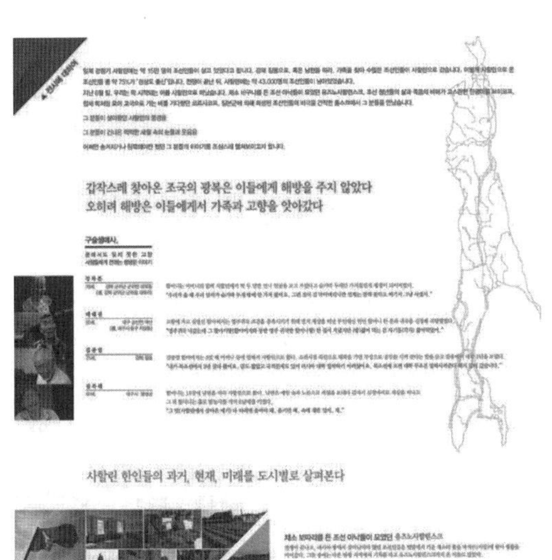

▲ 경북도청과 경북대학교에서 '사할린경상도사람들' 전시회 사진전

인들의 삶을 담고 고향소식을 영상으로 전하기도 하며 눈물로 살아왔을 삶을 노래 말로 변환시키는, 미래 지향적인 사할린과 고향모습을 또 다른 측면에서 집중 보도했다.

최근에는 대구MBC 방송국이 사할린경상도사람들을 취재하면서 보름 간을 머물며 취재를 한바 있었다. 경상북도청의 지원을 받아 대구인문사회연구소(소장 신동호)가 총괄지휘를 하였고 사할린 한인들의 삶을 낱낱이 공개했다. 기존의 보기 드물었던 40-60년대의 생활사진과 그들의 인생역정을 적나라하게 표현한 다큐멘터리를 제작해 사할린 한인사의 새로운 전환점의 발자취를 남겼다.

이들은 한편의 드라마와 책을 만들기 위해 6개월간의 시장조사를 걸쳤고 두 번의 실무조사와 사할린 동포 위문공연을 펼쳤던 경북도청과 대구인문사회연구소의 노력 끝에 그 기나긴 여정을 끝내고 사할린 한인들의 삶을 담은 다큐멘터리를 완성했다.

보름간 사할린에 머물면서 홈스크, 브이코프, 콜사프 등 주변 도시를 비롯 유즈노사할린스크 구석구석을 통해 한인들의 애환과 삶의 과정을 구구절절이 엮어나갔다. 사할린 주요 사회단체장의 개인 인터뷰뿐만 아니라 한인 성공시대를 연 지식층을 두루 섭외하였고 가가호호 집중취재를 통해 강제징용과 현재까지의 험난하고 기구했던 삶을 추적했다.

여성으로서 결코 쉽지 않는 환경 속에서도 보름간을 견디며 한인들과 함께 하였던 대구인문사회연구소의 여성연구원 김인정, 김수정, 이가영 연구원의 몸을 아끼지 않은 구술조사와 취재에 불사른 채재휘 작가 그리고 진동주 카메라 감독의 투혼이 고스란히 배여 있었다.

지금까지 사할린에는 숱한 공영방송과 케이블 방송사가 다녀갔지만 개방 이후 이산가족 상봉과 최초의 대중 인기가수 위문공연을 제외하고는 감동을 불러준 다큐멘터리의 방송사도 더러 있었다. 허나 2000년대 접어들어서 대구 민영방송의 입지적인 걸작을 목격한 바로는 앞서 TBC 제작팀이 방영한 '싱싱 별곡'이 기억에 남는 듯하였는데, 이도 경상북도 출신의 강제징용 후손들의 이야기를 담은 것이었다.

그 이래 다큐멘터리의 완성도를 높인 작품이 이번 mbc제작팀이 내놓은 사할린 경상도 강제징용 후손들의 이야기가 아닌가 싶다. 망향의 언덕에서 일곱 바람으로 눈물을 삼키며 쓸쓸히 생을 마감한 1세 한인들의 억울한 삶과 고통이 2011년 18일 대구mbc 방송을 통해 방영되었다.

제2부

사회생활

Обшественая Жизнь Часть 2

사할린사회단체 현황

단체명	대표자	전화번호	(비고)
한인협회	임용군	전화:42-5539, 팩스:42-5539, 휴대:7963-289-3434	(비고 11.11.19)
이중징용광부유가족회	서진길	전화:72-5634, 팩스:72-5634, 휴대:47-2298	
이산가족협회	박순옥	전화:42-2619~4087, 팩스:42-4087, 휴대:28-5422	(비고 11.12.03)
주노인회	윤상철	전화:42-2619, 팩스:42-2619, 휴대:40-5903	
한인연합회	김홍지	전화:73-6367, 팩스:46-0803, 휴대:27-2882	
정의복권재단	김복곤	전화:50-5967, 팩스:50-5967, 휴대:27-7526	
시한인회	박정자	전화:77-0414, 휴대:7962-153-2767	
주여성회	김춘자	전화:72-9345, 팩스:72-9345, 휴대:28-8294	
조선,한민족비즈니스	이규률	전화:72-2032, 휴대:7963-289-5212	
우리말방송국	김춘자	전화:72-9345, 휴대:28-8294	
새고려신문사	배워토리아	전화:42-39-94, 42-29-80(팩스겸용)	
사할린한국영사출장소	김정수	전화:46-2430~1, fax:46-2432	(재외기관)
사할린한국교육원	박덕호	전화:50-5696, fax:50-5699	(재외기관)

■ 한인협회 ■

1990년 3월24일 조선인연합회로 발족되어 고려인협회로 출범했다. 초대회장은 김민웅 씨이었고, 2대(회장 이춘형/김일성대학 졸업)부터 한인협회로 명칭이 바뀌어 김홍지 회장(1996-2000년)에 이어 재선에 진입한 박해룡 회장(72세, 2000년-2011)이 맡고 있으며 협회 관리위원회의 승인을 얻어 임기 2년이던 것을 수정 보완해 3년 임기로 올해로 11년째 접어들고 있다.

그렇지만 올해 잦은 소송문제로 젊은 기업인 임용군 회장에게 회장직을 물러줬다. 2011년 11월19일부로 법무부와 세무서의 한인회 등록인가를 얻어 임영군 회장이 공식 선출되었다.

박해룡 회장의 학력으로는 농업대학 축산과 출신이며 부인과 슬하의 1남과 1녀를 두고 있다. 협회의 지부는 각 도시마다 있지만 대개 보수진영에 속하며 2008년 상반기 한인연합회 출범으로 세력이 다소 약해지고 있으나 임원진의 굳건한 결속력으로 여전히 사할린정부의 신임을 얻고 있다.

좌파세력의 견제로 또 장기집권을 반대하는 세력에 휘말려 예전보다 많이 위축이 된 상황이다. 하지만 박해룡 회장의 파워 넘치는 카리스마가 있고 노하우로 장기간의 노련미로 한인사회계의 대부로 불릴 만큼 지도력을 인정받고 있다.

성격은 무던하고 편안해 보이는 인상이며 가까이 지내고 보면 정감이 갈 마치 인정이 넘치는 남아의 기질을 지니고 있다. 특히 젖소 종자연구 분야에 탁월한 인정을 받아 한인으로는 드물게 명예훈장 등 괄목한 상벌을 두루 수상하였고, 재작년에는 가족 자서전을 낸 바 있다.

임원진으로는 고문 정태식 님, 부회장 외 사무원 4명이 한인협회를 돕고 있으며, 직속관리시설단체로는 시노인정과 한인문화회관(관장 최상태) 외 버스 두 대를 관리하고 있다. 노인정과 아파트 관리정부는 시한인회가 주관하고 있다.

관할소속단체는 이중징용광부유가족회(서진길), 시노인회, 시한인회(회장 박정자), 사할린예술단(단장 온명춘), 소망창작발전협의회(회장 김춘경)와 유관 단체로는 주노인회(회장 윤상철) 등이 있다.

사무실은 2011년9월까지 안톤 부유클린 38번지 두마의회 옆 건물인 나타리 호텔6층 건물에 있다가 한인문화회관 2층으로 이전했다.

한편 임용군 신임회장은 한인경제인연합회 임원으로 호텔과 부동산임대, 여행업에 종사하며 모스크바경제아카데미를 수료하였고 스포츠와 추진력이 강하다는 평을 받고 있으며, 젊고 활기찬 화합의 슬로건아래 구시대적 발상을 탈피하고 새로운 한인시대를 열 것인지 주목되고 있다. 부인과 1남1녀의 자녀를 두고 있으며 사할린에서는 경제인으로도 왕성한 활동을 하고 있다.

◆전화: 42-26-19 ◆팩스: 42-26-19 ◆휴대: 7963-289-3434

◆한인문화회관(T: 42-57-71)

▓ 한인연합회 ▓

1993년 김수영님의 한인연합회 전신이며, 2008년 상반기 이산가족회(회장 이수진), 주여성회(회장 최정순), 정의복권재단(회장 김복곤) 등 10개 단체와 지방 4개 단체가 연합해 신생 한인연합회(회장 백수경/65세)로 출범했다.

초대 회장에는 백수경 고향오케스트라 단장이 만장일치로 추대되어 한인단체의 화합과 발전을 최우선 과제로 내걸었다.

오케스트라의 활약을 모태로 주민의 위안공연을 꾸준히 베풀며 새로운 한인결집과 복지를 전략적 사업으로 이끌어 가고자 노력하였으나, 초창기에 비해 문화 활동을 제외하고 아직까지는 괄목한 성과가 없는 실정이다.

관련된 단체의 수장들의 한결같은 염원은 변화된 한인사회계의 신인물로 내세우고 있어 앞으로의 입지가 기대가 되며 염원이 커다.

사회단체의 대표로는 처음이라 선견지명이 있는 직원을 확보하고 연륜과 경력이 풍부한 고문을 두어 3명의 직원으로 부단히 노력하며 경주하고 있다. 온화한 성격이고 사고력이 뛰어나나 포용력이 다소 뒤떨어진다는 평이며, 누구나 차분한 성품을 지니고 있다.

임기는 2년이며, 학력으로는 농업대학 농업 기사학과 출신이며 현재 건축회사와 철제회사를 운영하고 있으며 사무실은 자신의 공장건물이 있는

루고보예 쪽에 있으며 부인과 2남을 두고 있다. 작년 남양주로 영주 귀국
했다.

현재는 전 한인협회 회장이었던 김홍지 회장(2대)이 이어 받았고, 김홍
지 회장은 작년 17일 유즈노사할린스크시 로지나 문화회관에서 구역 지
부장과 임원들이 참석한 가운데 만장일치로 2대회장에 선출되었다.

김홍지 회장은 1948년 사할린 유즈노사할린스크시에서 출생하여 70년
모스크바 국립동력종합대학교를 졸업해 에너지 및 항공기 기사자격증을
취득해 소호즈(집단농장)와 화력발전소 등 국가기관에 다년간 근무했다.

92-95년 유즈노사할린스크 시청근무 중 1993년-1999년까지 한인협
회 회장을 지냈으며, 현재까지 뚜렷한 성과가 없으며 리더십이 다소 부족
하다는 평이다. 2004년부터 개인사업과 사할린에 진출한 대우건설, 풍
림건설 등에 자문역할을 하다가 최근 한국 건설회사에 근무하고 있다.
2009년 10월17일 사단법인 한인연합회 2대 회장으로 선임되었고 부인과
분가한 무남독녀를 두고 있다. 사무실은 부루카예바에 있다.

◆전화: 46-08-03, 73-63-67 ◆팩스: 46-08-03 ◆휴대: 27-28-82

■ 이산가족협회 ■

1986년 출범하여 22년의 가장 오래된 역사를 가지고 있는 이산가족가
족 협회는 제1대 서윤준 회장, 3-4대 박동철 회장, 5-6대 김명열 회장을
거쳐 7-8대 이수진 회장을 거쳐 박순옥 회장이 바통을 이어 받았고 현재
는 명예회장직을 맡고 있다. 이산가족협회는 사할린 한인동포들의 모국방
문, 영주귀국을 총괄하고 있다.

위 사업은 한인협회와 주노인회에서도 일부 위임받고 있으나 전반적으
로 이산가족협회가 대부분 대행하고 있다. 대한적십자사 사할린업무를 주
도적으로 실행하고 있어 위 사업의 수장으로 국내에 알려져 있다.

현재 영주귀국 사업은 위 3곳에서 각자의 업무로 충실히 수행하고 있

는 상태인데 매번 잡음이 끊이지 않고 있다. 물론 한 쪽에서 업무를 맡아 한다면 더없이 좋겠지만 예전의 수행을 보아 분산 업무를 가지는 것도 큰 문제가 없는 것으로 나타났다. 동포들도 분산업무의 장단점을 지적하고 있다.

재작년 젊은 부회장(박순옥)을 선임하고 봉사요원 3명의 인원으로 영주귀국 주요사업을 충실히 수행하고 있으며 크고 작은 NGO관련 사업에도 가담하여 많은 업적을 보이고 있다. 성격은 온순하며 내 성격이며 친화력이 부족한 것이 흠이나 대체로 조용하고 성실하며 착한 성품이다.

사무실은 사할린스카야에 위치하며 공업대학 출신이고 전직 기자출신인 부인과 1남 1녀를 두고 있다. 강제징용의 자손으로, 부친이 이중징용으로 일본으로 끌려가 우여곡절 끝에 돌아온 뼈아픈 현실을 안고 있는 2세대다.

작년 경기도 파주로 영주 귀국하였고, 지난 2011.03월에 이산가족 소집회의에서 박순옥 여성회장이 선출되어 새 집행부를 이끌어가고 있다. 박순옥 여성회장은 젊은 패기를 슬로건을 내걸었고 대체로 온화한 성격인데다 전임 회장의 업무능력을 보좌하여서 무리 없이 잘 이끌어가고 있는 편이다. 가족으로는 사업하는 남편과 두 남매를 두고 있다.

◆전화: 42-40-87, 57-74 ◆팩스: 42-40-87 ◆휴대: 28-54-22

■ 주노인회 ■

전상주님은 한국출신으로 어렸을 때 강제징용으로 부모를 따라 이주하였으며 소학교시절 배운 일본어와 한국어 등 두루 외국어가 유창하여 현재까지도 일본의 대륙봉 회사에 자문 역할을 하고 있으며 사할린주 노인들을 대표하고 있다.

1992년 출범했고 역대 회장으로는 박해동, 김동영님에 이어 올해 6대 10년째 회장을 맡고 있으며 부인과 슬하에 2남 1녀를 두고 있다.

사할린 대표적 지성에 속하며 여전히 노익장을 과시하며 한.러 정보공유를 신속하게 접근해 한일 정보통으로 알려졌다. 최근 부친이 독립유공자로 밝혀져 사할린 유일의 독립후손으로 선정되었다.

근엄하고 강직한 성품을 지니고 있으며 유대강화의 친화력이 부족하다는 평이며, 군 장교로도 재직한 바 있으며 학력으로는 사범대 신문학과 출신과 사할린엘리트 그룹에 속하며 역시 이중징용의 세대로 두루 경험을 겪은 산증인이다. 2011년 영주귀국 신청서 명단을 제출해 영주 귀국하는 관계로 법조계 출신의 윤상철 변호사에게 회장직을 물려주었다.

윤상철 신임회장은 1978년 모스크바국립통신대학 법률학과를 졸업하고 유즈노사할린스크 시청에서 재무 및 법률담당관으로 다년간 근무하였고 대우건설, 풍림건설, 로즈하우스 등 사할린에 진출해 있는 한국기업의 법률자문을 맡았으며 가족으로는 부인과 1남 2녀를 두고 있다.

◆전화: 42-57-74 ◆팩스: 42-57-74 ◆휴대: 7924-741-6365

▣ 이중징용광부유가족회 ▣

2001년 영주귀국한 안영복 회장에 이어 2002년 서진길 회장이 추대된 이후로 활발한 대외 활동을 하였고 이중징용 실상을 일본과 한국에 알렸다. 자비로 책을 발간하고 이중징용 실상을 알리는데 앞장섰으며 대일 우편저금 반환운동으로 일본정부에 끝없이 투쟁하고 있으나 일본정부의 무응답으로 현재진행형 중에 있어 이중징용 후손들의 안타까움을 더해주고 있다. 또 재작년 한인문화회관 앞마당에다 한국지인의 협조와 자신의 자비를 들여서 이중징용광부 위령탑을 건립해 주목을 받기도 했다.

화통하고 저돌적인 성격을 지닌 서진길 회장은 포로나이스크 출신으로 어릴 때부터 부모의 이중징용의 뼈아픈 아픔을 딛고 자수성가한 케이스이며 선원생활과 독학으로 전문해원학교를 졸업했다.

한국과의 사업으로 이해력이 뛰어나며 주내 어려운 사정의 단체나 학교 등에 남다른 선행을 베풀고 있다. 사회단체 수장 중 가장 뛰어난 한국통이라 하겠다. 현재까지 수산업에 종사하며 한국과의 수산 무역 중개업을 하고 있으며 역전 맞은편 리박 호텔 건물에 사무실을 두고 있다.

◆전화: 72-56-34 ◆팩스: 72-56-34 ◆휴대: 47-22-98

■ 조선(한민족) 비즈니스 콩크레스 ■

2003년 12월, 건축과 호텔, 상업에 종사하는 기업인으로 구성되어 창설멤버 27인으로 주정부 행정국 법인인가를 얻어 정식으로 등록됐다. 현재는 80명의 회원을 확보하고 있으며 사할린 경제의 중추적 역할과 대외교역으로 막강한 세력을 회원들이 가지고 있어 사할린경제의 집합체와 같다.

하지만 회장의 리더십이 부족하다는 등 예전에 비해 결속력이 많이 떨어지고 있다는 평이며 회원과의 단합이 잘 되지 않고 있는 실정이다. 일찍 여읜 부친의 영향을 받아 남다른 노력을 다해 경제대학을 졸업하고 비교적 젊은 나이에 정부 관리직에 몸담았으며 비즈니스의 경력을 일구었다.

남북한 두루 사업 경력을 갖추고 있고 북한과는 긴밀한 사업관계를 유지하고 있다. 성격으로는 빈틈이 없고 꼼꼼하며 직선적이며 사고력이 투철하다. 현재 건물임대업과 하치장관리, 무역업을 하고 있으며, 사할린스카야 68a번지에 사무실이 있으며, 부인과 2남을 두고 있다.

◆전화: 72-20-32 ◆팩스: 72-24-69 ◆휴대: 7963-289-5212

■ 정의복권재단 ■

정의복권재단은 일본의 전후책임보상 문제를 해결하고자 꾸준히 연구하며 노력하고 있다.

타 사단법인과는 성격이 다른 만큼 스스로 봉사정신이 따르지 않으면 성과를 이룰 수 없는 것이 취약점이라 사할린한인들에게 익숙지 않고 선뜻 적응이 가지 않는 것이 문제이다.

그러나 회장의 업무능력과 노력이 자상하고 의지가 강하다는 평가로 많은 이들이 동조하기 시작해 재단의 발전성이 급물살을 타고 있으나, 회의적인 판단이 앞서면 쉽게 제약을 무시하는 경우가 있다.

따라서 대의에 거슬리지 않고 재단의 취지에 수반되는 폭넓은 포용력이 요구되며 회원들의 지지에 힘입어 지속적인 활로모색을 갖추는 것이 시급한 과제로 지적되고 있다.

배우려는 건성이 강하고 성격은 온순하며 공업대학 출신에 기존 단체장 중 그나마 컴퓨터 분야에 밝다. 현재로서는 한일 소송문제의 대변자 역할을 다하고 있으며 국내외 한인들의 문제로 몸소 실천하며 봉사하고 있다.

실지 정의복권재단의 회원 수와 동원력은 사할린한인 단체 중 가장 우수해 성장가능성이 매우 높다. 현재 극장 엔지니어와 대학교 기사장을 지내다가 퇴직하였고 시청에 근무하는 부인과 슬하엔 두 아들을 두고 있다.

◆전화: 50-59-67 ◆팩스: 50-59-67 ◆휴대: 27-75-26

■ 주여성회 ■

2005년 창설 이래 한인계의 소외계층과 어려운 이웃에게 나눔을 실천해 좋은 평가를 받고 있다.

특히 여성경제인 모임이라 여유가 많은 여성기업인들로 이루어져 친목과 화합이 비교적 잘 구성된 매우 모범 사회단체라고 말하고 싶다.

2008년 의결 총회에서 재임된 최정순 회장(65세)은 전직 교원출신(사범대 졸업)으로 업무능력이 뛰어나고 식견이 밝아 두루 친 맥이 두텁다.

실물 모습에 비해 똑 순이 기질이 있고 여장부다운 기백이 있어 딱히 제지하는 적이 없고 사리가 분명하다는 평가를 받고 있다. 사할린 호텔업계와 유통분야 여성기업인이 대다수가 회원으로 있다.

무역업에 종사하는 남편과 1남 1녀를 두고 있으며 전문 레스토랑과 카페를 운영 중이다. 최근 랑데부 카페가 새롭게 단장하여 쾌적한 분위기로 각광받고 있다. 현재는 최정순 회장은 김포로 영주 귀국한 상태이며 우리말방송국 김춘자 국장이 회장으로 있다.

◆전화: 72-93-45 ◆팩스: 72-93-45 ◆휴대: 28-82-94

▤ 시한인회(회장 박정자) ▤

1996년 출범했고 초대회장으로 이국진 씨이었으며, 김춘경, 박덕출 씨에 이어 현재 박정자씨가 7년째 회장으로 있다. 회원은 80명으로 주요 직업군에 있는 여성들의 활약이 크다.

광복절 행사, 여성의 날 등 한인 사회계의 마당발 역할을 하고 있으며 시청에 근무하고 있다. 특히 몸을 아끼지 않고 노인들을 위한 공경사상이 두텁고 국가명절 행사나 노인위안잔치 등 회원들과 굳은 일을 마다하지 않고 봉사정신이 투철해 헌신적이고 모범 여성에 속한다. 마찬가지로 올해 영주 귀국을 신청해 12월16일자 김포 한강지구 국민임대아파트에 정착했다. ◆전화: 77-04-14 ◆휴대: 7962-153-2767

▤우리말방송국(국장 김춘자) ▤

러시아국영방송 관할에 있으며 매주 2회 40분씩 TV방송을 내보내고 있다. 주로 한인들의 소식과 한국의 소식을 담고 있으며 1956년 10월 1일 조선말라디오 방송으로 탄생하여 초대 국장에 우즈베키스탄 출신의 박상순 국장이 맡았고, 1996년 라디오방송에 김춘자 국장이 바통을 이어받아 2004년 8월 15일 우리말TV방송과 함께 진행하고 있다.

하지만 개국 1년 만에 TV방송이 폐쇄위기에 놓여 사할린거주 한국인의 입지로 조선일보 등에 알려져 안타까운 사연이 국내에 크게 보도되어 여러 지인과 초등학생들의 성금이 모아져 전달했다.

그로부터 한국방송국과 여러 사회단체 등 현대쇼핑이 후원해 현재까지 어렵게 운영되고 있고 가수 이혜미 씨가 방송국 홍보 수호천사로 활동 중이고 일본인 작가의 도움을 받아 새고려신문과 마찬가지로 인터넷 일어판에 접속하면 비교적 자세히 볼 수 있다.

파베드 거리의 송신탑이 보이는 러시아국영방송 '베스찌' 안에 방송국이 있으며 정직원과 아르바이트 직원들이 바쁘게 움직이고 있다. 현재는 라디오방송은 폐간되었고, 주 2회 TV방송만 하고 있다.

어려운 재정난에도 불구하고 우리말과 한민족의 얼을 고취하고자 부단히 노력하는 김춘자 국장의 왕성한 활동에 찬사를 보내고 싶다. 2010년 세계한민족네트워크 대회에서는 사할린한인생활사를 담은 다큐멘터리를 제작해 세계한인여성으로부터 사할린한인의 입지를 널리 알렸다.

◆전화:72-93-45(팩스겸용) ◆휴대: 28-82-94

■ 새고려신문사(사장 배워토리아) ■

1949년 6월 1일 러시아 하바롭스크에서 창간되었으며, 당시 신문사는 '조선 노동자'이었고 1951년 사할린으로 건너와 '조선노동자'의 신문을 발행하였고 1988년 '레닌의 길'이란 명칭으로 발행되다 페레스트로이카 개방물결로 1991년 '새고려신문'으로 명칭이 바뀌어 현재까지 유래되고 있다.

1988년 성점모 씨가 주필이었고 '새고려신문'이 탄생하기까지 줄곧 성점모 씨가 사장이었으며 안춘대 사장에 이어 현 배워토리아 사장이 임명됐다. 현재는 사할린주정부의 소수민족 정책보호에 따라 국가지원금을 받고 있을 정도로 자리를 잡았고 근간엔 러시아 언론이 주는 황금 폰드상을 수상하기도 했다.

주 1회 발행으로 초기에 폐간위기도 거론되기도 하였지만 사상 보도기관으로 남아 있어야 한다는 북한과의 정치적 사안을 고려하여 험난한 시대를 겪어 왔고, 사할린 한인들의 소식뿐 아니라 사할린 주요 정치 및 행정, 민족의 정론지 역할을 다하고 있다.

특히 젊은 편집인 사장의 통솔력과 선진문화 도입 등 날로 발전하는 모습이 돋보이고 예전과는 다른 언론으로 거듭나길 부단히 노력하고 있지만 사할린이 고물가 지역임을 감안하면 재정난이 항상 시급한 문제로 지적되어 각계의 각별한 애정과 사랑이 꾸준히 요구되고 있다. 하지만 관망보다는 스스로의 자립의식과 자긍심으로 변화된 각고의 노력이 필요하다. 일본의 르포작가에 의해 일어판으로 세상에 많이 알려졌으며, 현재는 한국 독지가의 협조로 인터넷 카페 '새고려신문'이 개설되어 많은 사랑을 받고 있다. ◆전화:42-29-80(팩스겸용) ◆전화:42-39-94, 42-90-85

■ 시노인정/전화:77-27-02

■ 사할린예술단(단장 온명춘)/휴대:25-72-66

■ 청춘예술단(단장 장영순)/휴대:40-96-00

■ 에트노스예술학교(교장 에이지노바 나딸리야) 전화(팩스겸): 42-00-90

☞참고: 사할린한인단체가 우후죽순 난립해 있었으나 지금은 소강되어 실지 활동실적이 없는 단체는 명칭만 있고 대표부로 통하는 한인협회와 한인연합회로 귀속된 상태이며 외 단체와 각 구역지부의 연락처는 한인협회, 주노인회, 이산가족협회에 문의하면 된다.

대학 ···

■ 사할린국립종합대학/전화:72-74-21

■ 사할린경제법률정보대학(총장 강영복)/전화:42-29-67

항공사 ....

- ■ 아시아나사할린지점(지점장 김태완)/전화:72-20-00

- ■ 드림투어(사장 주기호)/휴대:8962-127-0001

- ■ 사할린 샤트(담당 권운호)/전화:72-31-50

- ■ 비프뚜르(사장 장용운)전화:77-25-87

정치인 ....

- ■ 정 발레리(주정부국가두마의회의원-통합러시아당 소속)/전화:42-48-97

- ■ 오진하(주정부국가두마의회의원-공산당 소속)/전화:72-33-01

사할린태권도협회 ....

- ■ 임춘하(회장), 임상명(부회장)/전화:42-40-96, 40-90-33

코르사코프태권도전문학교 ••••••••••••••••••••••••••

- ■ 교장 이춘식(코르사코프시청 의회 부의장)

연합선교회 ....

- ■ 대표 담임목사(정운)/전화:7914-758-1920

기타 ....

- ■ 주정부 한인담당(한 트미트리)/전화:72-82-20

- ■ 아리랑장학회(회장 손병덕)/휴대:7962-127-0001

- ■ 현대문화교류회, 한인소식지사할린/휴대:7924-284-5544

한국공관 및 교육원 ....

- ■ 사할린한국영사관(영사 김정수)/전화:46-24-30~1

- ■ 한국교육원(원장 박덕호)/50-56-96

▲1959년, 1963년 한인들의 일상

오늘날 사할린의 경제, 문화를 좌우하고 있는 것은 정작 러시아인들이 아니라 한인들이다.

물론 국가사업의 에너지라던가 경제개발계획의 프로젝트는 정부차원의 예산으로 이루어지고 있겠지만 사할린의 전체 부가가치를 이끄는 이들은 한인들로 봐야 할 것이다.

사할린의 한인들은 강제징용의 源泉이 된 특수적 상황을 안고 있는 일제강점기(日帝强占期. 1910.8.29–1945.8.15) 징용자들로 분류되는 것이 일반적인 사례이나 엄밀히 따진다면 1889년 후부터 건너오기 시작한 한인의 존재성을 부인할 수 없다. 제2차세계대전연합군에 의해 패전한 일본이 자국민만 귀환시키고 내팽개치고 버려 둔 한국인들과 소련군 진입으로 대륙권 한인엘리트들의 이주부터 해방이후 북한파견근로자들의 취업집단(就業集團)으로 그 한인시대(韓人時代)가 열리게 되었다.

참고로 사할린한인 인구수는 정확히 분석하기 힘들지만 기존 학자의 저술과 논문에서는 대략 4만2천명(±)으로 집계하고 있으나 1945년대 기록에 근거한 숫자이다. 2000년대 이후의 전산화 처리가 아직도 미흡하고 수작업이 성행하다보니 분분한 설만 있을 뿐이다. 일본의 국회 증언록에서는 1945년 이후의 한국인을 4만2천 명으로 내다보는 경향도 있었으나 좌파세력의 집단은 그보다 적은 3만5천으로 내다보고 일본의 전후책임 보상 문제를 회피하는 황당한 예도 있으며, 러시아 주재 미국공사관의 극비 문서(1946)와 소련정부의 한국인 잔류인원을 숫자를 3만이 조금 넘는 것으로 보고하고 있다. 이는 지구상에서 가장 넓은 나라를 소유(인구-1억5천63만 명, 면적-17,075,400㎢)한 러시아 연방이 1922년 사회주의 국가가 되기까지 차르 황제의 지배와 철통같은 69년간의 소비에트 연방이 무너지고 1991년 10개의 공화국이 독립국가연합(CIS)으로 구성하기까지 잦은 전쟁과 인구 이동경로 등 정확한 인구분석이 쉽지 않은 것이며 게다가 세계에서 가장 넓은 농경지를 보유한 탓에 누구나 농사를 지을 수 있는 특혜도 있어 이를 헤아릴 수 있는 전문 인구조사원이 없는 것이 원인으로 지적된 바 있었다.

사할린 한인인구만 보아도 강제징용의 인원이 정확하게 알려진 바가 없고 최초의 6만 명의 징용이 어떤 식으로 와서 어떻게 흩어졌는가 하는 부분에 정확한 문서마저 기록되어 있지 않아 인구분석이란 일부에 지나치지 않고 있으며 잔류한인들의 이동경로와 유입설은 한인학자보다 러시아 역사학자가 더 많이 알고 있다는 것이다.

현재도 소도시뿐 아니라 지방의 외지에서는 전산화가 아닌 일일이 수작업의 진행방식으로 이루어져 있는 것이 대부분이고 러시아국민으로만 분석하지 숱한 소수민족의 원적출신을 수시로 보고하지 않고 있어 정확한 한인인구수는 예측하기 힘들다는 것이 가장 큰 난제로 남아 있다. 허나 현재의 집계는 정확히 3만으로 분류하는 것이 가장 옳다고 본다.

그래서 일본과 미국, 러시아의 종합 분석으로 단정 짓는다면 3만 명의 한인이 사할린에 거주하고 있다는 것이 가장 유력한 집계로 볼 수 있다고 본다. 2000년도 초반에 접어들어 러시아는 인구조사에 총력을 기우렸고 현재는 집계가 정확하다는 분석이며 매년 관할 조사를 비롯해 2010년에는 체계적인 시스템과 광범위하게 전 러시아 인구조사가 실시된 바 있었다.

여기에 소수민족의 입지적 성과로 민족정책이 우선시되어 보호육성 기반과 문화 활동 영역이 대폭 확장되어 사할린이 국제화 또는 극동 요충지로 부각되어 소수민족 인구조사는 정확한 데이터로 분석되고 있는 실정이다.

당시 일본은 한반도에서 끌고 왔던 조선의 젊은이들을 노역에 동원시켜 죽도록 일만 부려 먹고서 패전으로 자국민만 귀환시키고 카라후토(남사할린)를 소련정부에 이양하면서 조선인(韓國人)은 모두 남겨 두고 약삭빠르게 도망치듯 철수했던 것이다.

무엇보다 해방이후 사할린거주 한인들은 거의가 일본공민의 日本國籍 신분이었음에도 유독 조선인만 배제시켰던 것이다. 그래서 아직도 일본의 잔재가 남아 있는가 하면 2세까지 일본 소학교를 다녀 일본어가 유창하고 심지어 40대의 한인에게도 일본 性씨를 그대로 유지하며 살아가는 이도 있다.

일부 조선인들 중에는 일본시대 때 일본인 처와 結婚한 소수 인을 제외하고 거의가 고국 갈 길이 막혀 사할린 전역을 떠돌다 눌려 앉은 이들이 대부분이다. 그러다가 향수병에 걸려 미쳐 죽거나 목매 自殺하거나 독한 보드카로 바다만 쳐다보다 상사병이 도져 정신병자가 되기도 하며 많은 한인들이 한줌의 흙으로 되돌아갔다.

그런 가운데서도 살인적인 강추위와 집채만 한 눈 속에서도 한인들은 질곡 같은 삶을 특유의 한민족의 근면성과 부지런함으로 모진 삶을 지탱하며 꿋꿋하게 살아 왔었다. 자갈과 모래가 태반인 땅을 일구어 기름진 옥토로 개간하였고 농사와 밭을 만들어 생계를 이어 갈 러시아 속에 또 다른 主食을 선사해 노력과 근로영웅을 배출하는 계기가 되어 찬란한 금자탑을 이루게 하였던 것도 한인들이었다.

러시아 이주의 첫 원인이 절대 절명의 生計手段이었던 만큼 부모세대가 가지지 못하는 배움의 의욕을 또는 살기 위해서는 이 나라에 적응하여야 하는 절박한 상황 속에서 자녀들의 학구열은 놓칠 수 없는 시대적 사명이었던 만큼 1세대들의 한 맺힌 삶 속에는 자식들의 진학이 가장 큰 문제로 대두됐다. 그래야만 혁명의 기치를 든 소련공산화 물결에 편승할 수 있었고 목숨과 보다 나은 질 좋은 삶을 보장 받기 위해서는 우선 배워야 한다는 것이 지배적이었다는 것이다.

그것이 반세기 동안이나 묶어 있다 1988년 서울올림픽 계기로 고르바쵸프의 페레스트로이카의 개방물결로 소련 속에 갇힌 한인들은 꿈에 그리던 조국이 있음을 깨닫게 되지만 理念의 벽과 冷戰의 체제 속에 물들인 이들의 의식은 쉽게 동화되지 못하고 어릴 적 고향집 같은 그리운 고국 땅은 없었던 것이다.

▲1978년 여름, 여자들이 바닷가에서 고무줄놀이를 하고 있는 모습.

▲1993년 광복절 기념 체육대회에서 씨름을 하고 있는 한인들.

하지만 많은 이들이 목매어 불렸던 고국이었기에 고향 땅으로 가길 원했던 것이지만 일본정부의 무책임한 행동 정책으로 가슴에 생치기를 남기는 또 다른 이산을 낳게 된다.

조국의 선진화 물결로 억세게 헤쳐 왔던 지난날을 거울삼아 더욱 열심히 노력한 결과 춥고 헐벗은 사할린에서 차곡차곡 성을 쌓듯 부를 축적하며 오늘의 성공신화를 이루었다.

지하경제는 물론이거니와 시장경제의 대부분을 거머쥔 사할린한인들은 호텔, 유통, 건축, 임수산업 등 곳곳마다 손길을 뻗어 사할린경제의 거미줄 포위망을 갖추고 있는 실정이다.

흠이라면 반세기 동안이나 고립돼 아직도 일부 공산화 잔재가 남아 있으며 피해의식의 恨이 무엇보다 높아 이기적인 것이 존재하는 것이 걸림이 되고 있다는 것이다.

무엇보다 사할린 경제를 눈부시게 일꾼 장본인들은 소수민족 중 가장 많은 민족을 형성하고 있는 한인들인 만큼 오늘날 사할린을 움직이는 힘은 한인들이라고 해도 과언이 아니다.

아래의 인물들은 사할린 경제, 문화에 주도적인 역할을 하고 있고 실지 한인사회계를 대표하는 인물들로 간단하게 나열해 두었다.

▲단체인물사진. 위로부터 아래쪽으로↑ ↓ ⓒ쿠진

1)이규률(62)-〈한인들의 역사와 시대성〉 초판 후원인, 현 한인비즈니스크럽 회장

2)박해룡-사할린 전 한인협회 회장, 명예공훈포상 다수 수상 ☎72-56-36

3)전상주-전 주노인회 회장, 일본에너지 및 대륙봉 석유탐사 자문위원(영주귀국)

4)정태식(79)-한인협회 고문, 교사, 탄광전문가

5)안춘대(67)-새고려신문 전 사장, 새고려신문 기자(영주귀국

6)안창수(55)-메가그룹 회장(유통, 건축, 부동산 등 보유)

7)박 빅토르 세르게이(53)-중학교 교장

8)복지호-전 사할린국립동양학대학 책임자, 의사

9)권경자(68)-동양어문학교 9학교 한국어교사

10)임명학(55)-우그레고르스크 한인회 회장, 시정부 근무

11)이정우-건축가

12)이정자- 에트노스예술학교 특별교사, 자랑스러운 교사상 수상(영주귀국)

13)이순신-요리사, 레스토랑운영

14)강영복(66)-사할린경제법률정보대 총장, 대한민국 훈장 수상

15)강동수(71)-전 레닌의길 편집장, 학자, 기업인

16)김예순-전 한국어교사

17)김춘기-기업인

18)이순희(64)-전 사할린국립대학 한국어과 학장, 모스크바 이주

19)김청 하이(발레리 알렉산드로비치, 67)-기업인

20)김 알렉산드르 니꼴라예비치(45)-기업인

21)김 콘스탄틴 콘스탄티예비치-예술가

22)김순임-에트노스예술학교 교사

23)김은자-미용실운영

24)김명열-전 이산가족협회 회장

25)김정희-여행사책임자, 시한인회 부회장

26)고소남(67)-마카로프한인회 회장(영주귀국)

27)이 디미트리 쿠유로비치(31)-건축디자이너

28)이 콘스탄틴 이바노비치-기업인

29)이수진-이산가족협회 회장 ☎42-40-87

30)이 아나톨리 니꼴아예비치-기업인

31)남 니골라이 바실예비치(79)-공무원, 기업인

32)오진하(58)-주정부 두마의원

33)박승의(68)-사할린국립대학 한국어교수(영주귀국)

34)박정자-시여성회 회장, 주정부 근무(영주귀국)

35)박형직(81)-전 의사

36)배도흘(70)-시노인회 회장(영주귀국)

37)백수경-전 한인연합회 회장 ☎25-21-12(영주귀국)

38)서진길-이중징용유가족회 회장 ☎47-22-98

39)서순애-의상실 운영

40)성점모(79)-전 새고려신문사 사장, 명예고문(영주귀국)

41)정 율리 미하일로비치-기업인, 군소정당 대표

42)정은사-의사

43)정옥녀-전 동양어문학교 교장

44)정옥금-부동산책임자

45)정해성/권행자-가가린호텔 사장

46)김상남-기업인

47)전수문-건축설계회사 사장(영주귀국)

48)허남훈(74)-토마리 한인회장, 한국어교사(영주귀국)

49)장 세르게이 콘스탄틴노비치-경찰공무원

50)정인하-군 장교, 네벨스크 노인회 회장

51)정 블라디미르-기업인

52)정 발레리(통합러시아당 주정부 두마의원)

53)천영운(68)-포로나이스크 보스톡 한인회 회장(영주귀국)

54)임반금(64)-기업인

55)유가이 올레그(62)-기업인, 전 두마의원

56)김복곤-정의복권재단 이사장 ☎73-91-81

57)최정순-주여성회 회장(영주귀국)

58)김춘자-우리말방송국 국장 ☎28-82-94

59)안화자-전 메가 팔레스호텔 사장

60)임웨비라-국립동양학대학 한국어과 학장

61)주명수-화가(러시아작가동맹 회원)

62)이승욱-한인문화회관 관장, 전 중학교 교장출신(영주귀국)

63)백화득-전 제14호중학교 교장(영주귀국)

64)김홍지-한인연합회 회장

65)최상태-한인문화회관 관장

66)배워토리아-새고려신문 사장

67)장태호-시인

68)허남영-시인, 작가

69)임영균-현 한인협회 회장

70)송 아나톨리-건축기업인

71)김춘길-건축기업인

72)박종철-자영업

73)박 블라드미러-네벨스크시 한인시장

74)이태춘-꼬르사코프시 디아스포라 회장

75)오정태-건축기업인

76)온명춘-사할린예술단 단장(지휘자, 음악교수)

77)임상명-사할린태권도협회 부회장

78)올가하이(배옥자)-시립미술박물관 수석큐레이터

79)윤상철-주노인회 회장

※기타 건축회사, 의사, 교육계, 문화 등 고루 취업군단을 이루고 있다.

동토의 땅, 맨손으로 일군 사립종합대학교

강제징용과 한 많은 조선인들의 질곡 같은 삶이 고스란히 배여 있는 동토의 땅, 그곳은 러시아에서 가장 큰 섬이며 유일한 섬이다. 천혜의 자연 풍광을 안고 있는 모네론, 졸레니이 섬을 비롯해 56개의 섬으로 구성되었으며 캄차카로 이어지는 쿠릴열도가 속하고 있다.

섬의 면적은 8,71만 평방미터이며, 자오선을 따라 948킬로미터로 이어져 남북으로 기다랗게 펼쳐져 있다. 최대넓이가 160 킬로미터, 최소 넓이는 26킬로미터가 된다.

그곳이 러시아 사할린이다. 사할린이라면 일지기 러시아의 대문호 안톤 체홉은 "슬픔의 틈새가 자리한 암흑의 땅" 이라고 했다. 유배지로도 유명한 버려진 땅에 탐험가에 의해 서서히 알려지기 시작하고 1905년 일본이 남 사할린을 영유하고부터 본격적인 개발이 일기 시작했다.

다시 말해 사할린은 일본의 군사요충지로 지목되어 활발히 물자공급이 시도되었던 곳이다. 일본 본토에서 소련 대륙에서 조선에서까지 사람들이 물밀 듯 몰려들기 시작했다. 그리고 1937년부터는 한반도에서 강제징용의 사슬이 이어져 1945년 해방 전까지 우리의 젊은이들이 사할린에 모집되어 오늘날까지 둥지를 틀고 살고 있는 곳이다.

1945년 해방이 되었지만 가난한 조국은 우리의 선조들을 불러들일 능력이 없었던 것이다. 저 먼 북쪽에서 사할린 전역에서 사람들이 몰려들었지만 고국 갈 배는 오지 않았고 언덕배기에서 망망대해 바다만 바라보다 얼어 죽기도 하고 혹은 굶어 죽기도 하였던 안톤 체홉의 영혼이 떠도는 양 망향의 언덕이 되어버렸다.

살을 에워싸는 일곱 바람이 분다는 그 언덕배기에서 우리의 어머니 아버지들이 한 맺힌 사연을 안고 쓸쓸히 죽음을 맞이해야만 했던 곳, 근 60년이나 갈 곳 없이 떠돌아다닌 영혼들……

이윽고 2006년 사할린우리말방송국의 김춘자국장의 하소연에 한강포럼이 나서서 한을 치유할 배의 형상화된 위령탑을 세우게 되었다. 하늘도 울었고 땅도 통곡하며 울어댔다.

이제 그 1세는 가고 없지만 망향의 언덕배기에서 부모의 한을 달래며 어린 시절을 보냈던 강영복 총장의 부인이자 대학 부총장인 정순덕 여사의 고향 코르사코프는 자원창구로 세계의 이목이 집중되어 러시아 중요한 자원보고로 발돋움해 사할린이 새롭게 변해가고 있다.

사람들은 곧잘 사할린을 동토의 땅이라 했다. 한국과는 수교가 없었던 탓에 잊어진 땅, 그래서 우리의 민족들이 서럽게 살아가고 있을 거라고 알지 못했던 곳이다. 88올림픽으로 한국이 소련의 방송에 알려지자 꿈에 그리던 조국이 비로소 세상에 나오게 되었다.

그토록 그리던 조국이 지척에 있었는데 왜 그리도 오랜 세월이 가로막혀 있었단 말인가.

꿈에 그리던 조국을 보지 못하고 이불 속에서 눈물로 삶을 보내며 아버지의 한을 안고 살아온 피맺힌 한을 대학설립에 평생을 보낸 강영복 총장의 이야기를 써내려 간다.

올해는 사할린에 이른 봄날이 찾아왔다. 예전보다는 한 달 정도 빠르게 와버린 봄이다. 5월에나 볼 빙하가 녹아내리는데 4월 중순부터 시냇물 소리가 요란하다. 풀밭에는 새싹이 파릇파릇 돋아나고 자작나무 가지에도 봄기운이 만연하다. 사할린의 봄의 전령사라고 하는 베르나 열매도 꽃 봉우리를 만들었다. 새들도 신이 나서 지지배배 울어댄다.

재작년부터 리 모델링에 들어간 사할린경제법률정보대학교는 산뜻한 외부 마감으로 새 옷을 갈아입었고 가로수 자작나무의 푸른 새싹이 너울거림으로 벌써부터 따사로운 봄을 맞이하고 있다.

1990년 고르바초프의 페레스트로이카의 개방물결을 타고 가장 빠르게 사회개혁을 인식하고 사할린 최초의 사립대학인 사할린경제법률정보대학교를 세워 러시아 교육계에 일대 변혁을 가져온 강영복(67) 총장은 한인2세에 해당한다.

평소 검소하고 근면하기로 소문난 강영복 총장은 지난 37년간을 변함없이 교육계에만 몸담았고 오늘 날까지 사할린경제법률정보대학이 교육의 산실로 거듭나며 일류를 지향한 대학으로 지켜왔다.

1991년 사립 단과대학으로 출발한 대학은 러시아교육국이 실시하는 평정기준을 다섯 차례나 통과시켜 교육계의 주목을 받았는가 하면 통신강좌를 비롯해 글로벌 시대에 부흥하는 대학으로 자리 잡아 총 21개의 전문학과를 갖추고 연구실 등 정보기술센터를 별도로 두고 있다.

또 유능한 교수진의 초빙으로 11명의 박사와 준 박사, 석학사의 정예교수진 150명이 전문가 그룹을 이루고 있고 100여 명의 조교수들이 러시아 유수의 대학과 자매결연으로 선진교육의 발판을 도입해 명문 대학의 기치를 심었다.

모스크바국립출판종합대학, 바이칼경제법률정보대, 이르쿠츠크국립언어종합대학, 러시아 유명대학의 분교를 자체 개설하였으며, 한국의 동서대, 탐라대, 중국의 쯔질린 및 창춘공예대학교와의 상호 학문교류를 비롯해 러시아경제아카데미 대학원 과정을 도입하기도 하였다. 현재까지도 가장 선호하는 대학으로 학점이 까다로워 치열한 교육열을 보이고 있는 대학의 자존심을 지키고 있다. 민간단체로는 민족통일대구청년협의회와 대산스피치와 산학협력 관계를 유지하며 러시아학생들의 한국문화 체험을 매년 실시하고 있다.

이렇게 오늘이 있기까지는 남편을 내조하며 험난했던 지난날을 함께 걸어왔던 것은 오직 남편의 대학설립에 있었고 평생을 그리던 부모세대가 엮어준 사슬과 핍박의 세월이 남긴 교훈으로, 인생의 단 하나의 목표를 이루기 위한 것이었다.

강영복 총장은 1944년 어머니(염정애/1926년생)은 만삭의 임신 상태로 아버지(강대산/1918년생)의 강제 징용으로 사할린에 건너 왔다. 그러니까 어머니가 아버지를 따라 사할린에 이주하고 그 해 사할린 토마리에서 바로 태어났다.

아버지는 처음 토마리 탄광에서 근무하였고 제지공장으로 임업 산판에서 전전하며 죽도록 노동에만 종사하다. 1952년 암으로 돌아가시기까지 가난은 대물림 되어 철천지원수처럼 사할린까지 따라다녔다.

으레 사할린 한인2세가 부모세대를 겪어 온 삶의 과정은 하나같이 드라마이고 소설보다 더 비참한 애환이 서려 있다. 그 가운데에서도 억세게도 못 살았던 강영복 학장의 어린 시절은 한이 되어 가슴에 사무치게 되었다. 그렇게 가난과 장남이라는 집안의 중책을 떠맡은 그는 오직 공부를 해서 성공하기를 꿈꾸며 돌린스크 조선학교를 졸업하고 무국적자의 신분으로 숱한 우여곡절을 겪으며 모스크바국립동력(공업)대학 전기학과를 5년 반에 걸쳐 우수한 성적으로 1969년에 졸업하게 되었다.

그리고 유즈노사할린스크 화력발전소 전기주임으로 3년을 근무하고 그 이듬해 임산전문학교 교편을 17년간 재직하다 고르바초프의 페레스트로이카를 맞이하게 되었다.

남편과 나는 이 틈을 타서 평생을 그리던 대학설립을 준비하였고 험난했던 지난날의 아픔을 뒤로 하고 1990년 사할린 최초의 사립대학을 일구게 되었다. 그러자 러시아교육계가 그를 사할린한인 공훈(교육)영웅 1호로 칭하게 되는 영광을 부여하였다.

이로 인해 사회발전과 한국인의 위상을 높이는데 이바지한 공로로 인정돼 2005년 대한민국정부도 국민훈장 석류장를 수여했다.

러시아에서의 교육이란 한국과는 너무나 대조를 이루는 것이어서 선뜻 이해하기란 쉽지 않을 것으로 여겨지는바. 1991년 학교건물을 겨우 임대해 수업을 시작할 수 있었다. 그 이듬해 교육국의 지시로 교원들의 휴가지원금이 난데없이 등장해 고초를 겪기 시작했다.

교원들의 지원금은 학교의 재정난으로 감당하기엔 벅찬 금액이었고 어렵게 장만한 주택과 자동차를 보증하고 은행에 돈을 빌려 쓸 수밖에 없었다. 그것으로도 돈을 갚아나가고 융자금을 해결하기에는 턱없이 부족한 강영복 총장과 부인은 공산화에서 개혁바람이 불기 시작한 때이라 학교를 운영하면서 다른 방법을 강구해야만 했다. 그래서 모스크바에서 들어오는 향수를 납품 받아 작은 사업을 하기 시작했다.

그러나 향수사업은 제대로 되지 않았다. 평생을 교육계와 동력 관련 업무만을 해오던 그에게 사업이란 아무나 하는 것이 아니었던 것이다. 가까운 형제와 지인을 통해 돈을 빌렸고 학교 재정을 위해 수단과 방법을 가리지 않고 밤낮 주야 일을 해야만 했다.

그렇게 교대로 학교를 오고 가며 만 가지 고생을 하면 겨우 학교를 제자리에 돌려났을 때 수도와 전기 난방이 없었던 빈 건물을 다 수리하였건만 건물 주인이 임대료를 올렸고 강압에 강제 퇴거하는 수모를 겪게 되었다. 아니나 다를까 이때부터 시기와 모함이 일어나기 시작했던 것이다.

어떻게 러시아 땅에서 징용으로 끌려온 한국인들이 학교를 운영할 수

▲대학홍보물

있느냐는 것이다. 해방이 되어 고국에 가길 희망했던 우리에게 소련은 경제개혁의 희생양으로 노동력에 투입시키며 특가 인력으로 보충하였음에도 꼬레이스키(한국인)의 성공은 인정하지 못하는 것이 바로 인종차별이었던 것이다.

부모세대의 인종차별이 2세에게도 이어졌다. 많은 돈과 정성을 다한 학교를 잃고 내쫓긴 신세가 된 우리 부부는 이대로 포기할 수는 없었다. 백방으로 학교건물을 찾았다.

당시 사할린에는 교육계에 몸담고 있는 이가 두 사람이 있었다. 이들은 일지기 모스크바에서 인정받아 사할린 한인 지식인으로 통했다. 그 중 백화덕 교장이 14호 중학교 교장으로 재직하고 있었는데 남편과 나는 자리잡을 때까지 학교 한 칸을 빌려달라고 무릎을 끊고 통사정했다. 백화덕 교장은 같은 한인이었고 자신도 교육계에 몸담고 있는바 한인의 처지를 누구보다 잘 알고 있었다.

그의 배려로 학교는 정상 수업에 들어가기 시작했고 조금씩 활기를 띠었고 나날이 발전해갔다. 지성이면 감천이라더니 모스크바 교육계에서 단

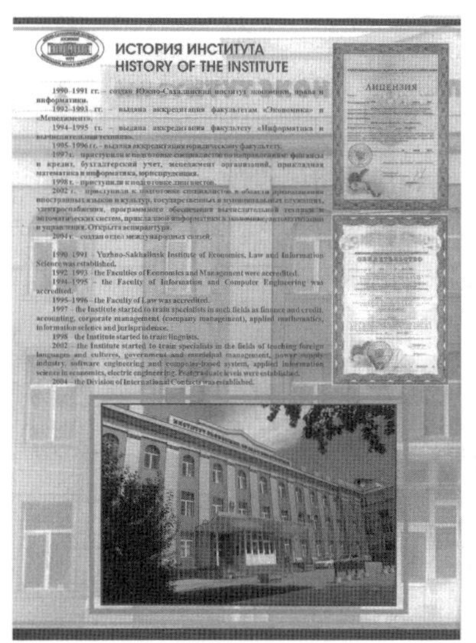

▲대학홍보물

과대학과 중학교 과정의 첫 인가가 떨어졌다. 한인으로는 최초의 교육국 인가이었고 첫 사립학교이었다.

유명강사진이 학교로 자진해 오길 희망했고 수강생들이 몰려왔다. 순풍을 탄 학교는 한인의 자랑이 되었고 부러움의 대상이 되었다. 또 러시아인의 모함과 시기, 질투가 빗발쳤다. 사립학교도 마찬가지로 국립과 똑같은 적용 아래 연간 평점기준을 받아야 하는 국가가 실시하는 검열이 있었다. 사할린 교육계 관계자들은 줄기차게 간섭을 하며 모함을 했다. 안기부(KGB)의 내사도 시작되었다. 이들은 한시도 쉬지 않고 못살게 굴었고 협박했다.

결국 백화덕 교장을 위협해 학교를 내쫓게 하였다. 사할린교육계의 모함은 이루 말할 수 없이 잔인하고 비열했다. 유언비어가 난무했고 신문비판까지 서슴없이 일삼았다.

고마운 백화덕 교장을 구제하는 것은 우리가 학교를 포기하는 수밖에 없었다. 거리로 쫓긴 우리에게 고생은 또 시작되었다. 백방으로 학교건물을 찾았다. 마침 코르코바 거리에 있는 해양수산 계통을 연구하는 전문학교의 빈 건물이 있었다. 역시나 학교건물은 전기와 난방 등이 없었다. 많은 돈을 투자해 학교 재건에 보탰다.

그로부터 개방물결은 점점 서구화에 힘입었고 조금씩 나아지기 시작했다. 정상 궤도에 이르게 되니 그나마 무시하는 경향이 사라지게 되었다. 전성기를 발판으로 강영복 총장은 더욱 학업에 종사하였고 연구에 매진했다. 그로 인해 1999년 강영복 총장은 모스크바로부터 경제학 박사학위를 취득하게 되었다.

틈틈이 모은 돈으로 1997년과 1998년에 현재의 학교건물을 매입하기에 이르렀고 하바로브스크 거리에 있는 지금의 분교 건물에서 본격적인 사할린경제법률대가 일어서기 시작했다. 점차 발전한 학교는 지금의 꼼무니스찌체스끼 거리에 있는 요지에다 본관 대학으로 비로소 탄생하게 되었다.

그러는 과정에서 자연히 두 딸을 제대로 양육하지 못했고 남들보다 보살피고 챙겨주지 않았는데도 아이들은 무럭무럭 자랐고 부모의 고생을 체험하며 탈 없이 성장해 주었음에 너무나 감사하고 또 고마울 따름이었다.

남들보다 몇 백배 어려운 삶을 살면서 오늘의 대학이 있기까지 총장님과 부인의 희생은 그리고 두 딸이 겪었을 고초를 생각하면 부모의 마음은 더욱 찢어지는 느낌이었다. 이제 아이들도 성장해 큰 딸은 본 대학 교수로 작은 딸 역시 조교수로 일하고 있다.

할아버지의 한 많은 아픔을 기억하고 아버지가 걸어온 길을 체험한 큰 딸은 재작년부터 대학 경영에 뛰어 들었고 한인으로서는 러시아 최초의 종합대학 설립을 자랑스럽게 여기고 있다. 또한 영문학 박사학위를 취득했다.

요즘은 사할린 한인들에게 영주귀국이 화제다. 부모세대가 희망을 버리지 않았던 고국으로의 귀향, 그 후손들이 이어받길 원하고 있다. 나이가 들면 고향이 그립고 문득 뿌리가 생각나거늘 하나 둘 한국으로의 정착을 원하고 있는 듯하다.

강영복 총장과 정순덕 부총장역시 고국의 정착을 원하지만 러시아 속사립대란 그도 한인이 운영하는 학교는 그리 쉽지는 않다. 가업을 이어받을 딸에게 완전한 학교의 자립을 물려주는 것이 이제 남은 소원이다. 학교는 총장님의 필생의 꿈이었고 단 하나의 희망이었던 것처럼 사할린에서 영원히 이어지길 갈망해본다.

▲유즈노 시내 약자브리 극장 건너편에 소재해 있는 대학 본관건물.

현재 사할린 한인경제의 주축은 기존 2세에서 3세로 이어지고 있는 것이 주목되고 있다. 지금의 성공신화를 이룬 대부분의 2세 경영진이 3세대로 가업을 물려받거나 인계된 상태이다.

그나마 사할린에서 이름깨나 알리며 상류층에 속하며 재력을 가진 기업인으로는 전 한인연합회 백수경 회장, 주 두마의원이었던 유가이 올레그, 이중징용광부유가족회 서진길 회장, 가가린 호텔의 정해성(권행자)사장, 랑데부 최정순 회장, 북경의 김청한 사장, 사립대 강영복 총장 등도 이미 자식들에게 기업을 인계하며 가업을 물려준 사례에 해당한다.

초창기 사할린의 부호 부류는 대륙권 출신자들로 이루어졌다. 이유는 일본에 귀속된 남사할린에는 강제징용으로 남은 무국적자가 태반이었고 반면 대륙권 출신자는 소련국적과 일찍이 엘리트 교육을 받은 사람들이 많았기 때문이다. 이들은 거의가 사할린이 소련에 넘겨지자 사할린 주요 행정 구역에서 핵심 부서에 포진하고 있었고, 징용세대보다는 특별한 혜택 속에 생활해왔다.

그래서 다른 한인들보다 전반적으로 쉽게 부를 축적할 수 있었으며 이곳에서는 주로 대륙권 출신자들을 두고 '큰땅배기'라고 불렀다. 허나 개방물결이 타자 그 기회를 틈타 징용세대의 자손들이 하나둘 번창해났다.

이제는 징용세대의 자손들이 사할린 상권을 거머쥐고 있는 상황으로 뒤바뀌었다. 이들이 주요 상권을 장악하고 2세에서 3세로 이어지는 세대교체의 시대로 도달하게 되었다. 즉 앞으로의 사할린 경제도 젊은 3세대로 사할린을 장악할 것으로 예측이 되고 있다.

1945년 이전출생자를 1세대로 보는데 정확히 말하자면 현재의 영주귀국자는 출생별로는 많은 이가 2세대에 속하고 있다. 따라서 60대에서 70대에 접어드는 시기가 일본시대에 태어났거나 한반도에서 부모와 함께 이주해온 연령으로 구분되어 현지에서 태어났다는 것이다.

그 세대가 오늘의 2세대로 분류되고 있으며 이미 2세대도 칠십을 넘긴 노인에 접어들고 있다. 3세세대로 이어지는 사할린의 문화와 경제가 앞으로 어떻게 돌아갈지 관심이 모아지고 있다.

오늘의 성공한 2세대가 있기까지 부모세대가 있었던 것처럼 2세에서 3세로 이어지는 경영에는 더욱더 2세의 역할이 컸다. 평생을 가난과 질곡의 악순환을 대물림 받았던 부모세대의 영향이 원천이 되었고 온전히 이룬 가업을 자식들에게 물려주는 상황이 되고 있는 실정이다.

문제는 이들이 온갖 풍상을 겪으며 이룬 가업을 자식들이 잘 이끌어가고 2세부모의 고생을 교훈으로 받아들여야 하는 것이 앞으로 사할린 한인경제도 성장할 수 있을 것으로 내다봐졌다.

다음은 2세 경영자로 사할린의 한인 전성기시대를 풍미했던 안창수 사장에 이어 두 분의 성공신화와 박승의 교수를 소개한다.

물론 더 많은 분들의 성공이야기도 있겠지만 비교적 알려지지 않은 상태에서 사업, 교육, 문화 활동까지 다방면에서 최선을 다한 모습이 엿보인 김청한 사장과 최정순 여사를 담았던 것은 한인들의 성공과정 대부분이 두 분이 걸어왔던 길과 비슷하고 타의 모범이 된 사례이기 때문이다.

사할린 관광 메카의 선두주자로 우뚝

안창수 사장은 사할린 최초로 한국형 최신식 슈퍼마켓을 도입해 화제가 되었고 최고급 호텔을 건설해 러시아에서 주목을 받았다.

하지만 그의 경영은 문어발 확장사업에 제동이 걸렸고 부채에 의한 법정시비로 휘말려 호텔은 한국 지주에게 돌려주었고 기존의 유통과 건축 도매업, 레스토랑의 계열사는 그대로 운영하고 있는 상태다. 해서 한때의 전성기와 그가 걸어온 성장과정은 한인1세대의 표본과 같아서 그의 이야기를 잠시 해보고자 한다.

한때 사할린 최고의 상공인으로 불렸던 안창수 사장은 건설, 유통, 호텔 등 메가 그룹을 운영하는 한인2세로 동토의 땅에 일으킨 최초의 현대식 슈퍼마켓(메가폴리스)을 건립하며 최고급 호텔과 사할린 관광메카의 선두주자로 부상했다.

급성장으로 치닫고 있는 사할린, 불과 몇 해 전에만 해도 일본에 귀속된 강제징용으로 끌러와 슬픈 역사를 안고 사는 사할린한인동포들의 춥고 배고픈 삶의 현장이고 동토의 땅(섬)으로만 알고 있었다.

1996년 사할린프로젝트가 발표되고 본격적인 외국자본이 유입되면서 주목을 끌기 시작한 사할린은 해외 유수기업의 진출과 엑슨 모빌, 로열더치, 쉘, 미쓰이, BP 등이 뛰어들면서 석유시대를 열기 시작했다.

지금까지 확인된 것으로는 11개 유전 밭과 18개 가스전, 52개에 이르는 광산 터에서 석유, 천연가스, 석탄 등 원유 추정 매장량 100억 배럴이 넘는데다 추가 탐사에 성공하면 석유, 가스 매장량은 기하급수로 늘어날 전망이다.

▲4성급 최고급 메가팔레스 호텔. 10층 레스토랑에서 내려다보면
가가린공원과 주변의 산새를 한 눈에 볼 수 있다.

　아직도 동남아의 낙후된 모습을 쉽게 볼 수 있고 유즈노사할린스크 국제공항에서 시내로 들어가는 길목에는 낡고 오래된 우중충한 아파트건물과 목조건물들에 더러는 잡초만 무성해 텃밭에는 폐가가 을씨년스럽게 방치되어 있는 모습도 볼 수 있다.

　하지만 성장잠재력이 있기 때문에 하루가 다르게 변하고 있는 사할린이다. 2002년 12월 상상을 초월한 한국형 에스컬레이터가 사할린 예세니야 거리에 처음 도입되어 러시아 언론과 사할린사회에 대단한 반응을 일으킨 적이 있었다.

　이곳이 메가 그룹이 첫 문을 연 한국형 마켓 '메가 폴리스'다. '메가 폴리스'는 한국의 중소기업인 코리코씨앤씨의 러시아진출 1호 합작품으로 당시 에스컬레이터를 구경하지 못한 시민들이 구름처럼 몰려와 장사진을 이루었다. 또한 한국기업의 기술진으로 시공하여 대단한 호평을 받았고 뒤이어 건자재 도매상 '메가 그랜드'가 문을 열었고 2006년 4성급 최고급 호텔 '메가 팔레스'가 오픈하게 되었다.

　이 모두가 노점상에서 출발해 미용실과 마거진(상점)의 발판으로 물류 도매상으로 기회의 틀을 마련하여 사할린 최고의 호텔과 메가 그룹을 이끌어 가고 있는 오늘의 성공신화를 이룬 안상수 씨이다.

　하지만 그도 한때는 뼈아픈 시련을 겪기도 했다.

1997년 물류도매상으로 한창 주가를 올리고 있을 때 그의 보세창고에
는 모스크바에서 공수된 물건들이 산더미처럼 쌓여 있었고 주문된 물건
들은 철도로 통해 실려 오고 있을 무렵 러시아경제개혁이 발효되어 한순
간에 전 재산을 잃기도 했다.

재고품을 정리하였을 때는 이미 그의 물건들은 쓰레기에 불과해 루블
을 달러로 환산했을 때 그에게 돌아온 것은 얼마 되지 않았다고 했다.

그런 우여곡절 속에서도 부인이 운영하는 모든 사업체의 돈까지 끌어
모아 다시 재기를 도모하기 시작했고, 때마침 한국에서 사업차 사할린에
온 기업인을 만나 합작에 이루게 되고 그로부터 그의 사업은 거침없이 승
승장구했다.

이윽고 한국의 무역회사와 손을 잡고 사할린최초의 한국형 슈퍼마켓을
도입하고 건자재도매상, 호텔 등을 차례로 문을 열었다.

그는 부모의 관 알선 모집으로 사할린에서 난 징용세대의 한인2세이며
시민사회기관의 기관장으로 근무하다 1991년 개방의 물결을 타고 노점상
에서 보따리장사로 첫 사업을 시작했고 부인의 미용실과 본인의 상점체인
점으로 물류도매상을 거쳐 부동산, 건축으로 오늘에 이르렀다.

잠시 부모 이야기에 모진 삶으로 억척스럽게 살아온 어쩌면 이 모든 것
이 정신적으로 부모님이 물려주신 유산인지도 모른다며 눈시울을 적시기
도 했다.

그는 어머니의 질곡 같은, 서사시에 이른 삶을 자주 강조하며 하나하나
들려주었다. 아버지(안소갑/1906년생)는 경북출신으로 1939년 모집으로
징용되어 포로나이스크 나이까바 탄광촌에 끌려 와 쉬는 날이 없이 일만
했다. 어머니(1917년생)는 어머니대로 한평생을 밭에서 농사를 지으며 7
남매를 키우며 살아 오셨다, 1945년 행방이 찾아오자 한국행을 결심하고
우여곡절 끝에 일본으로 건너갔다. 어머니와 자식들만 일본 와까나이에
내팽개치게 되었다.

하지만 금방 오겠다는 아버지는 한 달이 되도록 돌아오지 않아 어머니

는 당시 임신 7개월의 몸으로 다시 사할린으로 도주하기로 결심하고 일본인 고깃배에 품삯을 주고 새벽녘 사할린 남쪽해안가 시부니아(네벨스크 근처)에 도착하여 자식들을 데리고 수백 킬로를 걸으며 물어 물어서 아버지와 상봉할 수 있었다.

초창기 건설업에 뛰어들어서 이미 분양이 끝난 아파트와 컨벤션센터, 빌리지, 다목적타운   건설계획과 대형프로젝트를 기획 중에 있으며 사할린 최대의 메가 그룹을 운영하고 있다.

2008년 무렵에는 이 호텔은 사할린을 찾은 VIP고객의 지정호텔로 선정될 만큼 호황을 이루었다. 객실 220개를 보유하며 전체 60% 이상을 엑슨 모빌, 사할린에너지, 대한석유공사 등 석유관련 회사들이 일괄 계약해 장기 투숙 중이었으며 우리 돈으로도 하루 숙박비(15만-30만)이지만 일일평균 90%에 달하는 입실을 보여 빈 방이 없을 정도이었다.

2007년7월 한 달간 호텔에서만 벌여 들인 순이익이 12억 원, 매출 18억, 연간예상 순이익 200억 원의 실적을 보였다.

주변의 산새가 뛰어난데다 전망이 가장 좋은 위치에 있는 메가팔레스와 같은 호텔이 들어설 계획은 앞으로도 전혀 없어 호텔의 성장가도는 사할린자원개발과 함께 꾸준히 이어질 것으로 전망됐다.

향후 사업계획으로 내놓은 골프장 건설은 투자자와의 갈등으로 중단 상태이고, 확장사업도 보류되어 있으나 그가 남긴 업적은 사할린의 성공 신화로 여전히 남아 있다. 반면 그는 아직도 부친이 남긴 허름한 개인주택에 자녀들과 함께 검소하고 절제 있는 생활을 하고 있어 동포사회뿐 아니라 러시아인에게도 존경을 받고 있다.

평소에도 그룹 회장이면서도 좋은 차가 아닌 평범한 잠바차림으로 출근하고 한인 사회계의 크고 작은 도움으로 든든한 후원자 역할을 하며 어려운 이웃을 돌보는데도 앞장서고 있다.

또 그는 작년 처음 시도된 '사할린을 빛낸 20인' 인물(부인명의)에 선정되어 인물시상에 등재되는 영광을 안았다.

　　1955년 사할린출생인 그는 당시 메가 그룹에서 행정을 총괄하는 부인과 슬하에 그룹에서 일하는 아들과 딸을 두고 있었으며, 1973년 우즈모리 기술전문학교를 거쳐 독학으로 사할린국립사범대를 졸업했다.

　　☞사할린골프장: 총 27홀로 러시아 최대의 골프장으로 전액 한국 돈으로 짓고 있으며, 현재 9홀을 먼저 개장하고 주변으로 골프 빌리지, 위락시설을 보유한, 한국 자산운용사 칸서스자산운용의 첫 해외투자 상품으로 선보인 '칸서스사할린부동산투자신탁1호' 펀드로 투자(PF)되어 총 450억 원 자금 중 300억 원을 우리은행이 지원해 건설 중에 있다.

　　즉 사할린골프장에 투입된 펀드는 러시아 사할린에서 개발하고 있는 시행사인 한국기업인이 골프장과 고급호텔 등에 투자되었으며, 예상 배당률은 연 8.5% 내외로 보고 있으며 앞으로 지하자원 외 해저터널 각종 인프라 건설사업과 관광사업 등 잠재능력이 커 수익가능성이 많은 것으로 점치고 있으나 미지수다. 현재 호텔은 투자자와 소송 중인 관계로 법정관리에 들어갔고 우리은행이 책임 운영하고 있다.

중국 상권의 선두주자, 러시아 국가훈장에 빛나다

나는 1942년 경북 김천시 봉산면 태화리 740번지에서 태어났다. 아버지(1918년생)가 사할린으로 모집된 시기는 1944년5월쯤으로 기억하고 있다. 당시의 가난했던 삶은 다들 어려워서 돈벌이가 좋다는 곳으로 사람들이 몰렸다.

이북으로 중국으로 심지어 두만강을 건너 만주로 하여 러시아 땅까지 건너갔다. 아무르 강 주변으로 터전을 마련하고 농사도 지었고 돈 대는 것이라면 누구나 뛰어들었다. 우선은 가족들을 먹여 살려야 했고 움막집을 벗어나려면 당연히 돈이 필요했다.

어느 집 할 것 없이 가난하기는 다 마찬가지였다. 더욱이 남의 나라에 와서 헐벗은 땅을 개간하고 농사를 짓는다는 것 자체가 쉽지만은 않았다. 다들 죽어라 일만 했다고 전하고 있다.

아버지 김상덕 씨는 43년 스물일곱 살 나이로 화태(사할린)에 모집되어 브이코프 탄광촌으로 배치되어 탄광 근로자로 일했다. 66년 병석에 눕기까지 탄광과 공장을 전전하며 가족을 부양했다. 애당초 아버지는 1932년 일본으로 돈을 벌여갔고 다시 조선으로 들어왔다가 사할린으로 일거리를 찾아 나섰다가 사할린에 취업하였고 돈벌이가 되자 가족을 데리러 조선으로 되돌아가는 바람에 일본 순사에 발탁되어 1943년 사할린 브이코프 탄광에 징집된 케이스이었다.

아버지에게 그저 낙이라곤 한국소식을 전해 듣는 라디오 방송뿐이었다. 가족들이 잠든 사이 이불 속에서 흐느끼며 라디오 전파를 잡고선 손을 뗄 줄 몰랐다. 해방이 되었지만 이유도 없이 고향을 가지 못한 상태이었고 모든 사회적 환경이 공산화 체제로 바뀌어버렸기 때문이다.

그리고는 1970년 끝내 고향 땅을 밟지 못하고 눈물을 흘리며 우리들의 손을 가느다랗게 잡으며 가족을 남겨둔 채 쓸쓸하게 생을 마감했다.

잊혀 지지 않는 그날이 생생하게 떠올랐다. 남들보다 더 많은 마음고생이 심했던 나는 동생들 몰래 울분을 삭여만 했고 울 수조차도 없었다. 세상을 떠나기 전 아버지는 나의 손을 꼬옥 잡고서 눈물을 흘리시며 이렇게 말했다.

"청한아 아버지가 없어도 동생들 잘 보살피고 언제인가는 한국에 가거든 꼭 고향을 찾아 가거라"라며 손을 놓지 못했다. 그러면서 아버지는 희미한 목소리로 있는 힘을 다해 "우리 장남 어떻게 두고…가나…"하셨고 여러 번이나 "미안하다"라는 말만 남기고 눈을 감았다.

그렇지만 한인들은 특유의 인내력으로 대륙권 엘리트들과 합심해 조선학교를 열었고 후학을 양성해나갔다. 적어도 63년 조선어학교가 폐쇄되기까지는 그나마 자유가 조금은 보장 되었는데 스탈린 시대로 접어들자 공공연히 인종차별과 스파이의 감시가 날로 심해졌다.

본격적인 소련시대가 열리고 치열하였을 때 우리 역시 궁핍한 삶을 벗어나진 못했다. 그러한 아버지를 지켜보며 맏이로 커온 나는 아버지를 대신할 가장 노릇을 어릴 적부터 할 수밖에 없었다.

소련에 인종차별이 없었던 것은 아니다. 일본이 물러가고 일본 공민으로 지칭되든 조선인은 강대국의 희생양이 되어 국제 미아가 되었고 무국적자로 전락해버렸다. 스스로 일어서지 않으면 굶어죽을 판이었다. 그토록 조국가기를 원했던 많은 조선의 젊은이들이 이 세월들 견디지 못하고 술로 향수병으로 이름 없이 죽어가야 했다.

대부분은 가족의 대를 이를 총각이었고, 더러는 갓 장가간 아들을 위해 아버지가 대신해 강제 징용되었는가 하면 형님을 위해 차출되었고 어떤 가족은 혼자 내보내기가 두려워 아버지와 형제가 나란히 지원하기도 했다. 당연히 사할린에는 홀아비가 많을 수밖에 없었다.

소련군이 들어오고 산판으로 어업기지 창으로 벌목장에 투입된 이 나라 젊은이들은 고국 갈 길이 영영 막혀버리자 탄광 막부로만 종사하다 소련군의 차별과 외로움에 몸서리치다 끝내 돌아오지 못할 곳으로 가버렸다. 연고가 없는 이들은 짐짝처럼 한 곳에 모아 매장했다. 그나마 친구가 있는 사람은 묻어주기도 했지만 가족이 없는 이는 쓸쓸히 비참하게 일생을 마감해야 했다.

그래서 사할린 곳곳에는 이름 없는 묘지가 많고 밝혀지지 않은 조선의 젊은이들이 사할린 땅에 말없이 묻어버렸다. 일본시대에 강제 징용된 젊은이들은 탄광이나 도로건설뿐 아니라 기지창 건설에도 투입되었다. 현재의 사할린의 대부분의 신작로 길은 일본시대와 마찬가지로 조선의 젊은이들이 건설한 흔적이다.

이러한 체제 변화에도 굴하지 않고 나의 청년시절은 노동과 학업에만 매달려야 했다. 성년이 되기 전부터 아버지의 뒷일을 도맡아야 했다. 일찍이 어머니를 잃은 나는 아버지를 대신해 집안의 모든 대소사를 맡았고 동생들을 거두었다.

그나마 나는 아버지가 사할린에 왔을 때의 나이로 훌쩍 커버렸고 결혼을 하였기에 동생들은 집사람에게 부탁하고 돈 대는 일이라곤 닥치는 대로 했다. 어렵게 통신강좌를 수강해 하바로브스크 경제과학대학을 무사히 졸업을 할 수 있었고 전문 직종을 선택받아 간부급 기술자로 일을 할 수가 있었다.

공산국가가 원하는 전문직에 종사하게 되었고 좋은 대우를 받은 것은 당연했다. 국가의 노동력에 헌신하며 나의 꿈을 하나씩 키워나갔다. 공산국가에서 인정받을 수 있는 거라곤 오직 탁월한 생산 능력에 준한 우수한 노동력으로 인정을 받는 길이었기에 남들보다 곱절의 일을 하며 꿈을 일구어 나갔다.

무엇보다 내가 성공을 이루기까지는 아무래도 아내의 내조가 없었다면 불가능했다. 아내는 경북 영천군 출신 후손인데 해방 전 4월에 사할린에서 태어났다. 시집와서 시부모 병간호에다 고생만 하다가 어린 시동생까지 보살펴야 했다.

농사일에 지치다 들어와도 칭얼거리는 아이와 어린 시동생에게 젖을 양 쪽에 물려야 했다. 쉬는 날이 없는 아내의 일손에 늘 미안함이 가득했던 것은 아내는 시동생들과 내 아이의 어머니 노릇까지 해야 했기 때문이다. 농사일에 아이들 밥을 해주어야 하였고 입을 옷까지 챙겨주어야 했다. 참으로 어려운 시절을 다 보낸 아내이었기에 어머니로 아내로서의 역할은 누구보다 소중하고 위대했다.

아버지의 직업이 탄부이었지만 해방이 되고 아버지는 고국 길이 열리길 기대하며 가족들과 쇼콜 부락으로 이사를 하였고 내가 대학을 졸업한 시기에는 유즈노사할린스크로 이주해왔다.

유즈닉 이주 이후 전공분야의 실력을 인정받아 유즈노사할린스크 화력발전소의 고급 간부당원이 되었고 국가경제개발계획에 사력을 다해 공헌했다. 낮과 밤이 없는 노력 탓인 이듬해 열성 당원에 뽑혀 근로훈장 등 숱한 표창을 받기도 했다. 그렇지만 마음은 늘 일찍 돌아가신 부모생각에 잠 못 이루었고 서러움이 북받쳐왔다.

어느덧 안드로프의 시대가 지나고 고르바초프(페레스트로이카)의 시대가 열렸다. 고르비는 서구화 물결을 과감히 불러들였고 사회개혁을 주장해 러시아라는 나라를 새로이 건설하기 시작했다. 자유의 물결은 유럽의 경계를 넘게 하였고 인민들에게 자본주의 사상을 건네 주었다.

사재기가 유행했고 각종 이권개입에 조직이 활보하는 자유를 만끽하고 있었다. 하루가 멀다 하고 세차게 가동되던 공장은 순간적으로 몰락하고 공업도시는 하나 둘씩 사라져 갔다. 사람들은 새로운 도약의 시대를 형평성에 맞게 도입해 자신의 사업을 영역해나갔다.

고르비의 개혁은 소련을 뒤바꾸어났다. 위성국이었던 소련자치주도 하나씩 독립해 주권을 주장했고 민족국가의 기틀을 마련했다. 많은 변화의 환경은 한꺼번에 닥쳐 또 다른 사회기반이 양성되면서 하루아침에 무너져 내리기 시작했다.

모든 것이 뒤바뀐 사회에서 사람들은 직업을 잃기가 일수이었지만 새

일터를 찾아나서는 행렬이 줄을 이었다. 특히 한인들은 근면하고 노력성이 강해 사회개혁의 변화를 재빠르게 터득했다. 직장에서 나와 장사를 하거나 조그마한 가게를 열었고 상거래 무역을 하기에 이르렀다.

이때가 내가 마흔 중반을 넘기는 시기이었는데 동생들도 아이들도 대학을 진학하거나 졸업할 이어서 예전보다 더 돈을 벌어야 했다. 전공이 경제 분야이라 상거래 무역에 손을 대었고 외지나 모스크바에서 물건을 들여와 사할린 도매업자에게 넘겼다. 사업은 예상했던 것에 비해 순풍을 탔다.

이에 많은 돈을 투자해 생필품, 의류 등 사할린에 귀하다고 여기는 제품을 무조건 들여왔다. 덤벙되지 않았고 호기를 부리지 않았는지 사업은 일사천리로 이어져 나가 짧은 기간에 나름의 재산을 축적해 나갈 수 있었다.

부모 없는 서러움도 동생들을 뒷바라지한 고생도 기억에서 잊어져 가고 있었다. 그래도 방심하지 않고 초심을 잃지 않았고 경제아카데미학위에 매진하였고 전공분야의 활성화에 더욱 노력했다.

동생들과 아이들의 장래와 생계를 위해선 잠시 한 눈 팔 여유도 없었던, 하루를 이틀에 이르는 일을 하였고 대륙을 오고 가며 영역을 차츰 쌓아갔다. 1991년 개인 사업으로 출발한 나의 사업은 무역으로 발전되어 지역상권의 물량을 대량 납품하는 기업으로 성장했다.

2000년도 들어서자 중국인 상인들이 사할린에 대거 진출해 상권을 이루기 시작했다. 사할린 한인들의 시장변화도 바뀌었다. 그 자리에 중국인 상인들이 차지하기 시작했다. 중국인 시장이 형성되고 시내 최고의 재래시장도 중국인 상권으로 변해갔다.

이 무렵 한인사업가로 진출할 즈음 나는 이곳에다 '베이징'(뻬낀)이라는 중국 레스토랑을 개업했다. 중국 상인과 VIP 고객까지 레스토랑은 문전성시를 이룰 정도로 호황을 맞았다. 경사가 겹쳤다. 그 이듬해 최고경영자 과정을 거쳐 2007년, 모스크바경제아카데미연구소가 주는 경제학 박사학위를 취득하게 되었다.

이로 인해 푸틴 대통령이 주는 러시아연방대통령직속위원회의 경제 최고훈장을 수여 받았고 다음해 스웨덴 스톡홀름에서 주는 세계러시아민족경제인상과 훈장을 연속 수상했다. 불현듯 고국을 가지 못했던 아버지의 얼굴과 동생들이 떠올랐다.

만약에 아버지가 보았더라면 부모님의 한 맺힌 가슴을 조금이나마 달랠 수 있을 텐데 기쁨에 앞서 가슴이 미어져 오는 느낌이었다. 그토록 가고 싶어 했던 아버지의 고향, 몇 번이나 당신의 이름을 불렀다.

단지 먹고 살기 위해 혹은 끌려왔던 사할린, 3번의 올가미가 아버지를 묶었고 그 처절했던 삶은 자식인 나에게로 이어져 잘 살기 위해 이를 악물고 달려왔던 지난 시절이 주마등처럼 스쳐갔다.

세월은 흘러 사할린에 2000년에 이어 또다시 2007년부터 영주귀국 붐이 일기 시작했다. 예전에 그랬던 것처럼 영주귀국 확대사업은 새로운 보금자리를 찾아나서는 사할린동포들의 최대 화제 거리로 나돌았고 모스크바를 비롯해 러시아 대륙 권까지 줄을 이었다.

부모세대가 가지 못한 꿈을 이루려는 2세들의 고국정착은 1세 한인들의 오랜 숙원이었던 것처럼 희망을 안고 고국으로 가길 원했다. 이젠 2세라곤 하지만 대부분 초로의 노인들에 해당하였고 족히 일흔을 넘는 이도 상당수를 차지하고 있었다. 삶의 터전을 버리고 정든 가족과 헤어질망정 고향을 묻히기를 원했던 순수한 동요에 사할린한인들은 남은여생을 고국에서 보내길 원했던 것이다.

이랬듯 2009년 아이들과 동생들의 성원에 힘입어 영주귀국 명단에 이름을 올렸다. 지금 아내와 나는 남동생이 거주하고 있는 수도권 근처 천안에 새 둥지를 마련해 행복하게 살고 있다. 남은 날까지 고국의 향수를 듬뿍 안고서 아버지의 체취를 느끼며 살고 싶다.

아버지의 恨을 안고 고국에 정착하기까지

사할린에서 태어나고 사할린에서 자란 나는 흔히 말하는 재외동포 한인2세에 해당한다. 사할린은 다른 나라완 특이한 환경을 안고 있다.

우리나라가 가난하였을 때 중국을 건너 러시아로 먹고 살기 위해 이주하였던 것과 조국을 잃고 일제에 항거하며 독립을 위해 나라 밖으로 이주하였던 것부터 다양한 경로로 이주해 뿌리를 내린 고려인까지 그 범위가 참으로 복잡하게 얽혀져 있다.

그렇게 지금의 중국이나 러시아로 이주해온 사람들은 대륙 권의 고려인에서도 찾아볼 수도 있고 사할린 한인들에게도 찾아볼 수가 있다. 그 가운데 사할린 한인들은 다른 지역과는 남다른 환경 속에서 살아왔다.

특히나 사할린은 일제강점기를 빼어 놓을 수 없다. 일제의 대동아전쟁의 희생양으로 조선에서 끌려온 시기가 1937년 관.알선 모집으로 대부분 끌려왔거나 자유 모집으로 와서 해방 이후에도 고국을 가지 못하고 공산화 잔재에서 어쩔 수 없이 눌러 앉은 사람들이기 때문이다.

나의 아버지 역시 1943년에 사할린에 이주해왔다. 사할린 '보레치야' 지역으로 이주해와 탄광촌에서 노무자로 일하다가 해방 이후에는 남들보다 더 열심히 노동일에 종사했다.

아버지는 그나마 노어가 가능했고 노동수급에 헌신적인 공로로 당위원회로부터 노동지도자로 칭호를 받았다. 당시 아버지의 노동력은 한인의 영웅으로 칭송되어 신문 기사에도 대서특필되기도 했다.

하지만 그 당시에는 많은 부양가족을 먹여 살리긴 많이 것이 부족한 시절이었다. 12명의 대가족을 이루었고 내가 태어난 시기도 1946년이라 아버지의 가장 노릇은 한계가 있었다.

어머니는 텃밭에 농사를 짓고 조금씩 커간 형제들도 일손을 도왔지만 가족이 먹고 살기란 너무 힘들었던 시절로 기억되었다.

맏이인 나는 1953년 7살 어린 나이에 1학년에 다니면서 동생들을 보살펴만 했다. 중학교에 진학부터 학교와 집을 오고 가며 한시도 쉬는 날이 없었다. 가난한 살림은 여전했다. 온 가족이 매달려 산에서 강에서 식용이 가능한 것이 있으면 주어다 먹었다. 꽁꽁 언 손을 불어가며 얼음 위에서 고기를 잡아 보기도 하였고 땔감이 없어 석탄을 실어 나르거나 산에서 나무를 캐며 지내왔다.

그렇게 동생들을 돌보며 아침 9시부터 저녁9시까지 공부와 생업을 이어나갔다. 대학에 진학하고, 65년에 갑자기 아버지가 돌아가시는 바람에 집안의 사정은 더욱 어려웠다. 어머니마저 병석에 누워 계셨고 집안을 책임질 가장이 없었다. 다행히 작은아버지가 수시로 우리 집안을 돌봐주어서 식구들은 가난했지만 살아나갈 수 있었다.

그렇다고 다니던 대학을 포기할 수는 없었다. 삼촌에게 부탁하고 남은 학기를 다 채웠다. 드디어 대학을 졸업하고 첫 직장을 얻을 수 있었다. 내가 다녔던 대학은 블라디보스토크 사범대학이었다. 한국으로 치자면 국립종합대학교이며 학부로는 사범대이며 학과는 물리. 지리학과에 해당했다.

첫 발령 나던 날, 온 가족이 끌어안고 울었다. 누나가 언니가 돌아왔다며 좋은 취직이 되어서 말이다. 모두가 얼싸안고 기뻐서 날뛰었다. 그해 우글레고르스크 11학년제 수학교사로 취직이 되었던 것이다. 생활은 조금씩 안정되어 갔다. 소련시절 당원지식인은 대우가 일반인보다 조금 나은 편이어서 동생들과 나는 불편함이 없이 살아갈 수 있었다. 동생들도 열심히 공부하며 하나씩 자리를 잡아갔다.

아이들의 재롱을 삼아 교원생활은 즐겁고 순탄하게 흘러갔다. 내가 살고 근무했던 우글레고르스크는 사할린 수도에서 먼 북쪽이며 예전 일본시대 때에는 가장 왕성했던 공업지대로 유명했던 곳이다. 또한 초기 한인들이 가장 많이 거주하였고 사할린의 핵심도시로 부각될 정도로 공업과 인접 인프라가 가장 왕성했던 곳이었다.

그렇게 15년간을 교직에 몸담았고 사할린의 행정수도라 일으키는 유즈노사할린스크에 1983년 이주했다. 이후 들어가기 힘든 자리라고 하였던 전산정보계통에 어렵사리 취직이 되었고 때마침 직장에서 추천한 모스크바 연수교육을 특채 받을 수 있었다. 이곳에서 나는 상급 기사로 시작해서 고급 간부급 부장까지 승진하는 행운을 얻었다. 3년 후, 연수교육과 정보 관련 업무 탓인지 열성공로로 인정돼 고등교육기관 물리학 지리교사로 발령나 유즈노사할린스크 이주에도 평탄한 생활이 유지되었다.

어느덧 7년이라는 세월이 흘렀고 소련에도 개방화 바람이 불기 시작했다. 고르바초프의 개방물결은 많은 것을 바꾸어버렸다. 개방과 서구물결이 일순간에 밀어닥쳤다. 사람들의 의식이 깨어지기 시작할 무렵, 남편과 나는 조그만 식료품 장사를 시작했다. 하지만 세금문제와 복잡한 법률 관계로 난관에 부딪치게 되었고 외국산 제품의 판매는 그리 쉽지가 않았다.

다시 남편과 나는 사업을 이어나가기 위해 자구책을 마련할 기회를 찾게 되었고 새로운 사업아이템을 구상했다. 바로 그릇 장사이었다. 당시에는 그릇이 많이 부족했던 시절이라 그릇 장사는 때를 만난 것처럼 잘되기 시작했다.

한국과 러시아가 수교가 되므로 물건을 한국에서 외국에서도 들여왔다. 돈이 조금씩 모아졌고 자동차와 집다운 주택도 장만하게 되었다. 그릇장사로 돈을 벌은 우리는 2001년에 유즈노사할린스크 요지에다 레스토랑 '랑데부'을 개업하게 되었다.

한인들의 잔치 파티가 랑데부에서 열렸고 손님들은 하나 둘 몰려들었다. 당연히 한국음식을 팔았고 한국음식은 생각했던 것보다 인기를 탔고 러시아 사람들도 찾기 시작했다. 가끔 한국에서 오는 한국 사람들도 랑데부를 찾았고 일본손님들도 다녀가기도 했다.

이맘 때만해도 사할린에 큰 식당이 없었던 관계로 소문과 인기몰이로 랑데부 영업은 아주 잘되었다. 그리고 사할린프로젝트로 외국기업이 들어

오고 호텔과 레스토랑이 성행하기 시작했다. 빠르게 한국가라오케도 들여
왔고 랑데부는 점점 레스토랑으로서 지역상권에 이바지하기에 이르렀다.
식당 운영이 잘되자 역전 건너편에도 하나의 레스토랑을 열게 되었다. 이
러자 시정부는 지역 상권을 빛내고 경제에 이바지한 공로로 우수 식당으
로 표창을 하였고 각종 요리대회에도 참석해 한국요리를 뽐냈다.

나는 이참에 전부터 구상해온 사회사업을 하기로 마음먹었다. 그래서
2005년도 우리말방송국 김춘자 국장, 가가린 호텔 권행자 여사, 경제법
률정보대 정순덕 부총장 등 뜻있는 한인 여성경제인들을 모시고 사단법인
사할린주여성회를 발족하게 되었다. 초기에는 소외 한인 여성과 어린이를
돕기도 하였고 크고 작은 축제에 한민족팀을 내보내 한국의 전통음악을
러시아에 알리기도 하였다.

나는 어릴 적부터 노래를 부르거나 프로그램을 짜는 것을 특히나 좋아
해서 주여성회 단체도 그런 범위에서 문화에 주목할 필요가 있었던 것이
다. 즉 우리 문화를 러시아에 알리고 한국문화의 우수성을 한인여성들에
고취시켜 나자는 의도이었던 것이다.

자랑이라고 여길 줄 모르나, 짧은 기간 주여성회가 이루어낸 업적은 많
았다. 사할린에 문화를 알리는 것도 한인들의 몫인 만큼 회원들과 나는
부지런히 한국문화를 소개하는데 발 벗고 나섰다.

가장 기억에 남은 행사로는 60년 만에 처음 열린 한복패션쇼는 부산한
복협회의 협조로 부모세대의 한 많은 삶을 조명하며 대변하였고 한국, 일
본, 중국, 러시아가 참가한 국제요리대회에서는 한국의 이은주 요리사를
초청해 우리의 궁중음식을 러시아에 알리기도 했다.

60년 만에 처음 열린 한복패션쇼는 나의 절친한 지인으로 한국인 자원
봉사자인 조성길 기자의 소개로 이루어졌고 주여성회를 비롯해 사할린시
립박물관, 한인연합회, 우리말방송국 등 여러 단체가 많은 경비를 들여
만들어낸 괄목한 업적으로 빛났다.

패션쇼는 한 달간 시립박물관에서 전시되었고 시내 유명 악자프리 극

장에서 대단위 쇼를 선보여 러시아인들에게는 한복의 미와 우수성을, 한
인들에게는 고국을 그리는 향수를 전해줘 훈훈한 감동을 전달해 눈시울을
적시게 했다.

이제 그 모든 것을 뒤로 하고 자식에게 이 사업을 물려주게 되었다. 특
히나 효성이 지극한 딸은 나의 뜻에 따라 랑데부를 계속 이어가기로 하였
고 작년부터 리모델링에 들어가 올해 중순경부터 보다 나은 안락한 시설
을 갖춘 새로워진 카페를 선보여 사할린 내 최고의 한국형 레스토랑의 자
존심을 지켜 호평을 받고 있다.

처음에는 무조건 나를 따라 한국으로 가겠다는 딸이었는데 러시아에서
자란 딸이 물설고 낯선 한국 땅에서 살아가기란 쉽지만은 않다는 것을 늦
게나마 깨달은 것이 큰 다행이라 생각한다. 더욱이 어린 손자들까지 한국
에 와 적응한다는 것이 현실에 맞지 않았고 3세대 모두가 러시아에서 출
생한지라 그 속사정은 이루다 말 할 수 없었다고 여겨진다.

그나마 그러한 속사정을 이겨내고 나의 뜻대로 가업을 이어가기 위해
카페를 새롭게 단장해 현지에서 한국인의 혈통을 이어간 딸의 자상함에
그제 고개가 숙여지고 눈물이 날 뿐이다.

애지중지 키워왔던 주여성회는 우리말방송국 김춘자 국장에게 넘겨주
고, 가게는 딸자식에게 비즈니스는 아들에게 고스란히 물려주고 재작년
나는 남편과 영주귀국 길에 올랐다. 꿈에 그리던 고국 정착, 김포에서의
삶은 이제부터 온전한 한국인으로 살아갈 차례이다.

영주 귀국하던 날, 벅차오르는 가슴을 달래며 한국 가는 비행기에 몸을
실었을 때 아버지의 얼굴이 사할린 하늘에 또렷이 그려졌다. 아버지가 가
야할 그 길이었기에 기쁨에 겨울 환희보다는 왠지 모르는 서러움이 밀물
처럼 밀려왔다. 얼굴을 타고내리는 눈물을 지울 수가 없었다. 아버지……
가느다랗게 아버지의 이름을 불렀다.

"아버지, 이 정순이가 아버지 대신해 한국가게 되었어요……." 속으로
되새겼다.

러시아어로 유일한 교과서로서 큰 화제

러시아 사할린 한인동포가 기초한자 책자를 펴내어 현지뿐 아니라 모스크바에서도 화제가 되었다. 한인 2세인 사할린주 유즈노사할린스크시 사할린국립종합대학교 경제 및 동양학대학 한국어과 교수로 재직 중인 박승의 교수(70)는 기초한자를 러시아어로 편찬하여 사할린뿐 아니라 모스크바 엠게우 국립종합대학교 등 교육계의 칭송을 받았다.

더욱이 한글도 모르는 한인동포들이 많은데다 어려운 한자를 그림과 한국어로 삽입하며 다시 러시아로 보충 설명하여 누구나 쉽게 접근하도록 하였고 한글공부를 더한층 재미있게 유도한 책이었다.

박 교수는 현지 한인학생들이 한국어를 선택하지 않는 이유를 꼽으면서, 한국어를 이해하기 위해서는 한자를 접목한 한글단어를 보다 이해하기 쉽게 그림과 획수를 비유하며 한글을 깨우치고 이해하도록 하였으며, 일본어, 중국어를 배우는 학생들에게 한글의 의미를 새롭게 각인시킬 필요가 있어서라고 했다.

이에 한국학중앙연구원 파견교수인 남혜경(45) 교수는 평론서에서 "러시아어로는 유일한 교과서이며 기초한자는 학교수업은 물론 학생이나 성인들의 자습서로서의 기능도 갖추고 있어 러시아어를 모국어로 하는 외국인들의 한국어 학습과 실력향상에도 크게 기여할 것이라고 했다. 또 한자는 뜻글자로서 중국, 일본, 한국 등 아시아 지역에서 널리 공통으로 쓰이는 문자로, 눈으로 보고 뜻을 이해할 수 있다는 점에서 매우 실용적이고 효율적인 문자이라며 어려운 한자를 외국인들이 공부한다는 것이 쉬운 일이 아니지만 한국어를 제대로 구사하고 쓰고 하기 위해서는 한자공부가

▲박승의 교수

필수인 것도 사실"이라고 평가했다.

책은 총 71쪽이며 한자(150개) 외 한국어, 러시아어로 해서 그림과 함께 뜻풀이 획수 등 보충설명과 한국의 역사, 속담, 민담을 실었고 사할린 국립종합대학교 출판부에서 펴냈다.

사할린의 신지식인으로 통하는 박승의 교수는 자주 만나는 편에 속한다. 항상 겸손해하는 모습이 인상 깊었고 학생들의 강의역시 남다른 면이 많았다고 생각되었다.

유독 염색을 하지 않은 허연 모발로 다가와 입가에는 환한 미소로 사람을 대하는 인상에서 학생들에겐 늘 자상하고 무엇이든지 꾸준히 연구하고자 하는 학자풍의 인품을 지녔다고 말하고 싶다.

원래는 과학자나 출세한 사람이 꿈이었다는 교수는 어릴 적부터 부모님의 갖은 고생을 몸소 겪은 바, 그 기대에 부흥하고자 남들보다 더 많이 배우기를 희망하였다고 했다. 하지만 그 당시에는 무국적자로 되어있어서 좋은 대학 가기에는 많은 제약이 뒤따라서 결국 유즈노사할린스크 국립대학 물리수학과를 졸업할 수밖에 없었다고 회고했다.

졸업하고 이듬해 중학교에서 교편을 시작으로 본 대학교수로 발령된 후로도 연세대학교 한국어학당에 등록하여 오십이 넘은 나이에도 불구하고 밤낮으로 주유소에서 아르바이트 하며 향학열을 불태웠다.

틈틈이 레닌그라드 대학원에 수료하고 2004년도 국내 한국사회연구소가 발행하는 신춘호에 동포들의 삶을 분석한 '나는 누구인가?'라는 글을 투고하기도 했다.

평소에도 한인 자녀들에게 한국인의 얼을 가르치는데 전력을 다하는 모습은 타 교수완 남다른 애국심이 자리하고 있었던 것이다. 나라사랑이라면 다소 거창하게 들릴지 모르나 한국어교육의 미래를 늘 염두에 두고 있었다는 점이다.

특히 현지에서 자란 해외동포가 한국사회와 정치사, 기초 한문 학습을 가르친다는 것이 여간 어렵지 않을 텐데도 꾸준한 노력과 연구로 한글 문법에서 기초 한문까지 가르치고 있었다.

어쩜 한국인보다 더한 한국인으로 교육에 임하는 저력에서 러시아인이 아닌 러시아인이 된 한국인의 참 모습에 절로 부끄러운 마음만 앞섰다.

지금도 자신의 정책성에 많은 동질감을 갖고 있으면서도, 남다른 관심으로 후학양성에 열의를 다하고 있으며 또 학생들에게 이르기를, 시대의 흐름에 따르는 것이 좋다는 것과 차후의 경제성을 따진 논리는 우선 의식주가 해결되는 쪽으로 기우는 것이 현명하다는 말은 교수로써 참되게 일러준 것으로 내내 기억에 남아있었다.

이념의 벽을 허물기는 어렵겠지만 갈수록 시들어 가는 한국어 무관심에 한글을 지키고자 하는 사할린 한국어교사들과 교수님의 근심어린 걱정에 우리가 작아지는 이유는 무엇인지, 그가 항상 외치는 '우리는 누구입니까?' 라는 울부짖음이 귀전에 맴돌았다.

자력으로 조국을 심어 주기엔 너무나 이념의 골이 깊고 커서 한계가 있으며 타 동포와는 비교가 안 되는 어려운 실정을 감안할 때 교육의 모태는 되살아나기 힘들지만 부모들의 관심 또한 중요한 덕목을 차지하고 있으므로 경제성을 떠나 모국어는 잊어선 아니 되고, 무엇보다 사할린동포는 60년 동안 별다른 관심을 가져주지 않았던 것이 가장 큰 원인으로 작용(퇴보)하고 있다는 것을 강조했다.

☞박승의(朴勝義) 교수: 유즈노사할린스크 노보예 출생, 사할린 국립사범대학 물리 수학과 졸업(1967), 연세대학교 한국어학당 수료(1993), 현재 사할린 국립 종합대학교 경제 및 동양학 대학 한영과 교수로 재직, 가족으로는 부인과 삼남이 있으며 현재 파주시로 영주 귀국하였으나 대학의 추천으로 출장강의 중이며 한국과 사할린을 왕래하고 있다.

◆ ◆ ◆

사할린을 움직이는 사람들로는 문화예술계를 특히 빼놓을 수 없을 것이다. 그 중에는 주명수 화백을 비롯해 허남영, 양세르게이, 장태호 작가, 음악가 온명춘 교수에 이르기까지 오늘날 한인문화계의 대표주자로 손꼽히고 있는 인물이다. 이들은 문학에서 미술, 음악계를 통틀어 한인예술계를 이끌어나가고 있다.

주명수 화백은 작년 11월 개인 전람회를 통해 다시 한 번 한인화가의 입지를 확실히 다져 주정부의 신임을 두텁게 받았다.

그는 러시아 미술계의 입체주의자이며 인상파로 통한다. 사할린 현대화가로 러시아작가동맹, 25인수채화그룹에 활동 중이며, 러시아한인이주 140주년기념 개인전시회로 러시아공훈미술가상을 수상하였고, 이미 평양, 미국, 일본, 아일랜드, 독일, 중국 등에 소개된 바 있으며 많은 작품이 가족의 뿌리를 담고 있는 것이 특징이다.

주로 입체주의에 가까운 화법에 다양한 장르의 그림들을 소화해내고 있다. 몇 해 전부터는 중국의 필체를 인용한 동양화 기법까지 도입해 수목, 펜화 등으로 미술계에 이변을 낳고 있다.

아버지가 고국을 그리다 결국 고향땅을 밟지 못하고 돌아가신 것이 한이 되어버린 그에게 한국의 풍경은 그리 낯설지만은 않았다. 한국 건물과 사물을 입체적으로 묘사해 고향을 가지 못한 아버지의 망향의 한을 그림

▲ 한인화가 주명수의 작품. (애절한 망부곡과 고향의 그리움을 표현했다)

곳곳에다 눈물로 가득 채웠다. 그래서 그의 작품에는 가족과 고향을 그리는 아버지의 혼, 망향을 담았던 흔적이 곳곳에 배여 있어 한인특유의 그림세계를 엿볼 수 있으며 동양의 신비마저 감상할 수 있었다.

매해 해외전시를 바탕으로 두각을 나타내고 있지만 정작 그가 바라는 것은 한국전시이었다. 작년 10월에도 뉴욕전시를 성공리에 끝마쳤지만 그가 바라는 아버지의 고향, 한국에서의 전시를 하는 것이 가장 큰 소원이다. 아버지의 묘소에서 피를 토해내며 그가 부르는 노래는 눈물로 얼룩져 화폭에 옮겨졌다. 그런 그에게 한국전시가 열리기를 손꼽아 기원해 본다.

온명춘 교수는 다년간 지휘자로 명성을 떨쳤다. 러시아 음악 콩쿠르에서 대상을 비롯 백수경 팝 오케스트라 지휘자에서 현재는 서진길 악단을 맡고 있으며, 동양음악에 심취해 에트노스예술학교에서 후학을 양성하고 있다.

실질 클라리넷과 색소폰, 피아노 연주는 사할린 음악가 중에서 가장 특출한 인물로 알려지고 있다. 이러한 예술가들을 한국문화예술계가 보듬고 포옹할 여건을 마련해준다면 예술 저변확대는 물론 양국 문화발전에도 상당한 효력이 발생될 것으로 여겨졌다.

사할린 한인예술가들을 우리는 반드시 보호할 필요가 있을 것 같다. 그런 점에서 일본은 뛰어난 예술가가 아니라도 전폭적으로 육성하고 지원해 무명의 예술인을 사할린예술계에 우뚝 올려놓은 것을 생각하면 많은 희비가 엇갈리고 비교가 되고 있는 것을 볼 수 있다.

생활 공예 하나에도 정성을 다해 보급하는 열성이 곧바로 전파되어 사할린호텔계의 꽃꽂이 문화와 테이블장식의 초석이 되었던 것을 익혀 알고 있기 때문이다. 해외에 이런 훌륭한 예술가가 있음에도 활성화하지 못하고 내버려두는 것이 참으로 안타깝다. 이러한 일본의 해외 예술인 양성과 문화 활동을 한번쯤은 되새겨볼 필요가 절실하다.

많은 유관단체가 존재해서도 특정 대륙의 인기에만 치중한 나머지 정작 뛰어난 예술가을 발굴하지 못하는 무지가 난무하고 글로벌이라는 잣대로 취지와 부합되지 못하는 인물로 내세워 국제화를 외치는 전시성 홍보를 보노라면 답답한 마음 숨길 수 없다. 즉 우세하거나 실력이 없어도 우선 명함만 국제화이고 학위가 인정되면 된다는 안일한 사고방식이 문제이다. 곧 그들이 제다 전문가로 통하기 때문이다.

언론방송사로는 또 다른 혁신을 가져온 인물이 있다. 바로 우리말방송국 김춘자 국장이다. 갖은 파행의 연속에서도 오뚝이처럼 일어나 우리말을 지키겠다는 일념 하나로 오늘도 그녀는 우리말방송국을 지켜가고 있다.

결코 순탄하지만 않았던 방송국의 모태는 1956년 조선어라디오방송국이 설립되고부터 시작되었다. 개방시기까지는 그나마 소련공산당 정책과 사회주주의 선전, 러시아어를 모르는 한인들에게 교육차원에서 두루 필요했던 만큼 무리 없이 운영해왔다.

비록 하루(월~토) 30분짜리 방송에 불과하였지만 가끔 조선어가 통용돼 민족의 혼은 살아 있었고 나름의 긍지와 뿌듯함도 있었다. 이에 우리말신문과 방송이 서슬이 퍼런 공산화 시절과 척박한 땅에서 선전 책동의 교육용이었던 간에 이나마 살아 있었다는 것만으로도 획기적인 일이었고 대단한 성과이었다.

그리곤 1992년 페레스트로이카 개방정책으로 '조선어라디오'에서 '우리말라디오'로 개칭되어 월~토 일일 25~30분간 순수 민족방송으로 거듭나 모국의 소식을 전하게 되었다.

하지만 그도 잠시 러시아방송공사의 외압에 의한 재정난으로 방송이 일시(3개월) 중단되는 사태가 초래되는 불운을 맞게 되지만 10월26일 15분으로 축소돼 가까스로 방송이 재기되어 다시 고국소식과 한인사회뉴스를 보내는 매개역할을 다하였다.

이에 힘입어 2001년 7월 여성부 주최의 세계한민족여성네트워크대회에 러시아 대표로 참석한 김춘자 국장은 세계 25개국 나라에서 온 80명의 각국 대표들에게 일제의 탄압에 못 이겨 서럽게 살아온 3만 여명의 한인들을 위해 한민족의 정체성을 살리고 민족혼을 불어줄 '우리말TV방송국'을 세우는 것이 꿈이라고 포부를 밝혔다.

그로부터 1년 뒤 2002년 2월, 한국어TV방송의 역할로 양국문화교류에 이바지할 취지와 끈질긴 설득에 러시아방송공사로부터 우리말TV 방송허가권을 취득하게 된다.

당시 한인사회계는 TV방송국 개국에 있어 찬반 논란으로 떠들썩할 마치 회의적이었던 것이 사실이었다고 회상하고 있었다. 그런 가운데 TV방송 기자재 및 콘텐츠 지원요청을 위해 수차 모국을 방문해 어려운 결실아래 2004년 광복절을 기해 소망하던 '우리말TV방송국(KTB/koreanTV)'을 개국하게 되었다.

매주 주야간 총 4시간(평일 1시간, 주말 3시간)의 방송분량을 할당받아 드라마, 가요무대, 열린음악회, 민족의 역사, 문화 등을 러시아어로 자막 처리해 러시아공영방송에 내보게 되는 쾌거를 이루었다.

이러한 TV개국의 일등공신은 현지 기업인과 한인들의 후원도 뒤따랐겠지만 아무래도 한국의 지원이 없었다면 불가능했다.

2005년 봄부터는 러시아 국영방송국의 민영화 정책으로 TV채널이 난립하자 정부는 지원금을 대폭 삭감해 우리말라디오방송역시 6일 하루 8

분간 내보는 비운과 3시간의 TV방송마저 경제난에 허덕이는 지경에 이르게 되었다.

그해 어려운 여건에도 불구하고 KBS 지원 아래 우리말TV방송국개국 1주년기념식을 주요 인사들을 모시고 시내 체홉 극장에서 성대하게 치루면서 새로운 도약의 발판을 삼았다.

사실 이때부터 TV방송국의 재정 상태는 어려웠고 진퇴양난의 기로에 서서 국내 독지가의 손길을 기다리고 있었던 것이며 이로 인해 개국 1년도 못되어 방송국 폐쇄라는 최후통첩에 놓이게 되었다.

그러자 2005년 2월 한 독지가에 의해 '동포를 위해, 우리말을 위해'라는 호소문이 현지신문인 새고려신문에 게재되고 국내 주요사회단체와 언론사 등 인터넷에 유포되어 3월23일자 조선일보 오피니언에 '도와주세요, 사할린한국어방송'이 실리어 아우렛코리아, 남양주도곡초등학교 등 숱한 독지가들의 지원과 연합뉴스 왕길환 기자와 한민족센터의 각별한 지원보도에 대한적십자사, 한국기자협회, 언론재단, 방송기자협회를 비롯해 재외동포언론인협의회 등 전방위 지원태세를 갖추어 재정난을 겪고 있는 우리말TV방송국을 돕는데 회원사 모두가 앞장섰다.

그리하여 2002년 한민족노래자랑으로 인연을 맺은 사할린 수호천사로 통하는 가수 이혜미 씨의 사할린우리말방송국 돕기가 본격 가동하게 되었고 방송을 비롯해 사회단체의 온정의 손길이 이어졌다.

또한 한국인 3, 4세를 위한 한국어 방송은 스스로 비용을 조달해야 한다는 러 정부의 방송운영 강경대책은 재정위기에 빠진 우리말방송국을 살리는데 더욱 많은 이들이 안타까워하며 가슴 아파했다.

이윽고 2007년 3월 현대홈쇼핑(대표 하병호)는 러시아 정부의 지원이 중단돼 심각한 재정난으로 방송 중단 위기에 놓인 사할린우리말방송국을 후원한다는 약정서를 교환하고 3년째 후원하게 됐다.

국내의 기업체와 사회단체 등 독지가들의 정성과 후원에도 불구하고 2008년 새해 들어 또다시 방송국이 문을 닫게 되었다는 소리에 그동안

방송국의 회생을 손꼽아 기다리며 민족 자긍심을 불러주며 한민족방송국임에 자랑스러워했던 많은 독지가들의 기대에 안타까움을 더해주었다.

이제는 경제적 위치에 있는 한인들이 돕기 시작했다. 당시 메가 그룹의 안창수 사장, 임페리얼 사장, 임화식 기업인, 오진하 의원, 강영복 총장, 가가린 호텔 등이 자력갱생을 외치며 민족의 얼이 사라지면 안 된다는 급박한 상황에 십시일반 팔을 걷어붙였다.

우리말방송국은 그동안 한민족의 정체성을 되찾는데 꼭 필요했고 인종차별이 완화된 계기가 되어 부러운 대상이 되기에 충분했다. 그런 점에서 우리말TV방송은 러시아 속에서 살아가는 3, 4세 젊은이들에게 모국어와 민족문화를 심어 주는 중요한 구심점이 되었고, 잊었던 민족혼과 자긍심을 되찾는데 크게 기여하였을 뿐 아니라 한류열풍에도 지대한 영향을 가져왔다고 본다.

또 100여 소수민족이 부대끼며 사는 사할린 속에서 유일의 한민족방송을 운영해 한인들의 위상과 입지에도 상당한 영향을 끼치고 있는 것으로 나타냈다.

작년 12월에는 한국인 피디의 도움으로 '우리는 사할린코레이츠'라는 다큐멘터리를 제작해 우리말방송국의 건재함을 대외에 알리었고, 폰드(共同蓄積)에 조성된 사할린한인의 위령조각탑 모금성금을 전면 보수공사에 사용키로 결정해 주목을 받고 있다.

☞화가 주명수씨는 사할린 꼬르샤꼬프 출신으로 사할린 대표적인 현대화가로 활동 중이며, 그 작품은 미국, 일본, 독일, 중국 등에 소개된 바 있으며 많은 작품이 가족의 뿌리를 담고 있는 것이 특징이다.

***주명수화가 경력사항** (러시아화가동맹회원/전 러시아수채화그룹 25인 등재)

▷ 1948년– 사할린주 꼬르샤코프 출생
▷ 1976년– 이르쿠츠크예술전문학교 졸업
▷ 1978년– 옴스크 제2회 시베리아 지역화가전시회
▷ 1985년– 모스크바 미술비엔나 단체전람회
　　　　　 모스크바 〈세네즈〉 전 소련연방 창조관 국제화가 창조그룹 참가

▷ 1986년- 홈스크 "함대에 바치는 화가들" 단체전시회
▷ 1987년- 모스크바 미술대전(출품) 〈첼류스킨스카야〉 단체전시회
▷ 1989년- 러시아화가연합회 회원가입
          조선민주주의인민공화국 평양시 단체전시회
          일본 샷포로 제13회 예술축제 단체전시회
▷ 1990년- 야투트크 제7회 "소비에트원동" 지역전시회
          "사할린-90" 전소련연맹 수채화가들의 전람회
▷ 유즈노사할린스크 개인전시회
▷ 1998년- "The Nevsky Aet Gallery", Cohoes, New York
          일본 샷포로 단체전시회
▷ 1999년- 하바로브스크 극동변방미술관 개인전시회
▷ 2001년- 모스크바 러시아문화활동가협의회와 러시아국회의 "북방 화가 21세기"
          프로젝트 참가, 일본 샷포로 단체전시회
▷ 2002년- 유즈노사할린스크,_ "라이센타" 미술관 단체전시회
▷ 2003년- 하바로프스크 제9회 극동지역 전시회
▷ 2004년- 유즈노사할린스크 러시아한인이주 140주년기념 개인전시회
          러시아공훈미술가상 수상
▷ 2005년- 독일 파시즘 승리 60주년 기념전시회
▷ 2006년- 아일랜드, 유즈노사할린스크 개인전시회
▷ 2007년- 유즈노사할린스크 단체전시회
▷ 2009-유즈노사할린스크 개인전시 및 특별전시
▷ 2010- 뉴욕전시회

Союз художников СССР
Сахалинсий союз художников
Сахалинский областной
художестбеный музей
управление культуры
Сахобл-исполкома

Всесоюзная
акварельная группа
САХАЛН-90

◇연락처: 러시아 유즈노사할린스크 사할린스카야 155

(☎자)7-4242/75-16-77

전시문의:(h.p)7-924-284-5544, E-mail: jso0869naver.com

에트노스 예술학교

굳이 이 책에서 에트노스 예술학교를 소개하게된 것은 문화계통에 종사하는 사람이라서 그러는 것만은 아니다. 척박한 땅에서 일군 우리 문화가, 한 개인의 순수한 교육 열정으로 탄생하게 되었고 숭고함과 민족정신에 후하게 점수를 매기고 싶다는 생각에서다.

그녀가 오늘날에 이만큼이나 성장시킨 학교는 단지 음악이 좋아서만 전통음악을 고수하진 않았을 게다. 민족의 혼과 뿌리를 잊지 않으려면 그 민족의 전통음악을 되살리는 것이 중요하다고 여겼다. 사리사욕에 빠진 군상 속에 나 하나라도 한민족의 전통성을 보급해 함께 어울릴 수만 있다면 이 또한 사람 사는 행복이라 생각했다.

감히 엄두도 내지 못했던 민족성 무용, 혹이래도 홀대받으며 매시 잠못 이룬 시간 속에도 긴장을 놓치지 않고 오직 초심을 잃지 않았던 전통음악의 부활을 꿈꾸었다.

우선은 가까운 북한총영사관에 도움을 요청하기로 했다. 다행히 북조선 정부는 전통음악 보급에 매우 긍정적인 호의를 베풀었다.

그로부터 조선무용이 공개되었고, 러시아인에게도 어필되었다. 더불어 1세 한인들도 덩실덩실 춤을 추었다. 망각의 혼을 잊고 있었던 우리음악에 불을 댕겼다. 바로 민족의 혼이 되살아난 것이다. 그것이 오늘의 에트노스 예술학교가 이룬 결정체이다. 사할린에 그런 학교가 있었기에 민족정신도 존재할 수 있었다.

말로만 필요할 때 조국이 있는 것이 아니라 민족혼은 항상 마음속에 있어야 한다는 교훈을 남긴 것이다. 격변하는 상황 속에 오늘까지 러시아에서 유럽까지 한국전통을 알려 한국인의 혼을 간직하였던 학교이었기에 사할린 한인들의 어제와 오늘에도 꼭 필요한 대목이라 여겼던 것이다.

이에 사할린 문화의 첨병역할을 다하고 있는 에트노스 예술학교를 소개하고자 했다.

러시아의 풍부한 지하자원의 보고로 극동지구의 찬란한 금자탑을 이루며 일어선 땅, 일제식민지하 강제 징용으로 끌려가 죽도록 혹사당하다가 해방이 되었지만 결국 고국으로 돌아오지 못한 사할린 섬에는 아직도 3만여 명의 한인들이 살고 있다.

1963년 조선학교가 폐교되고 한인들은 점점 고국을 잊어가고 있을 무렵, 1988년 서울올림픽이 열렸다.

그 계기로, 소련의 페레스트로이카 정책이 서서히 개방을 하게 되었다. 그 개방을 틈타 1991년 끈질긴 도전으로 이룬 한인여성 김순남 씨가 동서양이 어우러진 한민족예술학과를 탄생케 했다.

그로부터 러시아 현직교장과 함께 일구어 온 조선무용과 국악이 개교 10년 만에 세계에 알려졌다. 최근 유즈노사할린스크 악쟈브리 극장에서 진행된 에트노스예술학교 개교20주년 기념식에서는 전 석을 매진하며 성황을 이루며 주정부관계자와 문화예술 분야 전문가들이 참석한 가운데 대내외적으로 한민족 전통음악을 선보였고 최고의 찬사를 받았다.

특히나 조선무용은 기교가 뛰어나고 절도 있는 무용으로 정평이나 평양가무단을 능가할 정도이었고, 사물놀이와 국악역시 모스크바세계예술창작대회에서 대상을 차지하는 영광을 안았다.

국내에서 보기 드문 전 러시아가 인정한 예술학교의 재학생이 선보이는 남북한 전통음악의 한마당은 찬사를 보내기에 조금도 손색이 없었다.

아울러 한인들과도 친숙하고 한인 음악인과 어우러진 사할린 문화예술의 첨병이 되고 있는 러시아전통예술학교(바부쉬니베치니)과 사할린시립오케스트라를 덧붙였다.

러시아가 인정한 에트노스 예술무용단의 전통 조선무용!
모스크바창작예술콩쿠르 대회에서 대상에 빛나는 화려한 춤의 율동

1. 쟁강 춤 : 한국 고대의 종교의 무속 춤의 하나인 쟁강 춤은 현재까지 이어져 오고 있으며, 방울소리와 지방의 토속 춤 기법을 살려주는 춤이며 국내에서는 김대중 대통령이 평양방문 시 처음 소개되어 큰 관심으로 화제가 된바 있었다.

2. 칼춤 : 도검과 함께 춤을 한국의 역사적인 재판과정을 되살려 강제 집행을 심판하는 이야기를 묘사해 보여주는 춤이다.

3. 방울춤 : 종소리와 함께 춤의 서정적인 면을 담았고, 전통 의상을 입고 방울을 들고 춤으로 보여 준다.

4. 아박춤 : 옛 한국의 의식을 중심으로, 아박춤은 고전과 현대를 종합하여 만든 아박의 재치있는 리듬으로 표현한 춤이다.(날개와 스카프)

5. 조개 캐는 처녀들(조개와 댄스) : 춤의 명인들이 둘러 모여 조개를 줍는 모습을 역동적으로 묘사한 춤이다.

6. 금강산 처녀 : 금강산의 여덟 개의 전설을 기반으로, 산에서 내려오는 선녀 날개옷을 그려 춤으로 묘사한 작품이다.

7. 러시아 민요 : 러시아 민속 민요는 러시아의 서정을 담고 있는 레옐이치뉴 지방의 재미있고 슬픈 춤과 기쁨, 사랑의 본질을 조국과 고향을 비유하며 부르는 율동이 가미된 러시아전통 민요이다.

기타 사물놀이, 북춤, 가야금 연주 등이 유명하다.

▲에트노스예술학교의 조선무용.

에트노스 예술학교 설립 목적

에트노스는 민족문화 가치를 바탕으로 창의적이며 성공적으로 자신의 재능을 개발하는데 있다.

*개인적 동기 부여와 학습과 창의력 개발

*민요와 민속무용 보존과 개발을 목적으로 미적 능력을 적극적 자세로 개발한다.

*개인의 예술적 창의성 개발과 예술문화에 대한 직업훈련을 통해 재능 있는 인재를 개발한다.

*애국심과 민족 문화에 대한 존경과 관심을 갖도록 한다.

에트노스는 매우 유능하고 질 높은 교사진과 창작 환경이 좋고 흥미와 새로운 인재 발굴에 힘쓰며 예술성이 높은 교육 기관으로 학부모의 저극적인 지원과 우수하게 배출된 졸업생의 활약으로 전통을 존중해 나아가고 있으며 이를 자랑스럽게 여기고 있다.

에트노스 예술학교 소개 : 에트노스예술학교는 올해로 개교 20년째인 러시아 국립예술학교로 문을 열었다.

러시아인 교장(62세.에이지와 나탈리야 세묘노브나)의 친구인 한인동포 김순남 씨 제의로 한민족과를 개설하게 되었고 초장기엔 손풍금(바얀) 2개로 시작되어 한민족과가 개성된 시기인 한인동포인 클루르늭센터 회장 김 로베르트의 재정 지원으로 낡은 가야금 몇 개로 출발했다. 무엇보다 우리 문화유산인 전통문화를 계승. 발전시켜 나가는 러시아인 교장과 한국 동포음악가들의 노력은 어려운 여건과 재정 부족의 현실 속에서도 오늘까지 러시아 전역 순회 공연에서 우리 문화를 알렸다는데 그 의미가 매우 크다고 자부한다.

이 학교의 한민족과는 사할린 주는 물론 러시아 전역에서 실시된 각종 대회에서 우수한 성적으로 우리 민속음악을 러시아 곳곳에 알렸고, 모스크바 850주년에 즈음한 "모스크바 스라토글라와야" 아동청소년 창작 콩쿠르 대회에서 대상을 비롯 민요 부르기 최우수상, 하바로브스크 태평양 무용 콩쿨, 블라디보스토크

"워스호드" 콩쿨 대회에서도 우수상을 수상했다.

2003년도에는 서울에서 개최된 세계한민족문화콩쿨 대회에서 사물놀이팀이 영예의 금상을 받았으며, 국제청소년음악가 콩쿨(블라디보스토크)에서도 수상하는 영광을 안았다.

장구, 가야금, 부채춤은 국내외 정평이 나있을 정도로 그 실력이 뛰어나고 2005 국악대전에도 잠시 선을 보인 바 있지만 장구, 가야금, 부채춤은 어느 전문 국악인과 비교하여도 손색이 없을 정도로 뛰어난 실력을 갖추고 있다.

이러한 모든 노력은 1996년 평양에서 온 공훈예술가 리수복, 김진남 내외분의 노고가 많았고 2002년부터 평양교수 리희봉(무용연출가) 씨, 리영미(장구) 씨, 김애란(가야금, 성악) 씨가 아이들을 지도하고 가르치고 있기 때문이며 북한예술인들이 크게 이바지하였다.

또 한국의 국립국악원에서도 사물놀이, 무용 등을 전수하여 한민족과의 민속음악은 한 단계 높은 공연을 지향할 수 있었다고 본다.

가야금도 북한에서 배운 21현과 한국예술종합학교 김혜숙 교수의 지도로 12현의 가야금 연주로 접목시켜 한껏 뽐내고 있으며 더욱이 남북의 전통음악으로 하여금 통일된 예술학교로 거듭나 러시아 속 우리의 전통음악을 계승해 나가는 데 가일층 앞장서고 있다.

Детскаяя школа искусств
ЭТНОС

에트노스 예술학교는 20년 전 1990년에 설립되었다. 사할린지역의 시범 교육 기관으로 음악과 예능교육의 산실로 러시아 사할린자치주 문화교육국의 지원을 받아 개교되어 민족예술학교로 선정되었다.

1990년 새롭게 문을 연 에트노스 예술학교는 어려운 여건 속에서도 러시아 노동문화와 국가문화 유산을 전문적으로 연구하고 보존, 개발하는 역할을 해왔으며, 1995년 새로운 작품과 춤 등 다양한 레퍼토리를 가지고 활동영역을 넓혀 국립예술학교로 인정받았고 매년 한국과 북한의 민속 문화를 중심으로 우수한 전통음악을 양성해 나갔다.

2007년 에트노스 예술학교는 40명의 교사진과 312명의 학생 등 20명의 스텝을 갖춘 전문무용단을 자체 구성하게 되었으며, 높은 수준의 프로그램과 학부모의 적극적인 지원 아래 국가인증절차를 성공적으로 통과하는 계기를 마련했다.

이에 러시아정부는 물론이고 사할린자치주를 비롯해 남북한 전통음악을 고수하는 교육기관으로 인정받았다.

에트노스 예술학교의 영역은 교육뿐 아니라 자치주 문화교육의 중심역할을 다하며 매번 정기콘서트, 국제경연대회, 축제공연 행사에 참가하고 있다.

전문적이고 체계적인 시스템으로 자치주의 국민과 국가 공공 문화단체와 여러 교육기관의 모범이 되어 민족성을 발휘하고 다양한 형태의 전통음악을 연구하는 교육에 역점을 두고 있다.

▷ 전화(fax): 4242)42-0090

꼬르사코프 청소년예술학교 "ДЕТСКАЯ ШКОЛА ИСКУССТВ"
러시아민속합창단 사할린 "바부시니 베치니" 앙상블 〈할머니의 노래〉

▲ 한국내한공연(안산고향마을)

코르사코프민속합창단은 1986년 교내 예술부 합창부서의 인원들이 모여 그 시초가 되었고, 러시아 민속음악 바탕으로 만들어졌다. 러시아 전통음악의 크리에이티브 팀의 설립자이자 음악이론에 조예가 깊은 사할린의 명망 있는 지도자이며 노동영웅과 명예시민 칭호를 받은 골로브센코 마리아 여사에 의해 결성되었다.

그는 아직도 코르사코프청소년예술학교 교사로 재직 중에 있으며, 후학을 양성하고 러시아전통음악을 연구하고 있다.

뿌리 깊은 러시아 전통음악으로 주요 레퍼토리는 물론 오랜 전부터 러시아 민요와 민속전통에 따라 조상들에 의해 불러진 노래로, 합창단 이름도 고유의 "할머니의 노래"라는 명칭을 사용하였고 아케펠라의 작품을 이용해 멋지고 당당한 러시아 특유의 음을 이용한 할머니의 모습이 담겨져 국가 공휴일, 국경일 행사에 참여하며 줄곧 러시아 전통 민속음악을 고수해왔다.

나아가 서정적인 춤의 율동을 발휘해 '부활', '삼위일체'를 감미, 생기 있고 역동성 있게 구성했다. 노래는 아코디언과 악기의 반주로 수행된 탬

버린, 나무 숟가락을 흔들며 적절하게 음악에 따라 연극과 춤과 노래로 이어진다.

2011년은 본 예술학교가 20주년을 맞은 해이다. 그간 예술학교 합창단은 숱한 콘서트에 참석하며 우수한 졸업생을 배출해 유수의 대학에 진학할 뿐 아니라 해외 여러 나라에서 초청을 받아 호평을 받았다.

특히 합창대회가 많은 러시아 대륙권 극동 러시아와 국제 경쟁력 있는 축제에 참가해 빛나는 전과를 올려 학교를 빛냈다. 하바로프스크 대회에서의 수상에 힘입어 러시아 전통음악과 합창예술단의 존재를 알렸고, 1997년, 1999년, 2001년, 2009년에도 연거푸 그랑프리의 영광을 안았고, 아무르, 꼼소몰스크 경연대회에서는 최고의 디플로마 학위를 따내었고, 러시아 아동센터 블라디보스토크, 상트 페테르부르크 경연대회에서도 우승자로 선정됐다.

1997년 모스크바합창대회에서 4개 부문 콘서트를 석권해 모스크바 국영 TV텔레비전방송 ORT 프로 "모닝 스타"에 출연하기도 했다.

합창단이 참가한 국제대회 참가국 도시로는 그리스(아테네), 일본(혼카이도, 혼슈), 영국(웨일즈), 중국, 인도, 한국 등 약 17개 도시를 방문했다. 2010년도에는 민족통일대구청년협의회 하태균 회장의 초청으로 대구 3개 지역에서 러시아전통음악을 선보였고 안산 고향마을에서는 사할린동포들을 위해 고향의 향수를 전해줘 큰 호평을 받은 바 있었다.

아울러 본교(코르사코프청소년합창단)은 취학아동교육에서 성인(8-23세)까지, 즉 초기교육 양성에 주력하고 있으며 안무와 춤, 음악이론을 공부하고 외국음악가와 현대작곡에서 전통음악을 아우러진 발성법을 가르치고 있다.

또 예술학교의 학과의 대부분은 악기연주(기술부문), 피아노, 아코디언, 희극배우 협회에 등록되어 있다.

▷ 전화(fax): 42435)2-4390

사할린시립오케스트라

▲(오케스트라,오케스트라2)

사할린시립오케스트라(유즈노사할린스크市)는 1999년, 사할린음악학교의 교사와 바이올린리스트, 지역출신의 러시아에서 활동하는 음악가들로 구성되어 17명의 음악가들로 창단하였다.

지금까지 정기연주회를 비롯 해외공연을 해마다 주도하고 있으며, 한 해 35회 정도의 연주와 시즌콘서트를 다지며 바로크에서 현대에 이르기까지 다양한 레퍼토리를 소화해내며 사할린의 대표 앙상블로 클래식 애호가들의 사랑을 한 몸에 받고 있다.

해외 연주로는 러시아 모스크바 음악가에서 오스트리아(바이올린), 일본(성악, 바이올린), 미국(색소폰, 피아노), 이스라엘(색소폰), 캐나다(첼로), 한국(연주 및 성악) 등과 협연을 가졌고 일본 삿포로심포니, 구리시향, 러시아 국방부 군악대와도 상호 문화교류 연주회를 가졌다.

2000년부터 2010년까지 일본의 아사히 카와, 삿포로, 하코다테, 네무로, 와카나이, 시모 등지에 해외공연을 하였고, 홋카이도는 현지 일본기업인의 주선으로 매년 초청 공연을 하고 있다. 2004, 2005, 2008년 3차례에 걸쳐 서울, 구리, 김천, 대구, 안양, 안산, 순천 등 지방 순회공연을 가진 바 있다.

이로 인해 사할린 문화부에서 주는 최고의 문화예술상을 3차례나 수상하였고, 주정부와 시정부의 지원과 상주해 있는 외국기업과 지역기업체의 후원으로 운영되고 있다.

사할린시향의 지휘자인 알렉산드러 즈라자예브는 1944년 연해주 우수리스크에서 출생하였고 음악교수 헤스 벤자민으로부터 바이올린 클래스에서 수료하고 카자흐탄 중앙음악원에서 학위를 받았다.

1961년 사할린 아동 음악학교에서의 시작으로 64년부터 3년간 극동 하바로프스크 심포니에서 음악감독으로도 활동했다.

바이올린 음악교사로 40년간 교직에 근무한 경험을 바탕으로 어린이오케스트라 지휘자로 출발해 99년 사할린시립오케스트라 지휘자를 현재까지 맡고 있으며, 수상 경력으로는 98년 교육인적자원부의 공로상에 이어 노동훈장과 문화예술에 기여한 공로로 연방정부와 주정부가 주는 명예시민증을 받았다.

또 그의 오늘날까지 입지적 성과는 수차례의 해외공연이 무엇보다 힘이 되었고, 특히 지난 3차례의 한국공연 인연이 다년간 음악 수준을 높이는데 결정적 역할을 다하였음을 인정하고 지속적으로 한국공연이 이루어지길 원하고 있다.

그래서인지 가까스로 2011년 6월 중순경에 또다시 한국공연이 성사해 안산 등 10개 도시에서 공연을 펼쳤다. 언제이고 한국공연이 성사된다면 공연에 임하겠다는 각오는 대단할 정도로 야무진 포부를 가지고 있는 게 특징이다.

무엇보다 가장 큰 힘이 되었던 것은 지난 2008년 구리시 시립오케스트라의 김현절 단장과 김정덕 지휘자, 국내 음악박사 1호로 칭하는 성악가 고미현이 사할린을 방문해 사할린 클래식마니아로부터 뜨거운 호응과 찬사를 불러일으켰고 매혹의 목소리로 소프라노의 확실한 진가를 발휘한 바 있다.

▷전화(fax): 4242)42-3074 ▷공연문의: 7924-284-5544

▲사할린 한인문화회관 전경.

사할린 일반전문 문화학교로 자리 잡은 문화학교는 한인문화회관에 있다. 국악교실, 사물놀이동아리, 유아반이 자체 구성되어 있다. 문화회관은 동포 1세들의 염원을 담은 것 중 하나있었는데, 2006년 개관을 앞두고는 1세대들 분들은 이미 그 자리에 없었다.

2세대로 이어진 세대교체가 이루어진 그 땅에 그토록 기다리고 애태웠던 한인문화회관이 들어서게 되었다. 비로소 광명의 빛을 받으며 세상의 축복 속에 문을 열게 되었다.

일본총영사가 기념사에 부치고 일본 부처 관계자, 사할린주정부 관계자를 비롯해 주블라디보스토크 전대완 전 총영사와 대한적십자사 등 많은 유관단체와 동포들이 그 강당에 모여들었다.

일본은 자국에서 활동하고 있는 트로트 여왕인 김연자 가수를 전격 초청하였고, 한인들과 어울리며 신명나는 한마당을 연출하며 개관식을 성대하게 축하했다.

삼국(한 · 일 · 러) 사회자의 소개로 시작되어 공연 내내 숨 가쁜 감동의 무대를 선사하였고 한국의 노래가 흘러나오자 모두가 덩실덩실 춤을 추며 동포애가 물씬 묻어난 벅찬 무대로 이어졌다.

그런 한인문화회관이 사할린 한인들의 쉼터가 되지 못하고 열린 문화공간으로 활용이 되지 못한 것이 다소 흠이지만 2007년부터 한국예술위원회의 지원을 받아 한국의 소리가 들려오는 국악학교로 4년째 운영되고 있는 점은 퍽 고무적인 일이다.

초장기 목진호, 황혜진 강사의 값진 노력으로, 지하에서 들려오는 장구와 가야금 소리는 민족의 혼을 심는 계기가 되었고 사할린 내 국악을 알리는데 중추적 역할을 다했다. 이후 이들의 문하생들은 각고의 연습을 거친 결과 사물놀이와 가야금, 무용에 이르기까지 우리문화 지렛대 역할을 다하였고 꾸준한 성장을 거듭해왔다.

짧은 기간에 전파되어 몰라보게 성장한 예술위원회의 사할린 국악보급은 한국문화의 첨병이 되었으며, 더불어 한국어교육에도 적지 않은 기여를 했다고 자부할 마치 입지적 성과를 거두었다고 본다.

매 학기 문화학교가 들어설 때면 다양한 장르의 국악반이 문을 열었고 어린이부터 어머니 반까지 한국 문화를 전수하였는데, 어린이와 중년을 대상으로 하는 합창부가 가세하여 한국문화는 한인문화회관의 자랑이 되기에 손색이 없었다. 이는 김춘경 회장이 이끄는 소망발전협의회이었고, 주요 행사의 감초역할을 다 할뿐 아니라 어린이들이 한글까지 깨우치는 프로그램을 개발해 인기를 독차지하고 있었다.

무릇 해외에서 역사의 흐름을 찾고 모국어를 되살리는 길은 한국의 소리를 자주 접하는 것이 가장 중요하다고 볼 때 우리문화부터 그 안에 접목시키는 것이 우선 두어야할 부분이다. 역사를 되찾고 보상을 울부짖기 전에도 문화가 우선 자리하면 모든 것이 순조롭게 움직일 수 있다는 것이다. 문화는 국경을 초월하고 민족 간 화합을 가져오는 대중에 없어서는 안 될 상징과 같은 것이다. 모쪼록 이로 인해 문화 속에 더욱 굳건한 화합이 이루어지길 기대하고 한인문화회관 문화학교가 민족의 혼을 불태우고 한국문화를 전달하는 사할린 한인들의 사랑받는 학교로 거듭나길 기대해본다. ▷한인문화회관 문화학교: ☎4242)42-57-71

사할린 한인들의 환갑잔치

▲ 한인결혼식

시대가 바뀌어도 어딜 가나 한국인이 살았던 곳에는 옛날의 풍습과 정서가 어김없이 남아 있긴 마련인데, 척박한 이 땅 위에도 구한말 풍습은 그대로 전해지고 있었다.

어쩌면 우리보다 더 가족적인 분위기를 만들고 이웃과 함께 하였을지도 모를 이곳 한인들은 모두가 고향을 등진 까닭에 고향의 향수를 달래는 유일한 길은 이웃과 함께 어울리는 잔치에서 위안을 얻고자 했는지도 모른다.

그래서 최대한 많은 것을 내놓았고 풍족하게 이웃을 불렀다. 융성하지는 않았지만 한국인의 정서가 밴 그 잔치는 타국에서의 설움도 잊고 풍습을 통해 한국인을 내세우고 싶었던 것이다.

함께 왔던 동료들도 이웃들도 함께 모여 고향을 생각하는 기회를 갖는 것이 유일했다. 어쩌면 육십갑자의 갑甲으로 가는 길이 예순 한 살을 이르는 시기라서 더 이상의 부귀영화도 기댈 곳도 없는 세상의 나이로 접어들어서 남모른 서러움이 배여서 고향 길은 더욱 멀어져 우리네 정서를 맘껏 발휘하고 싶었던 것이다.

나라 말과 문화를 잊지 않으려고 조선어를 배웠던 조선어학교의 동기생들이 아코디언을 둘러메고 잔치집 분위기를 고조시켰다. 그렇게 잔칫

집에서는 옛 풍습 그대로 한자어로 된 축하문이 등장하였고 한이 서린 서러움이 재현되는 소리가 흘러나왔지만 다들 흥겨운 우리가락으로 만들 어냈다.

그것이 우리 풍습이었다. 그 풍습을 사할린한인들도 고스란히 지키고 있었던 것이다. 이제는 예전의 그 풍습은 1세들의 전유물로만 되었지만 후세들은 애써 그 흔적을 완전히 배제하진 않고 어디든 부모를 생각하는 기특한 부분을 러시아 문화에 동조시키려 하는 흔적을 여전히 이어져 오고 있음을 엿볼 수가 있었다.

작은 부분이지만 간간이 느끼는 우리의 풍습, 사할린한인들의 잔치는 러시아문화와 한국문화가 어우러져 있었지만 환갑잔치는 한국인의 피가 흐르는 문화가 존재한다는 것을 알 수가 있었다.

시대의 흐름에 예전의 부모세대의 잔치 풍경은 찾을 순 없지만 간간이 보이는 자리에는 어쩔 수 없는 한국인의 잔치가 그 시대의 풍경을 자막처럼 자아내었다.

1950년대까지는 옛날 결혼식과 환갑잔치가 성행하였고 60년대 들어서 다소 어색한 웨딩드레스가 등장하기 시작한 때부터 우리 풍습은 조금씩 멀어져 갔다. 하지만 80년대까지 1세들의 자리지킴으로 우리 풍습은 여전히 존재하고 있었다.

◀1950년대 환갑잔치.

90년대 조국과의 문호가 개방되자 1세들은 거의 자취를 감추었고 2세들의 시대가 열리면서 우리 풍습은 러시아문화에 동화되어 갔다. 소위 짜깁기 문화가 등장하였지만 한국인의 정서는 2세에게도 묻어나고 있었다.

3세로 접어들면서 한국문화 풍경은 결혼식에서는 찾을 수 없고, 2세의 환갑잔치에는 여전히 한국문화가 숨 쉬고 있었다.

예컨대 사할린한인의 잔치 풍경 속으로 들어가 본다. 오늘의 2세 잔치 풍경을 사할린 주도와 지방과 차이점은 거의 일치하였지만 예전보다 비교가 되지 않은 융성한 잔치가 되어 있었다.

결혼식도 마찬가지다. 러시아 문화권에 안주하다 보면 러시아문화에 익숙해야 하고 모든 사고방식도 그 문화권에 휩싸이기 마련이라서 러시아문화로 공유되는 것이 일반적이다. 그래서 3, 4세의 결혼식은 현지 문화권에 해당한다고 보면 되나 2세의 환갑잔치는 그나마 한국문화가 감미 되어 한국노래가 절반을 차지해 참 보기 좋은 광경을 연출하고 있었다.

특히 성공한 한인들이 많아서인지 결혼식과 잔치는 이곳 사할린 속 러시아인과는 비교가 되지 않은 호화판 잔치가 주를 이루고 있어 문화권에서도 한인의 자존심을 지켜내고 있었다. 어쩌면 응분의 대가이고 1세분들이 치룬 결과에 비해 적은 보답에 속하지만 한인들의 잔치는 사할린 속 문화권에서는 최고의 잔치로 여겨지고 있다는 것이다.

2세에 와서도 잔치는 그들보다 나아야 한다는 개념에 어째든 빚을 내어서라도 크게 치르는 것이 일반적이다.

요즘에야 세계권 문화가 쏟아져 나와 많은 것을 보고 느껴 스스로도 더 크게 모양새를 갖추고자 하는 것이 대부분이다. 자녀의 결혼식도 우리가 가지지 못하는 화기애애한 분위기로 시작해서 이벤트회사의 진행에 맞추어 다양한 볼거리를 제공하는 결혼식이 등장하고 있다. 결혼식을 콘서트 식으로 진행하고 축하 파티는 밤새 요란하고도 신나게 어울러 노는 것이다. 심지어 신랑 측에서 한 번, 신부 측에서 별도로 연회를 베풀거나 파티를 열기도 한다. 이것이 오늘날 사할린 한인들의 잔치 풍경이다.

여기에 환갑잔치는 빼놓을 수 없는 놀이 공간으로 등장했다. 남보다 더욱 노력해서 이룬 부를 잔치에 쏟아 붓고 최대한의 격식을 치르는 것이다. 다시없을 자리를 남기는 것만으로 단 하나 뿐인 행복감을 성취한다는 것이다.

다행이 보상 받아야 할 잔치이다. 보상이란 그들이 누린 삶의 희로애락을 기쁜 일상으로 표현하는 것이고 이 하나만으로도 충족할 수는 없지만 가진 것 아끼지 않고 누린다는 것이다. 그러기에 어렵고 힘든 세상 거기까지 살아와 주었으므로 그들의 잔치는 우리가 생각하는 것과는 자못 다른 방향의 잔치이기 때문이다.

자치 보면 호화판 잔치로 보이겠지만 이들에게는 충분한 대가의 결과물에 불과할 뿐이다. 그렇다. 그마저도 누릴 수 없다면 러시아에 아니 사할린에 한인은 없다고 봐야 할 것이다. 실로 한인들이 일군 노력의 대가는 농업의 개척자로 부지런함의 근면성으로 여타 민족에 비해 월등하고 우수한 실력을 겸비하고 있기 때문이다.

러시아에는 수많은 민족이 있으나 그 중에서도 한인은 입지적 인물로 부각되어 있다. 1세대들이 일군 작은 텃밭에서도 오늘의 성공신화의 기반을 만들었고 민족적 기상이 수반되어 그칠 줄 모르고 사는 데만 시간을 다 할애했다. 성공해야 한다는 강박관념도 작용하였겠지만 부모세대가 겪은 지지리도 못 살았던 영향이 컸고 피부색이 다른 동양인이 여기서 인정받고 떳떳하게 사는 것도 다 돈을 벌어야 한다는 생각이 지배적이었기 때문이리라. 그래서 잔치는 일생일대에 한 번을 거쳐야 하는 것이므로 더 보기 좋은 행사로 치장하고자 했던 것이다. 결코 사치스럽지 않는 이들의 잔치에서 느끼는 것은 우리가 겪지 못한 인생의 삶이 스크린처럼 스쳐 지나가고 마음의 여유를 이제야 가지게 되었다는 것으로 판단된다.

보통 레스토랑에서 치르는 잔치비용은 대략 2, 3천만 원 가량이지만 이보다 격식을 갖추고 준비한 비용은 5천만 원에 소요되는 것도 본다.

요즘은 결혼과 환갑잔치의 이벤트회사가 기획하고 사회자가 기용되어

▲홈스크 환갑잔치

춤과 무용 등 다양한 행사를 잔치에 접목시켜 마치 콘서트를 방불케 할 정도로 진행하는 것이 보편적인데 막판에는 파티처럼 향연이 베풀어진다.

사할린 행정수반이 있는 유즈노사할린스크에도 그러하지만 지방에도 이보다 모나지 않게 성대하게 치루는 사례도 있다. 아래 사진은 올해 6월 달에 있었던 환갑잔치인데, 주인공이 등장하자 축하객들은 모두 자리에서 일어나 기립해 박수로 맞이하였다.

곧바로 주인공의 약력이 소개되고 자식과 손자들의 축하메시지가 낭독되고 친구와 직장 동료들의 축하문이 이어진다. 그리고 주인공은 잔을 들고 축배를 높이 쳐들고 모든 이들과 다함께 건강을 기원한다.

음악이 흐르고 주인공과 부인은 '플로어'로 나와 블루스로 하객들에게 답례하고 주인공 내외분이 상석에 앉으면 그 주변 옆자리에는 친한 친구가 착석하고 잔치행사는 사회자의 순서에 따라 진행하게 된다. 이윽고 주인공은 돌아가면서 하객들에 잔을 채우고 축배를 든다.

2부로 이어지는 행사는 댄스인데 지역 가수가 초청되기도 하고 가수가 부르는 노래에 춤의 향연이 본격 시작된다. 여기에 우리가락이 감초 역할을 다한다. 간간이 쉬는 시간을 제외하고는 음악은 몇 시간이고 줄기차게 흘러나오는 것이 이곳 잔치 풍경이다. 근간에 들어서는 지방에서도 매우 이례적이고 획기적인 이벤트의 잔치가 이루어지고 있는 것을 볼 수 있다.

요즘은 주 행정수반이라고 일으키는 유즈노사할린스크 뿐만 아니라 2도시 그룹에 속하는 코르사코프, 홈스크 지방에서도 호화잔치가 이루어지고 있다. 물론 지방의 부호들의 잔치에 한정되었지만 대부분 한인들의 잔치는 타 민족에 비해 규모 면이나 진행 자체가 훨씬 크게 치르는 경향이 많다.

왼쪽 사진은 최근 지방의 도시에서 이루어진 환갑잔치이다. 코르사코프 역시 한인자녀의 결혼식이 성대하게 치러졌다. 야간과 우천 시를 대비하여 거금을 들여 임시 연회장을 따로 설치하였고 춤을 출 무대와 음향시설을 완비해 하객들에게 최대한의 즐거움을 제공했다.

수백 명분의 음식이 공수되고 사회의 식순에 따라 진행되는 결혼식은 신랑신부의 입장은 축하 풍선과 들러리의 멋진 퍼포먼스로 식전행사를 알리고, 하객들은 일제히 기립해서 그들을 축하한다. 마치 동화 속 왕자와 공주 같은 분위기를 연상케 한다.

그리고 신랑신부는 축하무드가 물씬 풍기는 꽃과 풍선의 러브하트가 그려진 중앙무대에 앉으면 그 주변으로 친한 친구들이 착석하고 본격적인 결혼이벤트가 사회자에 의해 진행된다.

재미있는 사례는 하객들이 축하하는 의미로 수시로 "고르까"라고 수없이 외쳐 대는데 이는 신랑과 신부가 또는 잔치의 주인공이 입맞춤을 해서 사랑의 건재함을 만인에게 보여 주라는 의미이다. 처음 보는 사람에게는 어리둥절하기도 하지만 그 속에는 이들 문화권의 또 다른 인생의 희로애락을 보는 것 같아 흐뭇함이 영글어 있다.

마찬가지로 초청가수라든가 예술적 가치가 높은 무용단이 초대되어 분위기를 고조시킨다. 이와 같은 경우는 부자집의 잔치라고 하지만 사할린 한인의 대부분의 잔치는 大小의 차이점이 있다 뿐이지 거의가 이런 식으로 이루어져 있는 것이 일반적이라 하겠다.

여기에 가장 궁금해 하는 것이 부조금인데, 보통의 조의금이든 축의금은 일반적으로 내는 것이 현지 루블로 2000루블에 해당한다. 한화로 환산하면 약 7만5천 원이 된다. 가끔은 3000루블을 내기도 하는데 우리 돈으로 딱 10만 원이 소요된다. 그러면 가령 일반인이 봉급에 의존해 살아

▲1950년대 결혼사진.

▲1950년대 결혼청첩장.

가면서 월 소득 백만 원 소득이라고 하면 일곱 번의 잔치집을 방문하면 소득의 절반이 부조금으로 나가는 꼴이다. 그래서 짧은 시기 급성장해버린 사할린은 예전의 사할린이 아니다. 대륙권에 비해 비교적 생활수준이 높은 곳으로 알려지고 있고 물가 역시 천정부지로 높은 상황이다.

사할린 인구가 점차 감소하는 원인은 이 때문이다. 물론 타민족 유동 경유도 있겠지만 전반적으로 물가가 높고 생활 질이 큰 폭을 차지하다 보니 없는 사람은 이곳에서 생활하기가 힘들다는 지론이다.

그나마 한인들이 잘사는 경우는 타민족에 비해 선견지명이 밝아서 개혁시기에 유효하게 대처하였고 발 빠르게 상업에 뛰어들었거나 남들보다 곱절의 노력을 기운 탓이다. 농사이든 장사이든 그들보다는 성공한 원인은 한민족만이 가지는 부지런함이 있었기에 가능했던 것이다.

고로 그들이 누리는 혜택이라고 하는 부러움의 잔치는 응분의 대가이고 모두가 반겨 줄 생활의 대상인 만큼 축하해주어야 할 것으로 비쳤다.

자작나무 오솔길   _ 조성길

사할린에 오면 도심 속 오솔길을 쉽게 만날 수 있다
공원에도 아파트에도 시내에도 오솔길을 볼 수가 있다
레비나, 세스나, 베료자 숲길은 운치를 더해간다
저만치 앙증스런 귀여운 숲을 만난다

자작나무에 단풍이 물들었다
바람결에 우수수 떨어지는 낙엽
나무 계단에도 흩어졌다
자작나무라면 러시아가 떠오르지만
오솔길엔 사할린 한인이 있다
소비에트가 만들어낸 비극의 강제이주
그 내면에는 일제의 강제징용이 도사리고,
반세기동안 갇혀있었던 한인들이 있다
모진세월 이겨내고
오늘의 성공신화를 일군
그들의 이름은 동토의 땅
버려진 땅 화태
'카레이스키' 가 아닌
사할린 한인들이다
시월 화창한 가을날이라지만
입동을 암시한 자작나무 오솔길에
사할린 한인이 있다
나무계단을 올라서 길섶에 닿으니
낙엽소리 노래 부르고
망향의 동산은 어디인가
구천에 떠도는 1세 한인의
애절함이 낙엽 속에 묻혀온다

사할린 경제시장

"자원개발 의기양양, 유통과 수산업 올 최대 호황"

◆검은 눈물로 자원부국으로의 도약

러시아 극동지구의 특구로 지정될 만큼 주가가 쉼 없이 오르고 있는 사할린은 러시아 최초의 액화천연가스(LNG) 생산기지가 들어서며 계속되는 자원개발로 엄청난 에너지 보물창고로 알려지고 있다. 연이은 '사할린 프로젝트1-2' 광구에서의 희소식과 시베리아, 레스부브 리키 등 대륙권 13광구에서 쏟아 내는 생산량은 그야말로 사우디를 능가할 자원이 매장되어 있음을 예고했다.

러시아 국경기업 '로스네프트사'에 따르면, 향후 30년의 2조230억 배럴의 매장량을 예측하고 있지만 서방 전문가들은 50년을 족히 내다보며 아직 탐사가 되지 않은 곳까지 합치면 러시아의 자원매장량은 50년 이상을 훨씬 상회하는 수치를 바라보고 있다고 전하였으며, 하루 212만 배럴씩을, 연간 1억6백만 톤을 생산하고 있다.

최근 러 이즈베스티아紙는 8.13일자에 러 극동과학아카데미 해양연구소가 실시한 과학탐사 결과를 근거로 사할린 남부지역이 현 대륙붕 유·가스전과는 별도로 대규모 유·가스전 매장지로 부상할 가능성이 있다고 보도한 바도 있다.

금년 사할린주 1/4분기 원유생산량이 전년 동기대비 약 20% 이상 증가한 것은 '사할린2'에서 원유생산량 증가(약 1백만 톤)에 따른 것이고, 올해 중으로 '사할린1'에서 약 730만 톤, '사할린2'에서 약 470만 톤 등 총 약 1,400만 톤의 원유를, 가스는 '사할린1'에서 약 81억㎥, '사할린2'에서 약 63억㎥ 등 총 약 153억㎥의 가스를 생산할 계획임을 밝혔다.

◀플랫폼

　그 곳에 하루가 다르게 통신과 건설 붐이 일더니 도로 곳곳이 환하게 불을 밝히고 있다. 불과 3~4년 전만해도 밤길이 무서웠던 사할린이 24시간 마켓이 등장하고 주말이면 상업공간이 비좁을 정도로 붐비고 있다.

　예전부터 사할린 섬사람들은 대륙권에 비해 통이 큰 사람들이라고 했다. 비록 강제징용의 아픈 역사를 안고 있고 남부사할린이 일본의 영토에 속하긴 하였지만 석탄과 수산업 등 목재산업이 왕성해 그나마 풍족한 삶을 누리며 살았다. 사할린 전체에서 자원이 넘쳐 나다 보니 남사할린 개척시대부터 북한 파견근로자들이 물밀듯 건너왔다.

　그러다 보니 대륙권의 러시아 사람들보다 훨씬 씀씀이가 커서 돈의 가치관을 중요시하기보다는 번 만큼 쓰는 경향이 늘어나기 마련이다. 그 근성은 변화를 꿈꾸는 개방시기부터 도약의 시대에 이르는 오늘까지 이어지고 있다.

◆생활패턴이 바뀌고 있다

　인구에 비해 턱없이 많은 호텔이 들어서고 대형 마켓의 등장은 예전에 구하기 어려웠던 농수산물이 한국의 작은 도시를 방불케 할 정도이다. 다소 물가가 비싼 것이 원인이지만 사람들은 당연한 일로 받아들이며 대륙과는 비교가 되지 않는 안락한 생활을 영위하고 있다.

누구나 다는 그렇지 않겠지만 아이의 돌잔치 하나에도 국민소득 2만 불시대의 우리가 꿈꾸지 못하는 거창한 음식비가 그 예로 꼽히고 있다. 돌, 결혼, 회갑잔치는 보편적으로 우리 돈으로 1천만에서 3천만 원 가까운 돈이 소요되고 있다.

일한 것만큼 즐기는 것을 우선 비례하며 사는 사람들, 적어도 우리가 누리지 못하는 여유 있는 삶을 그들은 일상 속에서 얻고 있는 것이다.

어딜 가나 음식 값은 똑같은 상황이지만 보통의 점심 한 끼가 1만5천 원에서 2만 원을 주어야 해결할 수 있으니 우동 한 그릇도 마음 놓고 먹지 못하고 있다. 이는 우리만의 고민이지 그들에겐 어려움이란 별 봉착된 기미가 전혀 보이지 않고 있다.

도로에 굴러다니는 허름한 자동차 한 대도 우리가 상상하지 못하는 가격에 운행되고 있다.

7년산 일제 중고 승용차는 2천에서 4천이고, 3년산은 신품에 해당해 지프의 가격은 족히 7천에서 1억에 호가하고 있다. 지금은 러시아 합작공장에서 나온 신차의 등장으로 가격은 다소 안정세를 유지하고 있으나 한국에 비하면 곱절에 해당한다. 세금이 비싸서 어쩔 수 없다고 한다. 무조건 물건 값의 반비례를 지불해야만 하는 세금엔 속수무책이다. 해당금액의 50%는 예사인 일상에서 우리는 사할린이 황금알을 낳는 곳이라고 단정하기에는 조금은 부자연스럽다.

임대의 달세가격이 천정부지로 치솟아 있어도 한숨소리 하나 들리지 않는다. 신축건물이 5년 만에 최고조에 오른 지금, 아파트 골조시세는 1평방미터 65000-70000루블, 대략 ±2백5십만 원, 1평당 7백5십만 원이다. 여기에다 인테리어 비용까지 합치면 32평 기준의 아파트 비용은 평당 일천만원이 들어간다고 보면 된다.

그러니 사할린의 아파트와 땅값은 서울과 같은 시세 좋은 곳을 제외하고 한국의 부동산 아파트와 일치하는 편이다.

이러한 생활패턴이 바뀌고 있는 사례는 문화행사가 현저히 늘어나는 추세이며 주정부역시 예산지원금을 대폭 상향 조정해 문화발전에 적극적으로 지원을 아끼지 않고 있으며, 1994년 쿠릴 섬 지진복구 자금으로 매년 지불하였던 일본 구호물자 보급 제의를 러시아연방 외무성이 일시에 거절한 것과 상반되고, 예전의 부족한 러시아에서 소비성향이 전량 수입국의 자존심을 부국으로 전향함을 의미하며 더욱이 섬의 특성상은 대륙보다 나은 생활수준을 반영시키고 있다는 증거이다.

경기침체는 세계적 불황에도 불구하고 종전의 자금력이 꽁꽁 묶었다가 건설경기 활성화로 뭉치 돈이 풀려 중소 은행은 물론 모스크바 지사급 은행지점장이 발로 뛰며 은행돈을 가져가라고 아우성이다.

◆대형 쇼핑몰 탄생에 들뜬 사할린

◀사할린 최대의 시티몰백화점.

요즘 공항 가는 대로 변에는 모스크바와 블라디보스토크 회사에서 건설 중인 '브릴-안트' 다이아몬드 회사의 홍보간판이 가로수마다 도배하다시피 걸리어 있다. 사할린 내 인터넷 검색창에 1순위로 인기절정의 대형 쇼핑몰 "시티몰"(city-mall.ru)이 화제이다.

대지 6만4천 평방미터(6.5헥타르) 상업 공간 4만1천 평방미터의 사할린 최대의 쇼핑몰이 완공해 성업 중에 있다. 쇼핑몰에는 전층 에스컬레이터를 도입하였고 스포츠 경기장, 수영장, 사우나, 영화관, 나이트클럽, 어린이 놀이시설에서 양식, 한식, 중식, 일식 등 레스토랑과 카페에 이르기까지 다양한 먹거리와 볼거리까지 문화시설, 고급브랜드 전용 매장까지 다 갖추고 있다.

판매 25000, 휴가놀이시설 7900, 레스토랑, 카페 3200, 피트니스 3800, 서비스 21000평방미터가 각각 자리하고, 630대의 주차장 시설에다 금세기 더 이상의 창조성을 대비하지 못하는 만능의 시대에 도달한 원스톱 쇼핑을 한 곳에서 해결할 수 있는 규모와 시설에 주말마다 이용객의 차량들로 만원을 이룬다. 15만 유즈노사할린스크 시민들의 쾌적한 문화공간이 제공되었다 해도 과언이 아니다. 어쩌면 49만의 사할린 주민들의 관광명소로 자리매김하였을 정도이다.

이에 따라 2015년까지의 사할린주 주택건설 보급률은 중장기적 건설계획에 올 하반기(2009년 투자액: 약 520만 달러) 14만7천3백 평방미터, 내년에는 이보다 많은 20만 평방미터의 주택이 건설된다고 전했다.

◆거침없는 도약, 계획된 골프장의 미래는 가능한가?

아직 완공을 보지는 못하였지만 필드의 골프장이 다시 재기를 꿈꾸고 있고, 건너편에는 실내 골프장이 운영되고 있다. 아직까지 골프 수요가 적은 편이지만 향후 안정된 생활이 보장된다면 유럽식의 문화가 빠르게 정착할 것으로 여겨져 골프장의 인식도 언제간은 바뀌고 있다고 점치고 있다. 하지만 사할린의 골프장은 많은 난관이 도사리고 있다. 우선 문화와 의식구조가 일시에 바뀌기 않는 이상 골프장의 미래역시 보장할 없다는 것인데 스포츠계의 강국임에는 틀림이 없지만 개인의 여유가 레저스포츠의 확대로 이어지긴 시기상조라는 것이다.

예로 스페인에 본사를 두고 있는 한국형 인터볼고 자회사의 마케팅과는 여전히 차이가 나는 것은 사할린은 고물가와 부대시설이 턱없이 부족하다는 단점과 주변의 자연환경도 골프장이 갖추어야할 모양새 하나에도 버거운 조건이라는 것이다.

◀골프장포스터

　완벽한 부대시설이 갖추어진 상태라 하여도 이동거리가 멀다는 인식과 부유층의 전용물이 서민층에 전이되기는 조금 이른 시기이고 한가로운 일상을 그 곳에다 소비하기는 무리일 것이라는 견해이다.

　전체 인구의 대다수가 품위를 유지하고 남이 부러워할 개체가 되지 않고 있는 이상 굳이 골프에 매달려 시간을 낭비하지 않는다는 것이다. 남이 알아주는 것보다 가족이 중요시되고 잠깐의 여유이래도 일상의 탈출을 손쉽게 지향하고자 하는 것이 일반적이라는 것이다.

　그래서 한가로이 모양새를 갖추고 시간이 소비되는 곳에 투자한다는 인식이 아직 보편화되지 못하고 있는 것이 현 실정이기 때문이다.

　이는 골프장의 일반화가 성공여부를 좌우하는 것인데 특정인의 스포츠로 머문다면 서민층의 수요는 한계에 도달할 것으로 미래를 보장하지 못한다는 의미와 일치하고 있다. 더욱이 3시간대의 항공료와 부대시설과 서비스가 타지에 비해 턱없이 비싸고 부족한 실정을 안고 있는 것이 단점으로 지적됐다.

　현재 사할린 골프장은 Y은행이 최초로 러시아에 투자한 부동산펀드 칸서스운용 자금으로 조성됐다. 시공 측의 과다한 확장으로 일시 중단되었다가 자금난 부족에 소강상태에 이르다 최근 자금회수에 재기를 노리고 있으나 오리무중이다.

◆뜻밖의 횡재, 수산업의 황금시대

유독 여름 같지 않았던 올 여름은 늦은 가을 날씨가 태반이었다. 사람들은 예사로 긴팔 소매의 옷을 챙겨 입고 선 거리를 활보했다. 영상 25도의 불볕더위라곤 셈을 셀만큼 짧았던 여름인데다 늦장 여름의 날씨가 까르부사(연어)의 어획고를 최고치로 만들었다. 석유와 가스완 달리 수산업의 어획고는 사할린경제에 직접 영향을 가져다주는 직거래의 수입을 보장하고 있다. 몇 되지 않는 생산시설이 전부인 사할린에는 수산업의 획득은 중앙정부에 고스란히 몫을 챙겨 주는 자원과는 다르게 적용되어 있다.

즉 생산된 어획고는 40% 이상의 실수요가 사할린경제에 미치게 되므로 많은 양의 혜택을 주민들이 가지게 된다는 것인데, 올해 수확이 5십만 톤에 이를 정도로 최대의 풍어기를 이루었다고 보고하고 있다.

한해 우리나라의 러시아 어업 쿼터가 2만5천 톤에 비교한다면 20배에 해당하는 고기를 수확한 양이다. 수십 년간에 걸쳐 이런 어획고는 없었다고들 한다. 세계경제에 예외는 아니었지만 수산업 활성화로 단번에 진입 궤도해서 덩달아 살판이 났다.

금액으로 따진다 해도 톤당 매물가격이 800달러이니 무려 4억 달러의 절반이 사할린에 풀렸다는 것을 입증하고 있다. 워낙 많은 자원에 예측할 수 없는 상황이 일변해 종잡을 수 없을 만큼 올해의 횡재는 사할린경제의 디딤돌 역할을 충분히 소화해 나갈 것으로 내다보고 있다.

이에 관련부서는 오는 9월29일에는 수산업 특별박람회를 통해 올해의 어획고를 자축하고 더 나은 첨단설비를 도입하겠다는 야심한 계획을 세우고 있다.

☞참고: '사할린2-프로젝트'에서 채굴된 천연가스(LNG)는 동북 해협 800km의 파이프라인을 통해 꼬르샤코프 프리고드나예 기지로 수송되어 정제한 후 일본, 미국, 한국으로 내보게 됨.

*연간 생산량: 960만t(국내 연간 수요 40% 해당량) *공급대상: 일본 623만t, 한국 150만t(국내 전체 생산량 15%-국내연간 수요 6% 해당) *개발참여사(지분): 러 가스포럼 50%, 쉘 27.5%, 미쓰이 12.5%, 미쓰비스 10%)

◆한국기업인 진출

사할린에 한국인이 사업차 진출한 것은 고르바초프의 개방물결로 문호가 개방되고부터이다.

1991년부터 사할린에 수산업과 목재업이 성업 중이어서 한국기업인들이 대거 진출했다. 보따리상부터 소규모 사업가까지 사할린은 낙후된 소련의 모습에서 벗어나지 못하고 있었다.

생산시절이 전무하다보니 한국제품은 불티나게 팔려나갔다. 과일을 수입하기도 하였고 역으로 돈 되는 것은 다 한국으로 보내기도 했다. 초기 가장 잘나갔던 사람들은 어업, 목재업에 종사하였고 후속으로 대게(킹크랩)가 판세로 좌우됐다.

2000년도 중순에 접어들자 건설업과 여행업이 호전을 보였고, 초기 유흥의 발단이 된 카지노에서 식당업에 소폭 진출했다.

2005년 대우건설이 액화가스터미널 건설로 삼성과 풍림, 한일 기타 중소기업들이 대거 진출하는 러시를 이루기도 했다. 물론 대기업은 부분적 자원 사업으로 사전조사를 줄곧 실시하였고 크지는 않지만 사태를 지켜보는 방관정책을 내놓기도 했다.

그 과정에서 석유공사, 가스공사도 개소식을 가지며 사할린 외 극동구 자원보고를 실시하며 블랙잭을 꿈꾸기도 했다. 자동차관련 해외법인 한국지사(아비스)도 서둘러 사할린지사망을 설치했다.

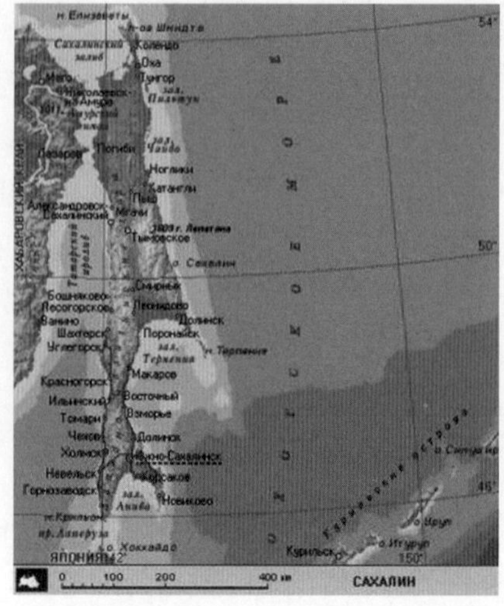

◀사할린사할린지도

　한국자동차와 서비스 업체도 진출해 성업 중에 있다. 기타 창호, 엘리베이터, 건설업자들이 구석구석을 포진하며 한국제품을 알리고 있다.

　진작부터 소기업으로 사할린에 진출해 건설 붐을 일으켰던 신생기업이 최신식 마트를 건설해 입지를 다졌고, 사할린특급호텔의 프로젝트를 따내는 성과를 이뤄 4성급 호텔이 들어서고 급기야 대형은행이 투자를 하는 사할린해외펀드자금이 조성되었다.

　이런 상승세를 타고 사할린에 꿈의 신화를 창조하려는 골프장이 들어서게 되었다. 그 기류는 사할린의 지하자원으로 연결되어 많은 기업인이 투자가치를 점치고 가는 사례가 되었다. 때늦은 감이 없지 않으나 2010년 사할린투자설명회로 사할린이 새로운 지하시장으로 군림해 가는 입장이다. 석유와 가스가 팔려나가고 석탄도 서서히 시장을 개척하고 있는 실정이다.

　지하자원이 부족한 한국으로서는 러시아(사할린)가 더없이 매력적인 곳으로 안착됐다. 여기에다 항공관련 우주선 이야기는 그들의 연구 없이는 큰 성과가 없는 만큼 다소 손해가 된다하여도 밀고 가야 하는 입장이 되었다.

수많은 국가예산을 탕진하여도 블랙잭만 터지면 된다는 장사 속에 우리는 늘 뒷전에서 이웃나라가 해먹고난 장사를 하고 있다. 강대국의 사업에는 물 건너 불구경만 하는 꼴이었다. 좀 더 실질적이고 적극적인 러브콜에 대처하였더라면 그나마 모양새가 좋았을 걸 하는 아쉬움이 남는다는 것이다. 특히나 공기업의 요란한 소리에 비해 실지적인 소득은 미미하고 뒤늦게 뛰어들어서 국가예산만 탕진하고 있는 것이 꼴사나운 지경이라는 것이다.

그런 숨바꼭질 속에서도 열심히 일하는 한국기업인은 많다. 최근 들어 자리를 잡은 기업인으로는 건설업을 하는 그린팔레스(대표 박용광)와 SSD그룹의 로스하우스(대표 현덕수)가 있고 여행사와 겸업을 하는 비프리스(대표 장용운)와 한국관(대표 주기호) 식당이 있다. 이에 러시아항공에 비해 아시아나의 매출도 크게 늘어나 한국기업을 빛내는 감초역할을 다하고 있다.

또 기업은 적으나 나름대로의 철학을 가지고 꾸준히 도전하는 사람들과 어려운 가운데서 사할린2세 한인들의 한국어 의욕을 불러주기 위한 한국기업인들이 만들어낸 아리랑장학회(회장 손병덕)의 몫도 배제할 수가 없다.

이렇게 많은 난관 속에도 부딪치며 끈기를 가지고 남은 한국 사람들은 탈도 많고 말도 많은 험난한 과정 속에서 러시아마니아로 거듭나며 공생해 나가길 원하고 있다.

그 가운데 사할린주정부의 주목을 받고 있는 기업으로는 그린팔레스와 로즈하우스이다. 그린팔레스의 박용광 대표는 일찍이 여행업으로 기반을 쌓아 부동산에 뛰어들었고 사할린 주요 상업지를 두루 매입하며 아파트, 오피스, 복합 상가 등 폭넓게 착수해나가고 있다.

무엇보다 해외시장에서 부동산을 사고팔기란 여간 어려운 것이 아닌데 그도 러시아에서 아파트를 건설해 현지 회사보다 분양률이 더 좋아 부러움을 싸고 있다는 것이다.

▲그린 팔레스가 야심작으로 내놓은 꼬리까바 거리에 있는 아파트.

근간에 경제위기 한파로 굵직한 회사들이 도산하는 경우에도 불구하고 이들 한국기업은 최고를 지향하며 상승세를 타고 있다.

그린 팔레스는 어려운 건설법 규정에도 아랑곳없이 선진국형 모델과 한국식 시공을 접목해 빠른 공정률을 보이며 사할린에 첫 한국형 아파트를 선사했다.

곧이어 사할린 시내 요지에다 오피스텔을 건설하고 있다.

로스하우스는 친환경공법을 적용해 러시아 회사가 염두도 두지 못하는 조경시설을 내놓아 사할린 건설업계의 신종 이정표를 남기기도 했다.

아래는 수산업에 종사하다 건설업으로 전환, 성공한 기업인으로 부상한 한국 기업인을 소개한다.

사할린 건축계가 주목한 韓國 기업인

업계 최단기 시공, 혁신과 창의력으로 성공신화를 꿈꾸다
"500억 규모의 아파트 사업으로 도전장 내밀며 무한질주"

◀현덕수 사장

세계의 경기침체는 러시아의 새로운 에너지 자원보고로 알려진 사할린에도 예외는 아니다. 올 상반기부터 내리막길을 타고 있는 사할린 경제는 하루가 다르게 뒤바뀌고 있다.

대형회사의 도산에다 관공서의 인력감축에서부터 시장경제는 작년에 비해 20~45% 떨어지고 한때의 자원개발에 힘입어 우후죽순처럼 난립했던 건축업계는 올 상반기부터는 거의가 얼어붙었다.

먼저는 백화점과 중견 마트의 전략이 눈에 뛰게 아울렛 쇼핑을 가늠케 하는 세일 판매가 늘어났고 불황을 모르고 고궁행진에 상승세를 탔던 숙박과 음식업계가 된서리를 맞고 있다.

이런 가운데 한 한국기업인이 최단기 건축공법과 선진국형 모델로 건축업계에 뛰어 들어 사할린 건축업계의 신선한 바람과 돌풍을 일으켜 화제가 되고 있다.

바로 SSD Group(sakhalin east & sak city planning development)의 로즈 하우스(www.rose-house.ru)이다. 대표적인 회사로는 택지 개발 및 부동산 컨설팅을 담당하는 〈콘스탄타-21〉과 대규모 단지조성에 뛰어든 〈신동양 개발주식회사〉 등 자회사 5개를 거느리고 있다.

에스에스디 그룹의 주력회사이자 사할린비즈니스의 트레이드마크인 '로즈 하우스'의 현덕수 대표이사는 경남 현풍 출신으로 1991년 수산업을 시작으로 목재와 광업 분야 등 크고 작은 사업의 산전수전을 다 겪었다. 그는 2007년 예전에 매입한 사할린 유즈노사할린스크시 시내 요지의 땅에다 160세대 아파트 사업에 뛰어 들었고 기초공사 8개월 만에 9층 콘크리트 골조를 세우는 신기록을 달성했다.

이때부터 사할린 건축업계에 부각을 나타나기 시작하였고 사상 유례없는 분양률 80%을 초과하는 아파트 사업으로 주정부와 언론계의 주목을 받았다.

소비자들은 우선 '로즈 하우스'의 탄탄한 시공 능력과 선진국형 아파트의 디자인에 감탄을 했고 사할린에 없는 처음 시도되고 고안된 한국형 조경에 놀라면서 외부마감 역시 화강석을 도입해 자연 친화적 환경이라는데 초점이 접목되어 인기는 불황을 딛고 성공한 기업인으로 지목됐다.

또 주정부 신문인 〈베도모스찌〉는 '출입구의 유럽형 기둥 양식과 20인승 엘리베이터의 도입은 새로운 디자인이 창출된 손색없는 아파트'라며 '로즈 하우스'가 앞으로 사할린 에너지 분야와 무한한 성장력의 원동력이 될 것이라고 보도하기도 했다.

이윽고 주정부는 그의 대단위 아파트 건설 사업에 러브 콜을 보내었고 그가 한국인이라는 사실에 더 높은 점수를 매겼고 언론은 모든 수식어에 '처음'이라는 찬사를 아끼지 않았다.

또한 '로즈 하우스'의 향후 건축조합 결성과 부실기업 퇴출에 따른 건설협회 등록 안건 등을 지방 정부에 건의 중에 있고 그가 추진 중인 건설 사업이 확대되어 지역경제에 상당한 효과를 가져 올 것이라고 격찬했다.

실지 12년 중장기적 건설 사업으로 내놓은 2000세대 단지 조성과 위락시설, 학교, 유치원 사업에 주정부도 관심을 표명하며 높이 평가하고 있다.

회사의 건설 경험은 짧지만 굳이 정부의 경매에 참석하지 않아도 집을 짓을 부지가 확보되어 있고 그 땅이 시내 요지에 있는데다 아무런 제약 없이 건설 시공을 할 수 있으며 뛰어난 시공 능력과 엘리트 성향의 설계로 인한 타 회사보다는 유리한 조건에 있다는 것을 상기시키고 있었다.

현재 사할린에는 러시아 자치국을 비롯해 중국, 한국 등 수많은 현지인 건축업자의 참여로 도시마다 건축 붐이 활발한지가 어제오늘이 아니다. 허나 올 상반기 들어 건축업계뿐 아니라 동년 업계는 글로벌 금융위기 발생 이후 큰 다란 손실을 입었고 원자재 값 상승과 관세의 벽에 부딪치며 울며 겨자 먹기 식으로 버티다 도산과 감축 등 심각한 상태에 도달해 있는 상황이다.

그런 가운데 주정부와 언론이 그의 건설 사업에 러브콜과 칭찬을 일삼는 것은 단종 건설 분야의 외국인치고는 극히 이례적인 일이라는 것이다. 현지 전문가의 통계에 의하더라도 지난 1월 중에도 2만6천5백 평방미터의 집을 건축하였지만 '로즈 하우스'가 시민들이 가장 선호하는 아파트로 밝혀졌다는 것에 주목되고 있기 때문이다.

아울러 '로즈 하우스'의 현덕수 대표이사는 한국인 중 가장 많은 세금을 주정부에 납부하고 있는 것으로 알려졌고, 소외 단체에도 선행을 베풀며 첨단 아파트 시공으로 한국인의 긍지를 심는데 일조하고 있다.

몽산 스님의 사할린 나들이

비 내리는 쓸쓸한 샥쵸르스크시, 인구 7000여명에 한인 500명이 거주하고 있다. 유즈늬를 벗어난 대부분의 시는 생산시설이 없다보니 매우 궁핍한 생활을 하고 있으며, 더우기 한인 노인들은 외로움과 고국열망이 아주 큰 것으로 나타났다.

이들에게 평생소원인 영주귀국특별법은 언제나 채택될지, 비 내리는 샥쵸르스크시는 말이 없다.

사할린 영주귀국특별법과 위령제로 잘 알려진 전 대흥사 주지스님인 몽산 스님이 2008년 7월 30일 사할린의료봉사와 위문공연을 준비하기 위해 23일(금) 사할린을 다시 입국해 북쪽지방인 우글레고르스크와 샥쵸르스크시를 찾았다.

공항에는 한인협회 전 박해룡 회장, 한인연합회 백수경 회장, 이산가족협회 이수진 회장, 정의복권재단 김복곤 이사장, 우리말방송국 김춘자 국장, 이중자녀유가족회 김웨철 회장 등 관련 임원진 다수가 환영했다.

몽산 스님은 러시아 CIS(독립국가연합)에 분포해 있는 한인들과 특히 사할린한인들에 대한 사랑과 애착은 남다르다.

일찍이 그는 2005년 재외동포법 개정을 위한 공청회 관계로 한명숙 전 총리와 사할린을 첫 방문해 강제징용, 관 알선 모집으로 사할린에서 희생한 한인 1, 2세 분들의 넋을 천도하는 위령제와 위문공연을 가져 사할린 한인들에게 조금씩 알려졌다.

그 후 KBS, YTN, BTN TV 방송사와 한겨레 신문기자를 대동하고 사할린 한인실상을 국내에 알렸는가 하면 사할린특별법 개정을 위해 2006년 국회통외통 위원장 김원웅 의원, 김무성 의원, 유승희 의원, 김부겸 의원, 배기선 의원과 정동채 전 문광부 장관의 도움으로 국회 상임위에 통과되어 본 회의에 상정시키는 저력을 발휘했다.

또 그는 한국의 문학계 거장인 시인 고은 선생과 사할린 출신으로 일본

▲사할린위령제 및 사찰음식축제

에 있는 이회성 선생, 일본 야마가다 대학의 고실희 박사, 세종연구소 백학순 박사, 참여연대의 손혁제 박사, 박물관협회 김종규 선생, 전 농림부 장관이며 상지대학교 총장인 김성훈 선생 등 사할린과 일본사회에 관심을 주기위해 대표단 일행과 다시 사할린을 찾아 뽀로나이스크, 마카로프, 홈스크, 유즈노사할린스크시에서 각기 위령제와 위문공연을 가지기도 했다.

이어 유즈노사할린스크 시노인정 보수를 위해 거액을 기탁했고 노인들을 위해 안마기기를 기증하였으며, 2007년에는 블라디보스톡에서 중앙아시아로 끌려간 한인들을 위해 우즈베키스탄과 타시켄트에서 위령제와 위문공연을 열었으며 노래자랑과 사찰음식축제를 성황리에 개최했다.

이렇듯 그의 러시아 속의 사할린 일정은 하나같이 억울하게 희생된 넋을 위로하는 위령제와 소외된 한인들을 위한 나눔을 실천해 사할린 한인들에게는 더없는 감동과 큰 스님으로 자리매김하였고 중생을 보살피는 대승적 인물로 남기에 손색이 없었다.

앞으로 희망사항을 묻는 질문에는 한국 농림부와 함께 연해주 또는 사할린에 비닐하우스를 개간해서 채소 및 과일농경지를 조성하여 노인들을 위한 복지기금을 마련할 계획이며 지구촌동포연대와 연대해 사할린 브이코프 탄광촌에 탄광박물관을 세우고 싶다고 했다. 이번 나들이에는 사할린 한인사회 단체장들을 향해 꾸밈없는 질책으로 화합을 외쳤고 조금씩 양보해 희생하는 모습을 보여야 한다고 강조하기도 했다.

서로가 힘을 합쳐도 못 자랄 판에 한국의 시선을 사할린으로 되돌려 놓는 것은 무엇보다도 각 단체장들의 역할인 만큼 이제는 폐지 위기에 놓인 사할린영주귀국특별법 등 개정안을 상정, 통과시키는 일이라며 쓴 소리를 퍼부어 경종을 울러주었다.

오는 7월말 사할린 의료봉사와 위문공연, 사찰음식축제 등으로 현지답사 차 들린 몽산 스님은 24일 1박2일 일정으로 한인협회 박해룡 회장과 조성길 기자, 중앙학연구소 파견교수 남혜경 박사와 함께 7시간이나 걸리는 북쪽 탄광촌 마을 우글레고르스크, 샥쵸르스크시를 방문하고 현지 단체장들을 격려하였고 26일 오전 사할린한국영사관 전 양중모 영사를 찾아뵙고 오후 곧바로 힘겨운 강행군을 마치고 사할린을 출국했다.

※스님의 사할린나들이는 계속되었다. 사할린희망캠페인을 발족해 한인들의 소송과 권리를 위해 남다른 애착을 보이고 있으며, 포로나이스크 시립박물관에 한국의 전통문화 보급에 앞장섰고 사찰음식축제를 통해 한국문화를 심는데 일조했다. 2010년 강제병합100년 사할린시민대회에는 박선영 국회의원과 함께 방문해 일본의 만행을 대내적으로 알렸다. 2012년 1월 사할린을 재차 방문해 지속적인 교류와 사할린문제를 재검토하고 실질적인 도움을 줄 것을 약속했다.

희망봉 만드는 달구벌 청년, 하태균

대구 달구벌 청년 하태균이 사할린에 관심을 가지게 계기는 우연이 아니었다. 일지기 대구와 사할린과는 1998년 한인협회와 자매결연 인연으로 만났다. 그로부터 10년 뒤, 그가 맡고 있는 민족통일대구청년협의회의 글로벌 무대를 연구하다 사할린동포들을 위해 다시 희망봉을 만드는데 참여할 것을 생각하게 되었다. 이로 인해 매년 사할린한국교육원을 통해 선발된 3, 4세한인 및 러시아인 학생들이 동북아청년협의회 초청으로 한국을 방문하는 걸 목격하였고 달구벌 청년들이 사할린동포들의 아픔을 위로

▲한인문화회관에서 열린 '한인위안 대구의 밤'에서
에트노스예술단의 가야금연주

▲경제법률정보대학교에서 하태균 회장이 강의를
끝내고 교수와 학생들과 기념사진을 찍고 있다.

하는 구체적 안을 마련하고 본격적으로 사할린 동포들을 돕기 시작했다.

2008년 사할린 한인협회와 대구 민통과의 인연을 다시 부활시키는 사업을 시작하는 의미로 〈가자! 사할린으로' 2008통일백서〉를 발간하고 광복63주년 건국60주년 사할린 광복기념행사에 첫발을 내딛었다. 이날 사할린 코스모스경기장에는 수많은 관중들이 운집되었고 사할린주정부 고위 관계자들이 자리를 빛내 한인민족 최대의 명절이 되었다. 경기장 곳곳에서는 대구에서 공수해온 한인과 러시아인이 함께든 태극기 물결이 관중석에 휘날렸다.

이후 그는 사할린 구석구석을 돌며 한인들의 애환을 체험하였고 대구 시청과 대구 지인들의 지원을 받아 사할린 돕기에 나섰다. 매년 광복절에 참석하고 한인협회와의 친선을 도모하고 사할린 한인들을 위해 발 벗고 뛰었다.

사할린챔버오케스트라, 바부쉬니 전통무용단을 초청해 양국 문화교류에도 크게 이바지했다. 특히 내한공연의 하이라이트는 단연 '사할린새고려신문돕기'의 공연이었다. 주최 측인 민족통일대구청년협의회의 하태균 회장과 그 임원들이 벌인 대단한 진행과정은 어려운 시기에도 감동과 더불어 나눔의 의미를 함께 베풀어 영주 귀국한 사할린 동포들에게도 따뜻한 온정을 안겨준 데 높이 평가될 연주로 기억됐다.

또한 국내 민간단체로는 처음으로 러시아 유일의 사립대를 세워 입지적 인물로 기억되는 강영복 총장의 대학과 자매결연을 체결하고 매년 페스티벌과 학생초청, 장학생 선발을 몸소 실천하고 있다. 광복절 행사는 물론이고 사진전을 통해 한인들의 돕기에 나서는 사명감을 해가 거듭할수록 확대해 가고 있다.

달구벌 청년들의 사할린 희망봉 만들기에는 지금도 계속되고 있으며 그의 사할린 열정은 임기가 다하는 날까지 아니 대를 이어서도 전달하고 싶다고 전했다. 현재 그는 대구장애인체육회를 사무처장을 겸하고 있는 가운데서도 사할린 한인 장애인들에도 관심을 가지는 사업을 추진해보고 싶다고 장담했다.

지난해에는 사할린경제법률정보대와 한인협회와의 자매결연 목적으로 사할린을 방문하고 대학 강의와 한인위문 잔치를 베풀며 4일간의 일정을 숨 가쁘게 보냈다. 매년 대구시와 지역 후원자의 지원으로 사할린 행사를 베푸는 달구벌 청년들은 첫날 대학 강의를 시작으로 오후 한인문화회관 강당에서 노인들과 한인을 위한 다과회를 베풀었다.

또 대구의 밤 행사를 진행하고 코르사코프 망향의 언덕 참배, 코르사코프 시청과 러시아민속예술학교, 우리말방송국 방문 등 현지 사회단체장들과의 면담을 가지며 앞으로도 지속적인 학술 및 문화 교류를 펼쳐나갈 것을 다짐했다.

보름달에 비친 사할린 의료봉사

'시름에 빠진 지진피해 이재민에 사랑의 인술 펼치다'

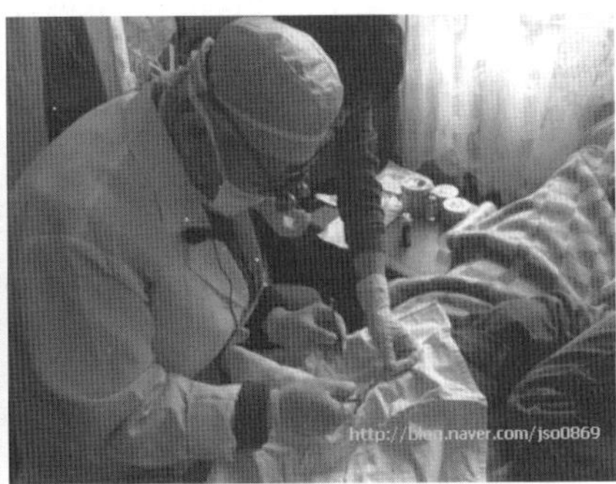

▲ 네벨스크 지진피해 의료 봉사현장

1995년 사할린대지진 이후 사할린 남서쪽 홈스크 방향의 네벨스크시에서 리히터 규모 6.8의 지진이 2007년 8월 2일 11:30분에 발생했다. 대지진이후 가장 많은 부상자와 건물이 파괴되었고 4명의 사상자와 2000명에 이르는 부상자가 발생해 조용하던 작은 도시가 하루아침에 거리로 나앉았고 시민들은 깊은 시름에 잠겼다.

네벨스크 시정부는 연일 러브콜을 보냈고 모스크바에서는 구조단과 국경 없는 의사회 등이 약품과 의료진을 긴급히 파송했다. 일본 구호단체도 피해지역에서 봉사활동을 펼쳤다.

앞서 1995년에 일어난 사할린대지진은 새벽녘에 일어난 지진이라 피해가 어마어마했다. 거의가 잠든 시간인데다 가장 피해가 컸던 네프데고르스크 지역에는 5층짜리 아파트 19개동이 한꺼번에 무너져 내렸다. 단 한 명도 구조되지 않았고 전원 사망한 끔찍한 피해로 기록되었다.

무려 1989명이 목숨을 잃었고 수천 명의 부상자가 집과 재산을 잃었다. 그로부터 12년 만에 진도 6.8의 강진이 발생해 대부분의 시민들이 집을 잃고 거리에 내몰렸다. 우선 사할린주정부는 긴급구조단을 통한 임시 거처를 마련하고 주변도시는 물론 유즈노사할린스크의 요양원, 고아원, 특수시립병원 등에 투입시켰다.

무엇보다 의료진이 턱없이 부족해 시민들은 불편한 점이 이만저만이 아니었다. 집도 집이지만 의료혜택이 절실히 필요했다. 병원도 무너지고 극장 등 주요 기관이 거의 마비되었다. 그나마 시청건물은 건물 일부에만 금이 가고 손상되었을 뿐 큰 피해는 없었다. 민원과 행정업무, 주요 정보망은 유지되고 있었으나 시청 앞 광장에는 구호단체의 손길을 기다리고 접수와 피해현황을 보고하느라 북새통을 이루었다.

강진발생 20일이 지난 시기에도 2천여 명이나 되는 이재민들은 살 집을 마련하지 못해 발을 동동거리며 있었고 이곳저곳 기웃거리는 난민신세를 면하지 못하고 있었다. 이재민들은 주정부 긴급 지원으로 컨테이너 집과 해변가 나무판자집이 제공되어 있었으나 아직 건설 중에 있었고, 거의가 임시 천막촌과 응급처치로 공수된 화물열차 칸에서 생활하고 있었다.

사할린은 연간 1천여 건에 달하는 경미한 지진이 수시로 발생하지만 대지진 이후 네벨스크 지진이 가장 큰 피해를 입었다. 이렇게 시민들이 의료혜택을 보지 못하고 있을 때 대구의 삼덕의료봉사단이 사할린의료봉사에 나서겠다는 통보를 해왔다.

삼덕의료봉사단은 대구광역시 중구 삼덕동에 본부를 두고 있고, 의사 및 의료진 70여 명의 인원으로 창립되었다. 봉사단의 사무국장(내과전담, 손경식)과 행정총괄(경북대 교수, 김선왕)의 체제를 갖추고 국내의 이주노동자 진료에서 수해지역 및 긴급구호 의료지원 등 지구촌 소외된 이웃을 찾아 사랑의 인술을 펼치는 국제적인 봉사단체로 알려졌다.

이미 15년 전부터 국내의 의료봉사활동과 해외의료 봉사를 실시해온 삼덕의료봉사단은 그동안 중국, 키르키즈스탄, 몽골, 태국, 필리핀, 피지 등 아시아에서 태평양까지 해외 의료봉사를 벌여왔다. 또 현지 의료 사각지대의 소외되고 어려운 지구촌 이웃을 한국으로 초청하여 무료 수술까지 펼쳐 나눔을 실천했다.

▲의료봉사 현수막

사할린 해외의료진을 인솔한 강진성 단장은 한국에서도 백년의 역사를 가진 대구 동산병원 의료원장을 지낸 원로의사(외과)로 한국의 학계에서도 존경을 받는 석학의사로 유명하다. 지금도 매년 인도네시아와 몽골, 네팔 등지로 무료수술(언청이, 심장수술) 등을 베풀고 있다.

이번 사할린 해외의료봉사는 남부사할린에 위치한 네벨스크와 홈스크의 외신을 통해 지진피해 소식을 접하였고 지형특정상 섬이라는 것과 사할린이 일제강점기 강제징용자들이 끌어 온 지역임을 감안해 한인과 더불어 이재민 돕기의 차원에서 결심하게 되었다고 했다.

특히나 러시아에서 의료진 활동은 쉽지 않다. 자국을 제외하고 외부의 의료 활동을 허용하지 않는 것이 기본원칙인데 약품 반입이 있어야 봉사가 가능한 점을 고려할 때 도무지 넘긴 힘든 부분을 허용하고 자국에서의 의료 활동을 인정한 것은 경이적이었다.

외국의료진으로는 첫 사할린 주정부의 허가를 받았고 러시아 공중파 방송으로 내보내졌다. 지진피해로 폐허가 된 도시민들에게 한국의 의료진은 최고의 찬사를 받았고 가는 곳마다 문전성시를 이루었다.

이재민과 한인들에게 보름달 같은 인술을 펼친 봉사단은 접수에서 한방, 안과(안경), 피부과, 치과, 내 외과, 산부인과, 신경과 등 약국(조제) 조달까지의 세심한 진료로 정성을 다했다.

진료를 받으러 온 러시아인들은 삼덕 의료봉사단이 베푼 친절에 놀라며 연신 '스빠시바'를 외쳤고 아낌없이 베풀어준 의료진들에게 포용과 눈물로 고마움을 표현했다.

거동 불편한 팔이 정상으로 되돌아와 기쁨을 감추지 못하였고, 엄두도 내지 못했던 치과교정으로 가는 곳마다 감동의 현장을 목격하긴 쉽지 않았다. 의료봉사단은 네벨스크 이재민과 유즈노사할린스크 '베레즈냐끼' 아동휴양소, '제츠끼 돔 라스토츠까' 고아원 등지에서 의료봉사를 펼쳤다.

사실 사할린 의료봉사는 다른 나라에 비해 까다롭기로 소문이 났다. 그런 가운데에서도 주정부의 의료허가와 통관절차 등을 어렵게 배려해준 시정부와 주립병원의 협력이 컸다고 본다.

끝으로 강진성 단장과 김선왕 총무(행정총괄)는 "저희를 따뜻하게 맞이해준 러시아 시민들과 한인단체장들의 노고를 치하하고 러 정부의 허가만 요청된다면 앞으로도 사할린 의료봉사를 정기적으로 검토하겠다."고 밝혔다. 삼덕 해외의료봉사단와 사할린 협찬에는 사할린한국영사관, 한인소식지사할린, 이산가족협회, 대우건설, 백수경 심포니오케스트라, 우리말 방송국, 루가보예 교회가 도움을 줬다.

▲60년 만에 처음 열린 부산한복협회의 한복패션쇼.

※그간 국내의 손길은 수없이 이어왔지만 현재까지 꾸준히 사할린을 돕고 있는 기관으로는 외교통상부, 재외동포재단, 대한적십자사 등 산하기관의 한국문화예술위원회가 있고 민간단체로는 동북아청년협의회, 한강포럼, 민통대구청년협의회, 지구촌동포연대, 아리랑장학회, 가수 이혜미, 설영화민속예술단 등이 보편적으로 알려져 있다.

아, 사할린아! _曺成吉

◀망향석

1986년 이후 소련은 고르바쵸프의 페레스트로이카에
자유국가는 물론 세계는 놀라며 반기면서 박수를 쳤었다.

고르비의 개방물결이 곧 이어져 헤어졌던 동포들의 혈육들이
마침내 기쁨의 눈물 적시며 감격의 상봉을 이루게 되었으니
하늘도 울고 땅이 痛哭했었다.

얼마나 기다렸던 끈苦의 세월이었든가
꿈이야 생시야,
꼬집어도 아프지 않았던 조국에
우리의 형제와 만날 수 있었으니
이룰 수 없었던 꿈을 실현시킨 고르비의 행적에
까맣게 타 들어갔던 이산의 만남에
우리 모두의 가슴은 기쁨의 눈물을 짓고 말았다.

故鄕땅을 밟기 위해 百方으로 뛰었던
1세대의 끈질긴 恨이 하루아침에 성사되다니
일본으로~ 북으로~ 중국으로~ 러시아로
목숨 걸었던 천추의 한,
그들의 勞苦가 오늘이 있음을 우리는 읽어낼 수 있었다.

허지만 理念의 골은 너무나 깊이 패여
그 벽은 鄕愁만으로는 풀 수 없는
수수께끼로 남지 않기를 바란다.

같은 핏줄이면서도 자유를 외면한 틀에서
살아온 이념의 벽은 아직도 허물어지지 않고 있다.
동떨어진 환경과 외면에 또 다시 굴절된 벽이 막힌 사실을
깨닫는 시간은 그리 길지 않았다.
하지만 꿈에 그리던 祖國은 어머니 품속 같지만은 않았다

반세기가 흐른 痛恨의 세월,
그토록 그리던 조국을 찾았었는데
이미 죽어간 동포는 저 세상에서나 相逢을 이룰 수 있을까
남은 날 조국에서 뼈를 묻길 원했던 그들의 희생이었건만
일제에 나라마저 빼앗기고 强制徵用당해
끌려온 순국선열들의 후손들은
지금도 밤이면 밤마다 고향 땅의 형제를 그렸었는데..

꼬르샤코프 望鄕의 언덕너머 저 바다만 건너면 내 고향인데
눈물 마를 날 없었던 恨많은 세월을 보냈었던 동포들
해 저무는 수평선 바라보며 고향의 형제를
잠시도 잊은 적이 없었던 사할린 동포들이여!

시베리아 冷氣流의 酷寒에서도 오늘의 子孫들이
번창한 것은 祖國近代化의 旗手만큼이나
동토의 땅에서 피 끓는 순국정신으로
더 모질고 값진 시련을 견뎌낸 사할린동포들이었기에
그러기에 외면해서는 안 될 우리의 兄弟이거늘
이제라도 감싸 안고 보듬어 줄 아량 베풀어 주면 안 되겠니

남은여생 편하게 살 수 있도록
피 나눈 동포의 사랑으로 관심과 애정을 바라노라
우리에겐 머나먼 잊고 있었던 鐵의 帳幕 凍土의 땅에서

한 맺힌 삶으로 오늘을 살아온
우리의 형제들이 조국을 목 놓아 불렀었다.

꼬르샤코프 망향의 언덕에서 목 메여 부르던 故鄕山川
억 겹의 세월에도 대답이 없던 조국은 이제 대답할 차례다
해방 60년 지난 오늘에 이르기까지
사할린 동포들은 척박한 동토의 땅에서
온갖의 서러움과 逆境을 딛고 황금 땅을 일구어냈단다.

이젠 눈물로 고향의 향수를 달래었던 언덕자리에
고향 땅을 밟지 못하고 눈마저 감고 갔을까?
먼저 간이들의 靈魂들이여~
삼가 명복을 비나이다.

비로소 영혼을 治癒할 가신님의 哀歡의 望鄕石이
꼬르샤코프 항구를 내려다보며 우뚝 서있단다.

아~, 동토의 땅~ 사할린아!
그리고
사랑하는 조국아!
왜 대답이 없느냐?

2005년 삼월에

※이 글을 꼬르샤코프 망향의 언덕에 자리한 망향탑 건립에 부치며, 고향을 그리다 돌아가신 사할린동포 분들께 바칩니다.

☞페레스트로이카(국내의 민주화와 자유화를, 외교는 긴장 완화를 기조로의 개방 정책)

사할린 한글교육 현황

사할린한국어교육 현황을 살펴보기에 앞서 인접도시의 한글학교 운영 상태부터 짚고 넘어가야 하는 것이 좋을 것 같다. 그 학교가 주목이 되고 있는 상황은 타 학교완 다르게 운영되고 교사와 학교가 혼연일체가 된, 그래서 그 무엇보다 값진 기억으로 남기에 소개하고자 한다.

물론 사할린의 모든 한글교사가 어려운 현실 속에서도 사명감을 가지고 나름대로 열심히 뛰고 있긴 하지만 미처 손길이 미치지 못하고 외면받는 가운데서도 지난 4년간 한시도 빠짐없이 훌륭하게 운영되고 있는 현실에 감동을 받았다는 것이다.

지방한글학교의 부활

◀코르사코프 제2중학교 한글반.

사할린 중심부 가장 많은 하역물량이 선적되는 부두로는 꼬르사코프 항구다. 꼬르사코프시는 인구 4만7천명에 한인 2500명이 거주하는 역사적 의미가 담겨져 있는 곳이기도 하다. 1937년도부터 강제징집에 동원된 이래 망향의 한으로 점철된 70년 사이 사할린 주요도시에 분포되어 있는 탄광지역과 꼬르사코프시는 사할린 한인들에게 있어 뼈아픈 역사가 서린 곳이다. 소련군이 상륙한 홈스크 항에서부터 해방과 동시에 가장 많은 한인들이 몰려든 곳도 코르사코프시다.

이를 안타깝게 여긴 한강포럼이 2007년 대우건설의 협찬을 받아 성금을 모아서 서울 미대에 작품을 의뢰해 지금의 '망향의 언덕' 에다 배를 형상화한 위령비를 세워 명소가 된 곳이기도 하다.

사할린의 수출입 물동량 대부분을 소화해내는 곳이며 유즈노사할린스크에서는 42km, 침엽수가 많고 어업이 왕성하며 투나이차, 오호츠크, 부세호수 등 휴양지로 손꼽히고 있다.

반면 유즈노사할린스크를 벗어나면 소도시의 낙후된 모습을 손쉽게 찾을 수 있다. 그 곳에도 오랜 전부터 한글학교가 있었다. 하지만 63년 조선학교가 폐쇄되고 88올림픽까지 한글학교는 타 지역과 마찬가지로 전무했다.

그러다 한인단체가 형성되고 서서히 고개를 든 한글학교가 사할린에 문을 열게 되었다. 신지식인의 교육학자에 의해 대학에서 첫 신호탄을 올렸고 그 이듬해 일반학교에서 문을 연 한글학교는 복원하기에 박차를 가했지만 쉽게 자리를 잡지 못했던 것 같다.

한국교육원이 들어서고 한글학교는 보다 체계적인 시스템으로 자립하게 되었고 모국어의 중요성을 점점 깨닫게 된 동기이다. 그 여파는 물론 TV로 비친 낯선 조국이 있었고 눈부신 경제성장으로 도약한 대한민국이 있었기에 가능했다.

사할린 한인들은 조국을 다시 알았다. 남쪽이 고향인 1세 한인들은 평생 가슴에 묻어 둔 조국이었지만 국교수교가 없었던 관계로 대부분 북한이 선전한 책동에 휘말려 한국은 거지가 창궐하는 나라로만 알았기 때문이다.

그래서 한국어 교육은 더없이 비약했고 간간이 북한으로부터 입수해 온 조선어 책자로 학교는 연명해 왔다. 그로부터 개방이 되고 한국어 교육도 순차적으로 발전하기 시작했다.

전체 한인인구 3만에 비하면 턱없이 부족한 한글학교가 사할린의 현실이다. 그간 정부의 재외동포 한글사업으로 다소 활기를 찾았지만 인구에 비하면 체계적인 교육이 떨어진 형편이고 숱한 연수교육도 실시되었지만 거의가 일회성에 불과했다.

5년 전만하여도 한국어 보급은 비약하기 이를 데 없었다. 분명 1세로 이어진 모계사회가 형성되었을 것인데도 30-40대 한국어 수준은 하위권에 머물고 있었다. 심지어 50대 어른들도 한국어로 구사하지 못하는 경우가 많았다. 지금이야 급속도로 발전한 이유는 사할린동포영주귀국이 크게 뒷받침한 결과라고 감히 말하고 싶다.

개방 이래 한국어 교육이 지속적으로 상승하지 않고 상하 곡선을 이룬 이유는 이들에게 모국어가 생계로 이어지는 불확실한 장래성이었다. 그러기 때문에 모국어는 등한시됐고 수시적 상황에 이르기를 반복하다보니 대체적으로 안일했다.

근간에 들어서 인터넷 보급으로 비약적인 발전을 거듭할 수 있었고 한국문화 행사가 수시로 개최되고 청소년 연수교육에다 모국과의 왕래가 점차 많아진 까닭에 현지신문들도 제자리를 찾아가고 있는 듯했다.

이런 와중에 그나마 올바른 한글학교가 몇 있었지만 2007년부터 시작된 집단영주귀국으로 하여금 내 놓아라 하는 한글교사가 제다 한국으로 갔다. 금지옥엽 지탱해온 지방의 한글학교도 문을 닫았다.

현재로선 경력 있는 교사가 없는 실정이다. 그나마 국립대학교의 한국어학과와 동양어문학교, 루고워예 등 지방의 꼬르사코프 한글학교가 유지된 상태이다.

이는 교사양성을 한다는 허울만 있을 뿐 실질적인 교사양성이 되고 있지 않기 때문에 한글학교의 발전도 적을 수밖에 없다는 것이다. 교사양성은 우후죽순 많으나 교사자립은 상대적으로 적은 이유가 여기에 있기 때문이다.

이는 생계가 우선 보장되어야 하는데 수업시간 만큼 교사의 노동력에 비해 임금이 턱없이 작고 교사지원금이 제대로 전달되지 못하는 까닭도 있다고 본다. 정부예산이 많다고 하지만 관할 유지비는 엄청나게 많고 실지 전달되는 교육비 예산은 그에 비해 30~40%에 미치고 있는 실정이다.

이처럼 교사양성이 체계적으로 성립되지 못하고 있는 것을 한 번쯤은 고려해볼 문제이다. 우선은 수없이 많이 실시되는 연수교육에도 왜 교사는 없는가 하는 점이다.

탐낼 교사자리가 아니어도 좋다. 모국어의 중요성을 인식하고 제대로 된 연수 교육법을 개발해 한글을 가르칠 사명감을 불어주어야 하고 노동력에 가하는 대가가 수반될 여건을 마련해 주는 것이 급선무이다.

이를테면 정부예산으로 이루어지는 현지 유지비의 일부를 축소하고 축소한 만큼의 경상비를 한글학교에 투자한다면 나름의 성과를 달성할 수 있고, 교사의 사명감을 심어주고 학교의 장기적 생존이 가능하다는 것이다. 또 가장 염려스런 부분은 현지인에 밀려 제대로 업무처리를 하지 못하는 경우를 보았다.

정작 한글학교로 가야할 지원금이 엉뚱한 곳으로 지급되는 것 또한 깊이 생각하여야 하고 사소한 운영경비이라도 절약하는 것이 국민의 세금을 덜어 주는 것이기에 운영과 품위유지비의 출처를 철저하게 관리할 필요도 있을 것 같다.

매사 돈으로 해결할 바에 누구든 할 수 있는 일이라 국가예산은 너나 할 것 없이 꼭 필요한 곳에 써야하는 것이 마땅하다고 본다.

언제 사할린에 있는 모 재외기관의 한글학교 실태를 본 적이 있다. 정규과목과 비정규 분석, 학생 수, 학교 등이 기재되었는데 그로 치자면 사할린한글학교는 세계 어느 지역 한글학교보다 우수하고 잘 정돈된 모습이었다. 또한 한국어 수업이 원활히 움직여 해외 한글학교의 필요성이 확산될 소지가 많은 것으로 나타났다. 그럼에도 불구하고 교사다운 교사는 없고 학생 수와 학교는 늘어나고 있다는 평이다.

점잖게 지적하자면 다소 부풀인 점이 많다고 본다. 사할린의 한글학교는 교사양성이 우선이고 적은 돈이라도 예산지원금을 제대로 활용해야 수급을 보장할 수 있다고 본다.

◀제6회
한국어페스티벌.

특히 자립으로 운영할 여건이 없는 실정이 사할린이다. 강제징용이라는 특수한 사정에 고립된 상황이 지배적이다 보니 베푸는 것이 아직은 인색하다. 자력이 공생하지 않는 이상 한글학교의 부활은 지극히 어렵다고 보기 때문이다.

마냥 퍼 주기보다는 자력의 공생이 어우러지면 교사양성도 자연히 이루어질 수 있는데 현 상태의 고수로는 십 년을 이룬 것이 고작 이 수준에 다다르니 안타깝기만 하다는 것이다.

가장 마음 아팠던 것은 제2외국어에도 한국어가 설 자리가 없다는 것이다. 한인임에도 한국어를 선택하지 않고 신흥국 언어를 선택하는 이유를 분석하고 단 한 명의 교사를 양성하기 위해서는 사명감을 줄 교육 기반을 조성하고 적극적인 지원이 따라야 한다고 본다.

이러한 상황 속에도 한글을 사랑하고 한글학교의 부활이 있는 곳이 있다. 바로 코르사코프 제2중학교이다. 이 학교는 교장과 부교장이 사심 없이 한국문화를 받아들이고 엄청 사랑하고 있다.

올 4월에 열린 한국문화 및 한국어페스티벌 축제는 관할 재외기관의 지원금 없이 자체 준비해 역대 가장 빛나는 한국어축제로 승화시켰다. 지방이라서 현지 한인언론사도 찾지 않은 조금은 씁쓸한 자리이었지만 오히려 일본의 NHK와 러시아 언론사가 치열하게 보도한 경향이 있었고 사할린을 대표하는 중등학교의 한글반이 참석해 보다 알찬 축제가 되었다.

작은 축제이었지만 선전이 되고 관심이 모이는 곳에 치중하는 졸속 모양새를 갖춘 위정자의 모습이 한글교육에도 환연히 잠재하고 있다는 것에 많이 실망했다. 우선 도움이 되면 기사화하고 그렇지 않으면 큰 관심을 두지 않는다는 것이다. 이러고도 재외기관의 책임을 다하였고 언론의 참 모습이었는지 묻고 싶다. 좀 더 각성하는 마음자세와 변화가 절실히 요구 됐다.

이런 악조건 속에서도 한국어축제를 활성화하고 한국을 빛낸 인물이 어디 교장과 부교장 선생뿐 이었겠나 싶다. 이는 전적으로 한글교사가 있 었기에 가능했다고 본다.

이곳에 오늘의 김길수 한글교사가 있었다. 한인3세로 젊은 교사인 김 길수 교사가 운영하는 꼬르사코프 한글학교는 2006년 지역 한인회의 도 움으로 시작해 전 블라디보스토크 전대완 총영사와 전 한국교육원 김윤수 원장에 의해 개설된 한글학교이다.

초대교사로 오점순 교사에 이어 4년 전부터 한글교사에 공채된 김길수 교사는 조부의 유별난 한국어 교육에 기초를 익혔고 전문대학 졸업 후 러 시아에 진출한 삼육 대학에서 한국어수업을 받았다

현재 저학년 영어교사와 전 학급 한글교사로 있는 김길수 교사는 해마 다 인기절정으로 치닫는 한글교육 재미에 푹 빠져 있다. 교사의 열정에 앞서 수업에 임하는 학생들의 자세가 예사롭지 않기 때문이다.

유독 다문화 가정이 많은 지역이지만 한인보다는 러시아 학생들이 더 적극적이고 의욕을 보여 한국어 수업이 매번 즐겁기만 했다. 열성적인 어 린 학생들은 한국문화에 반해 한국어 연극놀이에 가담해 줄 것을 떼를 쓰 는가 하면 눈물로 하소연하며 한글배우기를 원하고 있다.

또 한 학생은 한국어수업이 너무 재미나서 그날 배운 한국어를 방과 후 가족들을 모아놓고서 일장 연설을 하고 가르치기도 한다고 했다. 실지 수 차례 학교를 관심 있게 방문해서 느낀 것이지만 학생들의 한국어 수업은 타 학교완 남달랐다.

해외에 살면서 어디 가슴이 뭉클한 것이 이것뿐이었겠는가마는 자연스

럽고 평범하게도 그 학교에서 발견한 것은 원인 모를 감정으로 알권리를 대변해야 할 이유를 가졌다는 것을 먼저 떠올렸다는 것이다. 그래서 더욱 이 학교의 자랑스러운 모습에 가슴이 벅차고 순수한 러시아인 학생의 한국어 의욕이 오래 동안 기억되었다.

작년 서울의 홍익대학교 봉사활동이 이 학교에서 진행되었다. 홍익대 학생들의 봉사활동이 체계적이고 알차기도 하였지만 방학 중임에도 전교 학생들의 인기를 받으며 의자가 모자랄 정도로 성황을 이루었고 교육봉사 수업마다 최고의 찬사를 받았다.

학생들은 더욱 한국문화를 이해하였고 깊이 한국어를 사랑한 계기가 되었다. 이들에게 한국어수업은 일상과 같은 즐거움을 안겨 주고 있는 듯했다.

이런 뿌듯한 광경을 사할린 외진 변방 토마리 지역에서 보았다. 역시나 지방학교로 현존하는 한글학교로는 가장 인기 있는 학교로 존재했다. 지금은 한글학교는 없지만 그때의 한글교사의 자리는 영원히 남아있다. 바로 영주 귀국한 사할린 한글교사의 선구자로 기억되는 허남훈 선생이다.

그 빈자리를 지켜보면서 한글교사의 명맥이 끊어지지 않나 노심초사했던 기억이 난다. 그로부터 잘된 학교를 찾기란 쉽지 않았다.

이러한 여건을 갖추고 한글학교의 면모를 지닌 인상적인 학교가 코르사코프2중학교 한글학교인 것 같았다. 똑같은 상황에 지방학교이면서 표나지 않게 맡은 바 책무를 다하며 교사의 사명감을 몸으로 익히는 허남훈 선생을 보는 듯하였기 때문이다.

적은 보수에도 탓하지 않고 온갖 비리가 전해져오며 수모를 당하여도 오직 한글교육에 임하고 최선을 다하는 모습에서 젊은 선생의 모습은 아름답다 못해 숭고하기까지 했다. 그는 간간이 한국어통역도 하며 한국어 실력을 부양해 나가고 있다. 단지 한국어 선생이라는 직책 때문에 별 이상한 술수에 휘말렸고 소문이 난무하여서도 본인의 임무를 다했다. 오히려 러시아인 교장과 부교장의 관심과 사랑으로 힘을 지탱할 수 있었다.

무엇보다도 국가에서 지급되는 정규교사의 월급이 45만 원에 불과하다는 것이다. 참 가슴이 아프다. 이런 현실로도 가장을 책임지고 생계를 꾸려 나가야 하며 한국어를 가르치고 있다는 것이 믿어지지 않다는 것이다. 애석하게도 그 어떤 지원과 자구책이 없는 현실이다. 두 해 전부터 한국교육원의 도움이 커져서 교사들의 의욕이 대단하고 학습열도 향상되어 가고 있는 실정이다.

그래도 부족한 실력이기에 더 많은 문법을 익히고 낱말을 숙지해 아이들에게 가르치길 원했다. 보통 아침 일곱 시에 출근해 여덟 시까지 수업에 임하면서도 한 번도 피곤한 내색을 보이지 않았고 한국어 수업에는 힘이 솟아난다고 했다.

동료 교사들도 한 목소리로 칭찬하기에 여념이 없었다. 한국어 수업도 타 학교에 비해 상당히 많았다. 이런 학교는 더욱 보살펴 주어야 한다. 러시아 학교이면서 교육부에 등록된 정식 한글학교가 있는 학교는 많지 않다. 지대한 관심만이 학교가 존재한다. 적은 지원이라도 성의껏 공조하고 관할 재외기관이 적극 나서야 학교의 존립을 보장할 수 있기 때문이다.

코르사코프 제2중학교 한글학교 반에는 훈민정음이 있다. 홍익대 학생들이 손수 그려 놓았다. 아이들은 한국어를 배우면서 한글의 자음과 모음을 자연스레 접할 수 있어 좋았다.

또 한국관련 지역행사에도 발 벗고 나서는 모습에서 학생들에게 단순 한국이 친근하고 한국어가 좋았기 때문만은 아닐 것이라고 생각한다. 좋은 선생이 있기에 즐거운 마음으로 수업에 임할 수 있다는 것이다.

한글학교 탐방은 이곳 사람들보다 더 찾았고 사할린 외진 곳을 다 돌아다녀 보았다. 지방 한글학교의 부활은 매우 중요하고 고무적인 사례다. 탁상에만 의존하지 말고 직접 교사들과 체험하고 교육부와 잘 소통하고 애로사항을 해결해 주는 것이 우선이며 사할린한글학교를 더 이상 잃지 않는 것이라고 본다.

해마다 사할린교육부의 정책에 의해 위태한 한글학교의 과정을 지켜보

▲ 한국교육원이 주최한 한글축제

면서 모든 이의 관심이 집중되어, 재외동포의 교육도 머지않아서는 국가의 미래를 짊어질 초석이 될 소지가 있는 만큼 부활하는 지방한글학교의 발전이 가속화되길 소망해본다.

말로는 만리장성도 하루아침에 쌓을 수 있지만 애초 그런 발상은 가지지 않는 것이 낫다고 본다. 숱한 한글교육 사업이 난무하지만 실질적으로 혜택을 받고 지속적인 교육의 모태를 마련하는 사업이 추진되었으면 하는 바람이다.

근간에 사할린한국교육원의 하반기 개강식에 역대 가장 많은 학생수(326명)가 등록이 되어 화제가 된바 있었다. 참으로 고무적인 일이고 칭찬할 부분이었다. 늦게나마 한글학교의 필요성이 대두되고 재외기관의 투명한 지원과 행정업무가 직접 와 닿았다는 것이 그 원인이라고 하겠다.

또 지방의 꼬르사코프 제2중학교에서는 야간한글학교가 생겨 성황리에 운영되고 있어 이루 말할 수 없이 기쁘기도 했다. 정작 대학에서는 입학 등록자가 없는 반면 지방학교 야간교실과 한국교육원의 한국어 교실이 풍성한 수확을 맞았다니 참으로 다행한 일이라 하겠다.

최근에는 김인숙 교육원장이 부임해 교사와의 소통이 그 어느 때보다 잘되고 있는 듯했다. 우선 기관장이 여성이다 보니 대부분의 교사가 여성들로 구성된 현상이라서 사심 없이 대화하고 건의할 수 있는 이점이 예전에 비해 편리해진 점을 볼 수가 있었다. 실질적으로 이러한 문제가 교사들에게 무엇보다 중요한 것으로 나타났다. 물론 역대교육원장과 현직의 교원장의 노고가 있었기에 가능했다는 점도 인정할 부분이다.

해외기관은 제약이 따르지 않고 동포들을 포용하는 자세가 필요하다. 누구나 참여하고 함께 어우릴 수 있는 열린 공간이야말로 한국어발전의 기본구성을 마련할 수 있다고 보기 때문이다.

지금도 매번 행사 때마다 정성을 다해 흐뭇한 광경을 연출하고 있다. 늘 처음처럼 편안하고 교사들로 존경하는 교육원이길 기대해본다. 재외기관장의 작은 행동 하나에도 예의주시하며 따르는 것처럼 감동이 어우러지면 더불어 좋은 세상이 열리고 한국어교육의 사명감을 가지는 교훈을 일상에서도 전달하는 계기가 마련될 것이다.

이 모든 것이 재외기관의 뒷받침이 우선 적용되었음에 앞으로도 지속적인 관심과 협조로 한국어교육이 획일적 발전하고 성장하였으면 싶다.

☆사할린한글학교 현황☆

도시별	학교명	
유즈노사할린린스크	한국교육원, 국립대동양학부, 제9동양어문학교	교육부 인정
루고워예	제30중학교	〃
꼬르사코프	제2중학교	〃
홈스크(사설), 아니봐	만천학교, 교회 및 학교건물	(2011.10.현재)

※포로나이스크, 마카로프, 돌린스크, 아니봐 등은 현재는 공식적인 한글학교는 없고 문화학교나 일부 한인회에 의뢰해 한글반이 운영되고 있다. 아니봐는 2011년 상반기 영사관과 교육원의 협조로 개설되었다.

◆1945년에서 63년까지 한국어교육 현황 ◆

사할린에서 한국어 교육의 가장 심각한 문제는 교사양성이다. 1946년에 110명의 조선학교 교원들 중 73명이 중학교 지식도 없는 분들이었고 24명은 겨우 일본소학교 출신에 불과했다.

1945년부터 지금까지 사할린주에는 27개의 소학교(초등학교)가 있었다. 학교 수는 매년마다 늘어갔고 학교가 늘어 갈수록 교원문제, 교과서 문제가 가장 큰 문제로 나왔다. 하지만 한국어 교육은 1963년 5월13일 주행정부 결정에 의하여 중지되었다.

1950년에서 1960년도 초까지 중앙아시아에서 많은 한인 교원들이 사할린주 조선학교들에서 일하게 되었다. 한국어교육이 절정기에 다다랐을 무렵 1963년까지 355명의 한국어 교사들이 활동하고 있었는데 이 중 92명만이 고등교육 지식을 갖고 있었으며, 그 당시 쥬다노브 포로나이스크 사범전문학교 한국어과가 1952년부터 가장 왕성하게 활동하고 있었다.

또 200명 이상의 사범전문학교 한국어과 전문 교원들이 사할린주 여러 학교에 파견되었다. 애초에 조선학교들이 설립은 되었지만 조선말로 된 교과서가 전혀 없었기 때문에 활동하기는 첫날부터 힘이 들었다. 1946년에서 48년 사이 4-5학년용 산수, 5-6학년용 식물학, 1-2학년용 러시아어, 4학년용 지리교과서들이 자체 조선말로 번역되었다. 그러나 이 교과서들은 조선말 활자가 없는 원인으로 인쇄되지 못했다.

8-10 학년용 교과서들은 번역도 하지 않았고 당시의 조선학교 학생들은 러시아어로 된 여러 과목별 교과서를 번역해서 공부했다.

40-60년대에 한인교육 체계 발전에 헌신한 조선학교들은 젊은 세대 교양문제 해결에 좋은 영향을 주었다. 그러나 사회의 변화로 사할린 사회를 통솔하고 있는 2세, 3세들은 러시아인들과 항상 교제하면서 러시아어를 더 선호했다.

1957-58년 사이에 5807명의 한인들이 소련국적을 받았으며, 1962-63년도 소련국적을 받은 75퍼센트 한인 학생들이 러시아 학교에서 공부하게 되었다. 그 원인은 다음과 같다. 나라를 상실한 한인들은 1세, 2세를 막론하고 모든 것을 희생하였고 본국에 거주하는 국민들보다 곱절심한 정신적 고통을 겪으면서도 타 민족에게 뒤떨어지지 않기 위해서 자녀교육에 상당한 열의와 관심을 가졌다.

☆1945-1963년 조선학교 현황☆

연도 및 숫자	1945	1946	1947	1949	1950	1955	1958	1963
전체 학교 수	27	36	39	68	72	54	41	32
초등학교	27	28	28	55	57	32	17	10
7년제 중학교	–	8	11	13	15	22	13	11
10년제 고등학교	–	–	–	–	–	–	11	11
총학생수	2300	3000	3137	4692	5308	5950	7214	7239

50-60년대 많은 사할린주 젊은 청년들이 대륙에 있는 여러 대학, 전문학교로 진학하게 되었고 입학시험을 러시아어로 치렀기에 한국어는 외국어로, 이중 언어로 여겨지면서 한국어교육이 점점 시급한 상태에 처하기 시작했다. 러시아 사할린에서 태어나서 이곳 교육을 받고 생활하고 있는 것만큼 러시아어를 잘 알아야 타 민족들 보다 못지않게 살 수 있기 때문이다. 드디어 고르바초프 페레스트로이카 개혁의 바람을 일으킨 1988년이 돌아왔다. 서울 올림픽 대회가 있은 후 사할린주 한인들은 올림픽을 치를 수 있는 국력과 경제력이 보강된 우리조상의 나라인 대한민국을 알게 되었고, 1990년 9월 30일 한소 수교 이래 양국 간에는 상호 교류와 협력의 시대를 맞이하게 되었다.

사할린주에 거주하는 한인들의 요망사항은 한국말을 교육체계에서 배워주어야 한다는 것을 건의하였고 구소련 교육국에 공식서류를 작성했다. 이 서류에 의해 1988-89년도부터 한국말을 배울 수 있게 되었다.

독립공동체 다른 국가에서는 상상치도 못하는 한국어 교육을 주교육부가 담당하여 사할린주에서 우리말 배우기 운동이 시작되었던 것이다.

한글학교를 설립하기 전에 준비사업이 많았다. 주교육부는 한국어를 가르쳐 줄 수 있는 교원들을 모집했고 한글 책을 비롯 교과서, 건물 문제 등을 해결하기에 이르렀다.

1988년 3월에 우리말 방송국과 새고려신문사에서 일하던 김화순, 김장

녀, 김수만 선생들이 한국어 책자를 만들기 시작했다. 이때 주교육부 주체로 처음 20명의 한국어 교육자 연수가 진행되었다.

1988년 9월 1일부터 사할린주 9구역 13학교에서 선택과목으로 일주일에 한 시간 네 시간씩 한국말을 배우기 시작했고 1989년 정월 18일 주교육부 통계에 의하면 사할린주 9구역에서 438명이 우리말을 배우고 있었다. 교사양성 문제를 해결하기 위여 1988년 9월 1일 유즈노사할린크 사범대학 역사부에 '역사한국어과'가 개설되었고 이후 1991년에 동양학부로 독립했다. 1994년 6월 17일 드디어 동양학부 한국어, 영어과 8명의 첫 졸업생을 배출했다.

1992년 9월 1일, 29년 만에 역사적으로 조선학교 자리에 서 있던 유즈노사할린스크 제9학교 동양어문학교가 새롭게 변경되어 문을 열었다. 총 학생수 980명중 365명이 한인학생들, 407명이 한국어를 배우고 있었다. 1992년도에 3개 실험반, 1993년도에 7개, 1994년도에 9개 실험반이 점점 확장되어 과목별로 한국어를 배우고 있었다.

우리말을 배워지기 시작하면서 또 많은 문제가 생겼다. 우리말을 어떤 형식으로, 어떤 근무형태로(상근, 겸직) 어디서, 어떻게, 어떤 프로그램으로, 어떠한 언어로, 중요한 사업 방향을 알아야 했고 교원들을 위해 일반 교육학교에서 외국어 배우는 교육방법, 현지 한국어교수법, 교육연습, 경험 의견교환, 실습 음악시간, 국어교육 정보교환, 교과서 보급문제 등 여러 문제를 해결해야 할 문제가 야기되었다.

그래서 사할린주 교육부 주최로 먼저 한국어심사위원회를 조직했고 4명으로 구성하여 동양학부 김순희, 스칼친스카야 엔. 엠 교수님, 그리고 한국어 교원들로 사할린주 한글교사협회도 설립했다.

교과서 보급문제가 첫째로 나섰는데 현지에서 만들어진 한글초보 학습 자료을 복사해서 교원들은 첫 교과서처럼 이용하고자 제의했다. 1989년 10월에 주교육부 앞으로 3천권의 《조선어》 책과 5천권의 학습장을 북한에서 받았고, 540개의 아동 책도 《천선》 서점을 통해 받았다. 이때부터 한국에서도 여러 가지 책들이 한인협회 앞으로 들어오기 시작했다.

대한민국 정부가 사할린 지역 동포들에 대한 지원을 하기 시작한 것도 1990년 한소 수교이후 이루어졌다. 1991년 5월 27일-6월 7일까지 서울대학교 재외국민교육원 초청 고국연수팀인 소련동포민족담당자들과 함께 사할린 대표단이 한국어 교육에 관한 보급, 국어문법 여러 문제들을 집중 논의했고 한국의 명승지들을 통해, 여러 도시들, 큰 회사들도 돌아보고 한국이 경제적으로 어떤 강력한 나라라는 것을 느끼게 되었고 2주일 동안 조상의 땅에 있으면서 한국인들과 함께 생활을 하면서 한민족에 대한 긍지감과 기쁨을 가지게 되었다.

우리 대표단은 우리말을 세계화, 국제화하는데 더 힘을 모아 목표달성토록 노력하겠다고 다짐을 했다.

무엇보다 1991년 10월과 1992년 3월에 카자흐탄 알마아타와 우즈베키스탄 타슈켄트에 설립된 한국교육원이 사할린주 한국어 교육자들에게 큰 도움을 주었다. 특히 알마아타 한국교육원 신계철 원장님, 변영종 부원장님의 노력이 다방면으로 컸다.

1991년 10월 구 소련 지역에서 형성된 한국어교사협회는 모스크바, 알마이타, 이르꾸츠크 바이칼호수, 까라간다, 타슈켄트에서 알마이타 타슈켄트 한국교육원과 모스크바 대사관 이종석 교육관님의 도움을 받아 가면서 한국어교육에 관심이 있는 선생님들의 모임이 몇 차례 있었다.

이런 모임을 걸쳐 한글교사들은 서울대학 재외국민용 한국어(러시아판, 영어판)을 보게 되었고 알마이타 한국교육원은 5권씩 한국어를 복사해서 선생님들에게 전해주었다. 너무도 고마웠다.

1992-93 학년도에는 블라디워스토크 영사관 이원우 영사님. KBS 사회교육방송국에서 고국소식편집부에서 보내주시는 많은 잡지와 책들이 한국어교육 자료로 사용되고 있었다. 이를 계기로 한국어 교사들의 연수가 정상적으로 진행되어 사할린주 교원대학에서 매년마다 연수가 있으며 국제연수가 평양에서, 서울에서 번갈아 개최되었다.

1993년 12월 10일에 유즈노할린스크 한국교육원 개원식이 열렸고, 1990년 1월 13일부터 2월 1일까지 평양에서 10명의 한국어 교사들이 연수를 받았고 1991년부터 1994년까지 20여명의 교사들이 서울대학에서 연수를 받았다. _참고문헌: 공로원 전 9동양어문학교 교감(2007.)

◆ 한국어 교육을 발전시키자 ◆

2000년도 중반 사할린의 한글신문인 '새고려신문사'가 "사할린한국어교육현황"이라는 주제로 한국어교사협회 회장이며 국립대 김순희 교수와의 인터뷰한 것을 편집해 올렸다.

88서울올림픽 이후 사할린 주에서는 한국과 교류하게 되어 한국어 바람이 서서히 불기 시작했고, 모국어 교육의 필요성을 느껴 한국어교육이 한껏 대두되었다. 당시에는 모국어배우기 운동이 한창 인기를 타서 청년, 어린이들을 막론하고 야간수업 외에 주내 많은 학교에서 한글교육을 가르쳤다.

한글 교사로는 50~60년대의 7,10년제 조선학교를 졸업했거나 포로나이스크. 유즈노사할린스크 사범전문학교 조선과 졸업생들이었다. 초기에는 한국어 교재가 많이 부족하였지만 1993년 사할린에 한국교육원이 개설되고부터 이 문제를 어느 정도 해결할 수 있었다.

사할린 국립종합대학이 한국어를 전공한 교사들을 이미 11차 졸업시켰지만 그 중 한명도 구역 중학교에서 한국어 교사로 활동하지 않았다.

현재 지방에서 활동하고 있는 한글 교사들은 대부분 연세가 많은 분들이다. 제자들을 양성 해보았지만 그들 역시 구역으로 돌아가지 않고 더 좋은 일자리를 찾아 취직하고 있다.

유즈노사할린스크에서는 상황이 다르다. 현재 경제 및 동양학부에 8명의 한국어 교사가 있는데 6명이 40세 미만이고, 제9동양어문학교 3명도

40세 미만이다.

일반 교육학교에서 젊은 교사들이 일하기 싫어하는 것은 러시아에서 일반학교 교사들의 위신이 없고 월급이 너무 적기 때문이다.

그래서 젊은 교사들은 교직을 포기할 생각도 가끔 가지게 되고 게다가 한국어에 대한 동포들의 관심이 많이 식어졌다. 가장 큰 이유는 한국이 사할린 경제개발에 크게 투자하지 않는데 있다고 한다. 또한 생산 기업들에서의 한국어 필요성이 높지 않는데 있는 것으로 보인다.

현재 주내 한글교육의 상황은 다음과 같다.

*노글리키 구역: 한인들이 별로 없는 곳이지만 5년 전에 만해도 노글리키 김나지아 씨가 한국어를 적극적으로 가르치고 있었다. 학생 대다수가 러시아인들이라 지금은 한글수업이 없는 상태이다.

*포로나이스크 구역: 초기엔 한글수업이 있었으나 지금은 없는 실정이다.

*우글레고르스크 구역: 학교에서 5년 전에 한글수업이 있었고 교외에서도 한국어 강좌를 개설하였으나 지금은 전무하다.

*마카로브 구역: 유영자 교사가 선택과목으로 3~5명의 학생을 가르치고 있다.

*토마리 구역: 두 학교에서 수년째 실시되고 있으며 허남훈 교사가 17년째 학생들을 가르치며 올해 선택과목으로 약 70명의 학생들이 배우고 있다.

*크라스노고르스크 구역: 황은순 교사가 47명의 학생들과 올해 학부모들의 부탁으로 30명의 1학년 학생들이 한국어 초급과정을 밟고 있다. 허남훈 교사와 황은순 교사는 매번 교직을 포기하려 하였지만 학생, 학부모의 부탁으로 다시 교단에 나서게 되었다고 했다.

*홈스크 구역: 여기는 다른 구역들에 비해 한국어 교육이 활발하다. 지방학교 중에서 한국어 수업이 공식적으로 실시되고 있는 학교는 홈스크 '나제즈다 리체' 이 하나이며 다른 학교에선 모든 수업에 시간표가 들어가 있으며, 10년째 김인자 교사가 204명의 학생을 가르치고 있다.

*돌린스크 구역: 현재는 한국어 수업이 중지되어 있으나 조만간 선택과목으로

배울 수 있도록 하겠다고 홍신숙 교사가 말했다.

*아니봐 구역: 전에는 아나봐시 '소망교육센타'에서 한국어를 배울 수 있었는데 지금은 수업이 없고 아니봐 학교에서 정순분 교사가 50명의 학생들에게 초급과정을 가르치고 있다.

*꼬르사코브 구역: 신관농업학교에서 15명이 한국어를 배우고 있었으며 예전엔 코르사코브 한인 단체들의 협조 하에 김정자 교사가 한글을 가르치기도 했다.

*유즈노사할린시: 동포들이 가장 많이 사는 곳이라 한국어는 제9동양어문학교에서 가르치고 있으며 학생 수는 326명이고 교사는 5명이다. 5년 전에는 학생—500명, 교사—8명이었고 지금은 학생 수도 수업시간도 많이 줄었다고 한다.

제9학교 박훈녀 한국어 전문가는 한국어 초급 프로그램은 원만하지만 중급, 고급 프로그램을 향상 시켜야 한다고 했다. 또 학교에는 프로그램에 적당한 교과서가 없다고 그는 말했다.

루고워예 학교에서는 한국어 수업이 시간표에 들어가 있다. 안학용 교사가 201명의 학생들에게 초급과정을 가르치고 있다. 지난 월요일부터는 제16중학교에서도 30여명의 학생들이 이순자 교사에게서 한국어를 배우기 시작했다.

이렇게 하여 주내 일반학교에서 약 1050여명의 학생들이 한국어를 배우고 있다. 또 한국어 전공을 선택한 청소년들이 사할린 국립종합대학 경제. 동양학대학, 유즈노사할린스크 경제정보법률 대학에서 한국어를 공부할 수 있다. 전에는 삼육대학에서도 학과가 있었는데 지금은 한국어과가 없어졌다.

오늘 현재 사할린 국립종합대학 경제 및 동양학 대학에서 한국어 지식을 99명이 받고 있으나 숫자가 조금 줄어들었고 현재 대학에는 4년제(동양학)가 있고 5년제(한국어과)가 있다. 그런데 학부모들은 5년을 공부해야하고 고등(대학)지식을 받는다는 의식을 갖고 있다. 그래서 2년 동안 한영과 4년제에 입학하는 학생이 없는 실정이며 17년 동안 한국어교사

졸업장을 180명이 받았다.

유즈노 사할린스크 경제정보법률 대학에서는 현재 45명의 학생들이 한국어를 선택하였으며 교수 2명에 김춘경 교사(소망협회 회장)와 한국유학생 이지민 양이다.

학교 외에 한국어 수업은 1993년도에 개설된 한국교육원(원장 김윤수, 제21중학교)에서 실시되고 있다. 대상은 12세 이상 청소년과 성인들이며 교사 4명, 학생 수는 약 200명이다. 따라서 한글을 배우는 학생 수는 총 1500명으로 짐작된다.

총평: 모든 한국어 교사들은 "한국어에도 점점 줄어지고 있다. 더우기 교사들의 월급이 너무 적은데다 우리의 힘과 노력에도 불구하고 거의 협조하는 사람이 없다"고 이구동성으로 말했다. 그들은 한국어교육을 발전시킬 대안을 찾고 있지만 현실의 한국어 교육상황에 어려운 점이 많음을 시사했다.

1세 노인들의 영주귀국, 배상문제도 아주 중요하지만 사할린 한인동포들이 한민족의 자존심을 가지고 모국어배우기, 한민족 문화를 발전시키기 위한 운동도 새롭게 모색하여 활성화하여야할 것으로 지적되었다.

〈자료출처: 사할린 새고려신문,〉

☞ 현재는 권견자, 안학용 교사를 제외하고 전직 교사들의 활동도 대부분 영주귀국한 상태이고 한국어학과가 개설된 곳은 국립대 동양학부, 제9학교, 30학교, 콜사프 2중학교 뿐이다. 일부에서는 한인회에서 운영되고 있는 것으로 보고가 되고 있으나 실질적인 교육시스템은 적용하지 못하고 있다. 기타 포로나이스크, 돌린스크, 아니봐, 홈스크 등 지방 문화학교 자체에서 교육원 지원 하에 한글반이 운영되고 있다. 현재 그나마 잘 운영되고 있는 사설 한글학교는 홈스크 만천학교가 있고 코르사코프 야간학교가 활발히 운영되고 있다.

사할린에서의 한국어교육 현황

◀1956년 조선역사 교과서

*조선 역사로 본 사할린 한국어 실태

1963년 사할린에서 조선어학교가 폐교됐다. 그로부터 고르바초브의 페레스트로이카 정책으로 한국어는 활기를 띠기 시작했다. 폐쇄의 원인으로 사할린 주공산당위원회행정부 인민교육청(1960년 초)은 다음과 같은 요인들을 내세웠다. 첫째. 교원 부족과 낮은 지식수준 둘째. 교원 보장의 취약점과 낡은 학교시설 셋째. 조선 학생의 자질향상과 러시아어 무지 넷째. 조선인 학부모 및 자녀의 러시아 학교 편입.

허나 근본적인 목적은 소련이 그 당시 다민족정책을 단일민족정책으로 바꾸는데 있었고, 소수민족을 '러시아 정책화'로 실시하는 데 있었다.

이후 조선어(한국어)는 점점 몰락의 길을 걸었고, 사할린에 본격적으로 한국어가 부활했던 건 소련의 개방화 정책이었다. 88올림픽으로 본 조국의 모습에 사할린 한인들은 비로소 광명을 되찾게 되었다고 해도 과언이 아니었을 만큼 큰 화제가 되었다.

한국어 붐은 전역을 타고 빠르게 급속도로 퍼져나갔다. 1988년에 사할린 사범대학 역사과 내에서 조선어를 가르치기 시작했고 1991년에는 국립대 동양학부가 설립되었고 제9동양어문학교에서도 한국어를 가르치기 시작했다. 지금의 사할린국립대 한국어학과가 1999년 사할린국립종합대 산하 경제 및 동양학 대학으로 정식 통합되고부터 한국어는 체계적으로 자리를 잡아 나갈 수 있었다.

이후 한국어는 한인협회에서, 새고려신문과 우리말방송국에서도 참여해 한글을 가르쳤고 1993년 한국정부는 사할린에다 한국교육원을 개설하게 되었으며, 교육원 개설 전에는 교회 집단이나 민간단체에서 주로 활성화 하였는데 그 대표적인 학교가 아니봐 소망 한글학교와 삼육대학이었다.

사할린의 조선어 역사는 일제와 밀접한 관계를 맺고 있다. 물론 당시는 조선어 학교는 없었지만 일본학교의 기반이 곧 조선어가 부활하는 동기가 되었다.

일제 때 가라후토(남부사할린)에는 조선학교는 전혀 없었다. 당시 가라후토에는 30만여 명의 일본인들과 2만7천명의 강제징용 당한 조선인들이 살고 있었는데, 그중 약 13만700여명은 15세미만의 아동들이었다.1906년8월 블라지미롭카(현 유즈노사할린스키시 근처) 촌에 첫 일본소학교가 개교됐다. 그 학교에서는 20명의 일본 학생들이 공부하고 있었다. 같은 해 오도마리(현 꼬르사코브시)와 마오카(현 홈스크시)에서도 소학교들이 열렸다.

1908년에 가라후토에서의 교육제도에 대한 일본 황제칙령이 나왔는데 1940년도에 가라후토에 140개의 소학교, 126개의 중등학교에서 1,604명의 교사들이 6만121명의 학생들을 가르치고 있었다. 그 외에 4호 김나지야(중등 교육기관), 7호 여자 김나지야와 11호 중등 전문학교들이 있었다.

1939년에는 도요하라(현 유즈노사할린스크시)에서 사범전문학교가 처음 문을 열었다. 7개 반의 학생들에 23명의 교사들이 가르치고 있었고 가라후토에 거주하는 소수민족들을 위해 시스카(현 포로나이스크시)와 다른 곳에서도 학원들이 세워졌으나 일본말만을 가르쳤다. 하지만 1만6천54명의 조선인들을 위한 학교는 없었다. 게다가 조선인들이 모국어로 말하는 것이 금지되었고 마찬가지로 일본시대 화태(가라후토)에는 조선학교가 전혀 없었다.

일본은 식민정책의 일환으로 조선인들의 민족정신을 제거하고 일본정신에 충복할 수 있는 황국신민 양성을 교육의 목표로 삼았다. 1911년에 조선 교육령을 제정하여 식민지하 조선의 교육방침, 내용, 행정체계 등을 규정화했다. 조선 교육령은 천황과 일본제국에 절대적으로 충성하고 일제에 복종하는 양순한 조선인 양성, 일본국민으로서 지켜야 할 의무를 알리고 저급 근로자로 일할 수 있는 능력 배양과 일본어를 통하여 조선 전통문화와 생활양식을 일본에 맞게 동화시키는 것을 근본정신으로 하였다.

특히 1930-40년대에 조선 문화를 말살하고 국민을 우민화하는 정책을 강행하여 교육을 침략의 도구로 이용했다. 일본은 조선인의 민족의식을 말살하려고 매일 학생들에게 일제국의 신민임을 선서케 하고 조선어 말과 글을 금지하고 일본어 사용을 강요하였으며 조선역사를 교육과정에서 삭제하고 일본역사만을 가르쳤다.

심지어 소위 창씨개명이라 하여 조선인의 성명까지 일본식으로 고치게 하였다. "당시 나는 일본학교에 입학하여 공부하였는데 성명도 일본성명으로 바꾸어지고 '야스다'라고 하였으며, 우리말도 못하고 일본말로 글을 가르쳤기에 공부하기가 아주 어려웠다. 또 일본인아이들과 함께 공부하였으며, 그들은 언제나 우리 조선아이들을 '조센나빠'(조선생채)라면서 깔보고 업신여기며 우리를 보고 놀렸던 것"이라고 안명복 씨는 지난날을 회고하고 있다.

제2차 세계 대전 종전 직후 일본사람들이 귀환하기 전까지는 가라후토 여러 마을에는 일본소학교가 유지되고 있었다. 그래서 조선아이들은 일본학교에서만 공부했다. 그러나 일본말만 해야 했던 시기가 이미 지났고 전혀 모르는 러시아사람들 사이에서 살아야 했으며 러시아어를 배워야 했다. 러시아 당국은 1946년경에 모든 조선인 아이들이 일본학교에서 일본 글과 일본말을 배우는 것을 보고 더 이상 이대로 남겨 두면 안 된다고 생각했다.

여기저기서 사할린 여러 곳에 조선학교를 설립해야 한다는 결정을 내렸다. 일본인의 귀환이 끝나면서 일본학교가 폐쇄됐기에 거기에 다니던 학생들이 조선학교로 자연히 넘어가게 되었다. 허나 학교 설립 애초엔 고정학생이 별로 없었다. 일본학교에서 수업을 마친 후 조선학교에 가서 조선어를 배우는 학생들이 차츰 늘어나기 시작했다. 드디어 1945-47년에 유즈노사할린스크(전 도요하라) 주민관리국이 일본학교를 조선학교로 개편하는 사업을 실시했다. 1947년 1월17일발 제30번 유즈노사할린스크 주민관리국의 정령에 의하여 모든 조선학교에서 1947년 1월20일부터 일본 교육제도를 소베트 교육제도로 개조하였고 교안은 러시아 학교의 것을 따르도록 했다. 1947년 1월15일경 사할린에 조선소학교 수는 27개, 7제 학교는 8개에 이르게 되었다.

1학년 학생이 837명, 2학년생(665명), 3학년생(529명), 4학년생(500명), 5학년생(204명), 6학년생(161명), 7학년생(42명), 총 3,004명이었고, 유즈노사할린스크스 7년제 학교에서 217명을 비롯해 지방에서는 우글레고르스크 7년제 학교에서 342명, 코르사코브 7년제 학교에서 316명이 한국어를 공부하고 있었다. 예전부터 한인의 교육열이 대단하다는 것은 널리 알려진 사실이다. 사할린 여러 지방에서 조선학교를 열어 달라는 신청에 유즈노사할린스크 주민부관리국은 1946년 8월 28일 제360호 지령으로 당년 9월 1일부터 우글레고르스크 구역 '히가시 샤쿠단'에 2개 반의 소학교(40명), 도마리키시(뽀로나이스크 구역) 소학교(50명), 가와카미(유즈노사할린스크 구역) 2학급 소학교(60명) 등 아홉 구역(촌락)에서 소학교를 신규 개설했다.

제일 먼저 열린 조선학교는 1945년 10월 에수도로(현 우글레고르스크시)와 시리도리(현 마카로브시)에서 개교한 소학교들이었고, 그 다음해

12월에 또 사할린 여러 곳에서 열린 7개의 학교들이 문을 열었다.

1945-1946년과 1946-1947년간 두 차례에 걸쳐 조선학교 실태에 대한 조사서에 의하면 1946년 초에 사할린 주민교육청은 조선아이들을 일본아이들한테서 분리시켜 자립적 조선학교를 설립케 했다. 그리하여 1945-1946년에 남부 사할린에 2,300명의 어린이를 망라한 27개의 조선소학교, 1946-1947년 초에 3,000명이 공부하는 8개의 중학교(7년제)와 28개의 조선소학교(4년제)가 조직 설립됐다.

현재 조선학교에서 사할린주 인민교육청이 지방 주민들 중에서 선별해 임명한 110명의 교사들이 일하고 있으나 본 교사들은 일본학교에서 교육을 받았고 일본 교육제도에 따라 교무를 조직했다. 그래서 1946-1947년 초에 사할린 주집행위원회는 조선학교들을 소비에트 교육제도에 맞게 개조하기를 결정 내렸다.40년대 사할린 토마리에서 최초로 한글학교를 설립한 허조 선생님.

그는 1911년 충청북도 충주군 소대면 야동에서 태어났다. 어렸을 때 5살부터 그는 할아버지의 무릎에 앉아 한문을 배우기 시작한 것이 기본 토대가 되어 조선어, 일본어 자습으로도 쉽게 파악해 사할린에서 보기 드물게 학식 있는 사람으로 존경받았다. 허조 씨는 토마리시에서 가장 학문이 높고 애국심이 많은 분이었다.

그는 1946년경에 모든 한인 아이들이 일본학교에서 일본글과 일본말을 배우는 것을 보고 "이래선 우리말이 사라지지 않겠는가?"라며 심한 압박감을 느끼게 되어 그 이듬해 1947년도 유즈노사할린스크에서 있은 첫 한국어 교사강습을 한 달 반 동안에 실시하였고 토마리에서 한글학교를 설립하여 교편생활을 시작했다. 모국어와 고유한 민족문화와 전통, 풍습을 되살리려는 것이 그의 목적과 과업이었다.

"…저도 일본학교 2학년에서 수업을 마친 후 한국어를 배우려 아버지 학교에 달려가곤 했어요. 아버지는 우리 국기를 꼭 알아야 한다면서 태극기가 묘사된 그림을 두 개 그려서 하나는 익히도록 학교에 걸어 놓았습니다. 그리고 애국가도 가르쳐 주었습니다"면서 허남훈 씨(허조 씨의 차남)는 학창시절을 회상했다.

소학교 교장으로도 근무했던 허조 씨는 더 많은 인원들이 교편을 이어 갈 수 있도록 조선말을 널리 보급하였으며 7년제 학교도 만들었다. 처음에는 교사들이 부족하였지만 나중에는 큰 땅에서(중앙아시아) 과목별 교육 조선어 선생들이 들어오는 바람에 그나마 교원을 충족할 수 있었다. 바로 조선민주주의인민공화국에서 약 500명의 북한 동포들이 토마리 어장에 파견되었다. 그 중에서 탁월한 자를 뽑아 한글 교사로 선발했다.

그 동안 그는 러시아어도 연마시키면서 학력을 드높였고 구역 교육부 인스펙토르(장학관)로서도 활약했다. 장학관에 재직 중에도 틈만 나면 한인들이 밀집된 크라스노고르스크, 벨린스코예 지역 학교들에 한글 수업이 있도록 교사들을 양성하고 파견시켰다.

말로는 조선인학교라 했으나 학생들은 모국어를 거의나 몰랐고 아동들을 가르칠 자격 있는 교원들과 교재가 전혀 없었다. 일본시대에 조선에서 소학교를 졸업한 사람들 중에서 우리글과 말을 잘 소유한 유지들이나 또는 해방 전 남 화태에서 일본중학교를 졸업한 사람, 이런 학교에 재학 중이던 사람들 중에서 우리 민족어를 괜찮게 구사할 수 있는 사람들을 교사로 선발했다. 이중 대표적인 인물로 꼽는다면 오래 동안 탄광촌에 근무했던 현재 한인협회 고문직에 몸담고 있는 정태식 씨이다. 그 역시 조선어 및 일본소학교를 다닌 경력 탓에 조선어학교 교원으로 발탁된 케이스이었다.

무엇보다도 조선어 교과서가 없어서 난관을 겪게 되었으나 다행히도 누가 조선어(북한) 1학년 교과서를 북한에서 화태까지 가지고 와서 오래 동안 보관하고 있었던 것이다. 그 교과서에 근거하여 조선인 유지들이 등사판을 이용하여 원문을 복사한, 한 페이지 한 페이지를 모아서 손으로 교과서를 만들어 학생들에게 분배하여 "가, 갸, 거, 겨, 고, 교, 소, 소나무……" 이렇게 우리글과 말을 가르치기 시작했다. 몇 해후에는 소련 인민교육부에서 발행한 조선어 교과서(편찬인: 김병하, 차원철 외기타)를 가지고 1학년부터 상급반까지 우리 민족어를 배우게 되었다.

또 다른 과목 교과서들은 러시아판을 조선어로 번역하여 발행되어 주내 조선학교 학생들의 수요를 충족시켜나갔다. 당시 소련에서 실시되고 있던 중등의무 교육제의 혜택으로 조선인 아동들도 무료로 또 의무적으로 중등교육을 받을 수가 있었다. 그 결과 주내에는 조선학교 수가 수십 학교가 되었고 학생 수도 많이 증가되었다.

그러나 가장 심각한 문제는 교원 부족이었다. 하기 방학 기간을 이용하여 주 교원자질 향상 연수에서 단기간 교원 강습을 조직해 대용 교사들을 양성하여 지방 학교들에 파견하였고 또 중앙아시아 가맹 공화국들에서 중등 및 고등사범 지식을 소유한 조선인 교원들을 사할린으로 파견하여 부족한 교원 수를 보충시켰기도 하였으나 그 수요를 충족시키지 못했고 많은 보충 교사들의 자질도 적정수준에 이르지 못했다.

크라스노고르스크시 7년제 학교에서 중앙아시아에서 파견된 김일남, 현지교사 허남훈, 김동직, 유즈노사할린스크시 제8번 학교에서 이남진, 김화순, 대륙에서 건너온 박 타치야나 왈렌치노브나, 코르사코브시에서 김독준, 니가이 타마라 스테파노브나, 김 표도르, 븨코브 부락에서 김 안드레이, 김지리, 레오니도보(가미시스카)에서 김선생, 문선생(이름모름), 마카로브시에서 허일, 이화섭(북한파견), 포로나이스크 시에서 김영철, 돌린스크 시에서 김이섭, 김진각, 석차술, 첼놉스크 부락 제3호(7)년제 학교에서 최느이, 정브스, 리종대, 리인출, 김진철, 니명숙, 리회경, 리정미 등 교사들이 사할린 여러 지역에서 조선어 교육을 이끌어 나갔다.

사할린 주민교육청에서 조선학교 개조사업을 실시하였으나 소비에트 교육제도로 완전히 개편했다고 할 수 없다. 그것은 조선학교 교사 프로그램을 조선어로 다 번역하지 못했기 때문이다. 16학교에서만 졸업시험과

진급시험을 실행했고 나머지 20학교 학생들은 1947년 9월1일에 1947-48학년에 졸업할 수 있었다. 이유는 본 학교들에서 교과 프로그램을 부분적으로만 실천했기 때문이다.

조선학교 수가 증가하였고 소비에트 화를 극복하지 못하고 자질이 적정수준에 이르지 못했기에 새 학년부터 20명의 경험 있는 5~7학년 과목별 교사들과 70명의 소학교 교사들이 선발됐다. 사할린에 조선어로 출판된 교과서는 전혀 없었다. 그래서 주민교육청에서 러시아어 교과서들을 조선어로 번역하는 사업을 조직했다.

그해 다음과 같은 교과서들이 번역 중이었고 산수=4, 5학년용, 대수=6, 7학년용, 지리=4학년용, 모국어 독본=1, 2학년용, 조선어=2학년용은 발행 중이었고 한글(부크와리)=1학년용, 조선어=1학년용, 식물학=5,6학년용 교과서들은 이미 번역되어 있었다.

인쇄소에 한글 활자가 없어서 사할린에서 조선어 교과서를 출판하기는 불가능했다. 그래서 주 인민교육청은 교과서의 필요한 부분을 등사해 분배했다.

1946년에 주교육청은 교원자질 향상소와 함께 하계 교원강습을 15일간 조직하여 조선어 교사들의 지식을 향상시켰다. 1947년도에도 한 달(47.7.5.~8.5.)간 하계 교원강습을 조직하였는데 소학교 교사 40명과 7년제 학교 교원 25명이 수료하게 되었다. 조선학교에는 아동서적, 정기간행물, 시청각 재료 등이 전혀 없었다.

전 소련 공산당(볼세비키)중앙위원회에는 중앙아시아에서 조선어 교사들을 사할린에 파견할 것과 조선어 교과서들을 발행할 것을 부탁한 사례가 그 예라 할 수 있다.

조선학교에서 공부할 때 제2언어로 러시아어도 배웠다. 그러나 조선학교 졸업생들의 러시아어 지식수준이 비교적 낮았다. 이는 모든 과목들을 조선어로 수업하였기 때문이다. 그리고 곧바로 러시아학교 8학년에 입학하니 공부하기가 매우 어려웠다.

"……제가 조선학교 7년제를 졸업했거든요. 8학년을 러시아 학교에서 공부하니 정말 굉장히 힘들었어요. 조선 학교에서 모든 과목을 모국어로 하였고 처음부터 러시아어를 쉽게 습득하기란 어려웠지요. 그래서 러시아어뿐 아니라 러시아 문학 외에도 전체적으로 다른 과목에서도 많이 뒤떨어졌어요. 러시아어로 된 학술어도 복잡하고 벙어리처럼 설명도 못하였고…,한 반년이 지나서 사정이 많이 나아졌지만 우수한 점수도 받기 시작하였답니다. 특히 제가 좋아한 수학과 물리학, 하나뿐인 3점은 러시아어이었죠."

조선학교에서는 전 과목을 통해 조선어로 수업하였고 러어 시간이 적었던 관계로 러시아어가 상대적으로 약해서 졸업 후 직장에 취직하기나 특히 대학에 입학하기가 어려웠다고 새고려신문사 교정원 석혜경 씨는 진술하고 있다.

한인협회 정태식 고문역시 당시의 한인들의 러시아어 지식수준이 대체로 낮아 대학 입학하기가 상당히 어려웠다고 회고했다. 또한 박승의 교수가 지난 2002년 설문조사에서 밝힌 '조선학교를 졸업한 후 어떤 어려운 점과 부닥치게 되는가'란 질문에서도 잘 드러나고 있었다.

위에서 지적한대로 러시아어 지식수준이 부족했던 것은 1960년 초 사할린 한인동포 2세의 한국어 교육이 쇠약해지게 된 이유 중의 하나이다. 1959년 9월 28일 마지막 7차 일본인 귀국이 마감되었는데 조선인들은 사할린에서 남아있게 되었다. 귀국의 희망이 점차 사라지게 되어 자녀들의 미래에 대한 생각이 한인들의 마음을 괴롭히었다. 부모들은 자녀들이 전문교육이나 고등교육을 받을 수 있는 길을 찾아야 했다. 러시아에서 살아야 하면 조선어가 필요하지 않다는 경향이 러시아학교로 옮기게 된 이유가 되었다.

해방 후 조선인들은 일본 국적을 상실했기에 무국적자가 되었다. 1950년대에 사할린 한인들은 소련연방 내각의 제2188-823번과 제819-391번 지령(1958년 7월 25일발)에 따라 소련국적을 취득할 권리를 가지게 되었고 1958-60년 2년 사이에 4,882명이 소련 국적을 획득했고 4,067명이 무국적자이었고, 715명은 북한 국적을 가진 사람이었다.

마침내 사할린 주공산당과 행정부는 조선학교에서 교육방법, 교사들의 낮은 지식이 학생들에게 적당한 지식을 주지 못한다는 이유로 1963년에 조선학교에서 러시아어로만 교육할 것을 결정 내렸다.

이로써 1963년 5월 13일 사할린 주집행위원회의 제169번 지령에 의해 구역 11조선중학교에 해당하는 즉 코르사코브시 제2학교, 돌린스크시, 마카로브시 제2학교, 포로나이스크시 제4학교, 유즈노사할린스크시 제8학교, 고르노자워드스크, 홀므스크시 제5학교, 체호브시 제2학교, 토마리시, 크라스노고르스크시, 우다르늬촌 제2학교 등 사할린에 있는 모든 조선학교는 일반 러시아 8년제 학교로 개편되었다. 1952년 9월1일에 포로나이스크시에 한글지도교사 양성을 위한 사범전문학교가 설립되어 약 400여명의 졸업생들을 배출했다. 이 학교 졸업생 들이 주내뿐만 아니라 모스크바, 상트페테르부르크 외 여러 대륙 지역에서도 한국어 교육에 큰 공을 세운 훌륭한 인재들로 성장하였지만 이 학교도 결국 1963년에 폐교되고 말았다.

폐교의 근본적 원인은 앞에서도 잠시 언급한 바 있었지만 소련의 다민족정책에서 단일민족정책화이었다. 이를테면 소수민족들의 '러시아 화'를 실시하는 데 있었고 또 하나의 이유는 일본인들이 가버린 사할린은 노동력이 턱없이 부족했다.

1946년 종전 직후 대륙에서 사할린으로 4,386세대의 2만4942명의 소련시민들이 조직적인 모집으로 이주했다. 1947년에 16만5천명이 또 이주하였지만 남은 남 사할린 땅을 이들로 다 채울 수가 없었다.

만일 조선 사람들까지도 귀국시키면 사할린은 노동력의 부족으로 경제개발을 실시하지 못했을 것이다. 그래서 2만 명의 조선인들은 이악한 지역에서 경제개발의 견인차 역할을 다한 것이다.

그들은 공민으로서의 권리도 불확실하고 심리상태도 불안전하였다.

한편 소련은 조선인의 운명에 동정을 하였지만 당시에 극도로 부족한 노동력으로서 조선인을 사용하는데만 관심을 가졌고 집중했다. 1966년 한국정부의 요청에 소련정부는 무반응이었다. 이렇게 사할린 잔류한인동포들은 일본은 물론 소련과 대한민국의 관심 대상이 아닌 것을 체험하게 되었다.

러시아인과 동화하여만 하였고 점점 고국의 민족문화, 풍습을 잊어가야만 했다. 조국도 모르고 대다수의 경우 서러운 생활을 하게 되었고 무권리, 민족차별을 몸소 겪게 되었다.

소련 당국은 조선학교, 조선극장과 예술단을 폐쇄하고 일반 생활에서도 사할린 한인들을 차별 감시하기에 이르며 여러 가지 난관에 부딪치게 되었다. 소련 정부는 한인들을 노동자원으로 억류하고 조국으로 돌아가지 못하게 했다.

이윽고 소련 정부는 국적 선택을 요구했다. 그러나 많은 한인들은 소련 공민증을 가지면 귀국이 불가능할 것이라고 생각하고 무국적자로 남기를 희망했다. 무국적자의 이동이 부자유하고 생활이 몹시 불편했지만 귀국 희망 하나로 모든 어려움을 이겨내면서 살아나갔다.

1985년 고르바초프의 개혁아래 불어온 개방정책과 1988년 서울올림픽을 계기로 사할린한인사회에서 한국어 붐이 일어났다. 여러 곳에서 한국어 학원들이 조직되었고 남녀노소 모두가 한국어를 배우려고 아우성이었다.

헌데 교사들이 부족했다. 이리하여 50~60년대 조선사범 전문학교를 졸업한 사람들이 몇 십 년 만에 다시 교편을 잡게 되었다. 사할린 주내 여러 일반 학교들에서 정식으로 한국어를 가르치게 되었다. 28개의 학교에서 1500명의 학생들에게 30명의 교사들이 한국어를 가르쳤다. 한인협회 산하 기관에서도 한국어를 가르쳤으며, '새고려신문사'에서는 순 한글판 신문으로 한국어교육을 실시하고, '우리말라디오방송국'에서도 한국어로 한국어 회화와 문법을 지도했다.

개방화 이후 좀 더 자세하게 한국어의 발전과정을 논한다면 1988년에 사할린 사범대학 역사과 내에서 조선어를 가르친 계기로 시작됐다. 1991년에 동양학부가 설립되면서 한국어 발전은 제 모습을 드러내었고 1999년 드디어 사할린국립종합대 산하에 경제 및 동양학 대학이 개설되었다.

지난 19년간 동양학부 한국어학과는 약180명의 한국어 전문가들을 배출했다. 이들은 현재 모스크바, 상트페테르부르크, 하바로프스크 등 여러 대학에서 한국어를 가르치고 있다. 2003년에는 한국 동서대학(부산)과 자매결연 맺어 양 대학 교환 학생들이 한국어와 러시아어 지식을 현지에서 양성할 수 있게 되었다.

1992년에 사할린주 한국어교사협의희가 조직되었으며 협의회(회장 박승의)에서도 한국어 지도에 필요한 교재구입과 공급 그리고 한국어교사 연수회를 주관하고 일반학교 학생들의 한국어 경시대회를 매년 조직 진행했다. 그리고 한인단체와 연합하여 대한민국 교육부에 건의하여 사할린에 교육원을 설립하도록 힘썼다. 교육부는 4만3천명에 이르는 사할린한인동포들의 정체성 교육과 동포들의 건의에 따라 1993년 12월10일에 사할린한국교육원을 개원하였다. 그간 한만희, 류종균 전 원장들을 비롯하여 김윤수 원장과 여러 교육원 직원들의 사할린 한국어 발전에 노고가 컸다는 것을 지적하고 싶다.

또 다른 이변은 2006년 11월4일 유즈노사할린스크 시에서 사할린 한인문화회관 개막식이 있었다. 짧은 기간에도 불구하고 다양한 문화, 체육, 예술 및 교육 부문의 행사들이 조직 진행되었고 매년 개최하는 광복절 기념식 행사로 한민족의 저력을 러시아에 심는데 크게 기여했다.

참고문헌: (원문 '사할린에서의 한국어 교육현황' 2007.2002년 설문조사 중에서. 사할린국립종합대학 한국어과 교수 박승의), '사할린의 한인들'(1993년)/박수호, '타인의 이름과 지배 하에서'(1993/쿠진), '한글 교육역사를 돌이켜 보면서…'/신국웅, 새고려신문.2000.9.8.제2p/김청학, 안명복, 사할린주인민교육청

사할린 한국어 교재 연구(1988년부터~현재까지)

Ⅰ. 서론

교재는 교육 현장에서 사용되는 중요한 요소 중의 하나이다. 교육 현장에서 학습자에게 '그 무엇'을 가르치고, 학습자가 '그 무엇'을 배운다고 할 때, 교재는 '그 무엇'을 담아내는 총체적인 도구이다.

교재는 교수·학습의 내용을 기본적으로 규정지어 준다. 교재에는 선정된 학습내용을 목표 및 학습 단계에 맞추어 재가공하여 제공하며 학습목표 설정을 구체화시킨다. 교재는 또 평가의 대상과 자료를 제공하는 기능을 한다.

무슨 과목이나 교과서 없이 충분한 가치가 있는 지식을 전달할 수는 없다. 특히 외국어 교육에서 교재가 차지하는 비중이 크다. 사할린 주에는 사할린주만의 교육 제도적 특성이 있다. 사할린 학습자에게는 한국어가 제2외국어로써 한국어 교육과정에서 영어 교육 방법을 사용한다.

현재 국제교육진흥원과 한국교육과정평가원에서 개발된 교재들이 러시아에서 사용하는 영어 교과서와 같은 점이 많다.

Ⅱ. 한국어 교재 현황과 분석

제9학교에서 한국어 교육은 1988년부터 시작되었는데, 선택과목으로 되고 있었다. 1992년부터 공식적으로 동양어문학교라는 명칭을 가지고 한국어 수업도 시간표에 따라 진행하게 되었다. 제9학교에서 한국어 교육 활동 기초에 교재 보급에 대한 문제가 일어났다. 교사들 그룹이 교과서를 만들어 낼 시도도 했었다.

1989년에 사할린에서 한국어를 가르칠 수 있도록 "조선어"라는 북한 개발 교재가 나왔다.(교육도서출판사/평양.1989) 그 교재의 첫 부분인 "글자어휘편"이 자모를 가르치기 적당하지만, 맞춤법이 한국과 다른 점이 있고(예 –할머니께서 오시였습니다), 이북에 쓰인 본문들의 내용이 그 시대 러시아 생활 상황에 좀 맞지 않았다.

1991년부터 한국교육원을 통하여 한국교육과정평가원과 국제교육진흥원에서 편찬한 한국어 I, II, III을 받게 되었다. 그 교재들 사용 첫 시기에는 교재가 모자라 책들을 복사하여 책을 만들어 섰다. 이런 것을 연동 교회에서 알게 되자 한국초등학교에서 쓰던 책들을 요청하여, '읽기', '쓰기', '말하기·듣기', '바른 생활', '바른 생활 이야기' 등 교재들을 많이 제공하였다.

한국학교들에서 반 년 동안 쓰는 책들을 제9번 학교에서는 일 년 동안 사용하였다. '읽기'가 교재로 되고 다른 책들은 보충 교재로 쓰이었다. 문법 자료는 재량대로 1학년에서 11학년까지 체계화하여 일람표를 작성하였다. 이에 맞추어 학교 교사들은 교수 설계안에 일년 동안 가르쳐 줄 문법 자료를 적어 넣었다.

그때 초등학교 교재들이 한국어 교육과정에 큰 도움이 되었다. 본문을 번역하며, 그 본문에 물음을 꾸밀 수 있었고, 그 본문 내용을 간추려 이야기하기 등 활동에 적용하였다. 중·고급 학생들의 경우 본문의 내용이 나이에 맞는 것만 쓰고 나머지는 빼고 가르쳤다.

해마다 교육원으로부터 새 교과서를 받을 때마다 교재를 바꾸었다. 현재 해와 한인들이 한국어 교육에 사용할 교재들이 많이 개발되고 있으며 교육원을 통하여 한국어 교육을 실천하는 기관들에게 충분히 보급되고 있다. 지금은 제일 처음에 개발된 한국어 I, II, III, IV보다 훨씬 좋은 교재들이 많이 있어서 더 이상 사용하지 않고 있다. 그 교재들의 불편한 점은 본문에 번역이 쓰였고 문법 연습 문제가 부족한 것이다. 2001년에 재판 발행된 한국어 III을 본다면 본문이 더 많아졌고 듣기 연습용 제재도 들어 있다. 그리고 본문의 번역도 없고 문법 연습 자료도 더 많다. 교재는 《상, 하》로 나눠져 있다.

2002년부터 새로 개발된 중급, 고급으로 나눠진 교과서들은 단계에 알맞게 꾸며 졌으며, 본문 내용이나 연습 문제도 더 풍부하고 듣기 훈련을 위한 자료들도 교재 끝에 있다. 이 교재들을 제9학교에서는 9학년부터 사용하기로 했다. 본문 내용을 분석하면 모스크바 원광한국학교에서 개발한 책들보다 좀 어렵기 때문이다.

원광한국학교 교재들의 장점은 본문에 나오는 문법 해설이 있고 연습 문제가 많은 것이다. 또 역시 단원 내용에 따라 쓰인 대화들이나 각 과에 학생들이 배우고 있는 자료에 관한 지식을 넓혀주는 《이거 아세요?》란 표제는 학생들의 한국어에 대한 관심을 더 발전시킨다. 책에 따라 카세트도 《듣기》에 큰 도움이 된다. 단점은 본문에 나오는 문법마다 해설이 있어 학생들을 하여금 혼돈하게 한다. 때문에 학년 말에 치는 시험자료에 들어갈 문법에만 학생들의 주의를 돌리고 다른 것들을 스스로 배우게 하는 것이 더 낫다. 원광한국학교 교재 《초급》은 칠학년 학생들이 지난 반들에서 배운 문법을 복습하면서 음절과 단어의 형태로 분석을 하며 한국어 지식을 더 깊게 하는 것이 가능하다.

2006년에 타쉬켄트교육원과 국제교육진흥원이 같이 개발한 한국어 교재(초급)는 10-11살 나이 학생들을 가르치는 데 적당하다. 때문에 그 교재로 4-5학년 학생들이 배우고 있다. 문법 해설은 러시아어로 자세히 쓰여 있기 때문에 학생들이 쉽게 습득할 수 있다.

2학년, 즉 1년째 한국어를 배우는 학생들에게는 《읽기1-1》보다 더 적당한 교재를 아직 고르지 못하였다. 1년째 배우는 어린 학생들을 일 학기 동안 우선 근본 자모음을 배우며 글자마다 배우는 과정에서 새 낱말을 배운다. 첫 해 외국어 교육 목표는 기초적인 문장구성과 언어 표현이므로 2학기부터 교과서를 읽기 시작한다.

[표 1] 제9 동양어문학교 한국어 교재 사용 현황(2007-2008 학년도)

학년	기본 교재	보충 교재
2	읽기 1-1	쓰기 1-1
3	한국어 I	한국어 II (старые по письму)
4	한국어 II	한국어 (입문편) (영어권)
5	한국어 (초급) нач. курс кор. яз.	한국어 초급회화, 독본
6	한국어 III (상, 하)	한국어 회화 1
7	초급 한국어 (원광한국학교)	한국어 회화 2
8	중급 한국어 (원광한국학교)	한국어 1 (블라디보스톡)
9	(중급) 한국어 I (상,하) 재외동포용 교재	한국어 2 (블라디보스톡)

표를 보면 오른쪽에 보충 교재가 있다. 현재 여러 가지 교재들이 충분하기 때문에 한국어 교육을 실시에 어려움이 없다. 오른쪽에 쓰인 교재들에는 본문보다 대화가 더 많다. 때문에 그 교재들을 기본 교재와 동시에 사용하면 된다. 한국어 교육 과정에서 언어 교육 목표 중 하나인 회화 능력을 발전시킬 수 있는 상황을 제공해 주어야 한다. 이 문제를 실현하기에는 한국어 회화 1, 2 교재가 적당하다.

한인들의 민족적 특성인 한국말로 대화할 때 문장 끝은 대단히 다양하다. 이 교재들에는 경어법을 사용하고 또 예사말로 쓰인 대화들이 많다. 이 대화들을 본보기로 하여 학생들이 스스로 대화를 작성할 수 있고 그 대화를 연극조로 표현할 수 있다. 예를 들어 원광한국학교 교재에서 «병원에서»란 제목에 한국어2에 31쪽부터 39 쪽까지 쓰인 여러 가지 대화들이 알맞다. («배가 아프고 토할 것 같아요»). «같이 영화를 볼까요?»란 제목을 배울 때 «이번 주에 영화 보러 가요»가 좋고, «식당에서»란 제목에는 «김치를 담그려면 뭐가 필요해요?»란 제목이 적당하다. 이렇게 «한국어 회화» 1.2를 6-7 학년에서 사용하고 블라디보스톡 한국교육원에서 개발한 교재인 «한국어 1», «한국어 2»는 8-9 학년 보충 교재로 쓴다.

Ⅲ. 결론

교재는 기본적으로 교실에서 사용하는 만큼 교사는 그에 알맞은 교수 방법 및 교수 전략을 세워야 한다. 교재가 아무리 많아도 그를 면밀히 연구하고 한국어 교육이 실천될 수 있는 조건에 맞는 것을 선택하여야 한다. 9번 학교 한국어 교재들은 해마다 변함을 가지고 있다. 그것은 새 교재가 보급되었는지 여부에 달려있다. 최근에 러시아 교육부에서는 교과서 발행한지 5년이 지나면 그 교재를 쓰기를 허락하지 않는다. 우리들은 한국교육원의 시기적절한 원조가 있어 제때에 교재들을 획득할 수 있었다.

참고문헌: 제9동양어문학교 한국어교사 권견자, 감수: 남혜경(사할린국립대학교 한국어 파견교수)

일본 국회회의록과 대일소송

사할린잔류한인들의 보상책임에 관한 요지

(국회회의록40p, 중의원 예산위원회 1991.02.22)

▷질문자: 위원−이가라시 고조 중의원 의원

▷답변자: 국무대신−나카야마 타로(외무대신)

　　　　　국무대신−세끼야 가쓰쓰꾸(우정대신)

　　　　　국무대신−무라오카 카네조(운수대신)

　　　　　정부위원−기시모토 마사히로(후생성 원효국장)

　　　　　정부위원−다니노 마사히로(외무성 아시아국장)

　　　　　정부위원−야나이 슌지(외무성 조약국장)

●**이가라시 고조위원**: 사할린잔류 조선인(한국인)에 관해서 묻고자합니다. 미안하지만, 이 질문은 법무대신과는 어느 정도 관계가 있을지 모르겠으나 우리들은 이 문제를 130명 정도의 초당파적인 의원간담회를 가지고 여러 가지로 처리하고 있는 중입니다. 하라 분베 의원이 회장이고 본인이 사무국장이며 사할린잔류한인들의 문제를 연구하면서 매번 의아심을 떨쳐 버릴 수 없습니다. 도대체 왜 그들이 전쟁을 마쳤을 때 돌아갈 수 없었느냐는 것입니다.

그 당시 일본인은 사할린에 약 300,000명이 거주하고 있었고 그리고 조선인이 43,000명이 있었습니다. 소련귀환 미·소 협정이란 것이 이윽고 작성되어 일본인의 300,000명이 자국으로 귀환하게 되었습니다. 그러나 43,000명의 조선인은 상식적으로 생각해도 전쟁이 끝났고 해방이 되었으므로 일본인보다 먼저 한인들이 귀환되어도 이상할 것이 없다는 느낌인데 그렇게 되지 않았습니다. 결국 일본인은 귀하였고 조선인들은 남게 되었습니다. 잔류에도 분수가 있지 결국 반세기동안 한인들은 그대로 방치되었고 사할린에 잔류하게 되었습니다.

이 점을 생각해 보면 우리들은 어찌하여 그렇게 되었던 것인지 그 이유를 모르겠습니다. 그것은 우리 나름대로 옛날 문헌을 참고삼아 여러 가지 방면으로 조사하거나 역사가에게 물어도 보았지만 역시 납득이 잘 되지 않았습니다. 그것은 나름대로 또는 우리들 추측대로 이유가 있었습니다. 가령 전쟁이 끝난 후였으므로 일본인 300,000명이 전부가 귀환하게 하면 사할린에는 도대체 누가 어떻게 펄프공장을 작동시키거나 탄광을 운영하거나 철도를 경영하는 것인지 하는 일에 착안하면 이 문제가 결코 예사롭지 않는 중대한 일이라는 것을 알게 됩니다.

즉 유럽, 러시아에서 노동력을 가져온다 하더라도 그렇게 용이하지는 않을 것이고 북한에서는 어느 정도 온 것 같지만 43,000명이 당시 일본에 의해 강제적으로 끌려가 일을 하던 사람들이라 역시 필요했을지도 모른다고 생각해 보기도 하며 혹은 일본인도 그런 상황 속에서 43,000명의 조선 사람들이 이 나라로 들어온 일에 대해서는 환영하지 않았을 뿐더러 미국은 그 양편에 서서 특별한 상황에서가 아니라 무작정 찬성했을지도 모른다고 생각됩니다. 이에 그 논의가 다양하게 지적되었을 법도 한데 이러한 사실이 허공에 맴돌아 그것을 단순한 추측으로만 단정 지어버린 까닭은 사실 이들 국가가 당시의 상황을 숨기거나 몰랐던 경우도 있을 것이라는 것입니다. 도대체 어찌하여 남게 되었는가. 이것을 나는 그 때부터 반세기가 경과했었지만 역시 일본의 도의적인 역사적인 정치 책임으로서 명확하게 재차 확인해 두지 않으면 안 된다고 생각합니다.

이 문제에 있어 누차 '그것은 어째서 그렇습니까?'라고 수차 물어보았고 우리 역시 열심히 노력을 다하였지만 알 수가 없습니다. 이에 대신도 그렇게 수월하게 답변할 수 있은 것이 아니라고 생각됩니다만 당시 미국이나 소련에 대해서 일본으로부터 잔류 조선인에 대한 귀국요청이라던가 연락이라던가 하는 일에 혹은 GHQ, 미국이나 소련 측에서 이에 관한 명령이라든가 연락 같은 것을 주고받았거나 기록으로 남은 문서는 없는

지 묻고 싶습니다. 해결점이 보이지 않은 수수께끼 같은 잔류조선인에 관하여 자세히 해명해 주시고 기록 문서를 찾아 공개하는 방법 등이 없는지 여쭈고 싶습니다.

●기시모토 마사히로 정부위원: 의원께서 이해하신 바와 같습니다만 제2차 대전 후 우리나라는 연합국 점령 하에서 귀환은 그 지령에 따라 행해지고 있었던 겁니다. 정부는 그 지령을 실행할 책임을 가지고 있었으며, 1946년의 12월 19일에 체결된 소련지구 귀환에 관한 미소 협정에 따라 소련연방 지배하의 영토에서 귀환의 대상이 된 것이 일본인 포로 및 일반 일본인의 양자인 것입니다. 그런 의미에서 조선인(한국인)들의 귀환이 해당되지 않았던 것입니다.

방금 여러 가지로 작용하고 있다는 말씀이 있었으나 실은 종전 직후부터 GHQ의 개별지령이란 것에 따라 해외동포의 귀환업무가 개시된 것입니다. 이들 개별지령이란 것이 1946년의 3월 16일 귀환에 관한 기본지령으로 정리되어 있습니다. 그러나 소련의 관리지역에 있는 일본인의 보호 및 귀환에 대해서는 이를 지령 내에서 이행하기는 어려웠으며 제외 대상이었습니다. 당시 전혀 전망이 보이지 않던 상황 속에 있었던 것이지만 일본정부로서는 GHQ에 대해서 종종 그 촉진에 대한 요청을 하고 있었습니다. 현재도 우리들은 그런 사실을 전해 듣고 있으나 지금 구체적으로 그 문서 등을 파악하고 있지는 못합니다.

●이가라시 고조 위원: 반드시 이 문제를 해결해 주길 바라는 바입니다. 서로가 그 점을 확인해 두지 않으면 지난번처럼 똑같은 방향으로 지나갈 것이며 이와 같이 200여 명 정도가 모여 적잖게 꾸중을 듣거나 불평을 듣게 되는 바 또다시 그런 말을 듣게 되는 것을 우리들의 책임이며 일본의 정치가로서 당연한 일입니다. 그 나름대로는 답변하고 돌아왔지만 분명한 해답이 없으면 똑같은 상황의 연속이라 필히 확인하고자 하니 적극 헤아려 주시길 바라는 마음입니다.

1987년 4월 28일자 소련적십자사 베네딕토프 총재로부터 일본적십자사 사장 앞으로 온 서신 속에서는 이런 것이 있었습니다. 조선인에 대해서는 일본당국은 포츠담선언을 인용하며 이후 일본 공민으로 간주하지 말도록 하라는 공식요청을 했다는 사실이 기록되어 있습니다. 이것은 위원장에게나 그리고 대신에게도 이 문서를 근거하여 보고를 받았다고 들었으며, 문서의 5쪽짜리 아래 중 2행부터 사실입증이 기재된 공식요청이 있었다고 되어 있거니와 그런 공식적인 요청을 한 사실이 있는지도 알고 싶습니다.

●다니노 시쿠타로 정부위원: 방금 위원께서 말씀하신 서신의 존재에 대해서는 우리들도 알고 있는 셈입니다만 한편으로 묵은 얘기로 방금한 말씀과 같이 일본이 사할린거주의 한반도 출신 분들의 귀환에 대해서 당시 연합국 측에서 어떤 접촉을 했느냐에 대해서는 우리들의 관계가 없는 범위에서 딱히 기록이 없으며 당시 사정은 유감스럽지만 소상하게 밝힐 수 없는 것입니다. 어쨌든 그 당시는 소련의 점령 지구이었고, 그 귀환에 대해서는 일본에 관한 범위를 말씀하신 것과 같이 연합국의 책임을 말씀하신 것과 같이 연합국의 책임으로 이것이 수행되었다는 것만은 사실인 듯합니다.

●이가라시 고조 위원: 그렇다면 소련 측에 요청하면 이런 문서까지와 있을 것이므로 저쪽에서도 무엇인가 가지고 있는지도 모르겠습니다. 그러나 그런 일을 소련에게 물어서 자료를 받는 것도 우리들 일본의 정치가로서 부끄럽고 흥미 없는 얘기입니다. 그것을 소련에 묻기보다는 일본의 자료 속에서 꼭 찾아내 우리들도 당시 사실의 한 부분을 알 수 있도록 제발 협력을 바랍니다. 이는 후생성 및 외무성이 될 줄 압니다만 그 자료를 찾아내어 제공해 주도록 하는 일에 대해서 요청해 두고자 하며 외무 대신는 어떻습니까?

●나카야마 타로 국무대신: 방금 의원의 요청에 대해서 본인은 귀중한 역사의 하나를 확인하게 되었으므로 그것은 당연히 해야 할 일이라 생각합니다.

●이가라시 고조 위원: 이것은 후생대신과 법무대신에 샌프란시스코평화조약 발효 날에 일본 국적을 상실한 이런 견해는 아무튼 조금 전에 말했던 것과 같이 샌프란시스코조약은 1952년 4월28일, 또 이전의 답변에서도 약간 비쳤지만 당시 출입국관리 령이란 것에 있어서 외국인으로 간주한다는 식의 처리 법안이 당시에 있었습니다. 동시에 소련귀환 미.소 협정 가운데 귀환 대상자를 일본인 포로와 일반 일본인이라고 있었습니다. 그렇게 되니까 귀환자 협정 가운데 일반 일본인이라는 틀 속에 당시 조선인이 들어가야 하는 것인지 혹은 포함돼서는 안 되는 것인지, 1952년 샌프란시스코평화조약이 발효하여 그 시점에서 일본 국적취급은 일본 국적에서 제외하고 있으므로 그때까지는 일본 국적이었으니 이렇게 되면 귀환자 협정에서 일반 일본인이란 것은 당시로서는 조선인도 해당된다고 보는데 이 질문에는 어떻게 생각합니까?

●야나이 슌지 정부위원: 평화조약관계에 대해서 답변하겠습니다.

지적하신 바와 같이 일본은 샌프란시스코평화조약 제2조에 있어서 조선의 독립을 승인하고 있어요. 따라서 전후 영토문제 처리는 정식으로 샌프란시스코평화조약에서 이루어진 셈입니다. 이때를 기하여 조선 사람들은 일본국적을 상실한 것으로 생각되고 있어요. 단지 그 이전 단계에 있어서 특히 연합국과의 관계에서 어떻게 다루어 왔는가에 대해서는 본인은 아는 바 없는 것입니다. 조선의 독립에 대해서는 카이로선언 그리고 이어진 포츠담선언에서 그 방침이 결정된 것입니다만 정식으로는 샌프란시스코평화조약에서 결정했던 것입니다.

●이가라시 고조 위원: 이 점에 대해서 꼭 합쳐서 여러 가지 조사를 해 주시기 바랍니다. 다음 기회에 들러 말씀 올리겠습니다. 그 다음 묻고자 하는 바는 사할린잔류조선인에 관하여 조선인이라기보다는 사할린잔류 한국인에 관해서 한일 조약에 있어 요청권포기란 것은 그들에게 어떤 의미에서 말씀하시는지 답변 부탁드립니다.

●야나이 슌지 정부위: 방금 지적하신 한일 청구권 경제협력협정을 말씀하셨는데, 이 협정의 제2조에 따르면 한일 양국 및 양국 간의 청구권 문제가 완전 또한 최종적으로 해결되었다는 것이 확인되고 있습니다. 그리고 이 제2조의 규정이 좀 더 소상한 규정이 있습니다만 지금 잠깐 그것을 생략하겠습니다만 어찌 되었든 제2조의 규정은 국민이라고 하는 면에서 국적에 착안하고 있으며 따라서 이 협정을 마친 우리 정부에서는 한국 분들의 청구권 재산청구권문제를 법률로 처리하고 있는바 일정한 예외가 아니며 원칙적으로는 소멸되었다고 봐야 할 것입니다. 이와 같은 처리는 만일 샌프란시스코조약에 따라 잔류된 분들 중에서 한국적을 가지신 분들이 있으면 그분들에게도 이 협정과 법률적용이 된다는 것입니다.

●이가라시 고조 위원: 그렇겠지요. 그러니까 한일 기본조약협정 때에 사할린에 있었던 당시 조선인 여러분의 국적을 어찌 되었는가 하는 문제가 되면 물론 한국국적이란 건 없었던 셈이군요. 그것은 모두가 소련 국적이나, 북한 국적이냐 혹은 무국적이냐 지금의 현상에서 보면 대체로 75퍼센트 정도가 소련 국적이었을까. 그리고 무국적자가 5퍼센트 정도이며 북한 국적이 20퍼센트 정도가 될 것이고, 그렇다면 방금한 말씀과 같이 사할린에서는 당시 이미 한국 국적의 사람은 없는 셈이니까 따라서 이것은 한일 기본조약에서 청구권을 사할린거주자에 대해서는 미치지 못한다는 말이며 그러니까 한국 국적이 아닌 사람에게는 이르지 못한다고 이렇게 해석해도 좋습니까?

●야나이 슌지 정부위원: 앞에서 설명해 드린 것은 만일 한국국적을 가진 분들이 있었다고 하면 전혀 이론적인 문제가 되지만 만일 거꾸로 한국 국적인 사람들이 있을 수 없다는 상황에서 방금 의원이 말씀하신 바와 같이 미상의 실태라고 생각됩니다만 그런 경우에는 한일 청구권 경제협력협정에 따르는 처리는 사할린 분들에게는 미치지 못하는 셈입니다.

▶1988년 1월 1일(사할린거주 한인): 총 35,000명, 그중 소련 국적-32,000명(91%), 북한 국적-456명 (1,4%),무국적자-2621명(7,6%)

▶1964년 1월 1일(사할린 거주 한인): 한국, 북한(소련 국적 제외)−11,288명, 그중 북한 파견자−1,836명(1946−1948년), 무국적자−2,670명

　말씀하신 바와 같이 북한사람들의 재산청구권 문제에 대해서는 아직 처리가 돼 있지 않은 상태이며 최근 시작된 한일국교정상화교섭을 하는 중에 북조선측과 이야기가 될 줄 압니다.

　●이가라시 고조 위원: 우정대신에게 잠깐 묻겠는데 이것은 요전에 본인이 외무위원회에서 진작 질문했을 때가 작년 4월로 알고 있습니다만 좀 더 관계가 완화되어 협의하여 해결하고 싶다는 내용이었소. 그 후 1년 가까이 지났으나 귀측에도 자료가 있을 것으로 생각하나 우편저금, 사할린 사람들은 당시 열심히 일을 하여 5원쯤이나 3원 정도를 예금하고 있었습니다. 그것이 돌아올 수 없게 되자 되찾을 수도 없는 것으로 생각하고 있는 사람들이 많습니다. 그래서 팽개쳐 두고 있어요. 이것을 확정채무라고 말은 하고 있었으나 이에 대해서는 지불할 수 있게 되는지 이에 대한 답변을 묻고자 합니다. 다음 질문은 사할린잔류한인들에 관해서 한·일 조약에서 청구권 포기란 것은 그들에게도 미치는지 하는 문제입니다. 이건 어떻게 생각합니까.

　●세끼야 가쓰쓰꾸 국무대신: 사할린에 살고 있는 한반도 출신자의 우편저금에 대해서는 앞에서 의원이 지적했듯이 확정채무라는 것이 우선 기본적인 생각이며 우편저금법상 지불할 의무가 있다고 생각하고 있습니다.

　또 앞에서 의원께서 말씀하신 바와 같이 사할린에 거주하고 있는 한반도 출신자 중에 소련국적과 무국적자 분에 대해서는 청구가 있으면 우편저금법령으로 정하는 대로 계산하고 있으며 이자액을 가한 금액을 지불하고 있습니다.

　그리고 북한국적의 분에 대해서는 지난번에 한일국교정상화 교섭이 개시되어 일본정부와 북한과의 사이에 양국 및 양 국민사이의 재산 혹은 청구권 문제가 논의되고 있으므로 현 시점에서 그 교섭의 진도를 지켜보면서 북한국적의 분과 대처해 가고 싶다고 생각하고 있습니다.

이가라시 고조 위원: 조금 전 국장의 답변 그리고 방금 대신의 답변에서 공통된 점이 있는 셈인데 북한국적의 분에 관해서는 이것은 지금 일·북의 교섭이 현재 진척되고 있으므로 그 추이를 보고 나서 판단하게 되리라고 생각됩니다. 따라서 그 밖의 사람에 관해서는 청구권이 있고 청구가 있으면 당장 지불하리라고 생각합니다.

그런데 북한사람들에 관해서는 지금 일·북정상화 교섭의 추이를 보고 판단하고 싶다고 하는 것은 요컨대 전에 일·북 기본조약을 제정했을 때 저마다 개인의 청구권이란 것을 일괄하여 국가가 그에 대한 국가 간의 교섭을 하여 해결을 한 적이 있었습니다. 이번의 일·북 교섭이란 것도 그런 의미에서 일괄된 교섭 속에서 해결할 수 있다는 것으로 이를 유보하고 있다고 해석해도 좋습니까?

●다니노 사쿠타로 정부위원: 말씀하신바 교섭이 아직 논의만 시작되었을 뿐 지금의 주제가 되어있는 개별적 문제는 아직 일·북 간에 논의 단계에 있지 않고 있으며 우리들 현재의 생각은 앞에서 설명하신 바와 같이 북한사람들에 대해서는 모처럼 진행 중인 정상화교섭 속에서 재산권의 문제가 논의하는 가운데서 방금 말씀대로 일괄하여 해결한다는 것이 우리들의 생각입니다.

●이가라시 고조 위원: 그렇습니다. 그럴 수도 있으니 여기서 유보할 거라고 방금하신 답변대로일 것이라고 생각하겠습니다. 이것은 물론 방금 것은 우편저금 이야기지만 우편저금뿐 아니라 일반적인 청구권에 관해서도 그와 같이 판단해도 좋습니까?

●다니노 사쿠타로 정부위원: 좋습니다.

●이가라시 고조위원: 앞으로 좀 파고들어 깊이 묻고 싶기도 하는 데 이 문제는 이 정도로 해 두고 싶으니 물러나셔도 좋겠습니다.

나머지 시간도 얼마 안 되지만 사할린잔류한인문제의 경위는 이제 새삼 말할 필요도 없이 다 아시는 바와 같고 아주 수고를 끼쳐 드렸고 우리로서도 속죄하는 기분입니다. 재한 피폭자에 대한 기금제도란 것을 40억으로 작년에 해결하여 그 중에서 17억을 예산을 하려는 것인데 이미 서서히 사할린잔류한인에 관해서도 매년 그전에는 5천8백 엔에서, 1억 엔이 되어 올해는 1억2000만 엔을 부탁하고 있는 셈으로 그것보다는 아무튼 이 1일 현재 일시귀국과 육친재회는 2,700명 정도가 되었습니다. 금년 말에 3,800명 정도의 사람들이 일시 귀국할 수 있는 상황이 되었으며 한국과 소련 사이도 아주 우호적인 상황이 된 셈이므로 따라서 적잖게 한국 측에 주체를 갖도록 하고 그리고 물론 모체로서는 한·일 양적십자사의 공동체라도 좋다고 생각합니다. 아무튼 자주적인 경영을 해서 귀국비용만이 아니라 실태를 보면 영주 귀국한 노인의 어려운 생활을 하고 있다든가 오래 기다리던 할머니가 나이가 많아 게다가 어쩌지도 못한다든가 여러 가지 그런 세세한 문제도 실어져 있는 모양이므로 그런 점에 의거한 제도라는 것을 지금이라도 만드는 것이 좋지 않겠는가 싶습니다. 매년 예산을 짜느니보다 기금과 같은 것을 만들어 자주적인 경영을 하는 편이 바람직한 책무이며 시대에 맞은 것이 아닌가 하고 본인은 생각하는 것이지만 그 점에 대해서는 어떻습니까.

●다니노 사쿠타로 정부위원: 이가라시 고조 의원으로부터 이미 그런 생각을 듣고 있는 처지입니다만 한국정부는 당분간 지금과 같은 도항비의 지원을 행하고 있는 셈으로 그런 형태지원을 계속해 달라고 말하고 있습니다. 다만 귀중한 의견이므로 계속하여 검토하고자 하거니와 우리들은 우선 급한 대로 방금 말씀하신 피폭자에 대한 대책에 지금 전력을 경주하고 있고 심의하고 있은 예산안에서도 얼마쯤의 경비를 지불할 것이며 당분간 그쪽 일에 관심을 가지고 있으므로 잘 부탁드리고자 합니다.

(위원장 퇴장, 마스오카 위원장 대리 착석.)

●이가라시 고조 위원: 곤란하지 않도록 위 사업안이 정상 실행되도록 노력해주시고, 또 한 가지 문제를 아까부터 줄곧 이런 이야기가 있은 것

을 종합적으로 생각하면 필요하지 않겠느냐고 역시 본인은 생각합니다. 낱낱이 까다롭게 다룰 것이 아니라 총체적으로 해결하는 데 있어 필요합니다. 가령 지금 북한과의 그런 국가 간의 교섭 중에 그것을 해결할 수 있었다 하더라도 북한국적 외의 청구권이 미해결인 사할린 사람들은 도대체 어찌 되는가. 이것은 아무튼 처리하지 않으면 안 된다는 말씀입니다. 그것은 역시 일·소간의 문제라고 생각이 된단 말입니다. 그러므로 그런 과제도 남아 있다는 것도 배려하면서 우리가 도대체 어떻게 해야 하느냐고 돌이켜 보게 되면 이런 문제에 대해서 전향적으로 검토해 주었으면 좋겠다고 요망하는 바입니다.

마지막으로 관계 대신이 나와 주셔서 죄송스러우나 좀 시간이 남아 있으므로 요약해서 묻겠습니다.

조금 전 외무대신께서 하신 말씀도 사할린, 극동이란 것은 지금 아주 중요하며 갖가지 계획으로 중요성이 날로 높아져 가고 있다는 의미에서 사할린과의 해상에 따른 직항노선 등 비행항로 이것들에 대해서 적극적으로 그 개설촉진을 앞당겨 주었으면 싶고 패리호의 경우는 양국 간에 여러 가지 협의를 하고 있고 정기항로도 그렇게 멀지 않아 개통된다고 듣고 있거니와 그것을 부탁하고 싶고 그리고 비행기에 관해서는 그사이 벌써 민간항공기로 홋카이도에서 사할린에 날아갈 수 있게 되어 1시간에 갈 수 있습니다. 현재까지는 홋카이도에서 출발하면 니가타로 가서 하바로프스크에 들러 향하는 것인데 니가타에서 일박하고 하바로프스크에서 일박하여 2박3일 걸리는데 그것이 직행하면 1시간으로 족하니 꼭 이 문제를 촉진해 주시길 바랍니다.

촉진에 있어 잠깐 알고자 하지만 거기는 자위대의 훈련공역이므로 그것이 항로개설에 있어 문제가 되리라는 의견도 있으나 이 영역에 있어서는 방위청장관께서 의견을 얻고자 합니다.

이 점 대해서 황송하오나 간단히도 좋으니 각각의 의견을 듣고 마치고자 합니다. 그리고 마침 오늘은 개발청 장관이나 통산대신도 나왔으므로 천연가스의 문제가 한 가지 있어 이의 추진을 꼭 부탁하고자 하오며, 우리들이 염원하고 기대하는 홋카이도파이프라인 구상 사업입니다.

이는 이미 20여 년 전부터 구상했던 것으로 모두가 갈망하고 있습니다. 꼭 이에 대해서 통산대신 및 개발청 장관의 생각 등을 얻고자 합니다.

(마스오카 위원장대리 퇴장, 위원장 착석)

●무라오카 카네조 국무대신:

사할린과 홋카이도 사이에 인적교류가 활발히 진행되는 것은 양국 국민간의 상호이해를 심화시키는 것이 바람직하다고 생각합니다.

의원께서 아까 말씀하신 바와 같이 이달 6-7일 양일간 도쿄에서 개최된 일·소의 해군당국간 협의한 합의에 따라 와니노 또는 꼬르샤코프 이라던가 블라디보스톡은 앞으로 검토한다는 것인데 일·소 간의 해군 어업 사이에서 항로개설에 대하여 구체적인 검토가 예의 진척되고 있다고 보므로 그 동향을 지켜보고 싶다고 조만간 결정할 것으로 생각합니다.

또 항로문제에 대해서는 11일~13일, 신치토세와 유지노사할린스크인가 차터편이란 것으로 간 모양인데 차터편에 대해서도 케이스 바이 케이스로 인정한다는 것입니다. 그리고 여러 위원께서 말씀하시고 진술하신 대로 상황 운수성으로서는 별 지장이 없다고 생각합니다. 이상입니다.

위의 글은 1991년 일본의 이가라시 고조 중의원이 잔류사할린한인들의 인권보호 차원에서 국회 예산위원회 보고회의에서 일본 대신들에게 질문하였던 것을 번역해 올린 것이다.

당시 문서 기록으로 보아도 사할린잔류한인들의 영주귀국 및 전후책임보상을 일본정부는 차일피일 미루는 것에서부터 시종일관 애매한 주장으로만 현재까지 지탱하여 왔던 것을 볼 수 있고 사할린한인들에게 명백한 보상근거가 있음에도 무마시키려는 의도가 엿보인다.

이에 따라 사할린한인들은 러시아 외무부에 일본정부가 밝히지 못하는 기밀문서를 요청하는가하며 백방으로 증거수집에 나서고 있는 상태이다.

(번역:정태식, 도움편집:김복곤, 조성길)

☞참고: ≪사할린잔류 한국. 조선인문제 의원간담회≫는 1987년 7월에 일본 국회 중참의원 120명이 참가해 발족하였으며, 하라 분베이 회장으로 이라가시 교조, 쿠까와 쇼죠, 하토야마 유끼오(현 일본총리), 나까노 칸세이, 하타 쓰도무(내각부총리, 외무대신), 야마모토 마사토시, 오누마 야스아끼, 시라까와 가쓰히코, 카노 토시히로, 타카끼 켄이찌 등 당대 일본 국회를 대표하는 의원 및 자문단으로 구성되었다.

의원간담회가 발족하기 전에는 일본변호사들이 앞장서서 사할린문제를 거론했다. 이는 1975년 12월 꼬르사코프 엄수갑, 이덕림, 조경구, 유즈노사할린스크 이치명 등 4명을 원고로 하여 '원고들을 일본에 귀환시킬 것'을 국가에 요구하는 "사할린잔류자 귀환소송"이 동경지방재판소에 제기되었고, 전 일본변호사연합회 회장 '가시와기 히로시로'를 단장으로 아리가 마사아끼, 하라고 산지 등 21명의 원고 측의 대리인이 따라붙었다.

사할린한인들의 대변인으로 불리는 타카키 켄이찌 변호사도 의원간담회가 발족하고 1994년부터 의원간담회의 사무국장으로 참여했고 이때부터가 사할린한인의 대리인이 된 시기가 되었다.

　최근 30여 년 동안에 사할린 동포 문제로 일본 법정에 제소하였거나 혹은 재판개시를 위한 소송 준비를 한 일이 여러 번 있었다. 그중 대표적인 것으로는 '사할린잔류자귀환청구소송'(사할린재판)과 '사할린잔류한국-조선인보상청구재판' 등이 있다.

　현재 도쿄지방재판소에서 진행 중인 전시 우편저금 등 반환 청구재판은 내용적으로 전혀 다른 것이지만 사할린관련 전후처리의 일환으로 볼 수 있다.

　《망각은 망명자의 길로 가나, 기억은 구원에 이르는 비결이다.》

　이 글은 홀로코스트 기념관에 새겨진 것이다. 우리에게도 좋은 교훈으로 될 문구이다.

　아래에 법정에서 전후 사할린 문제를 해결할 목적으로 제소한 '화태잔류자귀환청구 재판'부터 시작하여 '사할린잔류한국-조선인 우편저금 등 보상 청구재판'에 이르기까지의 경과를 간단히 적어 본다.

■ **1. '화태잔류자 귀환 청구재판'**(樺太殘留帰還 請求裁判)은 도쿄지방재판소에서 일본 변호사 20여명이 사할린한인들의 귀환 문제로 피고국을 상대로 햇수로 15년 계속된 것이다. 재판 과정에서 변호인단이 추구해 온 목표는 피고 일본국에 대하여 사할린 한국인이 귀국할 지위에 있다는 확인을 구하는 것이었다.('사할린과 일본의 전후책임' 다카기 켄이치/개풍사,1992일어판)

　첫째로 귀국을 희망하는 사할린의 무국적 한국인에 대해서는 '원상회복'에 이르기까지는 일본국적을 상실했다고 일본국이 주장하지 못한다는 점과 둘째로는 일본이 전쟁 목적 수행을 위하여 동원하였으니 그들을 복원시킬 의무가 있다는 것이다. 재판의 원고로는 사할린에 거주하는 피강제연행자 4명을 선정하고, 그들의 한국 유수(부재중)가족을 방문한 변호인단 대표가 강제연행 당시의 상황 등을 자세히 구술 조사하였다. 1975년 12월 1일에 제소된 재판은 1심 판결도 없이 1989년 6월 15일 취하에 의하여 끝났다.

변호인단의 최종 준비서면에는 "…제소하고 오늘에 이르기까지 61회 구두변론이 있었다. '사할린잔류한국-조선인의 가족과의 재회', 한국으로의 귀환 등 문제에 있어 사태가 현저히 개선되었고, 유일 생존 원고인 이덕림이 46년 만에 한국에 귀환하는 등 제반의 사정을 고려하여 본일 소송을 취하하도록 하였다."

사할린한인동포의 귀한운동을 전개한 '화태귀환재일한국인회'(樺太帰還在日韓國人會), 대구의 '중소이산가족회' 전자의 신청을 받고 일본변호사연합회가 인권옹호위원회 내에 설립한 '사할린잔류한국인문제위원회', 한국에서는 대한변호사협회가 설립한 전문위원회 등이 귀환청구재판을 지원하였다는 기록이 있다. 사할린재판이 시작한 당시에는 시민단체 '화태잔류한국인귀환청구재판실행위원회' '樺太残国帰実会'라는 지원조직도 있었다.

동시에 이 15년 재판은 일본, 북한, 소련 등 나라들에서 비난의 대상으로 된 일이 있었다. '아시아에 대한 전후책임을 생각하는 회 대표이며, 사할린문제 해결을 위하여 오래 동안 노력해 온 도쿄대 오누마 교수는 1990년에 사할린을 방문한 후 저서'사할린에 버려진 사람들'(《サハリン棄民》 中央公論社, 1992)을 발표했다.

오누마교수는 사할린 1세노인들 중에서 박노학씨와 사할린재판에 대한 의견을 들어보았다. 30여 년 동안 귀환문제로 활약해 온 박노학 씨를 모르는 사람은 거의 없었다. 그는 동포를 위해 귀중한 공헌을 한 사람으로 평가되고 있었다.

박노학 씨와 재판을 비난한 '레닌의 길로'를 비롯해 기타의 한인 지식인들은 당국이 시키는 대로 거짓말을 쓴 자들이라고 명확히 비판하는 사람

들도 있었다. 재판의 원고 4명 중 2명은 KGB(소련에서 국가안전위원회)
의 압력 하에 재판의 취하를 성명했다는 사실도 밝혀냈다.

〈…귀환운동을 비난하고 문제 해결을 방해한 사람들이다. 언론은 자유
이다. 그러나 자유에는 책임이 따른다. 과거 귀환운동을 비난한 사람들은
그 책임을 어떻게 감당하려는 것일까?〉 (오누마 야스아키 〈사할린에 버려진 사람
들〉 이종원 옮김, 청계연구소, 1993)

귀환청구재판이 취하되기 2년 전에 사할린문제 해결에 있어 획기적인
《사할린잔류한국-조선인문제의원간담회》가 발족되었다. 이것은 다카기
변호사, 오누마 교수를 비롯하여 일본의 뜻있는 인사들의 꾸준한 노력의
결실인 것이다. 동간담회의 실적에 관한 자료 '사할린잔류한국-조선인
문제와 일본의 정치'의 일어판과 한국어판으로 사할린주노인회에서도 찾
아 볼 수 있다. 1989년 한-일 적십자사가 설립한 "재사할린한국인지
원공동사업체"는 사할린 1세들의 친적 방문(후에는 일시모국방문), 영주
귀국 등 문제를 다루게 되었다.

■ 2.사할린잔류한국-조선인보상청구재판

(Sakhalin殘留韓國-朝鮮人補償請求裁判)

일본정부에 대한 법적책임을 추궁하고 이것을 바탕으로 보상을 청구하
는 최초의 전후보상의 재판이다. 사할린에 남은 사람, 영주귀국자, 유가
족 등 21명이 일본 정부에 1인당 일화 1000만 엔의 보상을 청구한 것이
다. 변호단(대표 다카기 변호사)은 개인보상 청구권의 주된 근거는 일본
정부의 가해행위가 국제법에서 전쟁범죄인 인도에 대한 죄에 해당하고 따
라서 가해국인 일본은 피해자에게 직접 개인보상을 해야 된다는 방식이었
다.(다카기 켄이치 2001, 어째서 지금 전후보상인가)

그러나 사할린문제의 경우에는 법정에서의 논쟁보다 일본정부가 구체
적 대책을 검토하여 지원 사업을 사실상 진행하도록 하는데 의의가 있었
다. 그래서 변호단과 피해자는 성과를 찾아 낸 일도 있고 금후에도 계속

한-일 양정부와 협의를 하면서 새로운 보상의 실현을 위하여 주력하는 방도를 선택하고 보상 청구재판을 1995년 7월에 취하하였다.

■ 3.민족소송

1993년 도쿄지방재판소에서 제1차 변론으로부터 시작한 이 재판은 사할린동포사회에서도 알려진 지익표 변호사를 비롯한 한국인 변호인단이 원고 369명을 선정하고 일본국을 상대로 전개한 것이다. 이번 재판의 특이한 점은 한국 변호사들이 직접 당사자로서 소송에 참여했다는 것이다. 〈1965년6월의 한일 기본조약과 재협정 만으로는 일본국의 책임이 청산되지 않았음에도 불구하고, 양국 간에서는 더 이상 해결될 기미가 보이지 않으므로 우리 법조인으로서는 소송의 방법으로 일본국의 책임을 물을 수밖에 없으며, 사할린소송에 이어 1992.8.29. 민족적 총체적 피해에 대한 총합적인 소송을 제기하게 된 것이다.(지익표 편저 '대일 민족소송의 이론과 실제' 동일사,1999)

이 소송은 도쿄지방재판소가 부당한 소송 진행으로 받아들였고 증거 제출의 기회마저 빼앗은 채 패소판결(일부 소각하, 일부 기각)을 하였으므로 즉시 공소하여 도쿄 고등재파소 까지 만7년을 싸워왔다. 이에 최고 재판소에 특별항고를 제출한 일도 있었다.

사할린동포법률구조회회장인 지익표 변호사는 '사할린잔류한국-조선인보상청구재판'을 앞두고 주청 소재지에서 원고를 선정하는 작업을 했다.

영주귀국자 중 10명 정도, 한국에 있는 유가족들 약 5명 외에 사할린에 있는 1세대 노인들 5-10명 정도 선정할 것이다.(레닌의길로, 1990.07.07)

이 밖에도 지익표 선생은 1991년에 사할린동포 문제를 포함한 청원서를 UN 인권위원회에 제출했다.(지익표 '사할린보고서' 1997)

근 10년 전에 필자가 노인회장이 된지 몇 달 후에 미국 로스앤젤레스에서 한통의 전화가 왔고 연이어 사할린동포 신상명세서를 작성하기 위한 견본을 보내왔다. 이것은 1992년에 사할린 '브이코브 탄광을 탐사하여 강제동원 당사자들의 체험담을 듣고 고통으로 점철된 인생역정에 감명을 받았다는 재미동포 한원구 선생이 보낸 것이다.

1999년 7월에 제2차 세계대전 노예강제노동 소송의 시효연장에 관한 주법이 캘리포니아 주에서 성립되어 강제노동을 시킨 일본기업에 대한 소송을 제기할 수 있게 되었다. 이 법에 따라서 유대인들이 대독소송을 제기하고 싸워온 결과 정치적으로 문제가 해결되어 독일정부가 '회고, 책임과 미래' 기금 법안에서 50억 마르크, 기업 50억 마르크를 거출한 일이었다.

신상명세서의 작성 작업은 주노인회가 주관이 되어 사할린뿐만 아니라 안산시 고향마을 귀국자도 대상으로 했다. 일제시대의 지명, 탄광을 비롯하여 여러 기업의 이름을 구명과 신명을 동시에 추가 기입하고 성명은 호적등본에 따라서 하되 창씨개명 된 당사자는 일본식 성명을 보태서 기입하도록 했다. 이밖에도 명세서마다 수정할 점이 많고 해서 종전의 앞뒤 상황을 잘 아는 노인회 지도부에서 맡았다. 사할린에서 보낸 많은 명세서는 정리하여 신혜원 변호사에게 맡겼다는 한원구선생의 통지를 받았다.

소송준비 과정에서 이런 일도 있었다. 2000년 한민족포럼지(당시 이 잡지를 한국과 미국에서 발간하였다.)에 필자는 현재 우리 노년단체는 여러 재미동포 우선 한원구 선생의 주선으로 제2차대전시 일제에 의한 조선인력 수탈정책으로 인한 강제연행, 강제노동 배상청구 집단소송의 준비 작업을 하고 있지만 판밖에서 개인으로나 단체적으로 노인회가 단독으로 하는 일에 협조는 못할망정 방해를 하지 않으면 다행으로 생각됩니다.

(12월 송년 통합호에 실린 기사 '우리의 주장, 우리의 투쟁, 우리의 소망'라고 썼다.)

그리고 일본의 다카기 변호사가 안산 고향마을에서 사할린노인회의 소송준비에 대한 소식을 받고 필자에게 불만을 전해 온 일도 있었다. 노인회 지도부는 준비 작업이 재미동포(변호사도 참여한)의 주선으로 실시되고 있는 만큼 그들의 승낙 없이 마음대로 정보를 외부에 전할 수 없는 입장이었다.

결국 다카기 변호사도 소송준비에 참여하게 되었고, 그해 가을에 방미하였다. 로스앤젤레스 신혜원 변호사가 미국인 국제변호사와 일본의 변호인단과 협력하여 강제노동에 대한 보상청구 집단소송에 최선을 다하고 있다는 통지를 받았다. 우리는 기뻤다. 그러나 우리에게 한해서 매우 유감스러운 일이 생겼다. 재미동포 측과 일본 측 사이에서 의견 상위가 발생하여 쌍방 관계는 점차 멀어지고 말았다.

2001년에 일본 측 변호사가 다시 방미하여 미국인 법률가들과 교섭을 하였으나 긍정적인 결과는 보지 못했다. 미국에서 대규모 테러 사건이 있었던 이듬해인 2002년에 로스앤젤레스에서 개최된 국제한민족포럼에 초대 받은 우리는 세계에서 유명한 인권운동가 피셔(Fisher) 씨와 이야기를 나누었다. 강제노동 소송에 대한 그의 의견은 재판의 제기는 좀 더 기다리라는 것이었다. 여러 동포 변호사도 같은 의견이었고 그들은 강제노동 소송의 시효 연장에 관한 캘리포니아 주법이 2010년까지 유효하다는 것을 염두에 두고 있는 것으로 해석해야 하고 있었다.

▌5.사할린잔류한국−조선인우편저금등보상청구재판(Sakhalin殘留韓國−朝鮮人郵便貯金等補償請求裁判)은 2007년 9월 25일 일본 도쿄 지방재판소에서 보상 청구소송이 제기되었다. 재판개시에 즈음하여 발표된 변호단의 성명문과 다카기 변호단장의 의견은 대략 다음과 같다.

일본은 전후독립의 출발점이라고 말할 수 있는 샌프란시스코조약에 명기된 의무를 태만과 경시로 장기간 방치해 왔다. 이렇듯 중요한 조약상의 의무를 계속 무시하는 일본국가의 도의를 묻는 재판이다. 일본의 전후보

상 문제는 종군위안부 문제를 포함하여 수많은 재판이 제기되었으나 최고
재판소의 판결을 본다면 샌프란시스코조약과 중일공동선언 혹은 한일경
제협력협정에서 해결되었다고 주장하고 있다. 최고재판소가 말하는 샌프
란시스코조약을 근거로 의무의 이행을 청구하는 것이다. 이것이 본건 재
판과 전후보상청구소송과의 차이점이다.

사할린문제로 움직이는 과정에서 밝혀진 미청산 우편저금에 관해서는
여러 번 해결 요청을 하였지만 애초 구우정성의 담당관은 한일조약에서
해결했다는 회답이고 그 후에는 확정채무이니 지불할 의무는 있으나 사할
린 외국인 예입분(外國人預入分)의 지불에 대해서는 보류(保留)로 있다는
것이다.

샌프란시스코평화조약의 제1조에는 일본이 소유권을 방기한 지역에 관
련되는 재산처리는 일본국과 그 지역의 당국과의 특별계약의 주제(主題)
로 한다고 정해있다. 즉 샌프란시스코평화조약에 의하여 일본국은 재사할
린 한국-조선인의 우편저금 등을 지불할 의무가 있었으며 당국인 러시아
(구소련)과의 특별계약을 체결하여 해결할 것이었다. 그러나 일본정부가
이런 특별계약(약정)을 체결하자고 한 형적이 전혀 없다.

일본국과 우정(우편에 관한 행정)공사는 청구권처리를 62년 동안 방치
한데에 대한 중대한 책임을 인식하여 적정한 금액을 환불할 것을 요구하
며 사할린잔류한인들이 소지하는 우편저금, 간이보험에 대해서는 전후의
물가 상승률에서 현재의 가치로 환산하여 2000배로써의 환불을 요구하는
재판을 제기하였다.

원고인단은 재사할린동포 6명, 안산시 고향마을 귀국자 3명, 대창양로
원 1명, 재일동포 1명으로 구성되었다. 원고들의 소송대리인으로는 다카
기 변호사를 비롯하여 9명 일본 변호사들이 맡았고 그 중 3명은 지난해
두 번이나 사할린을 방문하여 소송준비에 관한 설명회를 개최하며 주노인
회에서 작성한 우편저금, 간이보험 등 서류 소지자의 명단에서 6명을 원
고로 선정하였으며 진술서, 소송대리인에 대한 위임장 등 문서 작성에 기

인한 변호사들이었다.

이에 우리 노인회는 이 작업에 필요한 한국, 러시아, 일본 3개국에 대한 지식과 언어를 겸비한 인재를 제공한 바 있고 도쿄에 소재한 다카기 켄이치 법률사무소를 두 번 찾아뵙기도 했다.

재판개시에 즈음하여 안산시 고향마을 고창남노인회회장의 성명문이 지원회 소식(사할린잔류한국-조선인지원회, 대표-다카기 변호사. 支援 会—)에 발표되었다.

"우리는 본 재판을 전면적으로 지지하며 승리할 것을 기원하며 기대하고 있다. 그리고 우편저금 총액으로 기금을 창설하여 사할린동포 전체에 환원되기를 갈망한다."

이밖에도 대구시 이두훈 중소이산가족회회장의 메시지도 발표되었다.

이에 따라 당시 사할린 주노인회와 한인회는 공동성명을 발표했다.

*전체 사할린 한인들을 대표하는 한인회와 노인회는 다카기 선생을 단장으로 하는 우편저금재판 변호단의 일거일동을 전면적으로 지지한다.

*원고의 명의의 저금을 4-5배로 하여 지불한다는 일본정부의 입장에 절대 동의할 수 없다.

*전시우편저금을 현재 가치로 환산하여 최저 2000배로 하여 지불해야 정당하다는 사할린 1세 노인들의 의견을 존중하고 지지한다.

전후처리의 일환인 사할린우편저금의 조기반환은 전후 62년이 지난 오늘 만시지탄의 감이 없지 않으나 일본정부가 꼭 해결해야 할 책임이며 의무이다. 재판에서 승소하여 우리가 오래 전부터 세워 나온 목적이 달성되기를 기원한다.

참고문헌: 전상주 사할린주노인회 회장(2007)

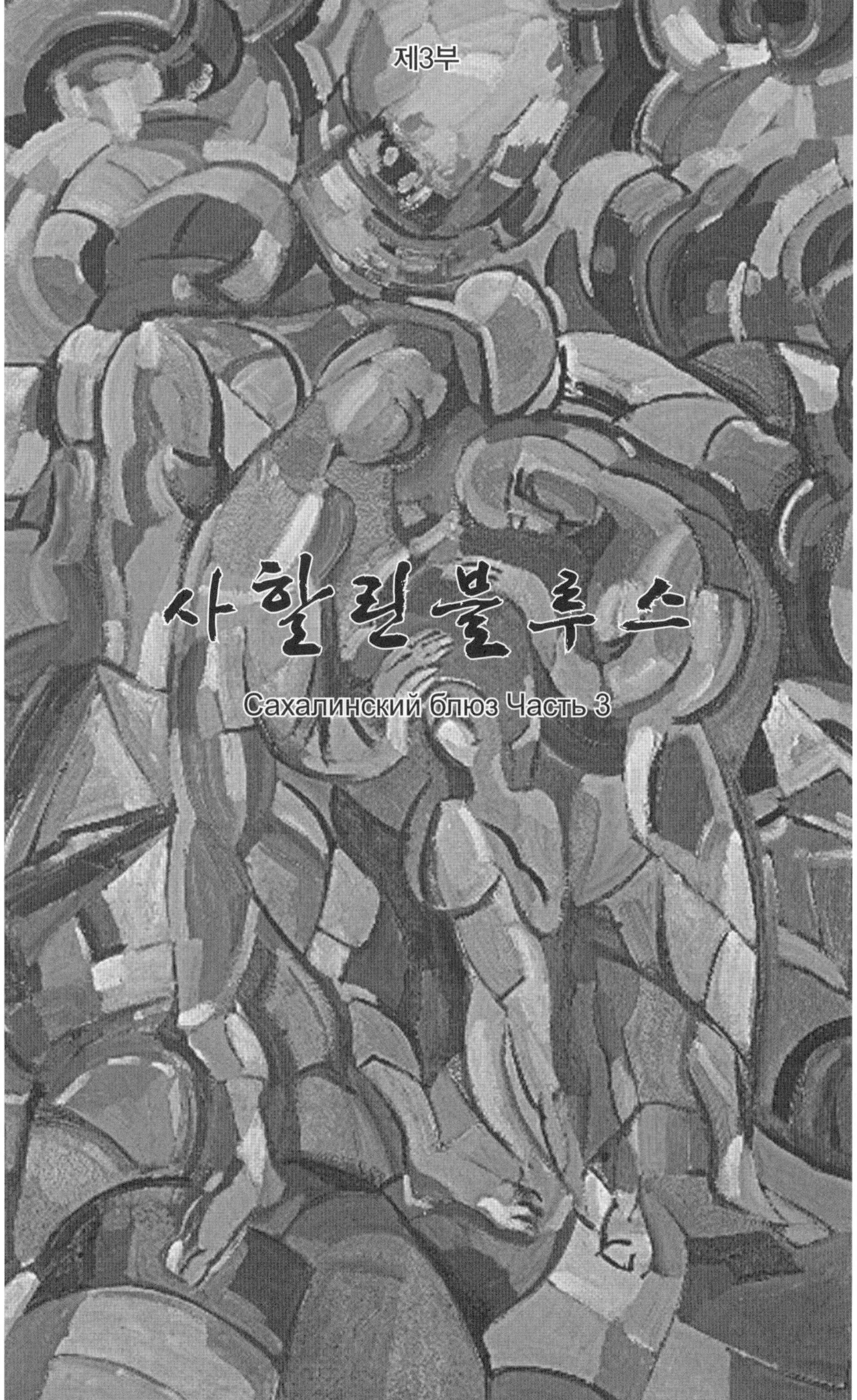
제3부
사할린블루스
Сахалинский блюз Часть 3

조선에서 사할린까지

김 안드레이 니콜라이비치는 청년시절부터 술과 노름을 좋아했다. 그가 일하는 직장은 일본시대부터 어업기지로 유명한 사할린 홈스크 항이다. 홈스크 항은 사할린에서 꼬르사코프 항과 사할린 자원보고의 종착점에 해당하는 항구이다.

안드레이에게는 사할린이 낯선 곳이 아니다. 일전 조선에서부터 활약하는 사무라이와 밀거래를 하면서 이미 일본을 한차례 찾은 바 있었고, 사할린도 일시 방문한 적이 있었다.

1937년 일본 후쿠오카를 거쳐 오사카에서 잠시 유랑생활을 하였으며, 홋카이도 와카나이를 통해 사할린에 일시 머물었다가 다시 조선으로 들어갔다. 그리고는 1947년 청진항을 출발해 다시 사할린을 찾았다.

해방이 되고도 홈스크 항에는 수산물뿐 아니라 석탄과 목재 등 자원의 대부분을 이곳에서 본토로 또는 일본으로 운반되곤 했다. 사할린 각지에서 실어온 석탄과 목재는 산기슭에서 언덕을 가르고 도로변까지 타고 와서 차량과 바다로 흘러들어 항구로 이동되었다.

어업기지로 소문난 홈스크 항에는 돈을 벌기위해 한인들이 몰려들었다. 러시아인을 비롯해 소련 대륙에서도, 귀국하지 못하고 남은 재일동포 홀아비부터 사할린 한인과 북한 파견근로자까지 문전성시를 이루었다.

함바(숙소)에는 50명 단위로 노동자들이 가족들과 부대끼며 살았고, 더러는 일본인의 개인집을 할당받아 개인사택에서 출근하기도 했다. 그렇게 홈스크 항에는 항상 사람들로 붐볐다.

▲1924년 사회주의 헌법 승인으로 생겨난 소련의 국장. 망치와 낫은 노동 계급과 농민의 동맹을 상징하고 굴뚝의 연기는 역동의 숨결을 상징.

어업기지로 유명하다보니 소련정부는 한인노동력이 당연히 필요했다. 이 가운데는 사할린 한인 역사에 빛나는 대륙권 출신의 한인여성 한수라에게 근로 노력영웅 훈장을 수여하기도 했다. 청어와 연송어 목표달성을 이룬 성과이었다. 이는 북한 파견근로자의 노동력 덕택이었다.

홈스크을 조금 지나면 네벨스크 항이 나온다. 이곳이 북한 파견근로자의 최초의 입항지다. 예전에는 일본연락선도 들어왔었고 가족을 찾기 위한 일본 밀항선이 수시로 닿았던 곳이다. 한인들의 발자취는 여기서도 시작되기도 했다.

식민지시대 강제징용으로 모집된 조선인말고도 자유모집 또는 개인으로 일본을 거쳐 1930년대부터 한반도의 가난한 사람들이 몰려들기 시작했다. 말 그대로 해외취업을 결심했던 것이다.

광업과 어업, 목재업이 활발한 사할린 섬은 꿈을 이루려는 사람들로 북적였다. 조선의 문맹자를 비롯해 학식이 있는 선비까지 일본에 있는 인텔리부터 사할린은 먹고살기 위해 돈을 버는 곳으로 최적으로 손꼽혔다.

심지어 중국에서 소식을 듣고 온 조선인과 강제징용을 피해온 사람이 역으로 되돌아오기도 했다.

부두에서 벗어나고 안쪽 검문소 옆의 선술집에 사람들이 웅성거렸다. 북한에서 오는 파견근로자들이 오는 날이다. 외항에서 본선이 도착하면 바지선이나 작은 배로 옮겨 타서 네벨스크 내항에 도착했다.

당시 1946년과 1948년 사이에는 네벨스크 항은 모집 노동자들로 넘쳐 났다. 가장 많은 인원이 송출된 북한 파견근로자들로 네벨스크 거리는 하루가 멀다 하고 사람 찾는 소리로 소란스러웠다.

저만치에서 바바리에 깔끔하게 차려입은 사나이가 선술집으로 걸어오기 시작했다. 이를 지켜보던 김 안드레이가 선술집에서 남은 술잔을 비우고 자리를 박차고 일어섰다. 안드레이를 알아본 사나이는 덥석 손을 맞잡고 흔들었다.

그는 복장이 단정하고 어깨가 짝 벌려진 중절모자를 쓴 평양신사이었다. 김철구이라고 하는 평양신사는 다시 안드레이와 선술집으로 향했다. 선술집은 나무로 지어진 허름한 일본식 카페이었다.

선술집에 마주앉은 두 사나이는 술을 주문하고 무언가 귓속말로 속삭였다. 그러자 김철구가 술잔을 들며 "수령 동지를 위하여"라며 호탕하게 외쳤다. 주위에 있는 사람들도 함께 잔을 들며 크게 따라했다.

김철구와 안드레이가 나서자 밖에는 소련산 질(З И Л) 자동차가 대기하고 있었다. 지프차는 네벨스크 관청을 지나 해안선을 타고 지나다 홈스크로 가는 비포장도로를 내달렸다.

ⓒ홈스크시

안드레이는 울창한 숲속 길을 헤치고 가는 도중에도 김철구에게 한참이나 말을 건네었고 김철구는 시종일관 그의 말을 귀담아듣고 있었다.

이윽고 홈스크 부두 건너편에 있는 관리사무실에 도착한 그들은 왼쪽 창가에서 사무를 보고 있는 소련군 군인에게로 다가갔다. 장교로 보이는 군인은 김철구가 내민 서류를 보자 반갑게 맞이하며 담배를 건넸다.

김철구는 노어가 유창했다. 아마 북한에서 노어를 전공했거나 국경 근처에서 소련군인과 근무한 적이 있었던 것 같았다.

아니나 다를까 김철구는 이번 파견근로자들의 인솔책임자의 부서담당자이었다. 공화국 정부를 대신하는 위임장과 파견근로자들의 명단, 근로계약서 등 기밀서류를 가지고 있었다. 그는 또한 북한 인민무력부부장의 친서를 지니고 있는 핵심 요원이었던 것이다.

김철구는 사무실에서 소련군 장교와 진지하게 대화를 나누었고 서류에 무엇을 작성하는 듯 분주하게 움직였다.

해가 기울기 시작한 저녁 무렵, 분주하게 움직이는 사람들의 소리가 들려왔고 사무실은 더욱 혼잡해졌다. 일을 끝내고 귀가하는 사람들로 홈스크 소비에트가 거리는 하나둘 불빛이 켜지기 시작했다.

부둣가의 크레인 아래로 비치는 불빛이 아름다웠다. 그 야경을 김철구는 틈틈이 주시하고 있었다. 홈스크 항의 불빛이 안드레이가 사는 청진항과 비슷했고 조국에 와 있는 느낌이 들었기 때문일 것이다.

소련군 장교는 바다가 훤히 내려다보이는 선착장 근처 호텔로 김철구와 안드레이를 안내했다. 일종에 카페 같았는데 군인들도 보였고 테이블의 바텐더 뒤로는 네온불빛이 반짝이고 있었다.

소련 장교는 하얀 옷을 입은 금발의 여성 종업원에게 무언가를 지시하는 듯했다. 조금 있자 술과 안주가 들어왔고 곧바로 소련 여자로 보이는 늘씬한 여성들이 자리에 앉았다. 소련군 장교와 김철구는 노어로 인사를 하며 안드레이를 소개했다. 그날 그들은 밤늦도록 술과 여자와 시간을 보냈다.

아침 호텔에서 일어난 안드레이는 창밖 홈스크 항을 바라다보며 담배를 물며 깊은 상념에 잠겼다. 김철구에게 건네주기로 한 정보가 혹시나 잘못되어서 가족들에게까지 화를 미치지 않을까 망설이고 있었다.

하지만 안드레이라는 인간은 가족은 전혀 생각지 않는 자기밖에 모르는 방탕한 인간에 불과했다. 사할린 정보를 건네주고 그것으로 그는 사리사욕에 젖을 인간이었다.

안드레이는 원래 남한이 고향이었다. 남한에서 어릴 때부터 주먹 세계에 발을 덜어놓았고 해방 전 장사꾼들의 노름판에 어울리기 위해 북한으로 간 케이스였다. 그래서 청진에 오게 되었고 자연히 장사꾼들과 어울리다보니 사업하는 사람으로 인식되었다.

그 수완이 하도 좋아서 사람들은 그를 사업하는 사람으로 믿었고 그 와중에 이름난 기름장수 부잣집 딸과 혼인하게 되었고 남북이 갈라진 통에 북에 낳게 되었다.

안드레이의 담배가 다 타들어갈 쯤 노크소리가 들어왔다. 김철구가 문을 열며, "박동무, 좋은 아침입네다. 잠은 어떻쑤?" 하며 물었다.

안드레이가 대답했다.

"아 네, 잘 잤수다. 부대장 동지께서는 사할린 첫날밤이 어땠습니까?"라고 되물었다.

둘은 밤새 있었던 재미난 일과 잡담을 널어놓았다. 안드레이와 김철구는 정오쯤 호텔을 빠져나와 북한 근로자 함바 근처에 있는 북한주재국 임시 거처에 들렀고 거기서 지역사무관을 데리고 홈스크 시내를 돌아다녔다. 소위 김철구의 사할린동향과 지리파악이 시작되었다.

이튿날부터 시작된 김철구의 사할린조사는 홈스크에서 유즈노사할린스크로 꼬르사코브 항까지 시내 소련 군사시설까지 한 달간이나 이루어졌다. 김철구의 동행에는 안드레이가 처음부터 수발을 들었고 한시도 떨어지지 않고 붙어 다녔다.

그리고 1949년 3월 홈스크 비밀 아지트에서 안드레이는 1년가량 수집해온 실태조사를 조심스레 건네주었다. 김철구는 홈스크에서 약 3개월가량을 보내고 나홋트카를 거쳐 블라디보스톡을 통해 북한으로 갔다. 나홋트카에는 극동지구 북한주재 조선 총령부가 있었다. 지금의 총영사관급에 해당된다.

김철구가 가면서 안드레이에게 대가성으로 지불한 돈은 당시 자동차를 살 수 있는 거액이었다. 그 돈을 가진 안드레이는 어업기지에 있는 색시에게는 한 푼도 주지 않고 노름판에 뛰어들었다. 원정도박도 마다하지 않았다. 한인들이 모이는 곳이면 다 갔고 노름판을 만들었다.

그렇게 안드레이는 사할린에서 그나마 자유롭게 활동하며 조선팔도에서 누비던 노름기질을 이곳에서도 발휘하며 속절없이 세월을 보내고 있었다. 본국의 지시가 내려질 때면 간간이 북한주재소에 들리기도 하였고 수시로 연락을 취하며 홈스크 주변의 술집과 노름판을 휘어잡고 다녔다.

발길질의 달인, 사할린 주먹세계를 다스리다

일찍이 일본인과 어울리며 배운 안드레이의 노름기질은 조선에서도 알아주었다. 청진에서 큰판만 골라서 노름판에 다녔다. 돈을 잃으면 사채업자에게 빌렸고 사채업자는 조직의 똘마니라고 불리는 조직폭력배와 연관이 되어있었다. 당시에도 조직폭력배의 돈줄은 거의가 시내 요소마다 장악하고 있었다. 부두의 공장에서 극장까지 점령하고 있었기 때문에 안드레이는 쉽게 돈을 빌릴 수 있었다.

청진의 조직폭력배는 안거리파가 유명했다. 부두를 거점으로 청진 시내를 휩쓸고 있는 안거리파는 일제 때부터 자생해왔고 안거리파완 해방 전까지 거래를 해왔다. 안드레이는 거액을 안거리파에 빌렸고 기일을 넘기자 돈을 갚을 형편이 못되자 잠시 신의주로 도주했다가 해방 후 청진으로 잠입해 어린색시를 데리고 사할린 모집에 결행했다.

김철구와는 신의주 도피 중에 알았다. 우연히 시내 식당에서 조선패와 중국패가 난동을 부리자 안드레이가 중재 역할을 하던 도중 김철구 눈에 띄게 되었고, 중국 패를 단숨에 요리하는 모습이 김철구를 사로잡게 되었고 10개월 정도 함께 지내며 의형제처럼 지냈다.

청진으로 돌아올 수 있었던 것도 김철구의 힘이 컸고 사할린 잠입도 가능할 수가 있었다. 더욱이 그는 특혜를 받은 몇 되지 않은 북조선의 특수비밀 연락책 요원으로 발탁되었던 것이다.

사할린에 발을 딛고서도 안드레이는 어업기지에 등록만 하고선 일은 하지 않았다. 어린색시만 함바에 남겨두고 그는 노름판이나 술판에 다녔다. 이것이 안드레이가 김철구에게 받은 특명이었다. 사할린오기 전 안드레이는 김철구로부터 이러한 특명을 받았고 청진 당위원회의 지시로 1년가량 사할린실태조사를 비밀리에 해왔다.

근 1년 가까이동안 안드레이는 사할린 중요지역을 물색하던 중 사할린에 일본조직폭력배가 남아있다는 것을 알았다. 사할린에 남은 일본조직은 대부분 철수하였지만 조직의 똘마니들이 귀국하지 못하고 있는 탓에 그 잔재는 시내 요소마다 남아있었다. 일본시대에서 소련시대로 사할린의 체제가 바뀌자 사무라이들은 칼 대신 목검을 사용할 수밖에 없었다.

그들은 부두의 어업권이나 술집 허가권을 갈취하다 뜻대로 되지 않으면 소련감시원의 눈을 피해 몽둥이와 목검을 들고 공포를 조성하며 요란을 피웠다. 창문이 깨어지고 박살내는 과정은 예전의 칼 부리가 휘날리며 피가 치솟은 섬뜩한 광경을 자주 목격하였던 탓에 많은 이들은 일본사무라이의 무서운 행동을 익혀 알고 있었다.

그 과정 속에서 한번은 홈스크 부두 근처 소비에트 거리에 있는 일본식 룸바가 있었다. 룸바에는 쫄 바지에 군화를 착용하고 게다(나막신)를 신은 건장한 일본 청년들이 들어 닥쳤다. 일본 청년들은 바 가운데 핸섬하게 보이는 40대 한인으로 보이는 사람 쪽으로 다가갔다.

40대 한인은 대륙권에서 건너온 카레이스키(고려인)로 홈스크에서는 제법 알려진 재력가에 속했다. 이름이 황보청해라 하여서 사람들은 곧잘 바다를 군림하는 장보고라고 했다. 황보청해는 일본 청년들과 몇 마디 나누다 갑작스레 머리카락을 번들하게 제키고 종지를 묶은 기생오라비같이 생긴 청년이 황보의 테이블을 걷어찼다.

그리곤 여러 명이 황보의 멱살과 두 팔을 일으켜 세워 밖으로 끌고 갔다. 밖으로 내동댕이쳐진 황보가 일어서자 일본 청년들이 목검과 발길질로 그를 때리고 짓밟았다.

이들은 배가 승선하려는 어업권에 일본인을 빼고 한인들을 승선시킨 것이 발단이었는데, 고기를 잡으려 나가는 고깃배에 일본이 패망했고 이제는 왜놈들을 합승할 수 없다며 그 자리에 한인들을 승선시켰다는 것이다. 이를 전해들은 일본 똘마니들이 황보청해를 불렀고 버릇을 고치겠다는 의도이었다. 마침 술을 마시고 있던 안드레이가 이 광경을 지켜보고 있었고, 안드레이는 한인이라 개입하게 되었다.

처음에는 좋게 말을 하고 말리려고 하였으나 난데없이 뒷전에서 목검으로 안드레이 머리통을 내리쳤다. 안드레이는 바닥에 주저앉았고 곧바로 그들에게 대들었다.

목검과 몽둥이로 무장된 일본똘마니들은 도합 일곱 명이었는데 그들이 휩쓴 목검이 하나같이 죽도 못쓰고 안드레이의 허공을 가리는 발길질에 추풍낙엽처럼 쓰러졌다.

사람들은 놀랬다. 아직까지 한인 중에 그런 사람이 없었는데 몇 달 전부터 러시아 이름을 가진 주먹잡이가 있다는 이야기는 들어보았지만 이처럼 살쾡이처럼 날쌔고 빠른, 정확히 표적을 맞추어 한방에 날려 보내버리는 괴력의 사나이를 한 번도 보지 못했기 때문이다.

그가 바로 북조선 청진에서 건너온 안드레이다. 홈스크 한인들은 안드레이가 북한파견근로자로 온 줄은 거의가 잘 모르고 있었다. 그저 대륙에서 온 사람인줄 알고 있을 뿐이었다. 장보고는 옷에 묻은 먼지를 털고 터벅터벅 걸어오며 안드레이에게 손을 내밀고 감사하다며 몇 번이나 고개를 숙였다. 이윽고 사람들도 안드레이에게 박수를 치며 그를 환호했다.

수십 년이나 갇혀 맥도 쓰지 못하며 울분에 쌓였던 순간이 한꺼번에 풀리는 듯해 기분이 너무 좋았던 것이다. 그도 벌건 대낮에 일본인을 혼내주고 일곱 명의 폭력배를 한인이 제압했다는 것이 뿌듯하기만 했다.

장보고와 안드레이가 바로 들어가자 모여 있던 한인들도 안드레이 곁으로 와서 술을 내어주고 반갑게 인사를 했다. 그날 바는 한인들의 잔치 분위기로 떠들썩했다.

그날 황보는 안드레이를 홈스크 사무실로 모셨고 또 한 차례 건사하게 대접하며 종종 도와줄 것을 제의했다. 무엇보다 어장을 보호하기 위해서는 안드레이 같은 든든한 사람이 지키고 있어야 했던 것이다.

하지만 안드레이는 황보의 청탁을 그대로 받아들이지 못하는 신세이었다. 딱히 황보의 직속이 되기보다는 그저 도와주는 선에서만 머물고 있어야 했다. 이런 사연을 일일이 다 이야기하지 못하고 그렇다고 황보의 부탁을 매몰차게 거절할 수가 없었다. 동족의 정은 이래서 있는 것 같았다. 서로 돕고 보호해야 하기 때문이다.

왜정시절 많은 조선인들이 이곳에 끌려왔을 때도 언젠가는 조국광복의 날을 기대하며 뭉쳐야 한다는 것을 알았다.

아마도 초창기 암울한 시기에도 선대들 중에는 이곳에서도 숨어서 독립운동을 하였을 거라는 짐작이 없지는 않을 것으로 여겨졌다. 왜냐하면 황보와 같은 지식인이 있었고 물불을 가리지 않고 용맹스런 사람도 있었기에 민족의 혼은 여기서도 가능했을 것이다.

조선인이라면 분명 지하에서 조국광복을 기다리고 있었기 때문이다. 그 조선인은 오늘의 한인의 후손이며 사할린동포들이다.

한편 안드레이의 주먹실력이 홈스크에서부터 점차 사할린에 퍼지기 시작했다. 그 소문은 사할린 전역을 타고 흘렀다. 그로부터 북쪽지방 우글레고르스크, 삭쵸르스크 등 탄광 밀접지역에 있는 한인 건달들이 먼 길을 마다하고 안드레이에게 인사를 하고 갔다.

그런데 안드레이는 보스기질은 없다. 보스는 부하를 챙겨주고 적에게서 가족을 보호하는데 자기의 몸을 희생할 수 있어야 한다.

안드레이의 단점은 안사람과 가족을 생각지 않는다는 것이다. 다른 여자에게는 호의를 베풀고 정을 주지만은 정작 집안의 가족들은 돌보지 못한다는 것이다. 아무리 방랑벽이 심해도 집안의 가족들을 챙겨놓고 돌아다녀야 하는데 결혼하고 가정만 있다뿐이지 애당초 가정은 뒷전이었다.

사람들은 의리가 강하고 불의를 보면 참지 못하는 호걸의 남아로 보고 있지만 노름판에 미치면 아무런 생각이 없는 사람이다. 더욱이 그는 술만 먹으면 기세등등해져 호령하기를 좋아한다.

술이 깨고 나면 술 취한 기억도 없는 사람이다. 그가 집에 오면 아이들은 군대식으로 도열해 있다. 조금 먹은 술기에 정신은 있는지 아이들 줄 음식은 꼭 챙겨와 나누어주었다.

배고픈 시절 아버지의 귀가는 아이들의 희망이었다. 조금 사는 집안에서는 하얀 빵에 마가린을 얹어 먹곤 하지만 그렇지 못한 가정은 꺼먼 빵에 설탕가루를 뿌려 먹는지라 가끔씩 오는 아버지의 등장은 이들에게 희망과 같은 것이다.

그런 아버지이었기에 군대식 도열이 되어도 좋고 큰소리로 호령을 쳐도 반갑기만 했다. 하지만 아버지의 술주정과 도벽을 알고는 아이들은 아버지가 너무나 무서운 존재로만 기억됐다.

훗날 아이들이 장성하고 초로의 어머니에게 물었다. '마마는 어떻게 그런 아버지와 살았느냐'고 회상했다.

또 엄마는 아버지가 나타나면 아무런 잘못도 없는데 잔소리를 들어야 하고 맞기만 했기에 이들에게 아버지는 오지 않는 것이 더 나았다. 그러나 아버지는 그나마 아이들을 좋아하는지 언제나 "내 새끼들"이라고 하며 머리를 쓰다주고 안아주었고 작지만 꼭 먹을 것을 사왔다.

그마저 없었다면 아이들에게 아버지는 공포의 대상이 되었고 그리움도 없을 것이다. 부자의 정이 이런 건가싶지만 안드레이가 가정을 등한시하

며 여자를 구타하는 것은 분명 보스기질과는 거리가 멀다 것을 입증하고
있었다.

사할린동포 북한 모국방문기

1945년 소련군이 북한을 접수하고 1946년 북한 임시정부가 들어섰다.
임시정부는 소련과의 유대강화 목적과 인민공화국 재건을 위하고 공산주의
주체사상을 내걸며 발 빠르게 사할린 섬으로 파견근로자들을 투입시켰다.

1946-48년까지 수많은 북한 파견근로자들이 천혜의 자원보고인 사할
린 섬으로 몰려들었다. 이 소식은 중앙아시아 고려인들에게 알려져 물밑
듯 모이게 되었다.

강제징용 한인을 비롯해 해방이후 고국가기를 학수고대했던 현재의 1
세 한인들도 홈스크 항으로 몰려들었다. 혹시나 남조선을 갈 기회가 있을
지 모른다는 생각에 사할린 전역의 한인들이 홈스크로 몰렸다.

한창 어업과 목재산업이 번성했던 시기라 더욱이 일자리를 찾아서오기
도 하였고 거기서 고향소식을 듣는다며 사람들이 하나둘 모이기 시작했
다. 한해 건너 북한정부의 파견근로자들이 들어왔다. 운반선을 타고 온
북조선 파견근로자들은 네벨스크 외항에 풀었고 목선과 어선에 나누어 타
고 부두에 도착했다.

항차마다 150명-210명 정도의 운반선으로 왔는데, 중대, 소대별로 이
들은 홈스크와 쿠릴열도로 배치되었다. 중대는 30여 명 정도이고 소대는
10명 단위에 속하지 않는 부류로 나누어졌다.

항차의 운반선에는 대대장이 인솔책임자이고 중대장과 소대장이 있
었으며 조별에 떨어져나간 분대에도 감시요원이 따랐다. 그렇게 3년간
2600여 명의 파견근로자들이 사할린에 배치되었다.

첫 항차에는 대부분 어업권에 근무하였으나 인원이 늘어나자 목재 벌

목과 산업시설에도 부분적으로 나누어졌다.

청진항에서 동해를 가로질러 3일간을 항해해서 사할린에 도착하였을 때 많은 근로자들이 서글픈 마음만 가득했다. 낯선 땅, 동토의 땅이라 불리는 추운 사할린 섬에서 남겨진 느낌에 바다를 쳐다보며 고향하늘을 그리워했다.

기지에 도착하니 지체할 수 없을 정도로 많은 고기들과 비린내 나는 공동작업장은 청어들로 산더미를 이루었다. 부산의 자갈치 공동어시장은 규모면이나 비교할 수 없을 정도로 어마어마했다.

발길만 옮겨도 청어가 짓밟혔다. 하루 종일 어판에서 일을 마치고 함바로 들어오면 먹을 것이 없어 배를 추려야 했다. 급식이라곤 러시아 빵(흘레브)에 감자와 스프가 전부이었고 작업도중에도 배가 고파서 몸을 제대로 움직일 수도 없는 일이 다반사였다.

그래도 바다에는 먹을 것이 많았다. 해안가로 가면 곰보, 다시마, 미역 등 해산물이 널려있어서 그것을 주우다가 허기를 채웠다. 함바 아줌마가 해주는 보리쌀과 다시마를 갈아 만든 죽은 간식용으로는 최고이었다.

그렇지만 고향을 등지고 낯선 이국땅에 돈을 벌어왔지만 고향의 부모와 형제들이 그립기는 마찬가지였다. 저녁놀이 질 때면 더욱 고향생각이 많이 났다.

붉게 물든 저녁놀은 아름답기만 한데 지는 해에 저 몸이 빨려드는 듯 그렇게 서글플 수가 없었다. 저 바다를 건너면 고향이건만 무엇 때문에 나는 이곳에 남아있는가 스스로 자문한들 소용이 없었다.

눈물이 얼굴을 타고 가슴팍으로 흘러내렸다. 하염없이 흐르는 눈물 속에 고향의 모습이 저녁놀에 아른거렸다.

젊은 각시가 언덕 위에서 구슬피 울고 있었다. 어린색시는 꺼이꺼이 울며 고향생각에 잠겼는데 같은 운반선을 타고 온 아낙이 다가오며 위로했다.

"새댁이, 울어본들 무슨 소용이 있겠슴메……."

◀북한방문사진

"어서 마음이나 추려서 함바나 가시라요."

색시는 그때서야 마음을 가다듬고 해지는 언덕길을 뒤로하고 함바로 향했다. 돌아오는 길 색시는 자꾸만 언덕길을 되돌아봤다. 언덕길 넘어 바다 수평선이 아쉬웠든지 또 되돌아보곤 했다.

함바에는 50명 단위로 가족과 근로자들이 살았다. 가족이 있는 사람은 흰 광목지로 칸을 가로막고 지냈다. 모두가 한 가족처럼 탄광의 사택처럼 이루어졌는데 그보다는 조금 열악했다.

처음에는 출신별로 나누어져 배치되었다. 청진사람은 네벨스크에, 문산 사람들은 홈스크 어장으로 갈라져 일을 하였지만 홈스크 행정구역의 통보로 뒤로는 한곳에 모여 일을 했다. 일부는 쿠릴열도로도 갔다. 어장이 날로 성행하자 함바에 있던 인원이 벌목장인 산판으로 이동하기도 했다.

1946년부터 이루어진 제1차 파견근로자들은 1959년도에야 북한정부로부터 복귀통보를 받았다. 파견근로자들은 고향생각에 밤잠을 설쳤다.

이제 고향을 가겠다는 생각에 하루에도 수백 명의 근로자들이 네벨스크와 홈스크로 몰렸다. 북송선은 네벨스크 항에서 출발해서 블라디보스톡을 거쳐 우스리스크, 하산을 지나서 두만강을 건너 고향에 닿았다.

하지만 귀국을 포기하고 남은 사람들이 많았다. 뿔뿔이 헤어져서 각지에서 일을 하던 사람들이 그 통보를 제때 받지 못했거나 이미 자식들이 생기고 정착해서 안정을 되찾은 경우가 많았다.

　그래서 남은 실향민을 위해 북한정부는 1960년도 중반부터 사할린동포 모국방문을 결행했다.

　어린색시도 1980년 10월에 평양에 모국방문단으로 참가했다. 어린색시 나이 쉰둘, 33년 만에 그리운 고향땅을 밟았다.

　러시아항공의 비행기는 사할린에서 출발에서 하바로브스크에서 도착했다. 거기서 하룻밤 지내고 오비르(내무서)에서 검사를 받았다. 그리고 평양 순안공항에 도착했다. 귀국할 때는 북한항공기로 똑같은 경로를 거쳐 사할린에 도착했다.

　33년 만에 본 북조선 땅도 조국 땅이었다. 감회가 새로워 연신 창밖을 쳐다보았다. 이제 오빠와 형제들을 만날 수 있다는 생각에 가슴이 터질 것만 같았다.

　비행기 트랙을 내리니 한복을 곱게 차려입은 아동들이 인공기를 흔들며 열렬히 환영했다. 군복을 입은 간부들이 조국 방문을 환영한다며 반갑게 맞이했다.

　처음은 거창하고 대단하게 환영하는 것 같았다. 어린색시는 평양에서 호텔로 가서 이산가족상봉 신청서를 재점검하고, 만수대 김일성동상에 꽃다발을 증정하고 박물관만 둘러보는데 3일간이 걸렸다. 특히 김일성 장군의 찬양과 업적 등 각국의 선물 및 귀중품이 나열된 박물관에서의 설명이 주를 이루었다.

다음날 개성에서 이틀 밤 자고 3.8선 견학 후에는 금강산관광, 묘향산 관광을 마치면 방문 열흘정도 남겨두고 가족상봉이 이루어졌다. 색시가 간 해만해도 직접 가정방문을 하였고 한가족당 3-4일씩 지내게 하였다. 가족이 있는 사람들은 가정방문이 허용되었지만 연고가 없고 관광차 온 사람들은 일행이 올 때까지 여관에서 기다려야 했다.

그 뒤로는 현재의 이산가족상봉처럼, 주체사상교육과 김일성 관련 유적지를 둘러보고 시내와 유명사적지를 관광한 다음 여관에서 만나 가족과 하루정도 상봉하는 시간을 주었다.

처음에는 형제들의 선물보따리만 해도 한 짐이었다. 두 번 정도 다녀온 이후로는 달러화로 돈을 주고 오는 경향이 늘었다.

맨 마지막해인 1988년도에 들린 북조선의 모습은 예전과 같이 요란스런 환대는 없었고 시내관광과 김일성 찬양이 태반이었다.

☆사할린동포 북한방문 프로그램(1980년대)☆

순위	탐방명승지	비고
1)만수대	김일성 동상 참배	안내
2)만경대	〃 묘지, 〃 사적관, 〃 생가, 만경봉	〃
3)봉하리	김형직 선생님 열사관(투쟁한 곳), 명신학교, 동상, 옛 집터, 봉하산	〃
4)평양견학	만수대 혁명박물관, 평양지하철도, 대성산 유원지, 공업농업 전람관, 9.15 주탁아소, 전승 사적관, 교대 극장, 대극장, 평양학생 소년궁전, 평양 인민 문화궁전	〃
5)금강산	평양-원산 고속도로, 만물상, 구룡연, 삼일포	〃
6)원산	송도원	〃
7)송림	해탄로, 용해직장, 압연직장, 송림 애기궁전	〃
8)개성	판문점, 공명왕묘, 성균관, 박연폭포	〃
9)신천박물관	반공호, 400 어머니묘	〃
10)묘향산	국제친선 전람관	〃

그리고 명승지를 탐방하거나 중요한 시기가 되면 조국 찬양가 등의 노래를 시켰는데, 그 중 가장 많이 불렀던 '노래하는 금강산'을 옮겼다.

아침 해가 뜨는 나라 산 좋고 물 좋아
금강산이 솟았으니 천하의 절승일세
로동당의 밝은 햇빛 이 강산에 넘치이네
일만 이천 농이마다 무지개가 빛겼네
아아 아아 아름다운 금강산아 천련만년
전해가라 은혜로운 그 이름을

당시만 해도 한국과 국교수교가 이루어지지 않아 많은 사할린한인들이 북한을 방문했다. 그들이 둘러본 평양관광은 사할린에서는 볼 수 없는 꿈의 지상으로 만들어냈다.

하지만 열차를 통해 시내를 벗어난 흔적에서 빈곤한 북한의 실상을 조금씩 이해하게 되었다. 먼저 가족형제들의 선물과 필요한 생필품이 턱없이 모자란 데서 발견되었다.

많은 한인들이 아직도 북한기행을 잊지 못하는 것은 사람의 손길로는 도무지 미치지 못하는 부분을 신격화 또는 우상화로 만들어 보여준 까닭이다. 정교하고 웅장한 모습도 모습이지만 관광지의 잘 정돈된 시내거리와 가식의 풍요로움이 눈길에 비춰졌기 때문이다.

이로 계기로 사할린한인들과 북한과 교류가 활발해졌고 비즈니스도 간간이 이루어졌다. 캄차카에서 온 한인들은 십시일반 돈을 모아 현지에다 아예 공장을 차려 갈 때마다 VIP대우를 받곤 했다.

단적인 예이지만 사할린한글 신문으로 거듭난 '새고려신문'도 북한 지식인에 의해 하바에서 탄생했고 공산주의를 활성화하기 위한 정치적 신문으로 무장되어 로동자에서 다음해 한인이 많은 사할린으로 옮겨와 '레닌의 길'로 이어지다 오늘에 이르렀다.

또 사할린에 조선어와 북한 전통무용이 사라지지 않고 근대까지 이어져왔던 것도 순전히 북한정부의 노력이다. 이런 점에 있어서는 한인들에게 기여한 공로로는 크게 평가할 부분이다. 새고려신문도 그렇고 에트노스 예술학교의 한국적 조선무용과 전통음악에 대한 문화적 가치는 2005년도까지 꾸준히 공훈예술가를 파견하였기에 가능하였고 민족의 혼이 지금까지 살아 있을 수 있었던 것이다.

최근 들어 3년간에 걸쳐 한국예술위원회의 국악 파견강사에 국악과 전통음악이 광범위하게 보급되어 한국문화의 척도가 되었다.

이북출신이 아니래도 거의가 북한을 방문한 적이 있고 북한과 관련 있는 일을 하면서 비즈니스 영역을 확장해 나가기도했다. 지금도 북한과 꾸준히 교류하고 있는 사업가들도 많다.

세상이 좋아지고 한국과 수교가 되자 양쪽을 왕래하며 여가를 보내는 사람도 있다. 영주귀국 문제로 강제 추방되고 북한행을 결심한 가족들의 생사를 몰라도 두 나라를 조국으로 여기며 여전히 남북한 교류가 공존하는 것도 사할린이다.

노름판의 모태가 된 한인마피아 세계

예전부터 상권이 오고가는 곳에는 주먹세계의 룰이 있었다. 그 대표적인 것이 마피아와 카지노이다. 한때 사할린의 카지노는 대부분 마피아가 점령했다. 일찍이 부두가 들어서고 사람들이 몰린 곳에는 주먹세계가 존재했다.

사할린에도 이때부터 마피아가 자생하기 시작했다. 한인들은 해방이후 고국 갈 길이 막히자 스스로 살아남기를 작정하고 닥치는 대로 일을 했다. 그 와중에 러시아인 인종차별도 더러 있었고 뭉쳐야 산다는 것을 알았다.

지금의 2세들은 부모세대의 마음고생을 다보며 자랐다. 사할린에 끌려와서 일만 했고 해방이 되자 러시아 말도 모르면서 자식들을 위해 억척스럽게 고생하며 공부를 시켰다. 이 가운데는 50대-60대의 중년에 접어든 한인들 중에는 당시 주먹질로 이름을 날린 사람들도 다수 있었다.

1980년대 후반부터 본격적인 활동에 들어간 러시아마피아는 1990년 초반에 가장 완성한 활동을 했다. 유럽과 미국을 비롯 동남아시아와 한국, 일본, 중국까지 마피아세력은 확장되고 있었다.

이맘때 국내의 조직폭력배의 무기반입도 마피아로 통해서였고 주로 부산항 거점으로 이루어졌다. 이런 가운데 한인들의 생활권도 안정권에 접어들었고 주요 상권을 서서히 장악하기 시작했다.

당연히 부두에는 마피아의 손길이 필요했다. 러시아마피아는 대륙권과 연계하며 이탈리아마피아와 악명을 떨쳤다. 그들은 소수민족 여성을 납치하며 인신매매에도 가담했고 부두의 세관원과도 짜고 수출입 물동량에서 상업 전반까지 돈 되는 사업이라면 무조건 손을 댔다.

거친 바다가 접한 곳에는 항상 터를 장악하는 조직이 있었다. 마찬가지로 사할린의 항구에도 이름난 마피아가 있었다. 마피아 중간 보스에서 행동대장까지 도시의 여러 파 중에는 한인 보스들이 더러 있었다.

한인 보스들은 주먹질이 남달랐다. 재력에만 좌우하는 토종 마피아에 비해 한인 보스들은 운동신경이 뛰어나고 기술이 대단했다. 지금이야 푸틴 대통령재임 시 마피아와의 전쟁으로 거의 소멸한 상태이지만 간간이 마피아는 자생하고 있다.

사할린 마피아역시 부두로 거점으로 많이 활약하고 있었다. 이들은 대부분 세관원과 짜고 밀거래뿐 아니라 하역물량의 관세까지 개입했다. 1990년대 고르바초브의 민주화 바람은 이들에게 최고의 선물이 되었다.

외국에서 물건이 도착하면 기일을 넘기는 일은 다반사였다. 외항 포트에 도착하고 이틀 만에 부두에 접안할 선적물품이 외항에서 일주일가량 묶여 있었다.

발을 동동거려도 소용이 없었다. 세관원을 달래도 무응답이었고 결국 마피아를 통하니 그 다음날 곧바로 물건을 찾을 수 있었다.

이처럼 부두를 비롯해 시내 주변의 상권과 심지어 시장 난판까지 접수하는 최대의 절정기를 맞게 되었고 규모 큰 레스토랑과 클럽의 카지노까지 점령했다. 호텔마다 암거래가 성행했고 유흥가마저 잠식해나갔다.

이때부터 사할린카지노는 새로운 시대를 열며 활기를 띠기 시작했다. 도시에서 사람들이 구경 왔고 더러는 미국 영화에서나 볼 수 있는 멋지게 보이는 카지노의 슬로머신과 룰이 신기하기만 했다. 빠른 속도로 번져갔다.

유즈노사할린스크에서나 볼 수 있는 카지노 오락장이 서서히 홈스크, 꼬르사코프로 확대되었다. 간간이 북쪽 지방에서도 소규모로 운영되기도 했다.

당연히 마피아는 확장되어 갔고 여기저기서 이권개입이 성행하기 시작했다. 애초에 큰 놀이문화가 없다보니 사할린을 찾은 외국인들도 자주 드나들었다. 주 고객은 일본인과 한국인이었지만 사할린 카지노에는 미국인, 유럽인, 동양인까지 폭넓은 지하경제 시장으로 발돋움했다.

한국의 조직폭력배가 발을 디딘 것도 이 시기라 짐작되었다. 그러나 워낙에 까다로운 법안과 아직도 공산 잔재가 남아 있는 곳이라 쉽게 동남아처럼 세력을 확장하기는 어려웠다. 또한 러시아마피아를 상대하기는 수적이나 권력 면으로나 그 세력이 턱없이 부족했다. 그래서 국내조직은 러시아에 발을 들여 놓을 수 없었던 것이다.

우선은 러시아마피아는 총기류 등 무기가 수반되어서 이를 상대하다가는 하루아침에 사라질 것이고 목숨까지 쉽게 내놓아야 하기 때문이다. 이에 힘입어 수산물 시장에 일본 조직폭력배들도 다녀갔다.

이런 가운데 한인마피아도 시내 상업권에 진입해서 조금씩 활로를 모색해나갔다. 타 민족보다 머리회전이 빠른 한인마피아는 다양한 분야에서 활약상을 보이며 인정을 받았다. 세력획장이 남달랐던 이유가 여기에 있었던 것이다.

그래서 쉽게 인력을 규합할 수 있었고 자본시장의 선두에 도달할 수 있었다. 하지만 본토인에게 밀리는 것은 당연했다. 허나 그런 면에서는 타협을 해나갔고 서로 동조하는 재치를 발휘해 대륙의 보스들로부터도 한인조직 보스에게 칭찬을 아끼지 않았다.

그렇게 90년도 들어 그 전성기가 하늘을 찌르며 왕성하게 활동할 시기에는 이권개입 등으로 공공연히 총기 사고가 일어나기도 했다. 한창 때에는 중국의 소그룹 삼협회가 진입해 중국 상권을 차지하려 하였지만 예기치 않아 국내조직처럼 물러선 적도 있었다.

한인들의 타투

사할린 한인들의 화투놀이는 거의가 일제 때 터득하고 배운 것으로 짐작되었다. 노름이 성행했던 시기는 해방 전보다 해방 후가 더 활발했다.

해방 전에는 일제의 강압에 시달리며 일하기 바빴고 해 뜨고 해 떨어지면 잠자기도 모자란 하루이었다. 어둔 갱 안에서 허리도 제대로 펴지 못하고 종일 일만하여서 배는 또 얼마나 고프던지 노름이란 단어를 아예 생각할 수 없었다.

그러다 해방 후 일본이 떠나고 사할린에 나름의 자유가 찾아온 뒤로 잔치 집에서 혹은 끼리 모여 일본식 화투를 심심풀이로 하는 경우가 종종 있었다. 더러는 마작을 하는 이도 있었고 돈 놓고 돈 먹기의 판이 점점 성행하게 되었다.

가장 유행했던 노름으로는 '모이쬬 요시요시', '하쬬마끼'인데 아따, 지꾸탕, 아마야꾸 등이 성행했다. 여기서 화투의 한국판이 없다보니 부득이 일본식 이름으로 기재했는데 또 화투는 저자에 있어 문외한이기에 양해해 주길 바란다.

타투의 도사이고 사할린 폭력세계를 주름잡았던 김 안드레이 니콜라이

비치는 소위 이 바닥에 지라이(전문가)로 알려졌다.

나름대로 자리를 잡고 그나마 밥 먹고 좀 사는 사람이 노름에 가지, 없는 사람은 근처에 얼씬거리지도 못했다.

'**요시요시**'는 받는 사람이 1장씩 4장을 깔고, 자기도 1장을 가진다. 각 4장에 돈을 부치면 1장씩 더 나누어준다. 나누어준 패로 수가 맞지 않은 사람은 1장을 더 부칠 수 있다.

즉 2장으로도 같은 패가 나올수록 유리하다. 2장을 받았는데 그 수가 10이 넘거나 20이 넘고 작은 수가 되면 1장을 더 받을 수 있다. 같은 패를 제외하고 많은 수가 이기는 것이고 룰은 3장을 벗어날 수 없다. 다만 비, 똥은 사용할 수 없다

'**하죠마끼**'는 패을 돌리는 사람이 정해졌다. 소위 패를 돌리는 사람이 '고리낑'인데 화투 패는 고리낑 외는 손을 댈 수 없다.

고리낑이 두 판에 4장씩 주어지고, 각판에 3장을 뒤집어서 놓고 1장은 공개한다. 공개된 1장의 화투 패에 재수를 감안하고 여러 사람이 좋은 수라고 생각한 곳에 돈을 얹는다.

4장에서 전체 10수와 20수가 나오면 먹통이고, 그 수를 제외하고 많이 나오는 수가 이긴다. 따라서 4장에서 10과 20을 제외하고 남는 수로 승부를 좌우하는 것이다.

당연히 깔린 패가 2장(판)이다보니 많은 사람이 한꺼번에 걸게 되므로 판돈역시 엄청 커다. 판돈에서 적은 수가 있으면 많은 수의 판돈을 통(아도)을 건 사람이 보충해주어야 한다. 반면 이기면 아도(통) 친 사람은 딴 돈을 건 사람에게 나누어주고 나머진 자기가 가지게 된다.

또 하죠마끼는 비, 똥을 사용할 수 있으나 비, 똥은 수로 포함되지 않고 제외된다. 패를 돌려주는 고리낑은 딴 돈에서 판마다 조금의 수수료를 받는다.

이렇게 일본식 화투로 시간을 보내다보면 하루 종일 노름판에서 기거

할 수밖에 없었다. 돼지 판 돈, 농사지은 돈, 한 다발의 돈을 준비하고 노름판으로 출근하게 되었다.

돈을 가지고 나간 꾼은 보통 일주일 만에 집에 오기도 하지만 서너 달 걸려서 집으로 오기도 한다. 큰판에서는 많을 때는 50명 정도 모이고 작은 판에는 20명 안팎으로 움직인다.

그 많은 인원이 처음엔 5패로 나누어지지만 잃은 사람이 속출하다 보니 2~3패가 남아 주로 노름판을 움직였다. 한 동네 노름판이 개소되면 멀리서도 원정 오는 것은 다반사였다.

지라이로 불리는 안드레이는 조선에서부터 타투기술을 익혀 타의 꾼들을 능가했다. 유독 일본어가 유창하다보니 식민시절 일본인들과도 자주 어울렸고 그들에게서 기본을 터득한지라 가히 따를 자가 없었다.

사할린에 노름이 나돌기 시작한 시기는 대략 1940년도 초반으로 추측된다. 한인을 비롯해 재일동포, 북한파견근로자들이 앞 다투어 모여들었다. 특히 터를 잡은 한인과 대륙권 한인들은 다른 한인들보다 좀 나은 편에 속해 돈이 궁하지는 않았다.

그들이 모이면 노름판은 큰판이 되고 룰도 엄해져 없는 사람들은 주위만 어슬렁거리고 잔일을 거들어주는 형편이었다. 여기에 항상 타투가 있기 마련이다.

타투들은 타의 사람들보다 특출한데가 많다. 운동신경이 남다르거나 외국어가 능통하고 학식이 있어 한문을 잘 알아 한인들의 대소사 때 훌륭한 서체의 대필을 과시하기도 했다.

여기에는 일본의 학식자도 있었고 조선 팔도에서 한 가닥 하였던 인물이 다수 있었다. 그 가운데 재일동포 유학파와 안드레이가 있어 타투와 폭력세계를 두루 휘어잡았다.

공산국가 속에서도 노름판은 공공연히 있었다. 오히려 휴가일 때는 급수에 따라 지급 되는 연금과 똑같은 방식으로 일차도 한 달가량 주어지는 경우가 있었다. 그래서 쉬는 날에는 영락없이 노름판을 찾았고 퇴근 후에도 재미를 붙여 집안에 있지를 못했다.

1980년 들어서 1세 한인들의 자취가 점차 사라지자 말경에 거의 없어지고 카드와 카지노가 새로운 시대를 맞았다. 이때부터가 세대교체가 이루어지는 시기이었다.

물론 그 전부터 체스(유럽장기)와 카드는 있었지만 극히 드물었다. 반면 시대가 변하자 카드는 급속도로 번져 아이들에서 어른까지 대소사에 꼭 등장했다.

1980년도 말까지가 카드시대이라며 90년도 초반부터 2000년도는 카지노시대이었다. 경제가 발전하고 생활이 윤택해지자 사람들은 새로운 놀이문화를 찾게 되는 것이 순례인데 한인들은 이미 경제적으로 부유한 층에 속했다.

2000년도 사할린에는 인구에 비해 카지노장이 늘려있었다. 가는 곳마다 카지노는 있었고 규모 큰 레스토랑은 으레 카지노를 갖추고 있었다. 해외문물을 조금 먹은 러시아인들도 카지노를 찾았고 사업이든 관광이든 한국, 일본인들도 자주 왕래하였으며 젊은 층에서 중년까지 남녀노소 가리지 않고 유행했다.

특히 러시아인보다 한인들이 많은 이유는 원년세대의 노름의 틀이 후대까지 전해졌고 먹고 살만해 놀이가 필요했던 것이다. 여기에 카지노는 새로운 신천지와 같은 게임이었고 있는 자의 특권문화로 자리 잡았다.

그래서인지 복권을 노린 듯 손쉽게 다가가고 남녀를 불문하고 유혹에 빠지게 되었다. 특히 사할린 카지노에는 먹고 살만한 한인들이 몰렸다. 카지노 고객의 90%가 한인들이었다.

젊은이들은 당구에서 쉽게 카지노로 전향했다. 건전 오락장에 있을 젊은 20대층이 대거 카지노로 자리를 바꾸었다. 카지노에는 젊은 여성들이 심심치 않게 드나들었고 가정파탄에서 집을 잃거나 목숨까지 저버리는 사태까지 오기도 했다.

어떤 집은 엄마에서 딸과 사위까지 카지노의 유혹에 물들었고 돈벌이가 좋다하는 한인여성들이 일터에서 카지노로 오는 경향이 점점 늘어났다.

2008년 극동지역 AFEC 개최와 소치 동계올림픽이 선정되자 전성기의 아성이 무너지고 하나둘 자취를 감추게 된 사할린카지노장은 2009년도 완전히 문을 닫았다.

하지만 지금까지 지하 카지노장은 자생하고 있다. 지하 카지노장은 유즈노사할린스크, 홈스크 아지트에서 비밀리에 영업을 하다가 적발되어 두 차례 러시아 전역 국영방송을 타기도 했다. 최근까지 만해도 사할린스카야 거리에 있는 '아마미' 레스토랑에서 지하 카지노장을 개설하다 단속에 걸려 폐쇄되기도 했다.

특수보안대의 무장경찰과 합동단속에 걸려 연일 톱뉴스로 보도되었는데 암암리에 지하 카지노가 아직도 있다고 하니 사할린 노름판은 극한 상황 속에서도 자리할 수 있었던 것처럼 질긴 역사를 가지고 있는 듯하였다.

남남북녀의 로맨스

안드레이는 김철구가 돌아간 후 1949년도 10월 하순 나홋트카 북한총령부와 연락을 받고 홈스크 아지트에서 12월 중순경 미모의 여성공작원을 만났다. 인목구비가 수려하고 얼굴이 조금 둥근 전형적인 한국형 미인이었다.

안혜련으로 알려진 여성공작원은 평양보통학교을 졸업하고 해외유학을 마친 갓 서른을 넘겼지만 스물 초반으로 밖에 보이지 않았다. 머리를 올린 듯 반절 회색 털모자와 회색코트를 착용했고 무렵까지 차오른 회색부츠에 온통 회색바람을 일으키며 다가왔다.

안드레이는 가슴이 두근거렸다. 사할린에서 좀체 보기 드문 미인이었고 러시아 여성과 겨주어도 손색이 없을 정도로 아리따운 여성이었기 때문이다. 그날 저녁 안드레이는 안혜련이 안내하는 곳으로 따라나섰다.

아지트에서 15분 거리에 있는 새로 지은 아파트이었다. 안드레이 역시 아파트를 방문하기는 처음이었다.

문을 열고 들어가자 정면에 주방이 보였고 화장실 건너편에는 거실 겸 주방이, 사할린에서 간부들이 사는 최신식 두 칸짜리 아파트이었다.

윗옷을 벗고 테이블에 앉은 안혜련은 "마음 편히 가지시라요"라며 안드레이에게 손 씻을 곳을 안내했다.

안드레이가 화장실로 간 사이 안혜련은 분주히 주방에서 토닥거리며 음식을 장만했다. 곧이어 보드카와 햄이 날아왔고 과일 접시와 채소가루를 해친 스프를 가져왔다. 흔한 청어도 맛있게 구워져 있었다.

안혜련과 마주앉은 안드레이는 꽝꽝거리는 가슴을 훔켜잡았다. 삼십대 중반의 안드레이 역시 피가 펄펄 끓은 한창의 젊은이이었다.

해가 진 홈스크 항의 저녁놀을 뒤로하고 그것도 최고의 미인에 속하는 민족끼리 여성과 단 둘이 앉은 안드레이는 심장이 멈출 것 같은 느낌이었다.

안혜련은 그 낌새를 알았는지 안드레이에게 먼저 술을 권했다. 안혜련이 따르고 안드레이가 안혜련의 술잔을 따랐다. 무색의 보드카 따르는 소리가 너무 또렷했고 오늘은 길게만 느껴졌다.

둘은 첫잔을 가볍게 비웠다. 안혜련의 술 실력은 보통이 아니었다. 젊은 조선여성이 독한 보드카를 첫잔에 비우는 것은 여간 유흥을 즐겨본 실력이 아니기 때문이다. 당시로는 상상하기 힘든 시기이었고 인텔리풍이 물씬 풍기는 여성이 홀로 사할린에 파견되었다는 것도 감히 상상할 수가 없었다.

안드레이는 흰 블라우스 사이로 비친 그녀의 가슴골에 눈을 땔 수가 없었다. 그녀가 한참이나 말을 건네고 있었지만 안드레이는 술잔만 비웠다. 차마 고개를 들 수가 없었다.

그렇게 밤은 깊었고 안혜련도 어느 정도 취기가 돌았다. 안드레이는 갈 것을 염려하고 술을 자제하기도 했지만 이미 비운 술병은 보드카가 두 병이나 되었다. 안드레이도 취했다.

어떻게 쓰러져 잔 줄도 모르고 눈을 뜨자 안혜련이 옆에서 속옷 차림으로 자고 있었다. 안드레이는 일어나지 못했다. 이불을 당겨 그녀에게로 덮어주자 그녀가 안드레이 몸을 안았다.

그녀의 백옥 같은 손길이 안드레이의 가슴팍을 휩쓸고 아래로 내려갔다. 안드레이는 더 이상 참을 수 없었고 그녀를 받아들였다.

그녀의 가슴은 단단했다. 크지도 작지도 않은 그녀의 가슴은 안드레이의 손가락 사이에서 맴돌았고 안드레이의 손길에 그녀의 가뿐 숨소리가 귀가에 가느다랗게 들려왔다.

해가 떠오르는 태양을 맞이하면서 안드레이와 그녀는 12월 사할린의 추위를 몰아내는 열기를 토해냈고 아침나절 황홀한 시간을 보냈다.

그날이후 안드레이의 생활이 뒤바뀌어갔다. 산판에 있는 시간보다는 거의 홈스크에 매일 살다시피 했다. 홈스크에서 있으면서 낮에는 어업기지 감시반장일을 북한 내무요원과 같이하였고 저녁에는 안혜련의 침실 방을 넘나들었다.

하루는 안혜련가 조국에서 근로자들 소모품이 온다고 부두에 가서 선적 배송을 도와주라고 부탁하였기에 부두로 나갔다. 부두 옆 카페 스탈린 동상 맞은편에 덩치 큰 한인계로 보이는 젊은이들이 어슬렁거리고 있었다.

검문소를 10미터 남겨두고 한인 젊은이들이 노어로 안드레이를 불렀다. 안드레이는 안혜련에게 검문소 입구에 가있으라고 말하고 젊은이들에게로 다가갔다.

3명이던 젊은이는 어느새 5명으로 불어났고 순식간에 두 놈은 재빠르게 안드레이의 팔짱을 낚아채며 지프차에 밀어 넣었다. 3명도 안드레이의 주변을 감싸며 에워쌌다. 5명이 안드레이를 포위했다.

그를 지켜본 안혜련이 달려왔으나 지프는 시동을 걸고 내달리기 시작했다. 러시아보안대에 연락을 취하려하였지만 부두 북한주재 사무실에 연락만 하고 부두선착장으로 향했다. 발을 동동거리며 안드레이를 기다렸다.

한편 홈스크에서 끌려간 안드레이는 네벨스크 근처 한적한 숲속에 도착했다. 2대의 차량에는 젊은 남자 5명과 모자를 쓴 사나이가 보였다. 사나이는 안드레이 쪽으로 걸어와 지금 하고 있는 일을 그만두고 무조건 홈스크를 벗어나라고 협박했다.

안드레이는 조금도 동요하지 않고 조국을 위한 일인데 당신네들이 상관할 일은 아니라고 단호히 말했다. 그러자 사나이는 손을 올리고 내리는 찰나에 5명의 남자들이 달려들었다. 순간 안드레이는 몸을 날려 넓은 공터로 두 바퀴 회전하며 날았다.

첫 번째 달려든 두 사내는 주먹도 날려보지 못하고 안드레이의 쏜살같은 발길질에 나가 떨어졌다. 그리고 3명은 어정거리며 달려들었다. 왼쪽으로 재빨리 이동해 팔을 낚아채며 면상을 때렸고 주먹을 맞받아 한방에 날렸다. 그러자 두 사내가 나가 떨어졌고, 남은 사내는 뒤로 물러서자 사나이는 손짓을 내리며 그때서야 포기할 것을 지시했다.

사나이는 차로 이동해 곧바로 홈스크로 출발했다. 부두 사무실 도로변 앞에서 기다리던 안혜련이 걱정된 듯 황급히 달려왔다.

"박 동무, 괜찮습네까?"

"야, 문제없시다."

안드레이는 멀쩡했다. 실지 청진에서도 발길질 하나는 알아주었다. 또한 안드레이는 살쾡이처럼 민첩한 소유자다. 평소에도 사람 키를 훌쩍 넘어 널빤지를 박살내는 실력을 갖추고 있다. 그의 발길질에 안 넘어간 사람이 없을 정도이다.

하지만 이번 네 놈을 물리치지 못하고 주저앉았다면 안드레이는 반병신이 되어 다시는 걸어 다니지 못했을 것이다.

천만 다행으로 살아온 안드레이가 안혜련은 신기하기만 했다. 안혜련은 사람들이 지켜보는 데도 아랑곳하지 않고 안드레이 품에 안겼다.

얼른 안드레이는 안혜련을 밀치며, "문제 없데뒈요……."

주변을 둘러보며 쑥스러워했다.

지프차로 안드레이를 실어다 준 사나이는 오는 도중 한마디도 없다가 안드레이가 내리는 도로변에서 다음에 보자며 악수를 청하며 떠났다.

이번 일이 발생하고 안혜련과 안드레이는 더욱 가까워졌다. 안혜련이 안드레이를 찾는 시간이 부쩍 늘어났다. 전혀 관련 없는 일인 것 같았는데 안혜련은 부두관리이며 어장 수확량 심지어 작업일지 등도 도와달라며 함께 있기를 원했다. 하지만 남의 이목을 신경 쓰이지 않을 수 없었다. 때가 때인 만큼 남녀가 매일 붙어 다니는 것이 남들 입김에 오르내리기 마련이고 경계의 대상이 되기에 안드레이는 여간 불편한 게 아니었다.

물론 안혜련은 평소 부두나 주재사무실에 들릴 때는 머리를 올려 모자를 썼고, 군복 비슷한 제복 같은 것을 입어서 멀리서보면 여자라고 분간하기 힘든 복장 차림이었다.

그래도 안드레이는 불안했다. 자꾸만 시선이 자기에게로 오는 것 같고 유독 여성동무와 함께 있는 것이 꺼림칙했다. 가끔씩 쳐다보는 북한 요원의 눈치가 거슬렸다.

더욱이 시내는 안드레이가 등장하면 왜만한 사람들이 다 알아보기 때문이다. 홈스크 최고의 대장부로 소문이 나있었다.

안드레이와 안혜련의 시간은 솜사탕처럼 녹아갔다. 아침 남의 눈을 피해 안드레이가 먼저 나오면 30분 뒤쯤 안혜련이 사무실로 출근했다. 그렇게 한 달이 금방 지나가버렸다.

어느날 토요일 오후, 안혜련이 네벨스크 등대에 놀러가자고 했다. 홈스크에서 네벨스트로 돌아 나와서 아깡끼(중간 마을이름)를 지나야 갈 수 있다. 아니면 홈스크에서 열차를 이용해야 한다.

자동차는 빌릴 수 없었고 열차로 갈수 밖에 없었다. 안드레이도 모자를 눌러 섰고 군화를 동여맸다. 표는 각자가 끊고 열차 칸에서 만나기로 약속하고 안드레이가 먼저 열차에 올라탔다.

뒤이어 안혜련이 열차에 탑승했고 둘은 네벨스트로 출발했다. 네벨스크에 당도하니 함박눈이 내리기 시작했다. 둘은 역전 근처 카페로 가서 홍차를 시켜놓고 몸을 녹였다.

둘은 군용우의를 가방에서 건넸다. 우의를 걸쳐 입고 밖으로 나왔다. 밖은 눈과 바람이 앞을 가로막을 마치 바람이 세차게 불어왔다.

안혜련이 살며시 안드레이 손을 잡았다. 머리를 살짝 기우렸다. 안드레이도 안혜련의 허리를 감쌌다.

해안가의 파도가 집을 삼킬 듯 높은 파고를 이뤘다. 방파제에 부딪친 파고는 해안가까지 날아들었다.

해안가는 아무도 없었다. 눈 발자국을 남기며 해안가 모래밭 눈길을 거닐었다. 기분이 묘했다. 안드레이는 안혜련의 허리를 감싸고 있는 손을 풀고 걸음을 멈추었다. 안혜련이 올려다보았다.

촉촉이 젖은 안혜련의 눈망울에 하얀 눈이 내려앉았다. 두 손을 조심스레 안혜련의 볼에다 대었다. 안혜련이 살며시 눈을 감았다. 안드레이가 얼굴을 내리며 안혜련의 입술에 입을 맞추었다.

가느다란 안혜련의 호흡소리가 귀전을 맴돌았고, 안드레이는 안혜련의 입 속에 혀를 내밀며 더욱 강력하게 포옹했다.

안드레이가 안혜련을 안으며 눈밭에 눕혔다. 둘은 격렬하게 키스하며 눈밭을 뒹굴었다.   그렇게 한참 격정의 시간을 보내며 뒹굴고 안드레이 가슴에 안긴 안혜련은 처음으로 사랑한다고 말했다.

"안드레이 동무, 나 정말 당신 사랑해요" 하며 얼굴을 묻었다. 안드레이는 아무 말 없이 그녀를 힘껏 끌어안았다.

해안가는 사물을 분간하기 어려울 정도로 많은 눈이 내렸다. 둘이 뒹군 자리에도 금방 눈이 메워졌고 안드레이 등에도 눈이 수북이 쌓였다.

안혜련은 너무너무 행복했다. 블라디보스토크 어학 생활에서도 이처럼 행복한 시간이 없었다. 실지 남자와 손을 맞잡거나 키스는 해보았지만 섹스는 안드레이가 첫 남자이었다.

이성 남자에게서 사랑한다는 말도 서른 살에 처음으로 뱉은 말이었다. 세찬 바닷바람도 눈보라도 이들에겐 소용이 없었다.

사할린 한인실태조사 특명

안혜련이 사할린에 파견된 주목적은 파견근로자 동정과 감시가 아니라 사할린에 거주하는 한인들을 파악해 극동주재 조선총령부 문서를 작성하고 공화국인민무력부에 제출하는 특수임무를 띄고 있었다.

물론 안드레이의 도움이 절대적으로 필요했다. 안드레이와의 연결망은 순전히 김철구의 권력과 소개로 이루어졌다. 기왕이면 특수요원이라도 여성동무를 알선해 주는 것이 안드레이를 위하는 것이라고 판단했고, 그래서 소련부대에서 차출된 소좌출신의 남자요원을 뿌리치고 노어가 가능하고 총명하며 운동신경이 뛰어난 안혜련을 선택하였던 것이다.

안혜련은 평양보통학교에서도 우수한 성적으로 졸업했다. 학교에서 검도유단자로 뽑혀 진작부터 일본 유학생으로 차출되었던 그녀이었다. 일찍이 부모의 좌파계열로 러시아문화와 역사에 관심이 많았고 1939년 보통과정을 졸업하고 블라디보스토크 친척집에서 통학하면서 현지 극동국립대노어를 전공했다.

1946년 부모의 설득으로 평양특수학교에서 대외공작 국제외교관 교육을 받고 비밀요원이 되었다. 특히 미모가 뛰어나 특수학교의 총애를 한 몸에 받아서 모스크바 지령을 담당하는 부서로 배정 받았으나 김철구의 간곡한 부탁에 일시 사할린에 파견되었다.

사할린실태조사는 광범위했다. 일전 김철구는 한인관련 군부대 출신자를 색출해 주요 군사시설을 파악하는 것이고 가라후토(일본식 사할린명) 지역에 있는 일본내부의 정보망을 얻고자했던 것이다.

그리고 그 임무의 두 번째 전략으로 전체 한인들의 동향과 생활상을 파악해 기밀로 만드는 과정의 매우 섬세하고 도안식 프로젝트이었다.

그 임무를 평양에서 지시하였고 근로파견자를 틈타 손쉽게 접근한다는 지령과 지역출신자의 성분을 가려내는 것이었다.

여기에 김철구는 안드레이만큼 민첩한 행동으로 도울 자가 없었고 그에게는 그에 따른 대가만 주어지면 그의 방랑벽에도 금상첨화로 남고 친구의 우정을 최대한 배려한 결과가 되는 것이기도 했다.

그렇게 안혜련은 안드레이를 만났고 접선 이틀 만에 정사를 가졌다. 안드레이는 사랑보다는 김철구의 배려로만 생각했고 반면 안혜련은 애국심이 우러난 결단력이 앞선 가운데 마음을 연 사랑까지 쟁취한 것이었다.

이는 안드레이가 기혼자라는 사실도 깜빡 잊을 정도로 안드레이의 매력에 흠뻑 빠져버렸던 것이다. 시간이 지나고 안드레이 역시 안혜련을 진심으로 사랑하게 되었다.

추위와 눈의 천국 사할린에 12월이 저물고 가고 있었다. 거리마다 불빛과 색색의 깃발이 휘날렸고 이오시프 스탈린의 기치아래 소련공산당의 움직임이 날로 활발해졌다.

거리에서 만나는 사람들은 "스노우 고돔" 새해인사로 바빴다. 한해를 일주일을 남겨두고 안혜련과 안드레이는 아침부터 도요하라(일본식지명, 유즈노사할린스크)로 가기 위해 바삐 서둘렀다.

도요하라는 사할린 경제중심지였다. 거리는 일본이 관할했던 총독건물, 건축회사, 은행건물, 공장 등 일본식 개인목조집이 그대로 남아있었다. 도로도 비교적 깨끗했다.

시내는 일본의 잔재가 고스란히 묻어났으나 큰 건물에서는 붉은 깃발이 휘날리고 도로변 가로수에도 신년을 알리는 휘황찬란한 각양각색의 깃발이 나부끼고 있었다. 점점 소련시대의 물을 먹기 시작하고 있었다.

이맘때 한인들도 지방에서 행정도시인 도요하라로 옮기기 시작했던 때이라서 한인들이 적지 않게 눈에 뛰었다.

가장 먼저 내무서가 있는 관청을 찾아 일본시대의 서류를 열람하였고 내무서 직원과 진지하게 대화하며 현재까지 접수된 소련당국의 지역분포를 세밀하게 관찰했다.

당시 4만 명에서 5만 명 안팎으로 파악된 한인은 탄광지역과 생산시설이 있는 소도시를 비롯해 부두 중심으로 가장 많이 분포되어 있었다.

지금까지 안혜련이 수집한 한인(대륙권 포함)인구조사는 사할린에서 가장 큰 도시에 속하는 도요하라와 콜사프, 홈름스크는 이미 접수된 상태이었다. 다음으로 강제징용이나 모집으로 온 지역구이었는데 아마도 일본 시대 때 왕성한 공업시설과 탄광지역일 것으로 사료되었다.

이 지역들은 제다 해안가 철도로 연결된 도시에 이어지고 있었다. 또 군속으로 징집되었거나 군사시설 건설인력에 투입된 쿠릴 섬까지 포함되고 있었다.

안혜련의 업무능력과 화술은 상당히 뛰어났다. 가는 곳마다 소련 군인들이 반갑게 맞아주었고 안혜련의 작업을 성심껏 협조하는 듯했다. 안혜련이 일을 보고 일어서자 그들은 문 밖까지 나와 전송하는 예의를 갖추기도 했다.

점심도 그른 그들은 오후 늦은 시간 역전 근처 소련 식당에서 흘렙(빵)과 베르메니(만두), 수쁘(스프)로 간단하게 해결했다.

식사를 마치고 안혜련은 내일 일을 보려면 자고 가야 한다는 이야기를 그제야 했다. 할 수 없이 둘은 가스찌니차(호텔)에서 자기로 하고 보드카 300그람을 주문했다.

식당 창 너머에는 마거진(상점)이라고 작은 글씨가 희미하게 보이는 가게 앞에서 20미터 가량 줄을 선 사람들을 볼 수가 있었다. 혹독한 한파 속에서도 줄을 선 모습이 신기했다.

아마도 빵 상점이거나 제과점으로 보였다. 둘은 이런 이국의 풍경이 처음은 아니지만 또 다른 도요하라에서의 모습은 왠지 낯설게만 느껴졌다.

식당에는 저녁이 되자 손님들로 붐볐다. 군가인지 모르겠으나 경쾌한 음악이 절도 있게 흘러나왔다. 안드레이가 안혜련의 잔에 술을 한잔 따르고 자기 잔도 채웠다. 안혜련이 먼저 건배제의를 했다.

"안드레이 동무, 오늘 힘든데 수고 많았습네다."

"나보다야 혜련 동무가 더 힘들지 않았습니까."

둘은 잔을 높이 들었다. 안혜련이 귀엽게 외쳤다.

"위대한 조국과 수령 동지를 위해 건배!"

식당 2층에는 호텔이 있었다. 안혜련은 음식 값을 지불하고 2층 데스크로 올라갔다. 테스크 로비에는 무장군인이 보였고 여자안내원이 대기하고 있었다.

동양인 둘이가 걸어오자 이들은 잔뜩 경계하는 눈초리이었다. 안혜련은 외교관 공무증 신분 서류와 안드레이의 계약서류를 말없이 내밀었다.

안내원은 한참이나 서류를 뚫어지게 쳐다보더니 전화기를 들고 어디엔가 다이얼을 돌렸다. 안내원은 전화기를 돌리면서 연신 둘의 아래 위를 훔쳐보았다. 10분 정도가 지나자 안혜련에게 무엇을 물었고 알았다는 시늉을 하며 안내원이 내밀은 서류에 기재를 하고 사인을 했다. 안드레이에게도 사인을 하라고했다.

방을 두 개를 주문하는 듯 했다. 305호와 307호 열쇠를 받아들고 계단을 올랐다. 무장군인이 안내했다.

조금 살벌한 느낌이었으나 안혜련은 아무런 동요 없이 그저 웃기만 했다. 안드레이에게 열쇠를 건네주고 안혜련은 안드레이방에서 그다음 방으로 갔다.

방문을 열고 문이 닫히는 소리를 듣고서야 무장군인이 내려갔다. 안드레이는 모자와 외투를 벗고 의자에 앉자 노크소리가 들려왔다. 안혜련이었다.

안드레이는 안혜련 방으로 재빨리 이동했다. 둘은 창가 가까이서 밖을 내다봤다. 3층에서 내려다본 역전은 분명 이국의 풍경이 물씬 풍겨왔다. 어둠이 깔린 역전 마당에는 기차를 타려는 사람들과 가로수 불빛과 나무들이 아기자기하게 늘어져 있었다.

이젠 아무도 없는 공간에 둘만 남았다. 안드레이가 안혜련의 회색코트를 받아 옷걸이에 걸었다. 그리고는 안드레이는 안혜련을 끌어당겼다. 안혜련이 자석처럼 따라 붙었고 둘은 격렬하게 입을 맞추었다.

안드레이의 손놀림이 빨라졌다. 머플러와 블라우스를 제키고 안혜련

의 치마를 단숨에 벗겨 던졌다. 그러자 안혜련의 숨소리도 가빠지게 시
작했다.

안혜련은 가쁜 숨을 몰아쉬며 안드레이의 넓은 가슴에 안겼다. 이윽고
안혜련이 신음소리가 절정에 달했고 고요한 밤의 정적을 깨뜨렸다.

다음날 오전 둘은 사할린출입국 관리를 통솔하고 있는 이민국건물을
찾았다. 그곳에서 안혜련은 일본시대의 탄광과 생산시설 인력명부와 배치
현황이 있는 극비에 해당하는 문서를 복사했다.

지금 생각하면 당시 화태행정 청사에는 일본시대에 사용했던 한인관련
서류가 그대로 남아있었던 것으로 기억되었다.

오후 4시, 안드레이와 안혜련은 도요하라 일을 마무리하고 역전에서 따
끈한 홍차를 마시고 홈스크로 가는 열차에 몸을 실었다.

훗날 김철구와 안혜련이 사할린에서 수집한 특수임무는 1959년 재일
동포 북송선 선전책동과 사할린한인 '대학진학과 생활보장, 지상천국'이
라고 선전한 북한이주에 따른 사전조사의 모태가 되었다.

이는 국제 사건인데도 쉬이 묻어버린 북한정부와 소련당국의 합작품인
'도만상일가의 북한강제추방'에 기인한 것을 단적으로 드러내고 있었다.
남한으로 영주귀국 운동을 하였다하여 반동분자로 몰아 도만상 일가 외
40인의 가족들이 북한으로 강제 추방되어 아직도 그 생사를 모르고 있는
예다.

이별

1949년이 을씨년스럽게 지나가고 1950년 새해가 밝았다. 사할린에서
맞은 연말분위기는 요란했다. 각 민족별 거리행진이 줄을 이었고 울리짜
(거리) 시행정부 광장에는 붉은 깃발로 물결쳤다. 한인들도 한복을 입고
소련기와 붉은 깃발을 앞세우고 행렬에 가담했다.

홈스크시에도 예외는 아니었다. 시청 앞 광장에는 축하공연과 군대행진에 인민들이 구름처럼 몰려들었다. 거리는 온통 노동달성을 찬양하는 깃발이 나부끼고 있었다.

한편 안혜련과 안드레이는 시청 건너편 호텔 룸 창문에서 이 광경을 바라보고 있었다. 자정을 기해 둘은 샴페인으로 건강을 기원하는 축배를 들었다.

만나는 사람들마다 건강과 행운을 기원하는 '스노우 고돔' 인사를 했다. '새해 복.많이 받으세요'라는 소련 말이다.

소련 때나 지금이나 신년행사는 요란하였고 볼만했다. 12월말부터 열흘정도 휴일 기간으로 정해져 노동자들도 모처럼 휴식에 들어가고 가족들과 단란한 시간을 보냈다. 이날은 멀리 있는 가족과 친지들이 찾고 이웃을 방문하기도 했다.

하지만 안혜련은 공수해온 타자기로 틈만 나면 무언가를 작성하기 시작했다. 때로는 안드레이가 일손을 돕기도 하지만 거의가 혼자 작성하는 날이 더 많았다.

어느덧 안혜련이 사할린에 온 지도 3개월째 접어들고 있었다. 오는 2~5월 안에는 하바를 거쳐 북한총령부로 복귀하여야 한다. 현재로써는 안혜련이 어느 날에 가는지는 아무도 모른다.

총령부에 들릴지 모스크바로 바로 갈지, 그렇지 않으면 극동을 거쳐 북한으로 들어갈지 모르는 일이다. 안드레이도 초조하기는 마찬가지이다. 안혜련 또한 이 말은 기밀이라 묵묵부답이었고 물어볼 수도 없는 사정이었다.

신년연휴가 끝나고 안혜련은 지방도표를 만드는데 많은 시간을 할애했다. 주로 안드레이는 안혜련이 부탁하면 현지상황을 파악해 전달해주고 사소한 일거리를 도와주는 정도이었다.

그렇게 12월이 지나고 1월이 다가온 3일째 접어드는 날, 안혜련은 진지한 표정으로 내일은 우리에게 아주 기분 좋은날이라며 거나하게 술 한잔하자며 애교가 넘치게 말했다.

그리곤 난데없이 정말 당신을 사랑한다며 안드레이 품에 한참 동안이나 안기며 떨어질 줄 몰랐다. 안드레이는 갑작스런 안혜련의 행동이 이상했다. 좋은 일도 좋은 일겠지만 무언가 심각한 기류가 흐르고 있는 듯하였다.

혹 안동무의 생일날이라서 고향생각이 나서 그러나싶지도 하였지만 안혜련의 행동은 예사롭지 않았기에 궁금하기만 했다.

다음날 안혜련은 주재사무실도 들렀고 네벨스크, 홈스크 어장에도 들렀다. 홈스크 시청사에도 잠시 방문했고 여느 때에 비해 분주하게 움직였다. 늦은 오후에는 어장 관리사무소를 찾아 처음 만났던 소련장교를 만나기도 했다. 공적인 업무야 안드레이도 직접 동행을 하지 않지만 바삐 움직이는 안혜련의 표정은 썩 밝지만 않았다.

이들은 이날 저녁 8시쯤 되어서야 호텔로 들어올 수 있었다. 언제 준비하였는지 안혜련의 보따리에서 과일, 술, 여러 음식물이 나왔다. 안혜련은 안드레이에게 다가와 안으며 귓속말로 샤워하고 쉬고 있으면 부르겠다고 하면서 따뜻한 물이 나오는지 확인까지 했다.

당시에는 화력발전소 공급 열량이 순조롭지 않아서 시간대에 맞추어야 더운물을 제공 받을 수 있었다. 근데 9시 이후에는 더운물이 공급될 시간이 아닌데 따뜻한 물이 나왔다.

샤워를 끝내고 방으로 가는데 주방에서 안혜련의 목소리가 들려왔다.

"물통에 더운 물 좀 받아 두시라요."

"……."

안드레이는 창가 쪽으로 가 홈스크 바다를 쳐다보았다. 늘 저 바다를 쳐다보면 고향생각이 나곤했었다. 홈스크 항에서 얼마 떨어지지 않은 네벨스크 항으로 그가 왔던 것이다. 감회가 새롭기도 하지만 언제까지 사할린에서 살아야할지 걱정이 되었다.

하지만 이젠 안드레이도 벌써 아이의 아비가 되었다. 첫돌이 지난 아이와 아내를 잠시 생각했다. 골몰히 생각에 잠기는 순간 주방에서 안혜련의 소리가 들렸다.

"어서 오시라요."

안혜련은 금방 샤워를 끝냈는지 머리에는 물기가 촉촉이 흐르고 있었다. 잠옷을 갈아 있은 안혜련의 모습이 아름답게 비쳐졌다.

주방의 식탁에는 양쪽으로 양초가 있었고 술을 비롯해 물고기, 닭고기, 과일, 소시지 등이 푸짐하게 차려져 있었다.

성냥을 켜고 양초에 불을 붙였다. 그리고 보드카를 땄다. 안혜련은 안드레이에게 조심스럽게 술을 따랐다. 안혜련의 잔에도 채웠다.

안혜련이 다정스럽게 건넸다.

"오늘이 우리가 만난 지 두 달이 조금 지난 날입네다."

"100일이면 더 좋았을걸……." 혼자말로 중얼거렸다.

"알고나 있었습네까?"

안드레이는 당연히 모른다는 표정으로 고개를 흔들었다.

안혜련은 고개를 숙이며 잠시 생각에 잠기는 듯했다.

"나…… 정말 당신 만나 행복했습네다."

"사랑해요……."

안혜련의 입술이 가느다랗게 속삭였다. 안드레이는 이런 안혜련의 고백에 묘함 감정으로 매료되었고 한편으로는 당황스럽고 쑥스러웠다.

안혜련이 건배하자며 잔을 들었고 귀여운 미소를 지으며 말했다.

그날 밤 둘은 평상시 없는 말과 애정을 표현하며 서로를 탐닉했다. 안혜련은 전에 없는 섹시함으로 접근해왔고 안드레이도 술기에도 불구하고 엔도르핀이 넘쳐나는 것 같았다.

어디선가 갑자기 음악이 흐르고 있었다. 소련음악가의 전주곡이 라디오를 통해 인민들에게 전파되었다. 역전 마이크에서 들려오는 정기프로에 내보내는 음악이었다.

안드레이는 안혜련을 살며시 일으켜 세우며 끌어안고 손을 올렸다. 음악에 따라 둘은 주방에서 거실로 오고가며 생에 최고의 기쁨을 누리는 춤을 추고 있었다.

둘은 자정까지 보드카를 몇 병씩이나 비웠는지 모를 만큼 취했고, 안드레이가 테이블에서 일어나 안혜련을 끌어안으며 음식물을 제치고 테이블에다 눕혔다. 안드레이의 손길이 바쁘게 움직였다.

잠옷을 벗기자 안혜련의 백옥 같은 살결이 그대로 드러났다. 아담한 안혜련의 젖무덤이 보석처럼 빛났다. 안드레이는 숨을 몰아쉬며 안혜련의 젖가슴을 핥아 내려갔고 천천히 아래로 이동해갔다.

안혜련의 신음소리가 가빠졌고 테이블의 모서리를 힘껏 쥐었다. 이윽고 안드레의 저돌적인 공격이 시작됐다.

창밖은 하염없이 눈이 내리고 있고, 창가에 부딪치는 함박눈이 유리창의 모서리를 다 에워쌌다.

그날 밤 세상에 없는 둘만의 희열을 만끽하였고, 한겨울밤의 정사는 강추위를 달궜을 만큼 용광로처럼 격렬했다.

안드레이는 곯아떨어졌다. 술도 어지간히 취하였고 세상없는 환상의 밤을 보내느라 진이 다 빠진 듯 코를 골고 있었다. 이를 한 치도 빠트리지 않고 안혜련이 내려다보고 있었다.

안혜련은 창가로 걸어가 밖을 쳐다보았고 희미한 역전의 가로수 불빛은 흔들리고 있었다. 창가에 쌓이는 함박눈을 바라보는데 어느새 그녀의 눈에 눈물이 흐르고 있었다. 손으로 입을 가로막았다. 안혜련이 서럽게 울어댔다.

아침햇살이 창사이로 강하게 내비치고 있었다. 안드레이는 심한 통증으로 눈을 떴다. 주방 수돗가로 가 물을 벌컥벌컥 숨도 쉬지 않고 마셨다. 그리고 물을 틀어 세수를 했다.

두 팔을 벌리고 정신을 차리고서는 안혜련의 이름을 불렀다. 한번, 두번, 안혜련은 대답이 없었다. 예감이 이상해 안드레이는 잘(거실) 쪽으로 갔고 화장실 문도 열어보았다.

안혜련이 보이지 않았다. 오늘은 볼 일도 없고 쉬는 날이다. 옷장에 있을 안혜련의 옷가지가 보이지 않았다.

안드레이는 담배를 건네 물었다. 그리고 거울 앞으로 천천히 다가갔다. 경대엔 한 장의 편지가 보였다. 안혜련의 필체이었고 안드레이에게 쓴 글이었다.

안드레이는 심장이 멎는 듯 떨리는 손으로 편지를 집어 들었다. 편지에는 눈물자국이 그대로 남아서 드러났다.

사랑하는 당신에게.

조국의 부름으로 사할린에 와서 처음으로 남성을 내 품에 안았습니다.

첫 이성이요, 저의 첫 남자로 당신은 내 곁에 왔습니다.

학교 다닐 때나 유학시절에도 학습에 전념하느라 남자를 몰랐습니다.

그리고 조국의 부름에 이 한 몸 김일성수령님을 위해 충성을 다하기로 하였습니다.

하지만 내 몸에는 수령님보다도 당신이 먼저이었습니다.

당신 때문에 무사히 임무를 완수할 수 있었기에

하나뿐인 생의 행복을 배로 건질 수 있었고,

혜련이의 희망과 삶의 기쁨을 더불어 간직하게 되었습니다.

미안해요, 이렇게 빠른 이별이 올 줄 저도 몰랐습니다.

조국의 명이었기에 당신에게 차마 말을 할 수가 없었습니다.

위대한 수령님의 부름이었기에 거절하지 못했습니다.

평생 당신을 잊지 못 할 겁니다.

사랑해요..

정말 사랑해요…….

새벽, 당신의 안혜련이가.

그렇게 안혜련은 사할린을 떠났다. 언젠가는 떠날 갈 줄 알았지만 이렇게 일찍 오리라곤 미처 생각지 못했다.

안드레이는 창가로 다가가 함박눈이 내리는 역전 모습을 묵묵히 바라보았다. 안드레이 볼에서도 눈물이 타고 흘렀다.

최후

새해 연휴가 끝나고 홈스크 어장은 더욱 활기찼다. 어장에는 각국의 사람들이 부대끼며 살았다. 고함소리, 쉼 없이 오고가는 자동차소리, 여기저기 넘쳐나는 고기들, 부두에 오고가는 사람까지 홈스크 어장은 생명의 젖줄이 흐르는 역동의 도시로 변해갔다.

당시 소련정부는 전쟁 시 폐허가 되었던 경제복건과 생산량 목표달성을 위해 전 인민의 노동력 생산에 총력을 기우린 때이었다.

사할린은 일본이 군수물자를 조달하기 위해 총체적 국가적 과업을 이루었던 군수 생산시설이 그대로 남아 있었다. 소련은 수산업과 목재업, 특히 제지업에 전력을 다쏟아부었다.

그렇기 때문에는 사할린은 천혜의 보고이었고 인민들이 절대적으로 필요했다. 여기에 한인들이 반드시 있어야했고 적소하리마치 중추적 역할을 다하는 보충인력의 자리를 메우고 있었다.

▲1930년대 네벨스크 모습

소련사람이 지니지 못하는 부지런함과 근면성이 국가경제복구 사업에
는 안성맞춤이었던 것이다. 더욱이 일본시절 사할린의 구석구석에서 노동
력으로 전과를 올렸고 목표달성을 창달하기 위해서는 한인들만큼 따라올
민족이 없었기 때문이었다.

안혜련이 떠나고, 안드레이는 다시 그와 거닐었던 네벨스크 해안가를
찾았다. 1월의 바닷바람은 살을 에워쌌다.

안혜련이 거닐었던 바닷가 모래사장에는 눈이 수북이 쌓여있었다. 아
무도 없는 그 곳, 저 바다의 수평선을 지나면 고향이 있고 안혜련도 있을
것이다. 혜련의 곱디고운 살결이 바닷바람을 실려 피부에 닿는 듯 했다.

그는 담배를 호주머니에서 건네 물었다. 성냥불이 켜자 이내 꺼지고 말
았다. 뒤돌아서서 다시 불을 켰다. 하지만 바닷바람은 그의 성냥불을 허
용하지 않았다.

입에 물었던 담배를 내동댕이치고 고개를 들었다. 억세게 휘날리던 눈
발이 얼굴을 때리고 있었다. 하염없이 퍼부어대는 눈발 속에 어렴풋이 보
이는 수평선을 유심히 쳐다보고 있었다.

이제 홀로 남았다는 생각이 그의 뇌리를 스쳐갔다. 결코 혼자가 아닌데
도 외로움을 떨쳐 버릴 수 없었다. 그러자 그의 입에서 그도 모르게 속삭
인 듯 말이 흘러나왔다.

"정말, 혜련이를 사랑하고 있었구나." 그가 중얼거렸다.

안드레이는 둘이 걷던 길을 걸으며 네벨스크 부두로 향했다. 부두에는
삼삼오오 무리를 지어 난롯가에 앉아 불을 떼고 있었다. 그리 크지 않은
대기실에 담배연기가 자욱했다.

대기실 한쪽 구석에서 한인들로 보이는 이들이 노름을 하고 있었다. 어
디선가 가져온 막걸리 주전자도 보였다. 담배연기와 사람들 소리로 대기
실은 도깨비 시장처럼 시끌벅적했다.

물을 열고 들어서자 구석 편에서 헤진 국방색 작업복을 입고 있던 사내
가 벌떡 일어서며 안드레이에게 다가왔다.

"김 동무, 왜 혼자 왔습네까?"

"여성동무는……."

"벌써 복귀하였지."

"아 그렇습네까, 죄송하게 되었습네다."

"아니야……."

"그런데 구역 전과보고 날이 언제이지?"

"다음 주 화요일에 무수리 소대대원들이 산판으로 간다고 하였습네다."

안드레이는 잠시 무슨 생각을 하더니 호주머니에서 담배를 꺼내며 소대 책임자 동무가 어느 출신이냐고 물었다.

사내는 "아마 청진에서 왔을 것으로 압네다."

안드레이는 담배에 성냥을 붙이고 길게 연기를 내뿜었다.

사내는 차라도 한잔하시라며 난롯가로 갔다. 사내는 김이 모락모락 나는 그릇 잔을 내밀며 안드레이에게 눈이 동그랗게 띠고선 다소 긴장된 목소리로 작게 말을 건넸다.

"요 며칠 전부터 남조선아새끼들로 보이는 놈들이 김 동무를 찾고 있으쑤다."

"그래, 누구 똘마니인줄 모르고?"

사내는 모르겠다며 고개를 지으며 저편으로 가자며 손을 이끌었다.

안드레이는 다음에 또 들리겠다며 밖으로 나갔다.

아무래도 예감이 이상했다. 황보청해의 어업권을 차지하려는 대륙권 아이들이 아니지 그는 곧장 장보고의 선착장이 있는 홈스크로 내달렸다.

홈스크 부두 역전에 내린 안드레이는 고기배가 있는 선착장 2층 건물로 향했다. 1층 장보고의 사무실에는 남자 둘과 소련여자가 보였다.

안드레이는 남자에게 다가가 장보고의 거처를 물었다. 남자는 조금 전에 손님들과 카페로 갔다고 했다. 안드레이는 부두 근처 야시장 건너편에 있는 '쏘냐'라는 카페에 들렀다.

카페는 서넛 사람이 앉아 있었고 장보고는 보이지 않았다. 안드레이는 안내원에게 장보고의 인상착의를 설명하자 안으로 안내했다. 거기에는 장보고와 두 사람이 더 있었다. 그들은 벌써부터 술을 한잔하고 있었다.

발자국 소리에 장보고가 안드레이를 알아보고 일어나 걸어와 반갑게 힘차게 안았다. 장보고의 포옹이 억셌다. 엄청 반갑다는 신호이다.

안드레이가 자리에 앉자 장보고는 두 사람에게 다른 쪽 자리를 권했다. 두 사람이 자리를 옮기자 장보고는 요즘 부쩍 우수리스크 패거리들이 설치고 있다고 했다.

장보고의 어선들이 계속 만선을 보고하자 이들이 장보고의 영해권과 어선을 빼앗으려는 시도인 것 같다며 상부에 보고해도 소용이 없으니 우수리스크 패거리의 볼낙과 타협을 하는 것이 좋겠다고 했다.

볼낙은 고려인1세로 블라디보스토크 기반으로 무역과 상업으로 부를 쌓았고 극동지구에서도 알아주는 재력가인데다 연해주을 주름잡는 주먹에 속하는 인물이었다. 한국명은 최명주, 쉰한 살에 노어, 중국어, 일본어 등 4개국 언어가 가능했다. 그는 일찍이 중국 하얼빈까지 오고가며 아무르 강 주변에서 터를 잡았고 연해주에서도 이름난 조직 보스에 속했다.

사할린이 어업과 목재업이 성행하자 발 빠른 대륙의 사업가들이 몰리기 시작한 때, 볼낙은 사할린 지사를 차렸다. 그는 연해주를 활동하던 폭력배 한파를 사할린에 투입시켜 사업을 확장해나갔다.

그런 볼낙을 장보고가 이긴다는 것은 감히 상상할 수가 없었다. 장보고는 사업에만 기질이 있을 뿐, 주먹세계는 그리 밝지 않는 인물이다. 그나마 하바롭스크에서 소련학교를 다녀 노어가 유창했고 소련군 진입 후 1946년에 두 척의 어선으로 시작해 지금의 10여 척 어선에 이를 정도로 수완이 좋았다.

그가 볼낙을 상대한다는 것은 바로 목숨을 내놓고 그와 단판을 지어야 한다는 결론이다. 그렇다고 이대로 어업권을 포기할 수 없다는 것이 장보고의 해석이었다. 장보고는 고민에 빠졌고 안드레이가 이를 해결하기를 바라고 있는 듯했다.

하지만 안드레이는 다른 조직과는 견줄 정도로 주변이 든든하지도 않고 비약하다. 단지 안드레이의 주먹과 발길질이 유명할 뿐 그가 가지고 있는 조직은 딱히 없는 실정이다.

무조건 장보고와 합쳐 이 난관을 헤쳐나간다고 해도 새로 규합할 인원들이 필요한데 이 바닥에 그리 쓸 만한 주먹이 없기 때문에 고민이었다.

일단 안드레이는 조금 더 지켜보고 며칠간 여유를 달라며 오늘은 모처럼 편하게 술을 마시자고 했다. 자리를 옮긴 일행과 안드레이는 그날의 우울한 심정을 달랬고 술로 안혜련을 잊으려 애썼다.

다음날 안드레이는 '포자르스코예'로 가는 트럭을 타고 목재업이 활발한 산판에 갔다. 어장 함바에서 산판으로 옮긴 아내에게 들리고 산판 노름판과 현지 상황을 알아보기 위해서다.

산판에는 재일동포와 한인들이 함께 일했다. 그는 노름판에 머물고 있는 재일동포 출신의 사나이이게 술 한잔하자고 했다. 일본에서 건너온 허장식은 조선에서 일본으로 공부를 하기위해 온 유학파이었다.

이미 어장에서도 안면을 가졌지만 깊게 이야기하기는 별로 없었다. 그날 저녁 둘은 산판 합숙소 중간 방에서 진지하게 의논하고 허장식에게 일본에 있는 조선인 조직을 불러올 수 없는지를 물었다.

네벨스크 외항 독수리 해안으로 들어오는 접선 밀항선은 안드레이가 준비하고 그에 따른 돈은 얼마든지 보내겠다고 했다. 소위 일본에 조직을 신청해 원조를 해달라는 지략이었다.

물론 그 대가는 일본조직이 원하는 대로 지급하고 극진히 모시겠다는 것이고, 볼낙의 패거리를 물리칠 사무라이 2명과 주먹에 능한 3~5명의 사나이가 필요했던 것이다. 그 정도도 없으면 볼낙의 우수리스크 패를 제거하지 못한다는 생각이 지배적이었다.

여기에 어장과 산판에서 싸움질이나 운동을 하는 자들로 새 구성원을 형성해 장보고의 조직을 규합하고 계속 가동시킨다는 것이었다.

일단 한순간만 제거한다면 일본 놈의 재주꾼은 단시일에 귀국시킨다고 생각하고 있었다. 이는 우수리스크파의 인원들이 80여 명이나 이르고 안드레이 혼자 상대하기는 오랜 시간이 걸리고, 자치하면 어장과 장보고와 안드레이의 목숨까지 잃을 수 있기 때문이다.

산판 숙소에서 갓 아이를 낳고 노무자들의 허드레 일을 도맡으며 생계를 이어가는 아내에게로 갔다. 아내는 반가운 기색보다 원망스런 눈빛으로 바라보며, "어짠 일로 뎅겨 와능기요?"하며 툭 쏘았다.

그래도 양심은 있는지 안드레이는 미안함을 표현하며, "조만간 마을로 간다고 들었는데…… 돈은 있는지……" 머뭇거리며 한마디 뱉었다.

아내는 어린나이에도 불구하고 어장에서도 일벌레로 소문났고 돈 되는 일에는 마다하지 않았다. 산판에 와서도 노무자들에게 막걸리와 담배를 팔았고, 잔심부름으로 어느 정도 돈을 모은 상태이었다. 이참에 아래 마을로 내려가 허름한 일본집이라도 싸서 농사를 지을 참이었다. 그래서 가족들과 오순도순 살며 우리만의 보금자리를 마련하고자 했다.

안드레이는 한참 방청소를 하고 있는 아내를 쳐다보며 있자 노무자 한 명이 불쑥 들어와 막걸리 한 사발을 주문했다. 노무자 사내는 안드레이를 알아보자 얼른 다가와, "아이고 형님, 어쩐 일 입네까." 손을 잡고 흔들었다. 안드레이는 산판에 있는 형수 잘 보살펴주고 내가 없더라도 혹 마을로 이사 가게 되면 아이들과 이삿짐 도우고 잔일 참참이 봐줄 것을 당부하며 밖으로 나왔다. 그리고 아내를 불렀다. 밖으로 나온 아내는 원망스런 남편의 얼굴을 멀뚱히 쳐다보기만 했다. 그러자 안드레이는 아내의 손을 댕겨 고무줄로 묶은 돈 다발을 쥐어주었다.

"미안허이, 집 장만할 때 필요할 것 같은데……" 하며 뒤돌아서며 산판 언덕길을 내려갔다. 안드레이가 내려가는 모습을 아내는 산판 중간 숲 돌아서는 길목까지 쳐다보는 것을 안드레이는 보았다.

안드레이가 저 만치에서 손을 흔들었다. 아내는 마냥 쳐다보기만 했다.

그리고 열흘 뒤 아내가 마을로 이사를 했다는 전갈을 산판노무자에게 들었고 안드레이는 간혹 한 번씩 잃을 뻔하며 집을 찾았다. 그 와중에 아이들은 속속 늘어났다. 이상하게도 다녀가기만 하면 아이가 생겼다.

그 사이 일본에서 오기로 하였던 거물들이 오지 않았고 장보고는 볼낙의 기습을 받아 어선 두 척을 빼앗겼다. 우수리스크 파는 안드레이를 처지하지 않고도 손쉽게 어업권을 장악할 수 있었고 자기들의 소원을 쟁취해 날로 떵떵거렸다.

—세월은 덧없이 흘러갔다. 1959년 북한정부는 사할린에 사는 북한근로자를 비롯해 한인들에게 인민의 낙원으로 오라며 대학과 집을 제공하겠다고 선동했다. 많은 이들이 북행을 결심했다. 하지만 아내는 북행을 포기하고 이곳에서 살 것을 고집했다. 할 수없이 안드레이도 남았고, 어느덧 세월은 1960년대로 접어들었다.

소련정부는 재차 전후경제복원 시기를 내걸던 때라 시대는 그 어느 때보다 어수선했다. 이 틈을 이용해 볼낙의 전성기가 사할린 하늘을 찌르고 있었다. 스탈린에서 흐루시초프시대로 접어들면서 상황은 뒤바뀌었다. 세상이 변했다. 하나둘 자본주의가 무너지기 시작했다. 하지만 조직은 여전히 활기를 치고 있었다.

노름판에서 전전하며 세월을 보내던 안드레이는 그 사이 노름빚으로 빼앗은 16살 처녀를 집에다 데려다 아내에게 넘겼다. 16살 처녀는 그로부터 안드레이 집에서 3년간을 살며 한 식구가 되기도 했다. 당시는 부인이 둘이면 감옥에 간다고 했는데 안드레이는 멀쩡했다.

노름판에서 빚진 자의 대납으로 받아들었고 돈을 가져올 때까지 그의 아내를 일시 보관할 뿐이었기에 누구도 입에 오르내리지 못했다. 하지만 아녀자들이 모이기만하면 쑥덕거리긴 예사였다.

홈스크와 산판을 오고가며 안드레이의 노름기질이 여전하고 있을 때, 장보고의 연락을 받고 안드레이는 급히 장보고의 사무실을 찾았다.

소련개혁기로 어업권과 어선을 정리하여야 한다며 안드레이의 힘이 요구된다며 마지막 일을 하자고 했다. 안드레이는 밀거래로 이윤이 주어지자 사력을 다해 힘을 보태기로 결정했다.

안드레이가 본격적으로 시내에 머물며 장보고의 오른손이 되어 사무일을 보며 부두에 서서히 얼굴을 드러냈다.

하루는 볼낙의 패거리들이 부두에서 난동을 부리자 안드레이가 개입했고, 안드레이의 공격에 맥도 못 추리고 물러섰던 일은 이미 잘 알려진 이야기로 전해지고 있었다. 그러나 그의 한계는 오래가지 못했다. 악랄한 볼낙이 가만히 있을 리 만무했다. 볼낙은 패거리들을 시켜 장보고의 사무실을 기습했다. 안드레이와 장보고의 패는 20여 명의 패거리들을 제압하고 간신히 사무실을 건졌다. 하지만 그 이튿날 볼낙의 패거리들이 안드레이 집을 기습했다. 안드레이의 집은 만신창이 되었다. 다행히 아내와 아이들은 무사했지만 집안은 쑥대밭이 되었다.

부두 사무실에서 그 전갈을 받은 안드레이는 장보고의 트럭을 타고 집으로 달렸다. 외곽으로 나가는 철길을 지나고 홈스크의 굽이 타는 언덕길에 두 대의 차량이 가로막고 있었다.

안드레이의 차가 경적을 울리자 차들은 그래도 꼼짝하지 않았다. 예감이 이상했지만 안드레이는 차에서 내려 차량 쪽으로 걸어갔다. 그제야 건장한 사내들이 차에서 내렸고 언덕 숲에 숨어있던 족히 10명이 넘는 사내들이 몽둥이와 쇠파이프로 무장한 채 다가왔다.

안드레이가 재빨리 돌아서 차량으로 달려갔지만 벌써 사내들이 에워쌌다. 홈스크의 바다가 내려다보이고 절세가 뛰어난 언덕길의 배경은 장관이었다. 놈들은 안드레이 주위를 어슬렁거렸고 일제히 공격해왔다. 안드레이의 민첩한 동작이 허공을 가르자 놈들이 하나둘 맥없이 쓰러졌다.

허나 그도 잠시 안드레이의 허벅지에 총알이 날아왔다. 안드레이는 주저앉았고 일어서려 애를 썼지만 또 한방의 총알이 왼쪽 허벅지를 관통했다. 안드레이는 바닥에 늘어졌다.

놈들이 다가와 안드레이를 걷어찼고 면상을 몽둥이로 때렸다. 피가 철철 흐르는 안드레이는 놈들의 차로 실려 홈스크로 다시 내달려졌다.

정신을 잃은 안드레이가 겨우 눈을 뜨자, 볼낙이 회심의 미소를 지으며 눈앞에 들어왔다. 소비에트가 금방에 있는 자재창고 건물인 것 같았다.

그러자 두 놈이 안드레이를 일으켜 세웠고 탁자로 데려갔다. 질질 끌이며 앉힌 안드레이 두 팔이 탁자 위에 놓였다. 놈들이 안드레이의 팔을 단단히 잡고 있었고 눈앞에는 시퍼런 회칼이 놓여있었다.

두 팔을 잡은 놈들은 안드레이의 손을 탁자위에 올려놓았다. 놈들은 볼낙의 눈치를 보다가 칼을 들어 안드레이의 손가락을 모조리 절단했다. 안드레이의 비명소리가 창고 안에 울려 퍼졌다.

이들은 정신을 잃은 안드레이를 외진 방파제 숲에다 버리고 달아났다. 피가 범벅이 된 안드레이의 흉측한 모습은 차마 볼 수가 없었다. 피를 많이 흐른 안드레이는 정신을 차렸지만 자꾸만 졸려오는 눈꺼풀에 힘을 쓸 수가 없었다.

아이들이 생각났고 고생만 시킨 아내의 모습이 주마등처럼 떠올랐다. 점점 눈이 잠겨오는데 안혜련과의 마지막 춤이 아련히 떠올렸다. 사할린 블루스는 여기서 끝이 나는가, 그 품에 안긴 안혜련이 활짝 웃고 있었다. 따뜻한 온기가 가득한 안혜련의 품에서 그는 지체할 수 없는 무거운 고통을 느끼며 서서히 눈을 감았다. 어디선가 꿈결에선가 저 만치 하얀 말이 안드레이 아내의 텃밭을 가로지르며 달렸고 함박눈이 펄펄 내렸다. 아내가 목숨처럼 귀하게 여긴 텃밭의 우거진 갈대숲에 치렁치렁 엮어진 담장의 아름다운 겨울꽃이 아스라이 떠올랐다. 그렇게 고울 수 없었던 온 세상천지에 하얗게 내려앉았던 눈꽃… 그리고 아내가 구슬피 불러주던 노래가 희미하게 흘러나왔다.

어린색시의 사할린생활

어린색시는 노름꾼 남편을 기다리며 함바에서 일을 끝내고 저녁이면 근로자들 심부름과 허드레 일하며 돈을 모았다. 동토의 땅에 몰아치는 추위는 살을 에워 샀다. 속옷이 없는 핫바지 차림에 바다에서 불어오는 매서운 칼바람은 어린색시가 견디기엔 너무나 힘든 고행이었다.

남편을 기다리다 근로자들 허드레 일까지 지친 몸을 이끌고 잠자리에 들대면 추위에 잠을 잘 수가 없었고 눈물로 범벅이 된 얼굴로 몸을 구부린 채 홈스크 항을 바라다보며 조선에 있는 형제들을 생각했다. 달빛에 비친 어린색시의 모습은 너무나 처량했고 서러움에 숨죽이며 입을 다물며 오열했다. 차마 흐느끼는 그 모습이 애처로워 달빛도 고개를 숙였다.

다음날에도 어린색시는 똑같은 일을 반복하며 험난한 세월을 이겨냈다. 그로부터 가끔 한 번씩 들리는 남편과 3년이란 세월에 아이들이 둘이나 생겼다. 근로자들은 4년차 접어든 시기에 어업기지에서 산판으로 발령났다. 산판은 근무조건이 더욱 열악했다. 1951년 벌목장인 산판에 들어서고 스물두 살 되던 해에 셋째 아이가 태어났다. 마을 어귀에서 산판까지는 70리을 걸어서 갔다. 중간에서 하룻밤 자고 꼬박 이틀정도를 걸어야 당도하는 곳이다.

산을 타야하기 때문에 여자 몸으론 쉽지 않았다. 간혹 차로도 가는 경우가 있지만 특별한 경우가 아니면 힘든 상황이었다.

색시는 그렇게 산판에서 3년을 더 보내고 마을에 정착하게 되었다. 힘겨운 일이래도 마을에서 내 집을 장만하고 가족들과 함께 살 수 있어 더없이 행복했다. 남편이 없어도 아이들과 텃밭을 일구며 사는 것이 너무 행복했다. 일을 마치고 오면 육남매의 아이들이 기다려주고 아이들은 배고픔도 잊은 채 엄마만 기다리고 있었다.

그런 아이들이 커가고 농사일도 조금씩 자리잡아갈 때 행복이라는 단어가 이렇게 기쁜 줄 줄 알았다. 허나 하자이(남편)가 올 때면 집안은 긴장감이 돌았다. 아이들은 목소리만 듣고도 소스라쳐 놀라고 나무침대 밑에다 뒷간에 숨기가 바빴다.

남편의 주벽과 손찌검이 두렵기 때문이다. 그 흔한 사탕과 초콜릿도 사주지 못해 늘 안쓰러웠는데 배고픔에 지친 아이들에게 남편은 그리움보다는 두려운 대상으로 남아있었다.

조금 나은 집은 허연 흘레브(빵)을 사 주었지만 우리집 아이들은 매번 까만 빵으로 허기를 채웠다. 빵에 발라주는 마가린도 없이 줄곧 설탕가루를 부치며 먹던 아이들이었기에 그도 줄을 서서 기다리는 아이들 모습이 선한데 남편의 술주정은 밤새 고통스러운 것이다.

남편은 산판에서 기거하며 노름을 한다. 어쩌다 한번 집에 오는 날은 술이 고주망태가 되어 왔다. 그리고 밤새도록 혼자 중얼거리며 술을 깨는 버릇이 있다. 거기다 툭하면 손찌검이다. 어린아이들 역시 고문에 처한 느낌이다. 그래도 애비라고 기다리는 아이들이었다. 아이들이 애처로워 그런 남편이 얄밉기도 하지만 때로는 불쌍하기만 했다.

남편의 도박벽은 죽을 때까지 계속되었다. 심지어 몹시도 춥고 눈이 많이 내린 겨울날, 술에 취한 남편은 말을 타고 산판으로 가다 말에서 떨어져 의식을 잃고 눈 속에 파묻혔다. 술이 깬 남편은 겨우 집으로 올 수 있었고 그 길로 병원으로 가게 되었다.

병원에서는 팔뚝만큼 부어오른 손가락을 잘라야 한다는 선고가 내려졌고 오른쪽 엄지와 중지만 남겨둔 채 여든 손가락을 잘라내었다. 그 두 손가락으로 살아있는 날까지 노름을 했다.

그러다 남편은 35세 젊은 나이로 암을 안고 세상을 등졌다. 억척스럽게 남편 없이도 부자는 아니래도 남은 아이들 대학도 보내고 나름의 기반으로 오늘에 이르렀다. 할머니의 삶은 남편의 개떡 같은 세상살이도 험난한 세월에도 이겨내며 교훈으로 남았다.

그 어린색시가 이제 팔순을 넘겼다. 60년을 넘게 살아온 사할린이지만 북쪽 형제들이 꿈에서도 그립고 남쪽 하늘이 보고파졌다.

어린색시가 홈스크 바다를 바라다보며 북쪽에 있는 형제와 가족이 그리웠던 것처럼, 남쪽하늘도 북쪽소식이래도 전해줄 팔순을 넘긴 색시의 소원이 이루어졌으면 손꼽아 기다리며 겨울밤 석탄 타는 소리가 더욱 요란스럽게 들려온다.

북방 할머니 이야기

◀북에 있는 형제들 사진을 들고 있는 김복례 할머니.

　몇 해 전, 북방 할머니를 소개한 적이 있었는데, 할머니의 기구한 삶은 사할린 여느 한인에 비해 애달프고 가슴 아픈 사연이 담겨있어서 할머니의 이야기는 항상 마음에 두고 있었다. 여기서 북방이란 사할린 북쪽에 거주하는 소수민족이 아닌 북쪽에서 온 사람을 일으키고 있다. 오늘은 좀 더 자세히 할머니의 살아온 이야기로 거슬려 가보고 싶다.

　청진항에서 운반선타고 온 64년의 세월.

　김복례 할머니는 1928년 경북 달성군(현 대구시에 편입)에서 태어났다. 어머니(성순이, 115세)는 상주에서 시집을 왔고, 달성에서 단란하게 살았던 아버지(김운오, 125세)는 사업 확장으로 1933년 청진에 이주하게 되었다.

　아버지의 사업은 그칠 줄 모르고 순항을 탔다. 아버지는 주로 들기름, 참기름을 짜서 한국, 일본, 중국으로 보내며 청진에서 기름집 김영감이라면 모르는 사람이 없었다고 한다. 중국 산지에서 가져온 재료는 청진 공장에서 가공되어 기름으로 만들어졌고 기름은 조선을 거쳐 현해탄 건너 일본까지 팔려나갔다.

공장 안은 기계소리가 요란했고 수증기가 자욱한 실내 안은 사람 구분하기가 힘들었다. 막 기계에서 나온 뜨끈한 깨는 고소하기 이를 데 없었다. 그 깨는 동물사료로도 쓰이고 기름은 완성품으로 손이 모자랄 정도로 불티나게 팔려나갔다. 그래서 할머니가 태어난 것도 복을 타고 난다하여 복례라고 지었다고 한다.

아버지의 사업은 할머니가 태어나고 조금씩 풀려나갔기 때문이다. 할머니가 4살 되던 해 달성의 가족들은 공장이 있는 북쪽 청진으로 향했다. 청진에서 화목하고 남부럽지 않게 잘 살다가 어느 날 아버지의 고향 사람이 집에 다녀갔다.

그 후로 어머니가 앓기 시작했고 가세가 기울기 시작했다. 사연인즉 고향사람은 당시 돈으론 거액에 해당하는 돈을 차용증 없이 빌려주었다가 사변 통을 틈타 가족까지 버리고 남조선으로 도망을 갔다.

어머니는 돈을 빌려 간 아버지의 고향 사람에게 돈을 돌려 받으려갔다가 돈을 빌려간 적이 없었다는 그의 말에 화병이 왔고 급기야 혈관이 터지는 사태까지 이르게 되었다. 조선팔도와 중국 등 내놓아라하는 의사들까지 왕진하게 되었지만 어머니의 병은 고치질 못했다. 그러다 떵떵거리던 12칸의 기와집과 집안의 재산이 풍진박산이 되었다.

1945년 소련군의 진입으로 일본인을 아내는 사변 속에 가족들은 토굴로 대비하였지만 온전치 못한 어머니는 집을 지키겠다며 조카와 남게 되었다. 결국 소련군은 어머니가 일본인인 줄 알고 어머니의 횡성설수에 총을 겨누게 되었는데, 왼쪽 젖가슴을 가르고 오른쪽 겨드랑이를 관통했다. 한쪽 젖가슴은 흔적도 없이 날아 가버렸다.

그 사변을 겪고 북한정권이 들어섰다. 1948년 이전부터 소련으로 파견된 북한 파견근로자는 줄을 이었다. 김복례 할머니역시 1947년에 남편 박정섭(작고, 91세)을 따라 사할린에 왔다. 물론 김복례 할머니도 남편과 마찬가지로 북한정부의 정식 근로계약서를 작성하고 파견됐다.

애초 할머니 가족들은 해방이후 남조선으로 돌아가기를 원했다. 하지만 소련군의 진출로, 6.25사변만 없었더라면 아비지와 가족들은 고향을 선택하였을 것인데 결국 돌아오지 못하게 되었다.

할머니는 집안의 가세가 기우렸고 시집와서 남편의 도박벽을 고치려 무진 애를 섰다. 그래서 할머니는 남편을 설득했고 사할린에 따라나서게 되었다. 혹시라도 그 곳에 가면 도박벽이라도 고칠 수 있을 것이라 생각을 하였기 때문이다.

1947년 사할린 파견근로자로 등록되어 오늘까지 사할린 비찌리치에 살고 있다. 최초 북한 파견근로자는 임시정부 때부터 진행되어 1946년부터이며 할머니는 그 다음해 파견되었다.

홈스크에 첫발을 디딘 날, 어업기지에는 아직도 귀국하지 못한 일본인 일꾼들이 그대로 남아있었다. 소련인과 일본인이 어울리며 바다에 나가 대구와 청어를 낚아 올리고 있었다. 홈스크는 글자 그대로 물 반고기반이었다. 해산물은 또 어찌나 많은지 해안가로 가서 곰보, 미역 등을 건져 반찬에 사용했고 일본으로 보내기도 했다.

할머니는 1947년 청진항에서 출발해 사할린 네벨스크 항에 도착해 홈스크로 남편과 배속되었다. 홈스크에서 4년 정도 어업기지에 근무하다 비찌리치 브란스끼 목재소(3년)에 옮겨와 오늘까지 행정구역인 홈스크 비찌리치(한국인 27인 피살지 근처) 마을에서 살고 있다.

브란스끼 산판(벌목공의 일터)에서의 생활은 전쟁터와 같았다. 그곳은 일본에서 온 재일동포와 대륙에서 온 한인들도 있었고 사할린한인들도 부대끼며 살았다. 산판까지는 마을에서 70리 거리에 있었고 중간 숙소에서 하룻밤 자고 산 속을 걸어서 산판에 도달하게 되었다.

가다가 오르면 예사로 곰을 목격하기도 하고 이틀을 꼬박 걸어서 갔다. 대부분 벌목공들인 한인들은 월급날이면 막걸리와 도박에 매달렸다. 당시만 해도 여자가 엄청 귀한 시기이어서 한인들은 일상의 전부를 일과 잠깐의 노름에 의존하기가 일수이었다.

남편은 홈스크 함바(노동자 숙소)에서부터 노름에 손을 댔다. 사할린에

오면 그나마 고쳐질 줄 알았던 손버릇은 이곳까지 와서도 고치지 못하고
죽을 때까지 노름으로 평생을 보냈다.

산판에서 내려온 할머니는 1951년 비찌리치에다 살림살이를 장만하고
살기 시작했다. 노름꾼인 남편은 돈이 떨어지면 술에 취하고 집으로 귀가
했다. 가끔 보는 남편은 손버릇에다 술주정까지 그가 오면 집안은 난장판
이 되었다. 아이들은 아버지가 무서워 자리를 박차고 술에 취한 남편은
손찌검에 한잠을 자지 않고 투덜대는 버릇이 있어 아예 남편의 목소리가
동구에서 들려오면 아이들을 들쳐 입고 밖으로 대피했다.

헌데 이상하게도 그런 남편이 다녀가기만 하면 임신되었다. 자연히 아
이들은 늘어났고 살기는 더욱 힘들었다. 한해마다 줄줄이 아이들이 생겨
났다. 두 아이는 낙태하고 나머지 육남매는 무럭무럭 자랐다. 육남매 중
5남 2녀가 남편이 없는 자리를 메우며 밭일이며 가축 일까지 도맡으며 일
손을 들었다.

이 가운데 할머니에게도 기회가 찾아왔다. 1981년도 사할린 도시의 대
부분이 홍수를 맞았다. 유즈노사할린스크 근교 마을인 아니봐는 집이 떠
내려가고 홈스크를 비롯해 많은 마을이 홍수피해를 입었다.

그런데 비찌리치 마을에 속하는 할머니 집은 천만다행으로 피해가 없었
다. 당연히 홍수피해로 농작물이 귀했다. 그해 할머니는 감자농사 외에도
오이농사를 많이 지었는데 풍작을 거두었고 농산물을 살려는 업자들이 줄
을 섰다. 소매상뿐 아니라 도매상들이 앞 다투어 오이를 사기를 원했다.

오이를 팔은 돈은 공산화시절에서 인민들이 좀체 만져보긴 힘든 거액
에 달했다. 갑작스레 돈을 번 할머니는 돈을 지체할 수 없을 정도로 많은
돈을 벌었고 이에 마을사람들은 이상한 소문까지 내기 시작할 정도이었
다. 저녁이면 돈을 잃을까 베게 밑에다 창고 구들장에다 묻었다.

그 돈으로 할머니는 큰아들과 작은아들에게 자동차를 선물했다. 홈스
크 시내에서도 보기 드문 현상이었다. 할머니에게도 그런 시절은 있었다.
죽자고 고생한 끝에, 한 많고 기구한 삶 속에서 동네에서 없는 타조에서

말과 소, 돼지, 오리, 토끼 등 많은 가축과 농사 일로 잠깐 부를 이룬 적도 있었다.

여기서 할머니 손으로 묻은 삼남매 이야기를 하고 가야겠다. 장손과 차례로 둘을 잃은 할머니는 1959년 북한정부의 복귀통보에도 귀국하지 않았다. 북녘 가족 품도 중요하지만 이미 자식들이 생겼고 고향이 남한이었기에 가고 싶은 마음이 없었다.

그새 북한에 있는 형제들을 만나기 위해 모국방문으로 3번이나 다녀왔지만 당시 북한정부의 복귀통보로 대다수 파견근로자들이 북한으로 가게 되었다. 인민의 천국인 조국이라며 북한정부는 근로자들을 불러들였고 대학진학에서 생활보장까지 인민의 천국으로 오라며 선동했다.

당시는 무국적자가 많았고 이래저래 살기 힘든 상황에서 대학진학이란 꿈같은 이야기이었다. 북한은 이러한 입지를 알고선 이후에도 한차례 더 사할린 한인들을 마구 불러들이기 시작했다. 그 꾐에 속아 많은 사할린 한인 젊은이들이 북조선으로 귀향했다.

북한행을 결심한 가족들은 아직도 돌아오지 못하고 있다. 인민의 천국이 아니고 지옥에 사는 형제들을 볼 때마다 모국방문 길에는 선물과 생필품 등을 한보따리씩 짊어지고 달러를 가지고 가야만 했다.

그 대표적인 예가 사할린동포완 조금 다르지만 1959년 12월부터 시작된 재일동포 북송이다. 일본인 처를 비롯해 북으로 북송된 재일동포는 현재까지 10만 명에 이르고 있다.

결국 두 자식 때문에 가지 못한 할머니는 남편의 버림과 도박벽이 더 무서웠고 북에 간들 이보다 더 좋지는 않을 것이고 소박하지만 농사짓고 아이들과 살길 원했다. 그래서 가겠다고 난리법석을 떨던 남편도 포기하게 되었다.

무엇보다 첫아들인 1949년생 장손을 위하는 길은 사할린에 남는 것이 낫다는 생각이 우선이었다. 할머니 생각은 그들과 달랐다. 북한에 소련군이 진입할 당시 어머니를 잃었고 공산당 지배 속에 사느니 차라리 료시끼 세상에서 사는 것이 마음 더 편할 거다 여겼다.

　그러다 좋은 세상이 돌아온다면 큰아들 손잡고 태어난 고향이라도 가보겠다는 생각이었다. 어린 할머니 생각은 만 가지 잡념에 사로잡혔다. 그러다 북에 남은 형제들은 어떡하나 싶었고, 형제와 아이들을 두고 저울질하기도 했다.

　사할린 생활은 한편의 드라마보다 더 슬프고 애달픈 것이었다. 장손은 효가 남달랐으며 늘 엄마 곁에서 집안의 대들보 역할을 다했다. 허나 17세 접어든 시기 심장병으로 요절했다. 둘째도 19세 나이에 사할린 추위에 견디지 못하고 머리 동상으로 먼저 보냈다.

　그리고 셋째는 그런 형들을 기억하다 우울증으로 마약에 손을 대었고 같은 중독자에게서 돈을 빌려주지 않는다는 분심에 총으로 맞아 죽었다. 우울증과 마약을 제외하고는 유독 심성이 착한 셋째는 할머니에게 특히 장한 아들로 기억되었다. 물론 집안일이며 대소사 일을 다 맡으며 어머니를 보살폈는데 아이 둘 낳고부터 우울증이 오기 시작했고 친구들과 자주 어울리기 시작했다.

　또한 셋째는 힘이 장사이여서 운동대회가 열리는 날이면 동네에서뿐 아니라 홈스크에서도 그를 초빙할 정도로 이름난 장사이어서 지역 마피아도 그를 건들지 못했다. 그런 그가 총에 맞아 죽을 것이라곤 아무도 생각지 안했다. 하지만 돈을 빌려주지 않는 것과 빼앗아 갈려는 친구에게서 잠든 사이 이마에 총을 맞게 되었다.

　그도 가장 친구이었는데 마약을 투여한 상태이었다. 당시는 마피아가 성행한 시절이었다. 특히 러시아마피아에게 걸려들면 예사로 목숨을 잃었다. 주변에서는 소리 소문 없이 한인들이 사라지곤 했다. 바로 보복성 때문이다.

　셋째를 죽인 한인 부모는 할머니에게 용서를 빌었다. 할머니는 또다시 자식을 가슴에 묻고 이웃인 부모를 용서하고 화해했다. 셋째 나이 35살에 가슴에 묻고 할머니는 풀밭에 엎드려 통곡을 했다.

　　노름꾼인 남편을 따라 사할린에 와서 온갖 풍상을 다 겪으며 살아왔는데 멀쩡한 세 자식까지 가슴에 묻었다. 소싯적에는 동네사람들이 망향의 한을 달래는 고향의 향수를 읊어 줄 노래 가락을 주문할 정도로 소리가 뛰어났고 온 동네 장례사를 부탁해도 싫은 내색 없이 도맡아 의사로 칭할 마치 인기가 좋았던 인심 풍족한 할머니였다.

　　할머니 집에는 항상 사람들이 북적거렸다. 재일동포를 비롯하여 한인 및 파견근로자들이 산판에서 내려오면 할머니 집에서 망향의 한을 달래는 안식처가 되었다. 할머니가 지어준 막걸리 한 사발과 국수로 허기를 채웠고 서러움을 달랬다.

　　사할린의 삶은 남편의 세월과 견딜 수 없는 인고의 세월과 같았다. 오늘까지 살아온 것도 자식들과 북에 두고 온 형제들 때문이다. 남한을 가지 못하고 죽은 부모님과 살아있을 형제들이 아른거려서 영주귀국은 꿈도 꾸지 않았다.

　　아직도 소련국적을 받지 않고 무국적자로 남아있는 할머니의 지난 삶을 되돌아본다. 현재 사할린에 있는 1세한인들 중에는 지방으로 갈수록 무국적자가 많다. 영주귀국이 시작되던 처음 해는 무국적자도 영주귀국을 할 수가 있었다고 한다.

　　영주귀국을 하지 않은 한인1세 대부분이 이 케이스로 주저앉은 경우이다. 변방의 1세 노인들은 가난할지라도 자식과 함께 남기를 원했다. 다른 이보다는 효와 자식사랑이 지극 정성으로 특별한 경우이다.

　　요즘이사 할머니에게도 고민이 많다. 팔십을 넘기고는 북녘 형제들의 안부가 만날 궁금하다. 마음대로 소식을 전할 수도 없고 보지도 못하고 이럴 줄 알았더라면 차라리 남쪽 고향이나 한번 보고나 갈 것을 후회도 하지만 죽을 때 다되어서 남쪽에 간들 무슨 소용이겠냐며 가슴에 묻은 자식과 북에 있는 형제들이 보고파서 밤잠을 설치며 눈물을 훔친다. 무국적자이래도 한국 모국방문은 가능할 텐 데하며 속삭이는 할머니의 속마음이 애처롭다.

할머니 눈길

조성길

마음속 다짐

그 길은 눈길

할머니 가시에

시린 아침

눈 비비고

할머니 눈길

하늘은 곱고

햇빛 쨍쨍

눈부시도록

넉넉한 마음

군불 속에 싸르륵

내일아침

귀가길 기쁨 두 배

북조선으로 강제 추방된
사할린한인 40인의 행방?

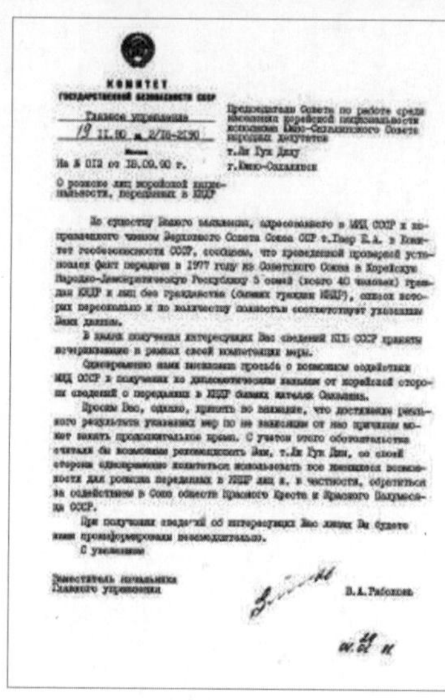

◀당시 1990년 11월 19일 모스크바 KGB 중앙본부 부부장 랴보꼰이 한인협회장으로 보낸 「북조선추방 한인문제에 대해」 전문요지.

'한국귀환운동 주동자가족 소련첩보당국에 의해 비밀리 추방돼'

이 사건은 1977년 소련당국에 의해 북조선으로 강제 추방된 사할린한인들의 이야기이며, 현재 생존해 있는 1세대인 허갑순(82) 할머니의 애닯은 심정을 담은 모자 찾기에서 비롯돼 1990년 소련 KGB 중앙본부로 송달된 「북조선으로 끌려간 가족 찾기 호소문」과 사할린주 유즈노사할린스크시 시도렌꼬 시장에게 건의되면서 최초로 공개되어 세상에 알려졌다.

그 후 1996년 2월 28일 러시아 외무성 예.러리마코브 장관에게 북한으로 추방된 사할린한인가족 40인의 행방을 찾아 달라는 요청서를 보내었고, 2002년 5월 17일 LA 한민족 국제포럼에서 "사할린한인의 영주귀국 및 보상현황과 그에 대한 우리의 요구"라는 발제연설(발표자 이국진)에서 잠시 언급되어 해외동포들에게 높은 관심을 가진 바 있었으며 2004년 4월 7일 러시아연방 국회의원 지다가옙시로부터 1977년 구 소련정부에 의해 통행통제소 '하산'을 거쳐 북조선으로 전송되었던 5가구 40인의 사할린한인 생사여부의 질문에서 당시 40인은 소련내무성에 의해 추방당하였고 사할린KGB지부와 사할린주 내무소의 합작경호 하에서 실행되었음을 시인했다.

허나 25년이란 세월이 지나 고문서를 없앤 상태이라 더 이상의 상세한 정보는 알려 줄 수 없다는 사할린주 내무서 여권 및 거주사증 담당부장 무스다휜으로부터 통보받았다.

또한 1990년 KGB 중앙본부는 5가구 40인의 확인은 인정되나 소련정부의 권한이 허용되는 범위 내에서 대책을 강구하고 북조선과의 외교절차에 따라 소련외무성과 KGB는 정확한 답변은 많은 시간이 요구되므로 필요시 다른 기관인 소련적십자사에 이용할 수 있다고 했다.

이렇듯 당시 러시아정부와 케지비는 우방관계인 북한과의 외교관계를 의식해 또는 러시아정부가 개입된 사실이 국제화되는 것을 막기 위한 방책으로 북한으로 추방당한 사할린한인들의 북조선 추방을 숨기기에 바빴던 것으로 생각된다며 생사여부를 물었던 의뢰인들은 밝히고 있다.

현재 허갑순 할머니는 고령인데다 거동마저 불편하지만 31년을 가슴 졸이며 혹시나 살아 있을지 모를 자식과 며느리, 손자를 죽기 전에 꿈에서나 만나기를 기다리며 애타게 찾고 있다.

그런 가운데 1999년 6월 유즈노사할린스크 시에서 <사할린한인 귀국문제>라는 국제학술 심포지엄이 개최되어 러시아, 한국의 학자들과 변호사들이 참여하였는데, 한국 측에서는 지익표 국제변호사와 노영돈 법학과 박사가 참여하여 결의문을 일본수상, 러시아대통령, 대한민국대통령, 유엔기구 사무총장에게 각각 보낸 바 있었다.

결의문에는 일본은 강제징용과 만행의 책임을 묻고 미국은 전후 일본과 한국을 통합하면서 잔류한인들에 대한 아무런 대책도 세우지 않았던 책임과 한국은 사할린한인들을 고국으로 마땅히 귀환시킬 책임이 있음에도 불구하고 1965년 6월 22일 일본과의 관계정상화 회담으로 사할린한인들에 대한 보상을 일본에 면제해 줌으로 물질적 보상책임을 벗어나게 한 책임을 명백히 담고 있었다.

또 잔류한인 1세 노인들의 영주귀국과 이중징용 탄부들의 직계가족 보상에 따른 공권력 행사와 일본 오타루 은행에 탄부들이 예치했던 예금을 가족들에게 원금과 이자를 계산하여 송금하는 것을 요구하고 있다.

이는 허갑순 할머니의 모자 찾기가 강제징용으로 빚어진 것이므로 가족 강제북송은 일본뿐 아니라 이를 묵인하고 방조한 러시아까지 그 책임이 분명히 있다는 것이며 논리이었다.

아직도 베일에 가려져 생사여부마저 불투명하고 40인의 한인들은 지금까지 소식조차 없는 상태로 행방불명인 상태이다.

제2차 세계대전 후 일본은 마음대로 쓰다가 필요 없는 한인들을 버리고 행방 후 사할린 「카미시스가」 촌과 「뽀자르스크」 촌에서 죄 없는 한인들을 소련스파이 죄를 덮어 씌워 45명을 학살하는 만행을 저질이고 1946-1947년 일본인들만 본국으로 귀환시켰으며 일본인 귀환으로 인구가 감소한 사할린 섬의 파괴된 경제를 재건하기 위해 값싼 노동력을 한인으로 대치시켰다는 것이다.

그리고도 포기하지 않고 숨죽이며 고국의 라디오를 들으며 끊임없이 고국가기만을 기다렸고 그 열망은 한시도 식지 않았고 그러다 소련당국은 갑작스레 조국으로 귀환하고 싶은 자는 지역 ОВИР(내무서)에 요청하라는 통보를 하게 되었다. 그 소식을 전해들은 한인들은 구름처럼 몰려와 수천 명이 한국귀환을 신청했다.

하지만 소련당국은 공산주의 낙원을 버리려는 남한출신이 대다수인 한인들을 심리적 처벌을 가하기 위해 열성귀환 주동자가족 5가구 40인을 지목해 정신병원에 감금하면서까지 고문을 강행했고 소련당국의 지시에 의해 사할린KGB지부와 주 내무서의 합작음모에 희생되어 선량한 한인들이 북조선으로 추방됐다.

이로써 사할린에서 북한으로 추방된 한인가족명단은 5가구 40인에 지역별로는 △꼬르사코프시 9명 △홈스크시 6명 △포로나이스크시 7명 △유즈노사할린스크시 (2가구) 18명으로 알려졌다.

가족별로는 ▲꼬르샤코프시 도만상, 배상태, 도미자, 도규식, 도태자, 도윤식, 도미례, 도윤류, 도황구 ▲홈스크시 이창남, 이미자, 이수자, 이성갑, 이분녀, 이분자 ▲포로나이스크시 김일수, 한도하, 김옥녀 김옥남, 김태윤, 김옥순, 김옥금 ▲유즈노사할린스크시(2가구) 유길수, 유춘영, 김경순, 유강영, 유상영, 유천영, 황태령, 황명순, 황성운, 황광운, 신영자, 황동석, 황인나, 허동화, 황소읍, 허혜성, 황춘운, 허올가 등 총 40명으로 밝혀졌다.

북녘하늘에 부르는 아들의 노래
'무국적 허갑순 할머니의 삶'

◀허갑순 할머니의 거주증,
5년마다 갱신되며 1년마다
신고를 해야 하는 무국적 거주증

가난을 견디지 못해 현해탄을 건너 동토의 땅, 사할린을 찾았다. 21살 곱디고운 새색시는 할아버지와 남편을 따라 1944년 사할린 마카로프 한인거주지에 정착했다. 그로부터 서러운 땅에서 삶은 시작되었고 길고 긴 추운 겨울이 반년이 넘도록 지속되는 세월을 보내야만 했다. 한겨울 눈바람이 칠 때면 영락없이 갇혀 살아야만 했고 문지방 사이로 불어오는 칼바람은 살을 에워싼 추위가 몰아쳤다.

사람 키보다 더 높은 눈사태에 얼어붙은 손 녹일 여유도 없이 지붕과 봉창한 창문에 에워싼 눈과의 전쟁을 해마다 겪어야 했다. 그런 사이 남편은 다행히 제지공장에 취직을 하게 되었고 자식들은 하나 둘 성장해 육남매를 길렀다.

그 와중에도 한인들이면 다 그랬듯이 고생은 쉬는 날보다 더 힘들었고 가족이 다 매달려서 텃밭을 가꾸는 생활이 이어졌다. 짧은 봄날이 오면 감자이며 고향 땅에서 해 왔던 농사법을 적용해 채소를 심었고 수확기엔 온 가족이 달려들어서 농사일에 매달렸다.

유독 한민족의 근성이 강해 타민족에 비해 부지런한 한인들이었기에 겨울이면 황량한 벌판에서 불어오는 눈보라가 속에서도 강가에서 호수에서 고기를 잡았고, 봄이면 텃밭에서 농사를 일구어 아이들의 교육과 의식주 해결에 인생을 걸다시피 했다. 그래서 늘 러시아인보다 부지런하고 잘 사는 가계를 만들어 나갔다. 비록 어렵고 힘들었지만 지지리도 못살았던 고향을 생각하며 이를 악물고 살았던 것이 태반이었던 한인들이었다.

그나마 풍족 아닌 마음의 풍차에 돛을 달며 오손 도손 살았던 힘겨운 생활의 연속이었지만 고향에 두고 온 가족생각은 한시도 저버릴 수 없었다. 행여 찾아갈 방법은 없는지 수소문도 해보고 백방으로 알아보았지만 이념의 장벽은 쉽사리 무너지지 않았다.

더욱 확고해진 공산화의 물결은 순수 이성마저 빼앗아 버렸다. 남한의 고향은 못살고 거지가 창궐하며 기근에 시달려 인민들이 다 죽어가고 있다고만 선전을 해댔다. 그래도 사할린에 남은 대부분의 1세 한인들은 감

▲시내 조금 떨어진 곳에 있는 허갑순 할머니집(유즈노사할린스크 헤로울노크 4번지)

시원을 피해 남몰래 숨어서 이불 속에서라도 라디오 방송을 통해 일본과 남한소식을 듣고 했었다. 얼마나 많은 1세 한인들이 고향을 그리며 눈물을 흘렸는가. 이불을 적실만큼의 서러운 땅에서의 울부짖음은 그 1세 한인들의 살아온 흔적이 되었다.

이대로 죽을 것인가, 자식들을 위해 모든 것을 포기하고 러시아 국민으로 살아야 할 것인가. 갈림길에 선 한인들은 향수병에 사무친 고독의 나날 속에 살아야 했다. 그러다 기다려다 지친 사람들이 점점 늘었고 죽어간 사람 또한 무수히 많았다.

개중에는 일찌감치 가족 우선주의를 생각해 국적을 취득해 나은 생활을 유지하려고 했다. 러시아어법에 편승하면서 기회를 기다리는 사람과 태어난 자식들은 대학을 보내고 국적을 취득하게 하여서 성공을 보장받는 길을 모색했다.

이는 1세 한인들이 사는 방식이었고 가난을 대물림하지 않기 위해 자식위해 고생을 마다하지 않았다. 비록 자신은 러시아에서 살면서 그 나라 글자와 말은 몰라도 자식에게는 그 나라 문화와 풍습을 익히도록 하였던 것이다. 그래서 일부 1세 한인들의 삶은 자식들이 있었기에 버팀목이 되었고 살아갈 의지를 불러준 희망이었다. 그 땅에서 그들보다 더 열심히 노력해서 온전히 자식들에게 물려주는 것이 1세 한인들이 배운 조선의 미덕이었기 때문이다.

아들이야기에 할머니는 눈물부터 글썽이며 하늘이 꺼지는 한숨소리에 넋을 잃고 만다. 한참 후 할머니는 가슴에 묻어 두었던 아들이야기를 조심스레 건넸다.

큰 아들은 어릴 때부터 효ᆞ가 남달랐다. 아버지의 눈물과 향수병을 지켜보면서 아버지의 고향 한국과 연락이 닿는 길에 목숨을 걸다시피 했다. 감시원의 눈을 피해 일본으로의 연락책을 주선하고 오로지 아버지의 서신을 보내려고 애를 썼다.

허나 이때부터 소련당국은 이를 예의 주시하였고 국교가 수교되지 않은 한국과의 접선을 반동분자로 주목해 도만상 일가를 비롯해 아들가족 등을 선동주모자 가족 40명을 북한으로 추방시켰다.

이것은 나홋트카 북한총령부의 지령과 소련당국 사할린보안지국과의 음모에 의해 저질러진 소위 한인북한강제추방사건이며 사할린의 또 다른 비극으로 남은 역사의 아픔이었다.

1977년 아들 허동화는 며느리와 3개월, 1년3개월 된 어린 손녀들과 유즈노사할린스크 헤로울노크 집에서 추방당했다. 그로부터 허갑순 할머니는 32년을 아들이 돌아오길 기다리며 살았다. 그래서 국적을 바꿔지 않았고 한국으로의 귀향을 품속에 두었기 때문이다.

항간에는 북한 소식통에 의해 벌써 죽었을 거라는 소리도 있었지만 할머니는 한 번도 믿지 않았고 그저 돌아올 것이라는 기대감을 저버리지 않았다. 그 아들을 기다리다 남편은 영주귀국을 눈앞에 두고 눈을 감았다.

지성이면 감천이라더니 아들이 없는 공간을 딸자식과 사위가 32년을 하루같이 받들며 보살피고 살았다. 남은여생을 고국에서 보낼 수만 있다면 죽어서도 아들을 만날 수 있을 것 같으며 "이제 마지막 소원이라면 영주귀국을 하여서 남편이 못다 이룬 영주귀국을 장성한 딸자식과 사위와 살면서 북녘하늘을 바라다보며 살고 싶을 뿐이다"고 했다.

한편 2010년 중순 허갑순 할머니는 딸과 영주귀국 하기를 희망하는 탄원서를 한국정부에 하소연했고 이를 대한적십자사 특수사업부가 받아 들

▲1921년, 1937년 사할린 일본박물관(현재의 향토박물관) ©3colors.sakh.com

였으나 갑작스레 딸의 연령이 순위에 미치지 못하고(미달), 형편성을 고려한다면 행정착오가 있을 수 있다하여 자녀와의 영주귀국을 허용할 수 없다는 통보를 사할린이산가족회로 보냈다.

다만 할머니의 영주귀국은 복지관이나 짝을 맞추어서는 가능하다는 통보를 해왔는데, 애초 허갑순 할머니는 이러한 사정을 감안하고 지병을 간호해 줄 자식과의 귀국만이 가능함을 여러 차례 하소연하였음을 밝힌 바 있어서 적십자사의 통보는 할머니의 아픈 가슴에 더욱 못을 박는, 행정적 불찰에 해당하는 처사라고 많은 분들이 반박하고 있었다.

이러한 할머니의 아픈 사연을 이곳 사회단체장까지 동참하고 서명해 백방으로 영주 귀국하길 고대하였지만 끝내 이루어지지 않았다. 할머니의 영주귀국 불가는 첫째로 꼽은 사례로는 많은 분의 사연이 똑같을 수 있다는 경우이었는데, 허갑순 할머니의 경우가 아주 특별한 경우가 아니래도 그런 상태에서 영주귀국을 희망한 사례는 현재 할머니 외에는 아무도 없었다는 것이다.

개인적으로 할머니의 애타는 사연에 도움을 줄 수 있었으면 좋았지만, 영주귀국 확대사업 가운데 이런 사례는 없었고 천분의 일로 해당하는데도 우리가 해줄 수 있는 것이라곤 아무것도 없다는 것과 몇 해가 될지 모르지만 살아생전에 무슨 부귀영화를 누릴 것도 아닌데 그 소원하나 들어주지 못하는 것이 못내 가슴이 아프기만 했다. 과연 영주귀국의 형평성은 무엇을 의미하는지, 지내오면서도 내내 지워지지 않았다.

☞ 보통 10대 뉴스라면 한 해 동안 가장 화제가 되었던 소식을 말하는데 사할린한인 관련 뉴스였다면 사할린을 이해하는데 보다 쉽고 도움이 될 듯해서 참고로 올렸다.

2010~11년 사할린동포 10대 뉴스

2010-11년에도 사할린 한인들의 크고 작은 이슈는 많았다. 여전히 기존 단체장들이 두 파로 분열되어 대립하며 단합과 결속력을 보이지 못한 채 또 한해가 기울어갔고 2011년11월 최대 이변이 일어났다.

백수경 전 회장의 전신이었던 한인연합회의 김홍지의 회장의 주도로 신 한인협회가 새롭게 구성되었다. 그렇지만 법무부와 세무서의 단체협약 등 록승인을 받지 못하다가 5차례의 끈질긴 소송과 변호로 협회 인가를 승인받아 11월19일 긴급 총회를 통해 기업인 임영균씨가 새 한인협회 회장이 되었다.

이로써 11년간 사할린한인시대를 이끌어왔던 박해롱 회장의 시대는 막을 내리고 새로운 체제의 한인시대가 열렸다. 기존의 한인연합회는 해체되고 이산가족 등 타 단체는 한인협회로 귀속되며 지방마다 협회 사무실을 두고 보다 체계적인 시스템의 협회를 만들겠다고 야심한 포부를 밝혔다. 인구가 그리 많지 않고 행정권이 거의 주도에서 이루어지고 있다 보니 행정 및 문화권의 행사가 대부분 유즈노사할린스크에만 한정되어 있다.

따라서 사할린 한인관련 소식은 외부의 뉴스를 제외하면 연례행사처럼 중복되는 것이 많다. 나아가 나름대로는 대일소송과 영주귀국특별지원법 등이 활발히 진행되었으나 실질적 결과는 미흡했다. 그 아쉬운 여운을 뒤로 하고, 〈sakh,haninnews〉가 선정한 올해 사할린동포들이 비교적 중요시 여겼던 사할린동포 10대 뉴스는 다음과 같다.

1. 사할린주정부, 한국투자설명회 개최

　지난 4월14-15일 양일간 서울 그랜드하얏트 호텔에서 사할린주정부 투자설명회가 성대하게 개최되었다. 알렉산더 호로샤빈 사할린 주지사를 비롯해 콘스탄틴 브누코프 주한 러시아대사 등 러시아정부 요인들과 100여명의 러시아 기업인들도 대거 참석했다. 설명에서 사할린주정부는 48억 달러 규모의 에너지, 자원, 건설 등의 개발 프로젝트들을 소개하였고, 그 결과 70여건의 상담과 8건의 합작체결 및 교류의향서를 교환했다. 최근 12월 13일에는 제주차지도 대표단이 사할린을 방문해 사할린 밀감수출 및 물류창고 상담을 가졌으며 우리나라는 사할린 석유의 주요 수입국이자 수산물 최대수입국으로 일본과 선두를 다투는 교역 파트너로 자리 잡고 있다.

2. 2010년 사할린동포 영주귀국설명회 개최

　외교통상부 주관으로 '사할린한인 영주귀국 희망자에 대한 사업보고'를 위한 출장단이 6월 23일(수) 하바로브스크를 거쳐 사할린을 방문했고 다음 날 24일 오전10시 "2010 특별영주귀국 대상자 귀국설명회"를 개최했다.

　올 주요사업으로는 일시모국방문, 귀국자 역 방문, 영주귀국 등에 대한 내용과 세부 사항에는 정부 지원내용, 입주지역 설명 등이 보고되었으며 핵심 관심사는 영주귀국사업이 주된 안건으로 떠올랐다. 이로써 2010년에는 남양주(진전읍 금곡리 일원)와 기타 공석 중인 아파트에 91명이 입주하게 되었으며, 현재까지 영주귀국 사업으로 1994년 시범사업을 시작으로 97-2001년에 이어 2007-09 3년간에 걸친 확대사업과 올 12월16일과 내년 1월 7일 귀국자를 포함하면 지금까지 3,700명의 사할린동포들이 국내에 정착하게 됐다.

3. 여야의원, 강제징용 국제 심포지엄 사할린 개최

여야의원 대표단이 구성되어 사할린 강제징용 '한인의 어제 오늘 그리고 내일'이라는 국제 심포지엄이 사할린국립대 동양학부 분교 강당에서 개최되었다. 이번 행사는 한나라당 박진, 민주당 김영진, 자유선진당 박선영 의원의 공동 명의로 개최되었고 재외동포재단이 주관에 사할린희망캠페인단, 사할린국립대학이 공동 후원했다. 이들은 7월1일~5일까지 4박5일 일정으로 포자르스코예 조선인학살추모비, 망향의 언덕, 브이코프 탄광과 한글학교 및 노인정을 방문하고 한인간담회에 참석해 아직도 아물지 않은 상처로 남은 일제피해 보상 문제 등을 논의하고, 사할린한인들의 국제변호를 맡았던 일본민선 다카키 켄이치 변호사와 경북대학 법학전문대학원 김창록 교수를 모시고 '사할린 한인소송을 점검한다'는 주제발표와 '사할린 한인의 오늘과 내일' 등을 토론했다.

4. 사할린서 열린 광복65주년 경축행사 기념식

사할린 한인들의 가장 큰 명절로 꼽히는 65주년 광복절 행사가 21일(토) 오전 11시 유즈노사할린스크 가가린 공원 코스모스 경기장에서 성대하게

열렸다. 러시아 전승기념일 65주년과 맞물려 열린 광복절 경축행사는 주정부가 이례적으로 사할린 한인들의 입지적 성과와 위상을 높이 평가하는 계기를 마련했고 이에 이바노프 게오르그 주정부 부지사는 민족 자긍심으로 문화발전과 소수민족 화합에 이바지한 박해룡 회장과 박정자, 서진길 회장 등 한인사회단체장을 표창했다. 이번 행사는 사할린주정부와 재외동포재단이 전격 후원하였고 공연단내지는 사절단 없이도 많은 관중이 참석해 성황을 이루었으며 한국 대중가수들의 신바람 공연으로 경기장은 트로트 열풍에 휩싸였다.

5. 사할린 하늘 아래 나부낀 일제 만행 깃발

국치 100년을 되돌아보고 부끄러운 과거의 100년을 반성하는 나아가 발전적인 미래의 100년을 모색하기 위한 한·일 두 나라의 강제병합100대회가 열린 가운데 사할린에서도 한인시민대회가 성황리에 개최되었다. 역대 민간사회단체로는 가장 많은 한인들이 참석한 코스모스경기장은 일제 만행 깃발과 한일러시아 현수막이 풍선과 함께 장관을 이루었다. 국내 초빙 인사에는 자유선진당 박선영 의원과 사할린희망캠페인 공동대표인 몽산 스님이 참석했고 러시아 주요 언론사을 비롯해 일본의 NHK, KBS, MBC, 한겨레 등이 앞 다투어 보도를 했다. 사할린시민대회는 박종철 공동조직위원장의 사회로 개막되었고, 2부 위로공연에는 이혜미를 비롯해 한국가수의 무대가 마련되었고 정의복권재단과 한인연합회가 주최했다.

6. 삼척시, 꼬르사코프시와 자매결연 협정

지난 6월 지방선거 관계로 미루어왔던 삼척시와 러시아 사할린주 코르사코프시가 교류협의 추진 10개월 만에 정식으로 우호교류 협정서에 서명했다. 31일(화) 현지시간 오후 7시 꼬르사코프 시내 '로토스' 레스토랑에서 삼척시 김대수 시장과 코르사코프시 루드로바 시장이 시정부 관계자 및 김정수 영사, 한인협회 박해룡 회장, 디아스포라회장 이태준 회장이 지켜보는 가운데 자매결연 협정서에 각각 서명하고 우호협력 관계를 증진할 것을 약속했다. 작년8월 독도 수호함 태평양7호의 러한 합동 훈련으로 꼬르사코프 항을 방문했던 김수현 동해지방해양경찰청장의 주선으로 추진되었고, 양시는 앞으로 사할린이 안고 있는 지하자원과 수산업, 교육 등 다양한 분야에 걸쳐 폭넓게 상호관계를 유지하고 공동 협력발전을 추구해 나갈 것이라고 했다.

7. 한인협회회장 선거 박해룡 회장 선출

8월25일(토) 11시, 초유의 관심이 되었던 이번 한인협회 선거는 사할린 한인들의 이슈로 부각될 만큼 관심이 높았다. 어제의 동지가 적이 되어 선거전에 뛰어들었고 주정부 의원과 젊은 경제인의 등장으로 한인협회 선거는 진작부터 예측할 수 없는 박빙의 소모전을 예상되었고 사할린 한인들의 오랜 숙원에 이르렀다. 하지만 3파전으로 압축되며 6시간의 진통과 선거관리규정 변동 등 악순환을 거듭하다 기밀투표에 의해 유권자수 42표 중 박해룡 21표, 임영균 16표, 서진길 회장이 5표를 획득해 박해룡 현 회장이 재선에 겨우 선출되었지만 반대 측의 무효 소송으로 내년 1월8일 재선거에 들어가기로 했다.

※한인회장 무효소송은 지금도 계류 중이나 지난 4월 사할린주정부의 법무부와 내무소 합법적 승인절차가 떨어져 기존대로 박해룡 현 회장이 유지하고 있다.

8. 성신여자대학교 사할린서 전통복식 한복패션쇼 개최

성신여대(총장 심화진)는 9월 29–30일, 이틀에 걸쳐 혼신의 노력을 기우려 사할린에 한복의 우수성을 널리 알리었다. 사람들은 3년 전의 영광을 잊지 못했고 수교 20주년에 임하는 행사인지라 주정부의 관심이 한층 높아진 가운데, 모스크바와 블라디보스토크에 이어 네벨스크시와 유즈노사할린스크시에서 개최되어 양국 우호증진과 문화교류에 크게 이바지하였다는 평가를 받았고 관객들은 숨죽이며 연일 한국의 멋에 매료되었다. 또 음악교수진과 한국전통무용, 에어로빅댄스 공연을 함께 추진해 더 많은 문화를 알리는데 일조했을 뿐 아니라 조선시대 왕 행렬의식과 전후기 궁중복식, 왕가의 복장부터 혼례복, 어린이한복, 기녀복까지 다양한 전통복식을 알려 색다른 볼거리를 전해줘 많은 이들에게 감동을 안겨주었다. 이번행사는 성신여대가 주최하고 사할린주정부와 네벨스크시, 사할린국립대가 후원했다.

9. 러 역사작가, '사할린한인사' 중복판 책 발간

러시아 작가로는 드물게 사할린 한인연구가로 알려진 아나톨리 지모페비치 쿠진 작가가 '꼬레이츠들의 역사적인 운명' 의 중복판을 내놓아 화제가 되었다. 책 출판기념회는 이례적으로 사할린주정부가 후원하고 부지사, 유즈노사할린스크 시장까지 행정문화국 관계자들이 대거 참석하며 부속기관이 입주해있는 사할린비즈니스센터 2층 컨벤션 홀에서 성대하게 열렸다. 또 우리말방송국이 자체 제작한 다큐멘터리를 동영상으로 상영해 보는 이들로 하여금 심금을 울려주었고, 한인관련 책 출간에 따라서 한국의 고전무용과 에트노스예술학교 무용단의 춤과 한인가수들이 차례로 나와 자리를 빛냈다.

10. 한인여성회, 관혼상례 세미나 개최

12월11일, 사할린국립대 동양학부 한국학과 본교 소강당에서 여성가족부 후원으로 "한민족 여성은 수천년의 정신문화보유자"라는 세미나가 개최됐다. 사할린한인여성회(회장 김춘자)가 주최한 이날의 세미나는 점차 잊어져 가는 젊은 한인세대들에게 모국어와 문화계승에 새로운 전환점을 구축하며 신선한 바람을 몰고 왔다. 이번 세미나는 자발적으로, 사할린에서는 좀체 보기 드문 문화 익히기의 차원으로 접근해 앞으로의 젊은 한인시대를 예고했다. 특히나 한국인에게도 잊어져가는 관혼상제의 주제를 일목요연하게 발표해 탄성을 자아냈고 백일에서 결혼, 제사, 회갑, 명절까지 자세히 설명하고 발표했다. 한편 여성회는 21일(월), 세계한인여성네트워크 대회에서 사할린한인 다큐멘터리로 찬사를 받았던 다큐멘터리 시연과 제작 설명회가 시내 임페리얼 호텔에서 가지고, 위령조각탑 건립 성금을 전액 보수공사에 사용키로 결정했다고 밝혔다.

2011년 사할린동포 10대 뉴스

●사할린 이산가족협회 여성회장 탄생

26일(토) 오전11시, 사할린경제법률정보대학교(총장 강영복)에서 열린 이산가족협회 결산보고 회의에서 여성 임원이 처음으로 출마해 이산가족협회 회장으로 선출됐다. 이날 후보자 4명이 출마하였지만 김명열씨와 홈스크 후보자가 기권하고 박순옥 11표, 박종철 4표로 박순옥(44세) 부회장이 압도적인 지지를 확보하며 새 이산가족회 회장에 당선됐다.

●독립유공자 사할린한인 후손 전상주 씨

사할린 한인2세로 1세와 다름없는 삶을 살아온 사할린주노인회 전상주(全相周/79) 회장이 부친 전창렬(全昌烈)씨가 독립유공자로 선정되었다. 부친 전창렬씨는 일제 때 1932년 양양농민조합사건에 연루되어 3년간 옥고를 치른 뒤 1940년 사할린으로 강제 징용되었다. 이에 국가보훈처는 독립운동의 위업을 기려 건국포장에 결정했고, 사할린 강제징용 한인으로는 첫 포상자로 수여했다.

●안산시 유즈노사할린스크시와 자매결연

▲유즈노사할린스크시청 한국 안산시 방문

안산시(시장 김철민)가 사할린 2개 도시와의 자매결연 체결을 위해 지난 7월25일-28일 사할린을 방문해 유즈노사할린스크시와 홈스크시를 차례로 예방했다. 3개 시는 문화발전 및 우호협력 관계를 돈독히 하는 자매결연에 서명하고 의회간 경제협력 교류관계에도 심층 논의했다. 유즈노사할린스크시와 의회도 답례차 10월5일 안산시민의 날을 맞아 한국을 방문했다.

● 제66주년 사할린 광복절 경축행사

◀66주년 사할린 광복절기념식

올해도 어김없이 사할린 66주년 광복절 경축행사가 8월20일 코스모스 경기장에서 성대히 개최됐다. 박해룡 한인회장과 박정자 시한인회장이 매년 실시하는 광복절 기념행사는 러시아 제2차 세계대전 종전 및 승리의 날 기념식에 맞물려 다민족 사회에서의 한인의 위상과 입지가 한층 부각된 의미 있는 한인축제로 발돋움했다. 올해로 22회째 열린 66주년 광복절기념식은 사할린주정부의 각별한 신임과 지원 속에 거행됐다.

● 해외동포사업회, 사할린위령제

8월31일 비가 내리는 가운데 사단법인 해외희생동포추념사업회 이용택 회장이 한인문화회관 강당에서 사할린동포들과 사할린희생동포 넋을 기르는 추념위령제를 올렸다. 또 이용택 회장은 한인협회 박해룡 회장, 사회단체장들과 비치리찌 포자르스코예에 안장된 27인한인피살자 추모비를 찾아 함께 참배했다.

● 2011년 사할린동포 영주귀국설명회

29일 오전 사할린영사출장소, 외교통상부, 국토해양부, 대한적십자사 등 정부관계자가 참석한 가운데 한인문화회관 강당에서 2011 사할린동포 영주귀국설명회가 열렸다. 정부는 1세 한인들의 희망사항을 적극 반영해 2010년 연장사업의 일환으로 127명을 귀국시켰고 2011년에는 김포 한강지구로 140명의 영주귀국자를 선정했다. 이로써 국내 거주 사할린동포는 3700여명에 도달했다.

● 제7회 사할린한민족노래자랑

제5회 세계한인의 날을 기념하고 사할린국립대 동양학부 한국어학과 20주년 개설을 축하하는 사할린한민족노래자랑대회가 10월8일 동양학부 대강당에서 성황리에 개최됐다. 이날 가수 이혜미 씨가 초대되어 한류바람을 일으켰고 사할린동포들와 다함께 어우러진 한마당 축제가 되었다. 우리말방송국 김춘자 국장이 주도한 노래자랑대회 1등상에는 사할린 아시아나지점이 제공한 왕복티켓이 주어졌다.

● 한인문화회관 개관 5주년 기념행사

개관 5주년 맞은 한인문화회관 기념식이 사할린 한인문화회관 강당에서 열렸다. 이날 기념식 연회에는 박해룡 한인협회 회장, 소수민족대표 지도자, 주정부관계자, 일본총영사관, 한국교육원 관계자가 초대되어 한국문화을 알리고 문화발전에 기여한 한인문화회관를 높이 평가하고 축하했다. 에트노스예술학교의 국악과 조선무용, 예술위원회 국악강사의 전통음악이 선보여 절찬을 받았다.

● 에트노스 예술학교 개교20주년 축하페스티벌

사할린 최초의 국악반을 개설해 화제를 몰고 다녔던 에트노스예술학교가 개교 20주년을 맞아 시내 유명극장 체호브에서 축하페스티벌을 가졌다. 특히 이 학교는 동양학부 개설후 가야금, 사물놀이 등을 도입해 러시아 유럽까지 한국의 전통음악을 전파하는데 견인역할을 다했다.

● 한인협회, 주노인회 신임회장에 임용군, 윤상철 씨 선출

11년간 사할린 한인시대를 열어왔던 박해룡 회장이 물러나고 한인연합회이하 임용군 기업인이 지난 11월19일부로 새 집행부를 구성하고 한인협회 회장으로 전격 선출됐다. 임용군 신임회장은 한인경제인연합회 임원으로 호

텔과 부동산임대, 여행업에 종사하며 모스크바경제아카데미를 수료하였고 스포츠와 추진력이 강하다는 평을 받고 있다. 이어 12월에는 주노인회 전 상주 회장이 김포한강지구로 영주 귀국해 3일부로 변호사출신의 윤상철 회장에게 전권을 물러주게 되었다.

기타 관심이 컸던 기사로는 '구정 사할린동포위안공연'(2월 4일), 여성의 날 기념식(3월 8일), 극동사할린 한국의료관광설명회 개최(3월 31일), 꼬르사코프2중학교 한국어문화축제(4월 21일), 한국어말하기대회(4월 29일), 사할린경제법률정보대학교 '대구의 밤과 젊음의 소리' 페스티벌(10월 1일), 부산대해외봉사단 사할린봉사, 이중징용광부유가족회 기일 추념식"이며 끝으로 새고려신문이 광복절을 맞아 초청한 '고려인 작가 김 아나톨리 사할린방문과 해외동포추념사업회'가 비중 있게 보도되었다.

2011년에는 지구촌동포연대가 무연고 묘지조사를 공식적으로 실시되었고(7월 3일). 박해룡 한인회장이 모스크바 인물사전에 등재(7월 5일)되었으며, 경상북도가 주최한 사할린 "문화교류한마당"(7월 13일)이 한인문화회관에서 개최되었다.

또 한인들에게 비교적 친숙한 사이로 알려진 설영화씨가 자비를 들여 광복절특집으로 마련한 "아리랑콘서트"(7월 24~29일)가 유즈노사할린스크, 홈스크, 코르사코프 3개 도시를 돌며 한인들에게 즐거움을 안겨줬다. 민족통일대구청년협의회 하태균 회장은 '대구의 밤' 위안잔치와 경제법률대정보대(11월5일)에서 스피치 강좌를 실시해 변함없는 사할린희망봉 만들기에 심혈을 기우렸다.

기타 박덕호 한국교육원 원장과 아시아나 김태완 지점장이 새로 부임하였고 '극동지역 에너지 자원 및 건설협력 로드쇼'(10월20일)가 블라디보스토크 총영사관과 외통부, 한국석유가스공사, 한국가스공사, 삼성물산 등 한국공기업과 대기업이 투자 및 기업설명회를 개최했다.

에필로그

　사할린은 분명 특별한 곳이 많은 것 같다. 강제징용으로 한을 안고 사는 사람들이 대부분이다. 이제는 역사의 뒤안길로 흘러간 1세 한인들의 자취는 간 곳이 없고 2세 한인들이 그 자리를 지키고 있다. 2세 한인들은 아직도 끝나지 않은 대일본 소송을 위해 백방으로 뛰어다니고 있고 국내외 전문가 집단을 통해 일본의 만행을 끊임없이 외치고 있다.

　개방이후 한국의 정부가 이들을 외면하고 있을 때, 일본의 저널리스트로 유명한 가타야마 미치오 씨는 한국, 일본과 중국까지 넘나들며 사할린 한인들의 아픈 역사를 세상에 알렸고 민선 변호사 다카끼 겐이치 변호사는 이런 한인들의 소송을 위해 평생을 다 받쳤다. 그런데도 불구하고 한인 소송문제는 아직도 표류하고 있다. 2000년도 초기에는 사할린이중징용광부유가족회가 발족되어 일본을 대상으로 우편적금, 채권 반환금을 요구하였지만 실질적인 배상금은 그 후손들에게 미치지 못하고 있다.

　이에 일제강제위원회가 사할린한인실태조사를 위해 숱한 조사를 거듭한 끝에 그나마 한인문제가 제자리에 오를 수 있었다. 현재까지 꾸준히 진행되어 온 위원회의 노고로 사할린 한인문제는 새로운 전환점을 맞이하게 되었다.

　그로부터 주노인회와 이중징용광부유가족회의 피나는 노력에도 불구하고, 정의복권재단이라는 신생 사회단체가 창단되어 2세 한인들을 대변하고 1세 한인들의 피해보상을 요구하고 있다. 1세 한인들의 피해는 온전히 2세에 이어졌고 그러므로 그 피해 또한 2세에 있다는 것이다.

열악한 환경에도 불구하고 자료를 수집하고 끝나지 않을 희망을 위해 1세한인과 그 역사를 국내외 언론에 알리기도 했다.

근간에는 지구촌동포연대의 '재외동포NGO대회'를 시작으로, 사할린희망캠페인이 발족하였고 국회의원으로 구성된 '사할린포럼'이 창립되어 활발하게 움직이고 있는 실정이다. 특히 민간단체로는 드물게 사할린과 한결같은 인연을 맺어온 전 대흥사 주지이었던 몽산 스님과 지구촌동포연대(KIN)의 보이지 않는 노력이 컸다고 생각된다. 하지만 이들에게 미치는 영향은 극소수에 불과하고 변방의 한인들까지 고루 재조사가 되어야하는데 늘상 대외용으로 밖에 되지 못하고 있는 실정이다.

한쪽에서는 죽어라고 뛰어다니고 또 한쪽에서는 물 건너 불구경만 하는 식으로 죽을 맞추지 못하니 제 집안 살림도 제대로 하지 못한다는 소리가 태반이라는 소리를 듣고 있다. 그러니 소송은 하나로 일치되어야 하는데 그마저 다른 노선을 걷고 있으니 걸림돌이 되고 있는 것이 안타까울 뿐이다. 2011년말부로 사할린 한인단체가 통합된 노선을 지향하며 재정립되긴 하였으나 새 집행부의 경험부족이 문제가 되고 있다.

그렇지만 올해부터는 자유선진당 박선영 의원을 비롯해 많은 국회의원들이 영주귀국특별법 등 한인문제에 대해 폭넓은 관심을 보이게 시작하였고, 민변 변호사의 사할린 방문으로 한인소송 문제가 새로운 도약의 전환점을 맞고 있다.

동토의 땅에서 희망의 땅으로 변해버린 사할린, 49만의 인구가 해

가 다르게 바쁘게 움직이고 24시 슈퍼마켓을 비롯해 호텔이 우후죽
순처럼 생기고 지하자원과 건설 붐이 일어나 외국인 유입이 제집처럼
드나들고, 성공한 한인들이 있고 천혜의 자연풍광을 지니고 있으며
보이지 않은 지하매장량으로 앞으로의 발전 가능성이 매우 가치 있는
전략지로 꼽히고 있다. 끝으로 제3부에서의 소설적 감미는 다수의 재
미를 붙이기 위해 과장된 표현을 넣기도 하였으나 결코 선량한 한인
들과는 직접 상관이 없음을 양지해주길 바라며, 지난해 11월17일 국
회에서 열린 사할린지원특별법 개정안 문제가 국회 소강당에서 개최
된바 있었지만 뚜렷한 출구를 마련하지 못하고 종결된 것으로 안다.

이에 내년에는 보다 확실한 법안의 틀이 마련되고 통과되기를 기원
하면서 하루빨리 사할린동포들의 이러한 문제들이 시원스럽게 매듭
지기를 간절히 바라는 마음을 담아본다. ●

사할린한인 관련 연표

1905년11월17일~한일협약(제2차 을사조약) 외교권박탈

1905년12월21일~일본, 한국통감부설치, 초대통감에 이토 히로부미

1907년6월29일~헤이그 특사사건. 고종황제, '을사조약' 부당성 알릴 사절단파견

1907년7월24일~한일협약(3차) 군대해산, 경찰권박탈

1909년10월26일~안중근, 하얼빈 역에서 이토 히로부미 사살

(1910년3월25일, 여순 감옥에서 사형집행)

1910년8월22일~한일병합조약조인 조선총독부 설치, 초대총독 데라우치 마사타케

1910년9월30일~1918년 11월~일본, 조선에서 토지조사 실시, 중국 러시아극동
　　　지방으로 대거이주

1914년7월28일~제1차 세계대전(~1918년)시작, 조선인의 이입요구 확대

1919년3월1일~조선에서 3.1독립운동 시작

1932년4월29일~윤봉길, 상해에서 일본군사령관에 투탄

(동년 12월19일 가나자와형무소 사형집행)

1936년8월~황민화 정책, 병참기지화, 황국신민서사 제정

1937년7월7일~중일전쟁발발

1938년5월4일~국가총동원법 공포, 조선, 대만, 카라후토(사할린)에서도 도입

1939년9월1일~독일, 폴란드 침공, 제2차 세계대전시작(~1945년)

1939년6월28일~재일조선인의 통제강화를 위해 중앙협화회 설립

1939년7월31일~조선노무자 모집요강 제정, 모집방식 강제연행 시작

1939년11월10일~조선총독부 '조선인성명에 관한 요건' 공포

1940년2월11일~일제 조선인성명을 일본식 창씨강제 변경

1941년12월8일~일본군 하와이진주만 공습 태평양전쟁 시작

1942년2월~조선인 일본 내지이입 알선요강 결정, ‘관 알선 방식’ 강제연행 시작

1942년8월~강제 연행된 조선인노동자의 자유이동 방지를 위해 ‘협화회’ 노무수첩 배포

1943년5월8일~조선 징병제시행(동년 6월25일 학도병제 실시)

19944년8월11일~사할린 강제연행 조선인노동자 일본 내지 탄광 재징용(이중징용)

1944년9월~조선인 노무자연행을 위해 ‘징용령’ 실시

1945년2월4일~소련 미국 영국수뇌자 얄타회담

1945년3월10일~미국의 B29 도쿄야간 대공습

1945년5월2일~소련군 베를린 점령, 독일 무조건 항복(5월7일)

1945년8월6일~히로시마에 원자폭탄 투하

1945년8월8일~소련 일본에 선전포고

1945년8월9일~나가사키에 원자폭탄 투하

1945년8월15일~일본천황 전쟁종결 방송, 조선해방(사할린조선인 4만7천명 홋카이도신문)

1945년8월15일~레오니도워, 카미시스카 촌에서 일본경찰 조선인 학살

1945년8월20일~소련군 홈스크 상륙

1945년8월20일~포자르스코예(미즈호촌)에서 일본인 27명 조선인 학살

1945년8월24일~소련군 코르사코브항 상륙

1945년9월2일~일본정부 항복문서에 조인

1945년12월29일~모스크바 3국 외상회의(미.영.소) 조선독립보장(신탁통치)

1946년9월1일~사할린도시에 조선학교 개교

1946년11월27일~소련지역 일본인귀국에 관한 소.미 임시협정 체결

1946년12월5일~소련지역 일본인귀국 시작

1946년-49년~사할린수산업 북조선노동자모집 파견노무자(26,000명)

1947년10월~소련공산당 사할린주위원회 제1서기로 드미트리 멜니크 선출

1948년8월15일~대한민국 정부수립

1948년9월9일~조선민주주의인민공화국 수립

1948년12월10일~국제연합(UN) 세계인권선언 채택

1949년6월1일~한글신문 "조선로동자" 1호 발간(하바롭스크)

1949년-62년~북조선파견노무자 다수 귀국

1950년6월25일~한반도 전쟁시작

1951년8월~조선로동자신문사 사할린(유즈늬)으로 이전, 레닌의길-새고려신문으로 개칭

1951년9월8일~샌프란스코 강화조약 조인(소련 서명 불명)

1951년1960년~공산당 주위원회 제1서기로 체플라코브 선출

1952년7월27일~한반도전쟁 휴정협정조인

1952년9월1일~사할린조선사범전문학교개교

1952년10월~사할린에서 북조선 또는 소련국적 취득시작

1954년9월1일~사할린교육대학설립

1955년-56년~사할린 한민족청년남녀 대거 북조선 이주

1956년6월29일~서부독일 "연방보상법" 성립

1956년10월1일~사할린 조선말라디오 방송시작

1956년10월19일~소련-일본 공동선언 발표

1958년2월6일~'화태억류귀환한국인회' 결성이후 '화태귀환재일한국인회'로 개칭

1960년~사할린 주공산당위원회 제1서기 파웰레오노브 취임

1960년4월19일~4.19혁명, 이승만 정권 타도

1960년7월27일~사할린 텔레비전방송 시작

1961년5월16일~박정희 군사정권 성립

1962년11월28일~도마리시, 허조씨 주내무국 일본입국허가, 일본정부, 국적상실
　　여권발급 거절

1963년7월~주내 조선학교 폐교 주행정부결정

1963년8월15일~일본군국주의로부터 사할린한인 해방기념(64년부터 기념식금지)

1964년8월~조선사범전문학교 폐교 주행정부결정

1965년1월4일~코르사코브시 김영배씨 주내무국 일본입국허가

(전사할린 희망자서신 재일한국인회에 전해짐)

1965년6월22일~한일기본조약 한일법적지위 협정체결

1966년1월6일~화태억류귀환 한국인회가 사할린잔류한인 귀국희망자명부 작성

　　(총계 6924명 1744가족)

1967년7월~소련에서 주 5일근무제 실시

1967년10월13일~사할린 모스크바TV방송 시청가능

1968년8월~귀국희망자명부 한국정부로부터 일본, 소련정부 제출(외교교섭 자료기초)

1970년12월10일~한국에서 '화태억류동포귀환촉진회' 결성후 '중소이산가족회'로 개칭

1973년10월11일다~나카일본 내각수상 브레쥬네브와 회담(사할린한인귀국문제 제기)

　　북조선 방해로 소련 한인문제 포기.

1974년10월2일~소련 내각수상 코스긴, '일본이 재사할린 한인들의 귀국을 바란다면

　　소련내각은 반대하지 않는다'고 발언

1975년4월~'화태억류귀환한국인회' 사할린재판을 위한 소송 위임장(60명분 준비)

1975년8월11일~일본외무성 사할린잔류한인을 위한 도항증명서 발급신청서 2000부를

　　'화태억류한국인회'에 전달

1975년12월1일~사할린잔류자 귀환청구소송 사할린재판을 도쿄지방재판소 제기

1976년1월22일~일본법상 아나바가 참의원, 결산위원회에서 사할린잔류조선인 문제에

　　관해 '강제연행 당한사람들에 대해 도의상의 책임이 있음을 강조.

1976년2월20일~제1회 사할린재판

1976년6월7월~소련정부의 출국허가를 받은 황인갑, 백낙도, 안태식, 강명수씨 등

　　나홋드카 일본총영사관 방문, 출국허가 일본정부로부터 도항증명서 받지 못하고

　　사할린으로 돌아와 사망.

1976년7월~사할린내무국출입국 관리사무소, 한국영주귀국희망자 청원서 접수시작

1976년9월6일~소련전투기MNT-25기, 일본 하코다테 착륙, 벨렌코브비행사 미국망명

　　(소, 일관계 악화)

1976년9월~사할린내무국 출입국관리사무소 한국영주귀국희망자 청원서 접수거절

1977년1월27일~소련정부 한국영주귀국운동 주동자 코르사코브시의 도만상 씨 가족 8명

　　북조선으로 강제추방

1977년11월16일~소련정부 한국영주귀국을 요구한 유즈노사할린스크시의 황태용,

　유길수, 포로나이스크시의 김일수, 홈스크시 이창남씨의 가족전원 북조선 추방

1978년3월2일~일본외무상 소노다가 국회 하원내각위원회에서 사할린잔류조선인의

　귀환문제에 일본이 법적책임 이상의 도의적 정치적 책임이 있다고 발언

1978년~사할린 주당위원회 제1서기 트레치야코브 취임

1981년8월3일-6일~사할린 태풍피해(사망40명). 약 8000명이 주택피해 49킬로의 도로,

　200개소의 다리, 2000킬로의 전화선, 300킬로의 송전선이 파괴.

1981년11월20일~사할린 체호브시 박형주 부부, 한국친척과 상봉으로 일본방문

　(최초 일본가족방문)

1982년-1988년~가족재회 목적으로 일본방문한 사람은 216명 집계됨.

1983년2월1일~일본변호사연맹, 사할린잔류한민족 고향귀환 실현협력 관계기관에 요청

1983년7월25일~일본 중의원 쿠사카와 사할린방문(사할린거주 한인과 친척이 도쿄재회

　발언선언)

1983년9월1일~대한항공기 사할린상공에서 '영공침범'이라하여 소련전투기에 격추

　(승객 및 승무원 269명 사망, 소,일 관계 악화)

1985년~소련공산당 중앙위원회 총서기로 고르바쵸브취임. 소련에서 사회개혁

　페레스트로이카 시작

1986년1월16일~소련 쉐와르나제 외무상 소일 외상회담 도쿄서 사할린거주한인

　출국문제에 관하여 긍정적으로 해결하겠다고 발언

1986년2월22일~일본외무상 아베가 중의원 예산위원회에서 사할린잔류한인 출국문제에

　관해 소일 외상회담서 소련의 협력을 구하겠다고 발언.

1986년5월31일~소련 쉐와르드나제 외무상 소-일 외상회담(모스크바) 사할린잔류한인

　출국문제에 북조선의 반대가 있는 이상, 후퇴자세 보임.

1987년7월17일~일본상하원 국회의원 170명(사할린잔류 한인문제 의원간담회 설립)

1987년8월23일~의원간담회 이가라시 사무국장 소련방문, 로가쵸브 외무차관에 사할린

　한인 문제해결에 협력제기.

1987년11월7일~러시아사회주의 혁명70주년 성대히 기념(마지막기념행사)

1989년8월8일~한국정부, 한인실태조사 정부조사단 사할린파견

1989년9월1일~'레닌의길로'사와 '우리말라디오방송국' 대표단 일본국회 소위원회에서
　　사할린한인사회 설명회

1989년9월25일~서울에서 세계한민족체육대회 개막

1989년10월13일~한국이산가족 30명(최초 사할린방문)

1989년12월15일~제1회 모국방문단(23명), 대한항공기로 하바롭스크 출발

1990년1월2일~KBS방송국 사할린과 서울의 친척대회〈TV브리지〉

1990년2월8일~제1회 모국방문단 120명, 대한항공기로 유즈노사할린스크 출발

1990년3월24일~'사할린조선연합회결성', '사할린고려인협회'-'사할린한인협회'로 개칭
　　(초대회장 김민웅 씨 추대)

1990년4월18일~사할린주지사 왈렌친효도로브 당선(주내 지도권 주당위원회에서
　　주행정부로 이관)

1990년6월4일~한소 양국대통령 첫 정상회담 (노태우-고르바쵸브/제주도)

1990년7월28일~한국 인기가수 사할린위문공연〈MBC방송사와 레닌의길 신문사 공동주최〉

1990년9월30일~소련과 한국 국교수립, 모스크바 대한민국대사관 설립

1991년1월1일~'레닌의 길로'사 편집위원회 제의로 '새고려신문'으로 개칭

1991년2월2일~유즈노사할린스크시 고려인노인회 결성

1991년3월~사할린고려인협회 노인부 설정후 '사할린한인노인회'로 개칭(초대회장
　　박해동 씨 추대)

1991년8월24일~소련공산당 사할린주위원회 마지막 회의서 공산당지도권상실

991년9월17일~대한민국, 조선민주주의인민공화국 동시 국제연합(UN) 가입

1991년12월10일~사할린교육대학에 동양학부 개설

1991년12월25일~소련붕괴 시작

1992년1월2일~사할린 물가자유제 시작(식료품 12.5배, 서비스료 32배 인상)

1992년1월~사할린고려인협회 대표단 한국방문(사할린 고령자영주귀국촉진 요구)

1992년2월9일~한국정부 사할린잔류한인에 대한 보상 문제 정부차원 방향제기

1992년3월28일~사할린고려인협회 회장(이춘형씨 당선)

1992년8월19일~한국, 북조선 예술인들의 합동공연(제1회 통일예술제 개최)

1992년9월25일~한국정부 영주귀국희망자 실태조사실시 합동조사단파견

1992년9월29일~사할린한인 독신노인 72명 '사랑의집' 영주귀국

1992년11월14일~유즈노사할린스크, 사할린희생사망동포위령비 제막식

1992년12월7일-11일~사할린한인협회, 노인협회 대표 일본방문

(일본정부에 요구서와 1만3000명의 영주귀국희망자 명부제출)

1993년1월14일~사할린 인표어린이도서관 개관

1993년3월13일~사할린고려인협회 김홍지씨 당선

1993년4월6일~표도로브 사할린주지사 해임, 예브게니크라스노야로브 주지사 임명

1993년9월1일~사할린 네웰스크시 대한항공기 격추희생자 위령비 제막시

1993년10월15일~사할린잔류한인 영주귀국문제에 관한 제1회 한일실무자회 서울개최

1993년11월6일~한일 정상회담, 한국 경주에서 호소카와 일본내각총리는 '조선식민지
    지배에 대해 사죄하고 사할린에서의 한일합동조사에 대해 합의'

1993년11월9일~한국문화부 초대, 사할린한인사회단체 대표단 한국방문

1993년12월10일~유즈노사할린스크시에 한국교육원개설

1994년7월23일~무리야마 일본내각수상. 한일정상회담서 식민지지배에 대하여 사죄하고
    사할린문제의 시급한 지원책 검토에 약속

1994년-1997년~사할린한인 220명 한국'대창양로원'으로 영주귀국

1995년2월~CAT사할린항공사 유즈노사할린스크 서울정기편 운항

1995년4월24일~크라스노야로브 사할린주지사 해임, 이고리파르후트지노브 임명

1995년5월28일~사할린 넾체고르스크 대지진, 17동의 5층 아파트붕괴(마을인구 3197명
    중 2040명 사망)

1995년7월14일~사할린한인사회단체 대표단 일본방문, 이가라시 관방장관, 외무성,
    적십자사 방문(사할린한인의 요구 실행촉진과 사할린 한인문화센터 건설요구)

1995년9월1~에트노스 아동예술학교 한민족부 개설

1996년12월~유즈노사할린스크에 한국 삼육대학 설립

1998년6월~사할린 350가소 산불발생, 고르늬 부락전소(141호9월20일)

1999년2월24일~사할린한인독신자 80명, 인천복지관 영주귀국

1999년6월19일~사할린 한인회 회장에 박해룡씨 추대

1999년7월~사할린노인 82세대(164명) 서울, 인천 영주귀국

1999년7월7일~'사할린2' 프로젝트 수행착수, 사할린대륙봉서 원유생산 시작

1999년7월20일~사할린 한국상공회의소 개소

2000년2월6월~사할린한인 407세대(814명) 안산시'고향마을' 영주귀국(일본정부
        489세대 아파트 건축제공)

2000년8월5일~사할린 우글레고르스크 대지진(부상2641명, 188동 주택파괴)

2000년11월21일~www.609studio.com(인터넷 일본어판 새고려신문 오픈)

2001년3월1일~유즈노사할린스크 일본총영사관 앞(이중징용피해자의 자손 배상요구집회)

2001년3월13일~사할린한인 대표단 일본방문(외무성, 적십자사에 전후배상 및 한국
        아파트건설 요구)

2001년7월18일~이중징용광부유가족회 사단법인 출발

2001년11월1일~한국 재외동포재단 대표단 사할린방문

2001년11월30일~유즈노사할린스크 일본총영사관 앞에서 전후배상 실행요구 집회

2002년1월~사할린주 창설55주년 경축기념

2002년1월9일~전 러시아 인구조사 실시(사할린 한인2만9600명)

2002년5월28일~로스엔젤레스서 사할린동포를 위한 민족연대 모임

2003년8월20일~파르후트지노브 사할린주지사 M−8헬리콥터 추락(탑승자20명 전원
        사망) 푸틴러시아대통령 주지사추모제로 사할린방문

2003년8월28일~한국 안산시 공무수행단 사할린방문(유즈노사할린스크, 홈스크시와
        우호 자매결연 협정체결)

2003년12월21일~사할린주지사로 이.말라호브 당선

2004년2월7일~유즈노사할린스크 한인노인클럽 개설

2004년6월23일~이말라호브 사할린주지사 한국방문 부처간 장관면담

2004년8월16일~하바로브스크 국립사범대학, 한인러시아이주140주년기념 학술대회

2004년8월15일~사할린 (우리말TV방송KTB) 시작

2004년 9월20일~노무현대통령, 러시아공식방문 푸틴대통령과 정상회담

2004년11월19일~유즈노사할린스크시 일본총영사관 앞에서 1세노인들 항의집회

　　(기본 문제해결 실천촉진 요구)

2004년11월25일~푸틴대통령 일본방문 시, 사할린주청 두마의회를 통해 사할린한인

　　귀국조건에 따른 문제 요구서를 전달해줄 것을 건의

2005년6월20일~한국정부합동조사단 사할린방문(사할린 강제동원피해 및 실태조사)

2005년8월11일~유즈노사할린스크시 일본총영사관 앞에서 일본정부 항의시위

2005년8월20일~사할린한인 일본으로부터, 해방60주년 성대히 기념

2005년9월3일~군국주의 일본으로부터, 남부사할린 및 쿠릴열도 해방(재2차 세계대전

　　종전60주년 성대히 기념)

2005년10월1일~ '사할린1' 프로젝트에서 원유가스 생산시작

2005년10월1일~사할린한인사회연합 사할린지역협회 설립회의

2005년11월2일~사할린최초 한인시장 네벨스크시 블라지미르 박 당선

2005년11월18일~이.말라호브 사할린주지사, 안산 고향마을 방문(사할린거주 한인과 면담)

2006년4월15일~나츠이시게오 재사할린 일본총영사, 한인노인정 방문

2006년8월19일~한국 '한강포럼' 사회단체 사할린방문

2006년9월~매년 9월30일 '한인의날' 제정

2006년10월13일~외교통상부 반기문, 제8대 유엔사무총장선출

2006년11월4일~유즈노사할린스크시 사할린 한인문화회관 개관

2007년2월10일~사할린한인 영주귀국사업 설명회 개최(외교통상부, 대한적십자사,

　　주일본총영사, 주한일본대사관 참관)

2007년2월17일~새고려신문사 러시아〈출판물 황금폰드 훈공기장 수상〉

2007년2월18일~사할린주 한인 한국음력설 기념행사 진행

2007년2월26일~주블라디보스톡 사할린영사출장소 양중모영사 사할린 입성

2007년3월1일~'노래부르는 섬' rbc.khc한인소식 주최 노래자랑 대회

2007년3월23일~사할린영사관개관기념 행사 한인위문공연(한국문화예술위원회,

　　비플러스 후원 및 주관)

2007년4월22일~주한인 탁구선수권대회(사할린주 탁구연맹)

2007년5월19일~사할린한국어웅변대회(아리랑장학회)

2007년5월27일~사할린 한인문화회관 제1회 문화학교 발표회
(목진호, 황혜진/문화예술위원회 파견 국악강사)

2007년7월1일~2007 사할린 한민족노래자랑대회(kbs, 재외동포재단, 우리말방송국)

2007년7월3일~주블라디보스토크 사할린영사출장소 공식개관

2007년7월4일~한인이중징용광부유가족회 위령탑 제막식(회장 서진길)

2007년7월12일~한인역사회복을 위한 국제워크숍 개최(kin지구촌동포연대)

2007년7월14일~주한인협회 결산대표자회의 선거서 박해룡 회장 재선

2007년8월2일~네벨스크 강도6.7 지진발생(2명의 사상자와 부상자, 주택붕괴 3242명의
    이재민 발생)

2007년8월11일~알렉산더 하로사빈 사할린주지사 취임

2007년8월15일~광복절기념행사 가장 큰 규모로 18일 거행

2007년8월20일~사할린한국교육원 정창윤 원장 부임

2007년9월1일~2007년도사할린한인영주귀국자 입주관련최종귀국 확대설명회

2007년9월6일~제4회 사할린희생사망동포추념행사 거행(사단법인 해외희생동포추념
    사업회장 이용택)

2007년9월21일-26일~삼덕의료봉사단 네벨스크 지진피해 의료봉사실시(이재민 및
    한인대상진료봉사 kn-한인소식, 이산가족협회)

2007년9월26일~사할린이산가족협회 결산대표자회의서 이수진 현 회장선출

2007년9월28일-11월1일~사할린한인영주귀국실시 610명

2007년10월23일~한강포럼 김용원회장과 안충모위원 사할린방문(위령탑기증식과
    기자회견 가짐)

2007년11월3일~꼬르샤코프 '망향의언덕' 사할린희생동포위령탑 제막식(한강포럼,
    대우건설, 한인협회)

2007년11월10일~한국문화축제(한인문화회관, 한국교육원, 블라디한국관광공사)

2007년12월8일~사할린 주노인회 전상주씨 재선

2007년12월13일~제5회 무궁화 문학콩클 시상(새고려신문사, 통일부)

2007년12월15일~한인문화회관 개관1주년기념행사(사할린예술단10주년 공동진행)

2007년12월16일~영주귀국 한국정부조사단 사할린방문

2007년12월22일~연말연시한인위안콘서트(주최:이산가족협회,정의복권재단,
　　고향오케스트라,주여성회,우리말방송국,한인소식)

2008년1월7일~한인협회소속 어린이창작발전협의회'소망'개설(회장 김춘경)

2008년1월8일~고려인출신 정미하일로비치옹 백순 잔치

2008년1월4일~한인여성 하이올가 '북한의 현대미술과 예술품' 책 발간

2008년2월6일~한인연합회출범 초대회장 백수경씨 선출

2008년2월3일~한 러 친선음악회(국제문화교류회, 시립오케스트라 주최)

2008년2월25일~2008년도 영주귀국 신청접수

2008년3월1일~러시아연방 대통령 트미트리 메드제데브 당선

2008년3월5일~한국가스공사 사할린진출, 지사설립

2008년4월2일~제2회 한국어경시대회(아리랑장학회)

2008년 4월6일~사상처음 역사적인 한복특별전시회 및 패션쇼(부산광역시한복협회)

2008년6월3일~제2회 한국문화축제

2008년7월5일~진상규명위원회, 해외추도사업 사할린위령제

2008년7월7일~제4호 중등일반교육학교 백화득 교장(주정부 '명예시민' 칭호수여)

2008년7월20일~보령머드축제 외국인가요제(최가리나 최우수상 수상)

2008년7월23일~건국60주년기념 위문공연 및 사찰음식축제(몽산 스님)

2008년7월29일~제5회 재외동포NGO대회 개막(지구촌청년동포연대/사할린국립대강당)

2008년7월29일~국가조찬기도회 김영진 국회의원 대표단방문

2008년8월5일~대구tbc방송 '싱싱별곡' 광복절특집 이은정작가외 일행 방문

2008년 8월6일~광복63주년 기념행사 성황리 진행(코스모스 경기장) (한인협회, 민족
　　통일대구청년협의회, 대한적십자사중앙회)

2008년 8월18일~아시아나 10주년취항 기념식

2008년8월26일~해외희생동포추념사업회 15회 추념식

2008년8월27일~동해경찰청 사할린해양경찰청 방문

2008년9월1일~63주년 남사할린 및 쿠릴열도 해방기념일

2008년9월4일~통일부 사할린방문

2008년9월1일~한국음악인 유즈노사할린스크시 126주년 기념음악회

2008년8월12일~러 보안국 간부(블라드미르 그린), 조선인학살사건 ‘카미시스카사건’
　　책 출간

2008년9월3-14일~사할린개신교 극동연합부흥 페스티벌 성황리개최

2008년9월9일~한인연합회, ‘독도는 한국 땅이다’ 콘서트진행

2008년9월6일~한강포럼, 한인의 날 및 통일콘서트 ‘망향의 언덕’ 헌화방문단

2008년9월1일~주여성회, 여성부주최 세계한민족네트워크(09.23-26) 참가

2008년9월30일~세계사물놀이대축제 사할린청년팀 참가(인솔 박영자)

2008년10월2일~제2회 세계한인의 날 기념식에 사할린대표단 참가

2008년10월5일~세계한인의 날 사할린기념식(한인협회, 한인연합회 동시진행)

2008년10월5일~한인정치인 오진하, 정발레리 주 두마의회 의원으로 당선

2008년10월7일~일본외무성 한인실태조사차 사할린방문

2008년10월7일~한인문화회관內 한국박물관 개관

2008년10월1일~한인문화회관內 쇼군 레스토랑, 일본간판 없애고 한국관 탄생

2008년10월5일~한인문화회관서 사할린동포영주귀국 송별식

2008년10월30일~사할린동포영주귀국 1진 사할린출국(09.03월까지 650명 영주귀국)

2008년11월1일~에트노스예술학교 ‘가정의해 기념콘서트’

2008년11월1일~사할린시향 韓첼리스트(백은주) 협연

2008년11월9일~사할린 한국교육원, 15주년기념식 영상상영

2008년11월2일~사할린 한인협회 결산보고회

2008년11월4일~사할린 고향관현악단 5주년기념콘서트 성황리개최

2008년11월28-29일~한국요리사 이은주, 이인권, 최초 사할린국제요리경연대회 참가

2008년12월2일~사할린 시립오케스트라 한국 내한공연(국제문화교류회, 민족통일대구
　　청년협의회 주관)

2008년12월3일~러시아정교회 총주교 알렉세이2세 타계

2008년12월8일~韓赤특수복지사업부, 사할린동포간담회 개최(신동인본부장 외 4명)

2008년12월9일~한인문화회관內 1세전용 의료상담소 개소식

2008년12월11일~새고려신문 배영숙 기자 73세 일기로 별세(심장병)

2008년12월5일~한인3세 유리나(17/본명 강율랴), 한국음반 가수등록

2008년12월5일~한국영사출장소 양중모 영사 한국교민 송년의 밤

2008년12월8일~주정부 한인단체장 한반도통일안보 회의소집

2008년12월23일~주정부 박해룡 한인협회회장에 한인최초로 공훈명예증 칭호수여

2009년2월5일~서예작가 율관 변창헌 선생과 율목 변진생 선생 부자서화전 개최

　　(사할린시립박물관/한, 중, 일 3국서예전)

2009년2월10일~사할린 한인문화센터內 한인의료상담소 진료개시

2009년2월11일~사할린영사출장소 양중모영사이임 송별회(한인문화회관)

2009년2월13일~제주탐라대, 사할린경제법률경제대학 ‘자매결연식 및 유학설명회

　　(주최:국제문화교류회사할린지부)

2009년2월17일~사할린 액화천연가스 기지 개소식(꼬르샤코프 프리고드나예 현장)

한국대표단 지식경제부 이윤호장관, 모스크바 이규형대사, 블라디총영사관, 김무영

　　총영사, 한국가스공사 주강수사장, 김정수. 양중모영사외

2009년2월18일~러시아대통령 트미트리 메드제데프 사할린가스기지 개소식 참가,

　　러일 정상회담(러일 경제사절단 대규모 참석) 〈로열더치,쉘,미쓰비시,미쓰이 각국

　　유수기업체와 대우,삼성, 협력업체 참여〉

2009년2월20일~사할린 한국영사출장소 김정수 영사 업무시작(양중모 영사 23일자

　　한국귀환)

2009년2월21일~한인협회 강점상부회장 칠순잔치(동년 8월5일 71세 작고)

2009년3월8일~한인문화회관(한인협회), 로지나문화회관(한인연합회주최) 세계여성의 날

2009년3월25일~韓赤, 사할린한인단체장 대표자회의소집(약 620명 영주귀국자 예정발표)

2009년 4월12일~사할린시향10주년행사(한국음악인 초청공연 및 동포위안공연)

　　(국제문화교류회사할린지부, 바리톤 고성진, 신민요가수 설영화, 가수 김종훈)

2009년4월17일~서진길 회장 러정부 명예훈장 수상

2009년5월2일~사할린한민족노래자랑(한인협회)

2009년5월9일~사할린 대학생 '2009-봄 창작축제'(기악부문 1등상 지도: 목진호)

2009년5월9일~러시아64주년승전기념일

2009년5월27일~KIN지구촌동포연대 대표단 사할린방문

2009년5월30일~한국어말하기대회(사할린국립종합대학교강당) 후원: 사할린아리랑
　　장학회, 아시아나사할린지점, 사할린한국교육원

2009년6월1일~새고려신문 창간60돌 기념행사(문화축제, 사진전 등 개최)

2009년6월20일~사할린이산가족협회 창립20주년 축하공연(남북환경교류연합과 자매결연)

2009년6월15일~대한감리교사할린교회(목사 임완규) 러시아 첫 한인목사 배출

2009년7월18일~홍익대 글로벌봉사단 사할린파견(꼬르사코프2중학교)

2009년8월4일~동해해경, 꼬르사코브항 입항(3007함, 러한 합동훈련 실시)

2009년8월7일~서울소망교회, 사할린 대규모 해외단기선교단 파송(주 행정감찰부 불법
　　의료 및 선교 내사)

2009년8월7일~청소년적십자 서울본부 사할린대학생 봉사

2009년8월12-15일~세계태권도한마당대회 사할린대표 안수학 선수(격파부문)

2009년8월15일~한국교민 사할린 아니봐만 바닷가 봉사활동

2009년8월23일~제64주년광복절기념 '사할린아리랑축제'(한인협회,민족통일대구청년
　　협의회,국제문화교류회,예술위원회,아리랑장학회)

2009년8월27-29일~알렉산드러 하로사빈 사할린주지사 한국방문

009년8월31일~사할린동포위령제(해외희생동포추념사업회 이용택회장, 서원열부회장)

2009년9월1일~KBS, 사할린동포방송사 파견연수 실시

2009년9월5일~역사회복워크숍 및 김치축제 '사할린희망캠페인단'(우리민족서로돕기
　　운동본부, 지구촌동포연대, 조선족연합회 외)

2009년9월12일~유즈노사할린스크시 건립127주년 기념행사(에트노스 예술학교 및
　　주여성회 등 한민족 전통음악과 한복 참가)

2009년9월26일~주여성회 신임회장 김춘자 우리말방송 국장(최정순 회장, 영주귀국)

2009년9월27일~영주귀국자송별회

2009년10월일~블라디보스토크 김무영 총영사 사할린방문

2009년10월30일~제3회 한국의창 문화축제(전라북도 도청)-돔 오피체로브극장
    (구,장교회관)-

2009년10월5일~세계한인의날 자축기념콘서트(한인연합회 로지나문화회관)

2009년10월9일~한글날기념식(한인문화회관, 동북아청소년협의회, 한국교육원)

2009년10월11일~네벨스크박 블라지미르한인시장 재선

2009년10월17일~한인연합회 2대 김홍지 회장 선출

29009년10월24일~한국문화예술위원회 오광수위원장 사할린방문

2009년10월26일~이중징용광부유가족회위령제 실시

2009년11월4일~러시아국민단결의 날 기념식

2009년11월5일~사할린주노인회 전상주 회장 재선

2009년11월10일~쇼핑몰'시티몰' 개관

2009년11월4일~한인문화회관 3대 최상태 관장 취임(이승욱-유동식-최상태)

2009년11월11일~2010년 영주귀국간담회(대한적십자사 특수사업부)

2009년11월13일~STX 그룹 사할린 석탄산업 개발투자로 사할린방문

2009년11월15일~제1회 한국비즈니스컵 태권도대회 개최(한국기업인 주최)

2009년11월15-21일~사할린 사립대학생 대표단 대구시 방문

2009년11월16일~한인화가 주명수개인전(시립미술박물관)

2009년11월23일~꼬르사코브시장 일행 자매결연차 강원도 삼척시 방문

2009년11월23일~유즈노사할린스크시 시한인회 20주년(박정자 회장, 2002년-현재)
    (초대회장 성점모-이국진-김춘경-이병갑-박덕철)

2010년1월1일~사할린주 인구통계 51만34명

2010년1월21일~사할린희망캠페인단 사할린방문

2010년2월4일~구정맞이 사할린동포 위문공연(주최: 설영화국악연수원민속예술단,
    한인협회, kn-한인소식)

2010년2월13일~시한인회 음력설기념행사 노인초청

2010년3월8일~국제 여성의 날 기념식(주여성회, 한인협회 각기 주최)

2010년3월31일~극동사할린 한국의료관광설명회 개최(한국관광공사,세브란스병원,

　　우리들병원,청심국제병원,좋은강안병원,동아대병원)

2010년4월14-15일~사할린, 한국투자설명회 개최(서울 그랜드하얏트 호텔)

2010년4월20일~제7차 사할린한인동포단체 대표자회의소집(대한적십자사)

2010년4월21일~꼬르사코프제2중학교 한국문화 및 한국어페스티벌 개최

2010년4월28일~주블라디보스토크 김무영총영사, 사할린방문

2010년4월29일~한국어말하기대회(아리랑장학회)

2010년5월4일~지식경제위원회, 가스공사 사할린주지사 접견

2010년5월8일~한인협회주최 전승기념식 만찬(한국관)

2010년5월9일~러시아조국전쟁 65주년 전승기념식

2010년5월25일~러시아 방학시작(6월12일-러시아 독립의날. 6월22일-현충일)

2010년6월23-25일~2010년 영주귀국설명회(한인문화회관)

2010년6월28-7월16일~부산대 해외봉사단 사할린봉사

2010년7월2일~사할린태권도선수 세계태권도엑스포 참가(무주)

2010년7월3일~사할린 강제징용 '한인의 어제 오늘 그리고내일' 국제심포지엄 개최

　　(황우여, 박선영, 박진, 김정, 이주영, 박상은, 임영호 국회의원, 재외동포재단 강남훈

　　이사, 주블라디보스토크총영사관 김무영 총영사, 김정수 사할린출장소 소장, 사할린

　　캠페인단 상임대표 오충일 목사, KIN지구촌동포연대 배덕호대표)

2010년7월8일15일~꼬르사코프'바부쉬니베치니'합창단 내한공연(대구박물관 승전기념

　　관외) 〈대구민족통일청년협의회초청, 안산고향마을 특별공연: 안산시청 안산동포

　　후원회 후원〉

2010년7월6-9일~한, 러 해상훈련실시 동해

2010년7월24일~한인협회 시한인회 들놀이잔치(노워알렉산드롭스크 제1호중학교운동장)

2010년8월11일~한국석탄공사자회사 주정부 방문(에너지자원부)

2010년8월13일~한국교육원 김인숙 원장 부임

2010년8월16일~러시아고려인 작가 김 아나톨리 사할린방문

2010년8월21일~광복65주년경축행사(한인협회. 시한인회. 주정부 및 시정부관계자.

　　대한적십자사 일행 참석)

2010년 8월29일~강제병합100년사할린시민대회(한인연합회, 정의복권재단주최) 사할린

　　희망캠페인 공동대표 몽산스님, 자유선진당 박선영 의원, 배덕호, KBS, MBC, NHK,

　　한겨레신문사-위문공연 가수 이혜미 외 2명-

2010년8월31일~삼척시 코르사코프시와 자매결연 협정

2010년9월2일~주정부 제2차 세계대전 종식, 65주년 승리의 날 기념행사(영예의 광장)

2010년9월5일~해외희생동포추념사업회(회장이용택), 사할린희생사망동포추모제

2010년9월25일~한인협회회장 선거 박해룡 회장 재선(서진길, 임영균 출마)

2010년9월29-30일~성신여자대학교 사할린 전통복식 한복패션쇼(사할린주정부, 사할린

　　국립대후원)

2010년10월1일~사할린경제법률정보대학교, '대구의밤' 페스티벌

2010년10월8일~꼬르사코프 한인디아스포라회장 이태춘씨 선출

2010년10월9일~사할린한국교육원 564돌 한글날기념 문화페스티벌 개최

2010년10월16일~시한인회결산보고(박정자 현 회장 재임)

2010년10월16일~사할린이중징용광부유가족회(회장 서진길) 忌日 추념행사

2010년10월14일-25일~러시아 전 인구조사 실시

2010년10월~한인화가 주명수 뉴욕 전시회

2010년10월22일~일본외무성 영주귀국관련 조사차 사할린방문

2010년10월22일~꼬르사코프 제2중학교 야간한글학교 개소

2010년10월23일~한인문화회관 예술문화학교(2010하반기 발표회)

2010년10월27일~한국조선소, 사할린 부두건설 및 조선소 체결권 협의

2010년11월1일~러시아대통령 비공식 쿠릴 및 사할린방문

2010년11월1일~국립국어원 주최 '사할린한국어교사 연수교육'

2010년11월4일~러시아 화합의 날 기념(한. 러 친선축구대회)

2010년11월7일~에트노스예술학교 한민족예술과 15주년 기념콘서트

2010년11월11일~G20 정상회의(서울), 하로사빈 사할린주지사 참석

2010년11월15일~한국교육원, 한인예술가의 만남(화가 주명수, 시인 허남영)

2010년11월16일~러 작가, 아나톨리 지모페비츠 쿠진 사할린한인사

　　'꼬레이츠들의 역사적인 운명' 중복판 발간(주정부 후원)

2010년11월28일~제7회 재외동포NGO대회 도쿄 개최(지구촌동포연대)-사할린정의복권

　　재단, 이산가족 등 러시아대표로 참가-

2010년11월30일~올해의 어머니상 최정숙, 박윤태, 김 세시코 선정(시정부 표창)

2010년12월10일~사할린거주 다민족축제에 한민족팀 사물놀이, 에트노스예술단 참가

2010년12월11일~한인여성회, 한국문화(관혼상례)세미나 개최(사할린국립대동양학부 본교)

2010년12월13일~제주시, 사할린과의 교역물류사업차 주정부방문(대표단7명)

2010년12월16일~2010년 1차 영주귀국(남양주/25명), 2차(11.1.7/36명), 총91명 확정

2010년12월17일~한국교육원, 사할린한국어교사 문화체험교실 실시

2010년12월18일~한인협회, 다민족문화축제(주정부 공동주최)

2010년12월20일~사할린주정부 사할린주재 외교관 면담(한국, 일본, 미국, 네덜란드, 영국)

2010년12월20일~우리말방송국, 한인생활사 다큐멘터리제작 시연설명회(임페리얼 호텔)

2010년12월25일~사할린재야사회단체, 새 한인협회 구성(회장 임영균, 부회장 서진길)

2011년1월8일~한인협회 소집회의서 박해룡 현 회장 만장일치로 재선임

2011년1월6일~음력설 행사 주최(홀리데이, 사할린코레이스키 주최)

2011년1월7일~러시아정교회 성탄절

2011년2월5일~한인문화회관서 음력설기념행사(시한인회)

2011년2월9일~하나로 조선해양 관계자 홈스크항 투자 논의 차 방문

2011년2월17일~경기 파주시 문산읍 잔여세대 영주귀국

2011년2월20일~사할린한국교육원 박덕호 원장부임

2011년2월2일~러시아국가 수호의 날 행사(체호프 극장)

2011년2월26일~이산가족협회 회장선거에 박순옥 전 부회장 당선

2011년3월1일~주노인회 전상주 회장의 부친 전창렬씨 독립유공자 선정

2011년3월6일~로지나문화회관 3.8국제여성의 날 기념행사(주여성회, 한인연합회)

2011년3월7일~한인문화회관서도 여성의 날 기념행사 실시(한인협회)

2011년3월15일~대한적십자사 제8차 소집회의 한인문화회관 가져

※2010년 전 러시아인구조사서 사할린주 총인구 497,900명(남:240,200/여:257,700)

2011년4월10일~서울서 제10회 재외동포기자대회 개막

2011년4월22일~코르사코프한국어페스티벌 성황리 개최(제2중학교, 한인디아스포라,
　　　한국어페스티벌후원회)

2011년4월12일~러 연방, 우주비행사 '가가린'에 의해 우주비행의 날 제정

2011년4월30일~소프라노 원희정 초청 연주회(한인문화회관)

2011년5월7일~한인문화회관서 노인대상 어버이날 축하행사(한인협회, 소망협의회주최)

2011년5월9일~겨레말큰사전남북공동편찬사업회(정도상, 한용운, 이길재) 사할린 방문

2011년5월9일~ 러 종전 전승의 날 66주년 성대히 개최(파베드 광장)

2011년5월23일~독도영토수호대책특별위원회 사할린.쿠릴 방문(강창일 위원장, 문학진,
　　　장세환 국회의원)

2011년5월25일~사할린 중등학교 일제히 졸업시작

2011년5월28일~한인문화회관 주최 노래자랑대회(최우수상 김위탈리나)

2011년6월2-17일~사할린주정부, 한국,-중국 국제관광박람회 참석

2011년6월10일~블라디보스토크 이양구 총영사, 하로사빈 사할린주지사 예방

2011년6월23일~주명수 그림 · 사진 전람회(사할린비술박물관)-4월12일 우주비행사
　　　가가린 기념 대전서 대상수상

2011년6월25일~코르사코프 한국어과 외 재학생 한국문화체험 한국방문

2011년6월27일~코레이스키 클럽 한국문화체험교육 실시

2011년6월27일~한인4세(30명) 모국어연수교육차 구미 방문(동북아청소년협의회)

2011년6월27일~대구MBC취재팀, 인문사회연구소 경북대상 다큐멘터리 제작

2011년6월29일~한인작가 양 세르게이 산문집 출간

2011년6월30일~사할린시립오케스트라 한국 순회공연

2011년7월1일~아시아나 사할린지점 김태완 지점장 부임

2011년7월3일~지구촌동포연대 강제동원 무연고 묘지 공식조사(1개월간 조사)

2011년7월5일~한인협회 박해룡 회장 모스크바 세계인물백과사전에 등재

2011년7월10일~사할린주정부(의회) 알렉산드러 하로사빈 주지사 연임 결정

2011년7월11일~일제동원위 오병주 위원장 사할린방문(시정부 면담)

　(대일항쟁기 강제동원 피해조사 및 국외 강제동원 희생자 등 지원위원회)

2011년7월13일~경상북도-사할린 "문화교류한마당" 개최(경상북도)

2011년7월25-28일~유즈노사할린스크, 홈스크-안산시(의회)간 자매결연-경제설명회

　(안산시 김철민 시장 및 김기완 의장 등 대표단 일행)

2011년7월25-29일~ 광복절 특집 "아리랑콘서트"(설영화민속예술단, 한인소식)

　-유즈노사할린스크, 홈스크, 코르사코프 3개 도시 순회공연-

2011년7월23일~한인협회 운영위원회 정기총회(고영근 부회장 추대)

2011년7월27일~러, 메드베데프 대통령 사할린주지사에 영예훈장 수여

2011년7월30일~1세 노인대상 들놀이행사(한인협회,주노인회,시한인회)

2011년8월20일~광복66주년 기념행사(22회) (가가린 공원, 이현주 외 대중가수 초청

　축하공연)

2011년8월26일~대륙권 고려인을 주제로 한 러시아 조국전쟁 참전록 책 발간

2011년8월26일~동서대 2012년 사할린장학생 선발(5명)

2011년8월27일~지구촌동포연대 사회단체장과 간담회(정의복권재단, 연합회 등)

2011년8월31일~해외희생동포추념사업회, 사할린희생사망동포위령탑 추념제

2011년9월1일~대일항쟁기강제동원피해조사 및 국외강제동원지원위원회 사할린방문

2011년9월2일~제2차 세계대전 종전 및 남사할린.쿠릴열도 해방 66주년 기념식

2011년9월8일~사할린영사출장소, 재외동포재단 장학생전달식(9명)

2011년9월10일~유즈노사할린스크시 건립 129주년 기념행사 성황

2011년9월1일~대일항쟁기 강제동원피해조사 및 지원위원회 사할린방문(조사2과

　허광무,김상영사무관)

2011년9월2일~제2차 세계대전 남부사할린 및 쿠릴열도 해방66주년 종전 군중집회

　(슬라바 광장)

2011년9월8일~한국영사출장소 재외동포재단 장학금 전달(9명)

2011년9월9일~유즈노사할린스크시 129주년 도시의 날 레닌광장서 기념축제

2011년9월24일~돌린스크 장애인학교 김율리야, 올해의 교사상 및 포상 수여

2011년9월24-25일~국제민속문화축제서 에트노스 동양학부 국악 앙상블팀 참가

2011년9월27-28일~'2011 사할린석유 및 가스' 국제포럼 개최(한국가스공사, 이양구
　　총영사 참가)

2011년9월28일~2011영주귀국설명회(외교통상부, 대한적십자사, 주택공사 등 기타부서)

2011년10월1일~국제노인의 날 기념, 한인문화회관서 한인노인 콩클대회 가져

2011년10월3일~한국교민회 창립공고(임시운영)

2011년10월7일~제5회 사할린주 한국어말하기대회 개최(주정부교육국, 아리랑장학회)
　　사할린국립대 동양학부한국어학과 개설20주년기념식(한국학중앙연구원 이상훈 소장)

2011년10월8일~한국교육원 한글날 제565주년 기념행사(한인문화회관)

2011년10월8일~제7회 사할린한민족노래자랑(여성가족부, 재외동포재단, 우리말방송국)

2011년10월18일~한국문화예술위원회, 한인회관에 임광수.임지혜.성예진 국악강사 파견

2011년10월20일~러 극동지역 에너지 자원 및 건설협력 로드쇼(한국기업 설명회)
　　〈외통부, 한국석유가스공사, 한국가스공사, 삼성물산, 풍림산업, 현대자원개발, 포스코,
　　농수산물유통공사 등〉

2011년10월31일~2011사할린한국어교사 연수대회(국립국제교육원, 재외동포교육진흥재단)

2011년11월2일~행정안전부, 사할린2차방문(한순기 특수기록관리과장, 김자경 기록연구사)

2011년11월2일~한인문화회관 개관 5주년 기념행사(한인협회)

2011년11월4일~러시아 국민대단결의 날

2011년11월5일~대구의 밤 행사 및 경제법률정보대 스피치 강좌(민족통일대구청년협의회)

2011년11월8일~에트노스 예술학교 개교20주년 축하페스티벌(체호브 극장)

2011년11월19일~한인협회 신임회장에 임영균씨 선출(이산가족회 한인문화회관으로 이전)

2011년11월30일~사할린태권도협회 러시아대륙선수권대회서 우승

2011년12월3일~주노인회 윤상철 변호사 신임회장 추대

2011년12월9일~2012년 영주귀국(김포지구) 선발대(23명) 출발(9.15.16일-총70명)

2011년12월16일~한국문화예술위원회(교류협력부) 한인문화회관 외 문화학교 방문

2011년12월19일~교육과학기술부 홍보팀 한국어 교육현황 조사 및 취재

※참고문헌: 성점모, 조성길, 새고려신문, 재일100년사, 사할린잔류 한국. 조선
인문제와 일본정치(1994, 간담회), 재소조선인의 페레스트로이카(1991년, 타카
야나기)

러시아 회화

　　러시아가 새로운 자원 시장으로 떠오르자, 많은 사람들이 러시아를 방문한다. 우리에게 가장 어렵다는 러시아어를 한두 마디씩 익혀두어서 현지에서 쓰는 것도 좋을 것 같다. 물론 영어를 유창하게 하는 사람들도 간단한 인사말 정도로 본국 언어로 사용하면 생각지 못했던 친절을 받을 수 있기 때문이다. 아래는 흔히 보편적으로 상용되는 회화로 발음과 암기하기 쉽게 나열해 두었으므로 참고가 되었으면 한다. 러시아어는 러시아 민족의 공식 언어이자 독립연합국간의 의사소통을 위한 민족 간의 공식 언어로 사용되고 있으며, UN공식 통용어 중 하나(6개)이며, 17~19세기 초로 민족어로서 발전되고 형성되었다고 전해졌다.

А а[a]아	Р р[er]에르
Б б[be]베	С с[es]에쓰
В в[ve]베	Т т[te]떼
Г г[ge]게	У у[u]우
Д д[de]데	Ф ф[ef]에프
Е е[ie]예	Х х[xa]하
Ё ё[io]요	Ц ц[tse]쩨
Ж ж[je]줴	Ч ч[ch´e]체
З з[ze]제	Ш ш[ʃa]쉬아
И и[i]이	Щ щ[sia]쒸아
Й й [i kratkᴦj]이 끄라뜨꺼이	Ъ ъ[tvjordi znak]뜨뵤르드 즈낙
К к[ka]까	Ы ы[i]의
Л ле[el]엘	Ь ь[miahkij znak] 마흐끼 즈낙
М м[em]엠	Э э[e]에
Н н[en]엔	Ю ю[iu]유
О о[o]오	Я я[ia]야
П п[pe]뻬	

알파비뜨 алфавит

인쇄체	필기체	명칭	발음		인쇄체	필기체	명칭	발음
А а	*А а*	(아)	[a]		Р р	*Р р*	(에르)	[r]
Б б	*Б б*	(베)	[b]		С с	*С с*	(에스)	[s]
В в	*В в*	(베)	[v]		Т т	*Т т*	(테)	[t]
Г г	*Г г*	(게)	[g]		У у	*У у*	[우]	[u]
Д д	*Д д*	(데)	[d]		Ф ф	*Ф ф*	(에프)	[f]
Е е	*Е е*	[예]	[e]		Х х	*Х х*	(하)	[x]
Ё ё	*Ё ё*	[요]	[o]		Ц ц	*Ц ц*	(체)	[ts]
Ж ж	*Ж ж*	(줴)	[ž]		Ч ч	*Ч ч*	(체)	[tʃ]
З з	*З з*	(제)	[z]		Ш ш	*Ш ш*	(샤)	[ʃ]
И и	*И и*	(이)	[i]		Щ щ	*Щ щ*	(샤)	[ʃʲtʃ]
Й й	*Й й*	(이 끄라뜨꼬예)	[j]		Ъ ъ	ъ	(뜨뵤르드이 즈낙)	
К к	*К к*	(까)	[k]		Ы ы	ы	(의)	[ɨ]
Л л	*Л л*	(엘)	[l]		Ь ь	ь	(먁끼 즈낙)	
М м	*М м*	(엠)	[m]		Э э	*Э э*	(에 아보로뜨너예)	[e]
Н н	*Н н*	(엔)	[n]		Ю ю	*Ю ю*	(유)	[ju]
О о	*О о*	(오)	[o]		Я я	*Я я*	(야)	[ja]
П п	*П п*	(뻬)	[p]					

△러시아어의 자모와 발음(↑ 활자체, 필기체, 명칭, 발음 순)

※러시아어의 문자는 10개의 모음과 20개의 자음, 1개의 반 자음과 2개의 부호로 이루어져 있다. 모음은 일반적으로 앞 자음이 경 자음임을 나타내는 경 모음과 앞 자음이 연음임을 나타내는 연 모음으로 나누어지고 다음과 같이 짝을 이루는 경우다.

▷경모음: a[아], o[오], y[우], э[에], ы[의]

▷연모음: я[야], ё[요], ю[유], e[에]. e[이]

예) 모음이 'a'이면 우리말의 '아'와 유사하며, 'a'를 강조한 как [깍-어떻게]의 의미가 된다. 반자음(혹은 반모음) й의 문자의 명칭은 и краткое[이 끄라뜨꺼이]인데, 직역하면 [짧은 '이']로 번역된다. 이 문자의 발음이 자음과 모음의 중간에 있어서 반자음 혹은 반모음이라고 하는데 우리에게 이러한 발음의 특징은 잘 구분되지 않으므로 이름 그대로 'й'[이]의 발음을 짧게 한다는 느낌으로 발음하면 된다. 이 문자는 항상 모음 뒤에서만 쓰여서 이중모음을 만들기도 한다.

예) мой (나의), хороший (좋은), красивый (예쁜), покой (안정)=Больному нужен покой

▷자음(20개): Б[베,ㅂ], В[베,브이], Г[게], Д[데],Ж[줴], З[제], К[까], Л[엘], М[엠], Н[엔], П[뻬], Р[에르], С[에쓰], Т[떼], Ф[에프], Х[하], Ц[쩨], Ч[체], Ш[쉬이],Щ[쒸이]

예) 자음의 'Б'는 [b] 소리와 같아 брат[브라뜨-형제]로 읽고, хлеб[흘레브-빵]의 의미로 발음한다.

반면 'В'는 [v] 소리와 유사하게, вы[븨-당신]로 발음되는데, 자음 중에는 겹치는 "б-в, ш-щ" 글자가 있으므로 혼동하지 않도록 주의해야 한다.

*안녕하세요. Здравствуй те 즈드라-스뜨부이쩨

*안녕히 계세요. До свидания 다(도) 스비다-니야

*또 만납시다. До встречи 다(도) 프스뜨레치

*어서 오십시오. Милости просим 미로스찌 쁘로씸

*들어오십시오. Заходите 자호지쩨

*앉으십시오. Садитесь 사지쩨스

*이것은 무엇입니까? Это что? 에따 쉬또?

*회사가 어디에 있습니까? Где находится фирма? 그제 나호찜샤 피르마?

*어디에 갑니까? Куда вы идёте? 꾸다 븨 이죠쩨?

*도서관에 갑니다. Иду в библиотеку 이두 브 비브리오쩨꾸

*부디 건강하세요. Будьте здоровы 부지쩨 즈다로븨

*이름이 무엇입니까? Как вас зовут 깍 바스 자붓

*저의 이름은 레나(김수영)입니다. Меня зовут лена(ким су ён) 미야 자붓 레나(김수영)

*매우 반가워요. Очень приятно 오친 쁘리야뜨나

*무슨 일을 하십니까? Чем вы занимаетесь 쳄 븨 자니마이예쩨스

*나이를 여쭤 봐도 될까요? Скажите, если не секрет сколько вам лет 스까쥐쩨, 예슬리 네 씨끄렛 스꼴꺼 밤 렛

*37살입니다. Мне тридцать семь лет 므네 뜨릿-짜찌 보셈 렛

*당신을 알게 되어 기쁩니다. Рад с вами познакомиться 라드 쓰바미 빠즈나꼼-찜샤

*어떻게 지내십니까? Как поживаете 깍 빠쥐바예쩨 또는 까끄 질라?

*고마워요, 잘지내요. 당신은요? Спасибо, хорошо А вы? 스빠씨바, 하라쇼.
아 븨?

*오늘은 몇일입니까? Какое сегодня число? 까꼬예 시보드냐 치슬로

*오늘은 8월15일입니다. сегодня пятнадцатое августа 시보드냐 밧지낫
사또예 아부구스따

*지금 몇 시입니까? Сколько сей час времени? 스콜까 시차스 브레메니

*2시입니다. Два часа 드바 차사

*어디서 왔습니까? Откуда вы приехали? 아꾸다 븨 쁘리할리

*한국 서울에서 왔습니다. Из Сеула Корея 이즈 서울라 꼬레야

*이 근처에 은행이 있습니까? В этой окресности есть банк?
  브 에토이 앗크레시노스찌 예스찌 반크?

*환전을 하고 싶습니다. Я хочу обменять деньги 야 하츄 아브미나찌 쪤기

*어떻게 도와 드릴까요? Чем помочь? 쳄 빠모치?

*이 신용카트로 돈을 인출할 수 있습니까?
  можно получить деньги по этой кредитной карточке?
  모쥐나 빨루치찌 젠기 빠 에따이 끄리지뜨노이 까르또치께?

  ※환전은 은행에서 하지만 절차가 복잡하여 보통 거리의 환전전문점에서도 할
  수 있으며, 사할린의 경우에는 사할린스카야 중국시장 앞에서 할 수 있다.

*예, 역 앞에 있습니다. Да, рядом с вокзалом 다, 랴돔 스 바꼬잘옴

*예, 아니요, 좋습니다, 충분합니다, 할 수 없습니다.
Да, нет, хорошо, достаточно ничего не поделаешь
- 다, 네트, 하라쇼, 도스따또치나, 니체고 니 빠제라예츠

*정말입니까? Правда? 쁘라브다

*다시 한번 말해주세요. Повторите еще раз 빠쁘따리쩨 이쇼 라스

※보드카는 러시아인이 가장 즐기는 대중적인 술로, 알코올 도수가 40%로 곡류나 감자로 빚으며 포도, 사과 등의 과일로도 만들 수 있으며 세계적으로 가장 많이 마시는 술에 속하고 칵테일의 주원료로 사용되기도 함.

*고맙습니다. Спасибо. 스빠시보
*정말 감사(고맙습니다)드립니다. Большое спасибо 발쇼예 스빠시바
*도와주셔서 감사합니다. Спасибо за помощь 스빠시바 자 빠모시
*시간을 내주셔서 고맙습니다. Спасибо, что уделили время 스빠시바 쉬또 우쩰릴리 브레먀
*천만에요 Пожалуй ста 바촬-스따, 또는 Не за что 네 자 쉬또
*죄송(미안합니다)합니다. Извините 이즈비니쩨
*실례합니다, 괜찮습니다. Простите, ничего 쁘라스지쩨, 니체보
*신경 쓰지 마십시오. Не волнуй тесь 니 볼누이쩨스
*당신은 고마운 분입니다. Вы благодарный человек 븨 브라고다-르늬이 체로벡
*도와주세요! Помогите 빠마기쩨!
*물을 주십시오. Дай те воды пожалуй ста 다이쩨 보드 바촬스타

※러시아 음식은 빵과 고기가 주식이나 감자를 즐겨먹으며 식후에는 주로 홍차를 많이 마시며, 일반적인 국으로는 수프인 보르쉬(в о р ш)가 있음.

*여기서 담배를 피워도 될까요? Можно здесь курить? 모쥐나 즈제시 꾸리찌?
*죄송하지만 안 됩니다. Извините, но нельзя 이즈비니쩨, 니 넬-자

*팬 좀 빌려주시겠습니까? Одолжите пожалуй ста ручку 오돌쥐쩨 바좔 스따 루치꾸?

*잠시 봐도 될까요. Можно посмотреть? 모쥐나 빠스모뜨리치?

*보여주세요. Покажите 바까쥐쩨.

*들어가도 될까요? Можно вой ти? 모쥐나 보이찌?

*좋습니다 Хорошо 하라쇼. 여보(전화)세요. Алло 알료

*당신을 만나고 싶습니다. Хочу с вами встретиться 하츄 스바미 프스뜨 레찌샤?

*혼자 있고 싶습니다. Хочу побыть в одиночестве 하츄 뽀브뜨 브 아진노 체스뜨베

*올가(철수) 좀 바꿔주세요. Позовите пожалуй ста ольга(Чольсу) 빠죠 비니쩨 바좔스따 올가(철수)

*올가(철수)가 전화 했다고 전해주세요. Передай те ольга(Чольсу),
что я звонил 삐리다이쩨 올가(철수), 쉬또 야 즈보닐

*서울로 전화하고 싶습니다. Хочу позвонить в Сеул 하츄 빠즈보니찌 브 서울라

*얼마입니까? Сколько стоит? 쓰꼴까 스또이트?

*모두 얼마입니까? Сколько за все? 스꼴까 자 프쇼?

*비자카드 받습니까? Вы принимаете карточки VISA? 븨 쁘리니마이쩨 까르또치까 비자

*물론입니다 конечно 까네쉬나

*20루블입니다 Двадцать рублей 드바삿찌 루브레이

*너무 비싸요. 좀더 싼 거 없어요?

Очень Дорого. Нет ничего подешевле? 오친 도로고, 넷 빠제제세브레?

* 거스름돈을 주세요. Дай те сдачи. 다이쩨 스다치

*팁입니다. Это чаевые. 에따 차예브예,

*계산서를 주십시오 Дай те счет 다이쩨 첵

*한잔하시겠습니까? Может выпьем? 모줴트 븨삐옘,

*갑시다 Пой дём 빠좀

*쇼핑하러 갑시다. Давай те прой дёмся по магазинам 다바이쩨 쁘로이 좀샤 빠 마가진남

*점심 식사하러 갑시다. Давай те пообедаем 다바이쩨 빠베다옘

*맛있게 드세요. Приятного аппетита 쁘리야Em노고 아뻬찌따

*저녁에 만납시다. Давай те встретимся сегодня вечером 다바이쩨 프스뜨레찜샤 시보드냐 베체럼

*내일 만날 수 있습니까? Завтра можете встретиться 자브뜨라 모제쩨 프스레찌샤?

*몇 시가 좋겠습니까? Во сколько вам будет удобно? 보 스꼴까 밤 부제트 우도브노?

*복 받으세요. Желаю вам счастья 쩰라류 밤 스차스샤

*조심해! Осторожно 아스따로줘나

*건배! За здоровье 자 즈다로븨예

*우표는 어디서 살 수 있습니까? Где можно купить марки? 그제 모쥐나 꾸삐찌 마르끼

*의사를 불러 주시겠습니까? Вызовите, пожалуй ста врача 븨자비쩨 바좔스따 브라차?

*배가 아픕니다. у меня болит живот 우 미냐 발리트 쥐보트

   ※러시아 국화는 해바라기이고, 가장 좋아하는 꽃은 장미꽃이나 유독 꽃을 좋아하므로 혹 선물을 할 경우가 있거나, 예기치 않을 시에는 거리에 흔히 보이는 꽃집을 찾아 꽃을 선물하는 것도 편리하다.

★공항

*입국(여행) 목적이 무엇입니까? Цель поездки?-첼 빠예즈드끼?

Туризм 뚜리짐-관광입니다.

*여권을 보여 주세요. Покажите, пожалуй ста паспорт. 바까쥐쩨, 바쫠스따 빠스뽀르뜨?

*러시아에 얼마동안 머무르실 겁니까? Сколько дней вы будете в России 스꼴까 드네이 븨 부제쩨 라씨이?

※어학연수입니다(또는 사업). изучение русского языка(Бизнес)
  이즈체니예 루스꼬고 야직까(비즈네스)

*돈은 얼마나 가지고 계십니까? Сколько у вас денег? 스꼴까 우 바스 젠기?

*이것은 무엇입니까? Что это такое? 쉬또 에따 따코예?

*가방을 보여 주세요.

-Открой те сумку пожалуй ста 앗끄로이쩨 숨구 바쫠-스따

*친구들을 위한 선물입니다. Подарки друзьям 빠다르끼 드루지얌

※비행기에 탑승하고 내리기 전에 반드시 출입국신고서를 작성하고, 사증(비자)과 여권을 함께 제시한다. 사진과 인물, 비자를 꼼꼼히 체크하며, 사할린 공항은 비수기 때에도 시간이 조금 걸리므로 가능한 앞줄에 서서 나오는 것이 유리하다. 보통 여름 휴가철이 성수기나 연말도 열흘이나 쉬므로 요즘은 신년에 해외여행을 많이 가는 편이다.

그리고 꼭 3일 이내에 거주 등록증을 신고하여야하므로, 호텔엔 문제가 없으나 민박 할 경우에는 거주등록 신청에 잊지 않도록 해야 한다.

★식당

*무엇을 마시고 싶습니까? Что вы хотите выпить? 쉬또 브 하지쩨 자까자찌?

*커피를 마시고 싶습니다. Хочу выпить кофе 하츄 브삐찌 코페

*한국 음식은 있습니까? Есть корей ская кухня? 예스찌 꼬레이스카야 꾸흐냐?

*여기요, 김치 좀 더 갖다 주세요. Будьте, добры, принесите, пожлуй ста, ещё кимчи 부지쩨, 도브리, 쁘리니쉬쩨, 바좔스따. 이쇼 김치

*무엇을 드시겠습니까? Что вы хотите заказать? 쉬또 브 하지쩨 자까자찌

*비프스테이크 주세요. Бифштекс, пожалуйста 비프쉬쨱-스 바좔스타

※сладкий 달다-스라드끼, немного조금-님노거, кислый 시다-끼슬이, горький 쓰다-고르끼

★호텔

*근처 호텔이 있습니까? Где у вас поблизости гостиница?
그제 우 바스 빠브리죠스찌 가스찌니차?

*빈방 있습니까? У вас есть свободные номера?
우 바쓰 예스찌 스바보드늬예 노메라?

*방을 바꾸고 싶습니다. Я хотел бы поменять номер на другой
야 하쩰 브 빠미냐찌 노메르 나 드로고이

*지금 체크인 할 수 있습니까? Можно сей час занять номер? 모쥐나 씨차스 자냐찌 노메르

*이곳에 얼마나 오랫동안 머무를 겁니까?

Как долго вы пробудете здесь? 깍 돌거 븨 쁘로부제쩨 즈쩨씨?

*오늘 하루만 묵겠습니다. Я пробуду здесь только сутки

 야 쁘리부두 즈쩨시 똘고 쑤트끼

★택시

*어디로 가십니까? куда вы идете? 꾸다 븨 이죠쩨?

*이주소로 가 주세요.

Отвезите меня по этому адресу? 앗드베지쩨 미냐 빠 에따무 아드레수?

*택시를 불러 주시겠습니까? Закажите пожалуй ста такси 자까쥐쩨, 빠 좔스따 딱시?

*(오른쪽/왼쪽)으로 도십시오. Поверните направо/налево 빠베르니쩨, 나 쁘라보/나레보

*여기 세워주세요. Остановите, здесь пожалуй ста 아스따나비쩨, 즈제시 바좔루이스따

※안드레이는 러시아 사람입니다만 한국말을 잘합니다.

Андрей -русский , но он хорошо говорит по корей ски

안드레이 루스끼, 노 온 하라쇼 가바리트 빠 꼬레이스끼

★유용한 단어

корей ский язык한국말-끄레이스끼 야직까, одежда의류-오제쉬다, обувь신발-오부븨, мелочь잔돈-메로치, брюки바지-브로키, перчатки장갑-베르차트끼, носки양말-노스끼, Матрёшка전통인형-마드료쉬까, скидка할인-스끼드카, ценник가격표-첸닉(첵), квитанция영수증-끄비딴찌야, кредитная карточка신용카드-끄레지뜨나야 까르또취까, погода날씨-빠고다, холодный 춥다-호로드니, жаркий 덥다-좌르키, смотреть보다-스모리찌, пить마시다-삐찌, плохой 나쁘다-쁘로호이, читать읽다-치따찌, книга책-크니가, песня노래-삐샤, газета신문-가쩨따, покупать사다-빠꾸빠찌, телефон전화-텔레폰, делать만들다-제라찌, Правда정말-쁘라브다, день рождения생일-젠 라쉬제니야, добрый 착하다-도브릐니, корея한국-꼬레야, ручка볼펜-루치까, когда언제-까끄다, там저기-땀, китай 기따이-중국, япония야뽄이냐-일본, карандаш연필-까란다쉬, ребенок아이-레본옥, мыло비누-뮐러, платок수건-쁘라뚝, не знать모르다-니 즈나뜨(유), как-каков어떻게-깍(까꼬브), нормально괜찮다-나르말나, получать받다-빠루차뜨, часто자주-차스또, новый год새해-노브이 고드, подарок선물-빠다록크, парикмахерская미용실-마리끄마헤르스카야, лекарство약-리까르스드바, аптека약국-아쁘제까, больница병원-발리짜, врач의사-브라치, укол우꼴-주사, простуда감기-쁘로스뚜다, товар потребления일용품-따바르 빠뜨리블레니야, обмен валюты환전-아브욘 발류띄, банк은행-반크, почта우체국-뽀치다, прачечная세탁소-쁘라체치나야, марка우표-마르까, предварительный заказ예약-쁘레드바리쩰늬 자까즈, искусство예술-이스꾸스또보, официантка웨이트리스-아피찌안드까(웨이트-아피찌안트), завтрак아침-자브뜨라크, обед점심-아베

드, ужин저녁-우쥔, рыба생선-리바, краб게-끄라브, креветка새우-끄레베트까, овощи야채-오보쉬, картофель감자-까르또펠, мороженое아이스크림-마로쥐노예, чай 홍차-차이, сок주스-속 слфетки냅킨-쌀페뜨끼, вилка포크-빌카, кинотеатр영화관-끼노찌아드르, балет발레-발렛트, концерт음악회-콘체르뜨, автобус버스-아브또부스, таможня세관(신고서)-따모쥐나(지끌라라찌야), декларация подданство국적-뽀-딴스보, посадочный талон탑승권-빠싸도치늬 딸론, багаж짐-바기쉬, гостиница호텔-가스찌니차, валюта외화-발류따, администрация프론트-아드미니스드리찌야, перевод통역-베레보드, парк공원-빠르크, музей 박물관-무제이, хотеть원하다-하쩨찌, картина그림-까르찌나, день памяти기념일-젠 빠마찌, милиция경찰-밀리치야, сутки24시-수뜨끼, карантин검역소-까란찐, цена값-취나, контракт계약서-간뜨락뜨, туризм관광-뚜리즘, аэропрт공항-아에러뽀르드, площадь광장-쁘로샷지, улица거리-울리짜, университет대학-우니베르시제뜨, универмаг백화점-우니베르막, магазин상점-마거진, подпись서명-뽀드삐시, лыжи스키-릐쥐, болеть아프다-발레찌, выезд출구-븨에즈드, лифт엘리베이터-리프트, запасной выход비상구-자빠스노이 븨호드, танец춤-딴네츠, доброта친절-다브라따, бедствие사고-베드스뜨비예, близкий 가깝다-브리즈끼, далеко멀다-달레꼬, конец끝-코네츠

★기수 количественные 콜이체-스뜨벤니예

0ноль놀, 1один아진, 2два드바, 3три뜨리, 4четыре치떠리, 5пять빠찌, 6шесть세스뜨, 7семь샘, 8восемь보샘, 9деявть제비찌, 10десять제사찌, 11одиннадцать아진나사찌, 20двадацть드밧싸지, 30тридцать뜨

리싸지, 40сорок소록, 50пятьдесят뻿지쌋, 60шестьдесят쉬지쌋, 70семьдесят샘제쌋, 80восемьдесят보샘제쌋, 90девяносто제바노스따, 100сто스토, 1.000тысяча띄싸차, 10.000десять тысяч제사치 디싸치, 100.000 сто тысяч스토 뜨싸치, 1.000.000милион밀리온

★월месяц 메샤츠, 계절времена года 브레메나 고다, 주недела 네제라, 시간время 브레먀)

▷1월январь얀바리, 2월февраль페브랄, 3월март마르뜨, 4월апрель아프렐, 5월май 마이, 6월июнь이윤, 7월июль이율, 8월август아부구스따, 9월сентябрь센짜브리, 10월октябрь악짜브리, 11ноябрь월나야브리, 12월декабрь제까브리

▷봄весна베스나, 여름лето레토, 가을осень오씬, 겨울зима지마

▷일요일воскресенье바스끄레시니예, 월요일понедельник빠니쩰닉, 화요일вторник브또르닉, 수요일среда수레다, 목요일четверг체뜨베르그, 금요일пятница바-뜨니차, 토요일суббота수보따

▷1시간адин час아진 차사, 반시간полчаса뽈차사, 분минута미뉴따, 초секунда세꾸도, 오전до полудня다 뽈루드냐, 정오полдень뽈젠, 오후после полудня뽀슬레 뽈루드냐, 저녁вечер베체라, 밤ночь노친, 오늘밤сегодня ночью시보드냐 노치유, 오늘아침сегодня утром시보드냐 우뜨럼, 그제께после вчера뽀슬레 브체라, 어제вчера브체라, 오늘сегодня시보드냐, 내일завтра자브뜨라, 모레после завтра뽀슬레 자브뜨라

★러시아어 순서

Зимние цветы

Сахалинский репортаж и блюз

сахалинские корей цы вчера и сегодня

оглавление

Пролог

Обзор Сахалина

Местность Сахалина и его климат

Путешествовать проехаться по сахлиюу

Сахалин проводник дорога

Сахалин Резюме

Строительство госиница

Жизнь и история сахалинских корей цев. Часть 1

Больно дважды забирать

Резюме принудительного труда на Сахалине

Переживания перед возвращением на Родину

история сахалинских корей цев

эмиграция корей цев

эмиграция сахалинских корей цев

Сахалинских корей цев доклад

С 1945 года население анализа сахалинских корей цев

звезда публицистики погасла

как много мы знаем о Сахалине?

Резюме сахалинских корей цев

Памятники "Памяти сахалинских корей цев"

100 лет Конвенции Сахалинских граждан

В поисках надежды..В общественных семинарах

Имя отца парит в ночном небе

Южно-Сахалинский дом отдыха для пожилых

бабушка пак пё ун и дедушка ким бон зу, обстоятельтво

Обшественая Жизнь. Часть 2

Создание сахалинских сообществ

актив сахалинских корей цев

первый частный университет Кан ЁнБок

Председатель мегагруппы Ан Чан Су

Профессор Ким Чон Хан-народный герой

Дело о репатриаций , незавершенное родителями(Че Ден Сун)

Книга профессора Пак Сын И

образование корей ского языка на Сахалине

Местные школы возрождения

образование корей ского языка 1945-63 гг

развитие образования корей ского языка

Сахалин корей ский Language Studies (1988 ~ по сей день)

Школа искусств "Этнос"

художественная школа "Бабушкины песни" г. Корсакова

Сахалинский муниципальный оркестр

культурный центр сахалинских корей цев

экономика Сахалина

Компании Южной Кореи

Строительная отрасль Южной Кореи процветает на Сахалине

Визит монаха Мон Сан на Сахалин

Обелиск ндежды в долине Талкубол. Представитель организаци я Ха Тхе Гюн

медицинское обслуживание на Сахалине

поэзия "О, Сахалин!"

архивный документ Японского парламента (22 февраля, 1991) су дебный иск

Сахалинский блюз Часть 3

От Кореи до Сахалина

Мастер боевых искусств управляет Сахалином

Визит на родину Северной Кореи

Игра в карты стала матерью мафии сахалинских корей цев

тату (игра в карты)

Романс Северной и Южной Кореи

Миссия корей цев

Прощание

В заключении

Жизнь молодой сахалинской невесты

Истории бабушки из Северной Кореи

64 прожитых лет перевозчика порта Тяньцзинь

Высылки в Северную Корею

40 человек в Северной Корее пропавших без вести?

песня сына раздается в небе Севереной Кореи

Эпилог

Приложение

Хронология корей цев

Россий ский диалог

※저자권자의 허가 없이 본 출판물의 책 내용의 무단복사 및 사진도용을 금합니다.